Spiritualität und Herrschaft

Studien zur Geschichte, Kunst und Kultur der Zisterzienser • Band 5

SPIRITUALITÄT UND HERRSCHAFT

Konferenzband zu »Zisterzienser • Multimedia • Museen«

Oliver H. Schmidt / Heike Frenzel / Dieter Pötschke (Hg.)

Lukas Verlag

Abbildung auf dem Umschlag: Schlußstein in der Klosterkirche von Kerz (Rumänien) mit Darstellung der gekrönten Maria als Himmelskönigin, möglicherweise auch einer weiblichen Stifterfigur. Nach einem Foto von A. Schiel in Thalgott, Michael: Die Zisterzienser von Kerz, Verlag Südostdeutsches Kulturwerk, München 1990.

Herausgegeben im Auftrag des Fördervereins Kloster Zinna e.V. und des Ministeriums für Wirtschaft, Mittelstand und Technologie des Landes Brandenburg.

Die Tagung »Zisterzienser • Multimedia • Museen« und der vorliegende Band wurden vom Ministerium für Wirtschaft, Mittelstand und Technologie mit Lottomitteln gefördert.

Die Deutsche Bibliothek – CIP-Einheitsaufnahme

Spiritualität und Herrschaft / Oliver H. Schmidt ... (Hg.) –
Berlin : Lukas Verl., 1998
(Studien zur Geschichte, Kunst und Kultur der Zisterzienser ; Bd. 5)
ISBN 3-931836-09-6

Erstausgabe, 1. Auflage 1998

Lukas Verlag für Kunst- und Geistesgeschichte
Kollwitzstr. 57
D–10405 Berlin

Umschlag und Satz: Verlag
Druck und Bindung: Difo-Druck, Bamberg

Gedruckt auf umweltverträglich hergestelltem und absolut alterungsbeständigem Papier
Printed in Germany
ISBN 3-931836-09-6

Inhalt

Zisterzienser – Multimedia – Museen

Anhang

Vorwort

Beim Blick in das Inhaltsverzeichnis dieses inzwischen fünften Bandes der »Studien zur Geschichte, Kunst und Kultur der Zisterzienser« wird sich bei manchen Lesern Erstaunen, vielleicht auch Befremden einstellen. Denn daß neben Beiträgen zum zisterziensischen Ursprungscharisma gleichberechtigt solche zu den Erfahrungen mit dem Besucherinformationssystem des Zeppelin-Museums Friedrichshafen stehen, ist natürlich ungewöhnlich und verlangt nach einer Erklärung: Die Aufsätze dokumentieren, mit wenigen Ausnahmen, die Vorträge der im September 1997 im brandenburgischen Kloster Zinna stattgefundenen Tagung »Zisterzienser – Multimedia – Museen«.

Was hier zunächst als disparates Nebeneinander erscheinen mag, hat seinen Ursprung in der Arbeitsrealität des Museums Kloster Zinna, die sich im Spannungsfeld zwischen anspruchsvoller Zisterzienserforschung und dem Verlangen, deren Ergebnisse einer möglichst großen Zahl von Menschen anregend und unterhaltsam zu präsentieren, bewegt. Das Unbehagen über die Vereinigung der auch für den Fachmann so fremden Themen war bereits im Vorfeld der Tagung vielfach spürbar, und es bedurfte einer Menge Überzeugungsarbeit, den Teilnehmern das Konzept nahezubringen. Rückblickend können wir feststellen, daß es aufgegangen ist: Die Vorträge boten, davon möge der Leser sich überzeugen, sowohl einen Querschnitt durch wichtige Fragen der aktuellen Zisterzienserforschung als auch eine spannende Diskussion über den Sinn und die Grenzen der Öffnung von Museen für die neuen Medien. Nicht zuletzt auch im Rahmen der hier nicht zu dokumentierenden »Randgespräche« wurden zwischen den verschiedenen »Fraktionen« fruchtbare Diskussionen geführt, die die weitere Arbeit im Museum Kloster Zinna – und hoffentlich nicht nur dort – zu stimulieren vermochten. Dafür haben die Herausgeber allen Mitwirkenden herzlich zu danken.

Wir denken, daß etwas von diesem (hier ist das sonst inflationär gebrauchte Wort einmal angebracht) interdisziplinären Aufeinanderzugehen auch im vorliegenden Band zu spüren ist. Um dem Leser die Übersicht zu erleichtern, hielten wir es jedoch im Nachhinein für richtig, die zahlreichen Aufsätze in drei größeren Blöcken zusammenzufassen und damit wieder ein wenig zu trennen.

Der erste große Abschnitt greift bewußt den Titel des Buches auf, bilden doch »Spiritualität« und »Herrschaft« zwei elementare Aspekte der zisterziensischen Lebensrealität im Mittelalter. »Spiritualität« steht in diesem Begriffspaar vereinfacht für Form und Sinn des monastischen Lebens. Der Beitrag von Sr. Michaela Pfeifer O.Cist. beleuchtet den Umstand, daß die Frage, was spezifisch zisterziensisch genannt werden kann, bereits in der Blütezeit des Ordens im 12. Jahrhundert Gegenstand intensiver Überlegungen in den Konventen war. Krysztof Kaczmarek führt uns die Kraft des Ordens, den Wandlungen des eigenen Anspruchs gerecht zu werden, am Beispiel der Bildung der polnischen Zisterzienser im 15. Jahrhundert vor Augen. Auch der Beitrag von Peter Pfister gehört in diesen Kontext, denn er betrachtet die Bauformen der Klöster nicht unter dem Gesichtspunkt der architektonischen Schönheit, sondern sucht Begründungen in der Lebenswirklichkeit der Bewohner. Im Gegensatz dazu erscheint der Anspruch von »Herrschaft« als eine von außen an die Klöster gestellte Erwartung, die nicht immer durch die Interessen der Klosterinsassen getragen wurde. Bernd Ulrich Hucker dokumentiert in seinem Aufsatz den vielfältigen Interessenkanon stiftender Reichsfürsten der Stauferzeit. Die Kraft der zisterziensischen Idee kommt besonders dadurch zum Ausdruck, daß sich die Liste der Familien wie ein »Who is who« des Reichsadels liest. Daß sich Herrschaft und Spiritualität auch arrangieren konnten und zum Beispiel in Bauschmuck und Fassadengestaltung artikulierten, zeigen Dirk Schumanns Neubetrachtung der Westfront des Klosters Chorin und Friederike Gleichs Darstellung zu repräsentativen Frauenklöstern des Ordens. Den Eingriff von Herrschaft in die Spiritualität erlebten die drei Frauenzisterzen Lindow, Marienfließ und Heiligengrabe im Zuge der reformatorischen Ereignisse, ein Vorgang, dem Annette Kugler ihre Aufmerksamkeit widmet. Stephan Warnatsch stellt am Beispiel des Arnold von Monnickendam dar, daß der Orden durchaus »Herrschaftspersönlichkeiten« hervorbrachte und sie auch einzusetzen verstand. Oliver H. Schmidt schließlich belegt anhand des Beispiels Zinna, daß die oft vernachlässigte Quellengattung der Generalkapitelstatuten, also der Herrschaftsinstanz innerhalb des Ordens, auch heute noch geeignet ist, neue Antworten auf lange diskutierte Fragen zur Geschichte einzelner Klöster zu vermitteln.

Der zweite Hauptabschnitt gewährt Einblicke in derzeit laufende Forschungsprojekte. Jens Rüffer beschäftigt sich mit dem Problem, den modernen Forschungsbegriff der Ästhetik auf eine Lebensform anzuwenden, die solche Kategorien nicht besaß, und kommt dabei zu bemerkenswerten Erkenntnissen. Die beiden folgenden Berichte zeigen, daß die einsame Betrachtungsweise des klassischen Historikers oder Kunsthistorikers heute zugunsten interdisziplinär vernetzter Forschung in den Hintergrund tritt, ein Ansatz, der interessante Ergebnisse verspricht. Er wird am Geisteswissenschaftlichen Zentrum Geschichte und Kultur Ostmitteleuropas in Leipzig am Beispiel des slawischen Stammesgebiets Zirzipanien betrieben, in dem die Zisterze Dargun entstand. Vergleichbares findet an der Ernst-Moritz-Arndt-Universität Greifswald im Rahmen eines DFG-Projektes zur Klosteranlage Eldena statt. Nicht weit davon befand sich das Kloster Kolbatz, dessen Geschichte Gegenstand der Forschungen des Stettiner Historikers Krzysztof Guzikowski ist. Während aber die pommerschen Klöster im Bewußtsein der deutschen Forschung stets präsent waren, stellen die Beiträge Lidia Gross' und Heidrun Königs mit der hiesigenorts eher unbekannten Zisterze Kerz in Siebenbürgen (Rumänien) ein Kloster vor, dessen Bedeutung für die umliegende Landschaft strukturell jener der Klöster Brandenburgs gut vergleichbar ist. Eine eingehendere Betrachtung dieser Anlage scheint daher gerechtfertigt.

Der dritte Block schließlich dokumentiert die Berührungen zwischen thematischer Forschung, neuen medialen Möglichkeiten und deren Anwendbarkeit im Museum. Die Beiträge Dieter Pötschkes belegen die Chancen, die der Einsatz neuer Technologien für die Dauer von Forschungen ebenso wie die Erkenntnistiefe haben kann. Fred Sobik demonstriert die Möglichkeiten, die eine virtuelle Rekonstruktion der gerade in Nordostdeutschland häufig ruinösen Anlagen bietet. Welche Anforderungen der Einsatz derartig aufbereiteter Daten an die Museen stellt, dokumentiert Jürgen Mrosek am Beispiel der in den Staatlichen Museen zu Berlin Preußischer Kulturbesitz angestellten Versuche. Eine Apologie des kulturhistorischen Museums angesichts der Ausbreitung des vernetzten Denkens stellt der szenische Beitrag von Eckard Siepmann dar. Jürgen Feige, Barbara Spindler, Bettina Schoch und Heike Vogel dokumentieren in drei Positionen die Lebendigkeit der Debatte in diesem Bereich, die für den Museumsbesucher eigentlich nur Vorteile bringen kann, erwartet ihn doch künftig eine Vielzahl von Informationsangeboten, die ihm den Zugang zu den Antworten auf seine Fragen erleichtern sollten.

Die einer Teilauflage des Bandes beigefügte CD-ROM enthält die Demoversion eines durch die Teltower Firma multi media point erarbeiteten interaktiven Klosterführers zu den brandenburgischen Zisterzen.

Die Herausgeber danken den Autoren, die durch zügige Bereitstellung der Beiträge ein zeitnahes Erscheinen des Bandes möglich gemacht haben. Die Durchführung der Tagung sowie der Druck dieses Bandes waren nur möglich durch eine großzügige Förderung des brandenburgischen Ministeriums für Wirtschaft, Mittelstand und Technologie über Lottomittel. Dem Lukas Verlag sei für die Aufnahme in dessen Studienreihe gedankt und dem Verleger Frank Böttcher für die immer geduldige Umsetzung ständig neuer Ideen. Schließlich gilt der Dank Heike Frenzel für die reibungslose Organisation der Tagung und die Arbeit an den Manuskripten.

Kloster Zinna, im April 1998

Oliver H. Schmidt für die Herausgeber

Gibt es eine Zisterzienserspiritualität? – Die Problematik des zisterziensischen Ursprungscharismas anhand von Texten des 12. und 13. Jahrhunderts[1]

Sr. Michaela Pfeifer O.Cist.

»Wir Benediktiner wissen, wer wir sind, während sich die Zisterzienser immer wieder diese Frage stellen.« So humorvoll pointiert beginnt Brian McGuire, eine heutige Benediktinerin zitierend, seine »Gedanken zum 900jährigen Jubiläum von Cîteaux«[2] – und trifft damit ins Schwarze. Die Zisterzienser als Reform-Benediktiner sind von ihrem Ursprung her bleibend einem Bruch mit der früheren monastischen Lebensweise verpflichtet. Es geht also um die Eigenart einer Spiritualität im Raum der für schwarze wie für weiße Mönche gleich verbindlichen Benediktusregel. Damit ist der erste Begriff des Titels gefallen, der nun, soll er nicht eine Wortschablone bleiben, zu definieren ist.

»I want to define spirituality as a sense of God-oriented inner meaning and identity present in individuals and the group as a whole.« So definiert McGuire das Wort *Spiritualität*[3] und zeigt damit seine Vorliebe für den psychologischen und soziologischen Aspekt des Begriffes. Soll jedoch sein Inhalt näher erfaßt werden, hilft der Vergleich mit den älteren Begriffen »Geistigkeit«[4] und »Frömmigkeit«. Spiritualität besagt mehr als Frömmigkeit, die subjektive Seite der Religion, und ist umfassender und bestimmter als Religiosität, d.h. das Bedürfnis und die Fähigkeit eines Menschen, mit einer höheren Instanz in Beziehung zu treten. Des näheren meint Spiritualität in der Einzahl die »Verwirklichung des Glaubens unter den konkreten Lebensbedingungen bzw. die Integration des

1 Der vorliegende Beitrag ist eine Weiterführung des Kapitels »Der Goldene Brief und das zisterziensische Ursprungscharisma« der Dissertation der Verfasserin: »Wilhelms von Saint-Thierry Goldener Brief und seine Bedeutung für die Zisterzienser«, in: ACi 50(1994), S. 3–250 und 51(1995), S. 3–109, hier 51(1995), S. 80–89. Abkürzungen gemäß IATG² (Internationales Abkürzungsverzeichnis für Theologie und Grenzgebiete, hg. v. Siegfried M. Schwertner, Berlin ²1994).

2 McGuire, Brian: The Meaning of Cistercian Spirituality. Thoughts for Cîteaux's Nine-Hundredth Anniversary, in: Cistercian Studies Quarterly 30(1995), S. 91–110, hier S. 92f.

3 Ebd.

4 »Geistigkeit« klingt bereits im Titel von Ambrosius Schneiders »Die Cistercienser. Geschichte – Geist – Kunst«, Köln ³1986, an.

gesamten Lebens in eine vom Glauben getragene reflektierte Lebensform«.[5] In der letzteren Definition kündigt sich bereits der Mehrzahlbegriff an, das »geistliche Gepräge einer Gemeinschaft«.[6] Außerdem scheint sich das französische *spiritualité* in der katholischen Theologie schneller einzudeutschen als in der evangelischen. Um so wertvoller ist der Beitrag von Bernd Jaspert im Wörterbuch der Mystik[7] unter den Lemmata *Frömmigkeit/Spiritualität*, der diese zwischen Theologie und Mystik ansiedelt: Spiritualität bedarf der Theologie als ihres kritischen Maßstabs wie auch die Theologie des grundlegenden Bezugs zum Leben der Menschen.[8] Wird nun eine theologisch reflektierte Spiritualität von der Mystik durchwirkt, so liegt ein überzeitliches Phänomen vor, mit einer bleibend gültigen Aussage über die tiefste Beziehung des Menschen zu Gott.

Für Alois Maria Haas ist Spiritualität ohne mystische Fundierung undenkbar.[9] Der Zürcher Mystik-Forscher unterstreicht entgegen dem Vorurteil, »christliche Mystik [sei] eine antiintellektuelle, rein emotionale, ja obskurantistische Angelegenheit«[10], das hohe Niveau der Theologie geistlich-mystischen Lebens seit der christlichen Antike. In Anlehnung an denselben Forscher füge ich schon hier die für später nötige Definition christlicher Mystik ein: Mystik ist als *cognitio Dei experimentalis*[11] eine durch Erfahrung erworbene Erkenntnis Gottes, die sich – so meine Ergänzung der klassischen Formel – zunehmend zu einer alle Lebensbereiche umfassenden Vereinigung mit Gott entfaltet; außerordentliche Phänomene sind sekundär.

In Anlehnung an Michel de Certeau[12] skizziert Haas die Entstehung einer Spiritualität, die gerade die Reformbewegung der Zisterzienser besser ver-

5 Vgl. Schütz, Christian: Christliche Spiritualität, in: PLSp, Sp. 1170–1180, hier Sp. 1171.

6 Holtz, Leonhard: Geschichte des christlichen Ordenslebens, Einsiedeln 1986, S. 394.

7 Jaspert, Bernd: Frömmigkeit/Spiritualität, in: Wörterbuch der Mystik, hg. v. Peter Dinzelbacher, Stuttgart 1989 (= WMy), S. 180f.

8 H. U. v. Balthasar nennt die Spiritualität die »subjektive Seite der Dogmatik«, vgl. Haas, Alois Maria: Intellektualität und mystische Spiritualität Europas, in: ders.: Mystik als Aussage, Frankfurt 1996, S. 84–109, hier S. 84.

9 Vgl. Haas, Intellektualität (wie Anm. 8), S.84.

10 Ebd., S. 94, Anm. 42, Kurt Flasch zitierend.

11 Zur Stelle bei Thomas von Aquin vgl. Haas, Alois Maria: Was ist Mystik?, in: Ruh, Kurt: Abendländische Mystik im Mittelalter, Stuttgart 1986, S. 329 u. Anm. 72, S. 339. Zum näheren Umfeld des Zitates und zur selben Definition Bonaventuras vgl. die kritische Bemerkung von Köpf, Ulrich: Bernhard von Clairvaux – ein Mystiker?, in: Faust, Ulrich (Hg.): Zisterziensische Spiritualität. Theologische Grundlagen, funktionale Voraussetzungen und bildhafte Ausprägungen im Mittelalter, St. Ottilien 1994 (= Studien und Mitteilungen zur Geschichte des Benediktinerordens und seiner Zweige 34), S. 15–32, hier S. 19.

12 Certeau, Michel de: Cultures et spiritualités, in: ders.: La faiblesse de croire, Paris 1987, S. 25–52, hier S. 39–50.

stehen läßt. Wann kommt es zu einem solchen neuen *Leben aus dem Geist*, also zu dem, was Spiritualität ursprünglich meint? Wenn ein Mensch oder eine Gruppe von Menschen schmerzhaft entdeckt, daß ihre in einer gewandelten Welt gewonnenen Glaubenserfahrungen einerseits und die gängige Theologie und Frömmigkeit andrerseits auseinanderklaffen. Dieser Bruch mit dem Alten ist jedoch nur die eine Seite; der Mensch wird ebenso schmerzhaft gewahr, daß auch neue Lebens- und Denkweisen seine Erfahrung mit Gott nie hinreichend auszudrücken vermögen, weil Gott sich jeder Gestaltungsweise entzieht.[13] So bricht hier erneut eine Welt zusammen, und der Mensch wendet sich hilfesuchend den alten Strukturen zu, um seiner Sprachlosigkeit abzuhelfen. Erst aus solch einem doppelten Bruch entsteht dialektisch eine neue Spiritualität, gelingt der endgültige Durchbruch.

Bleibt als letzter und heikelster Begriff der Untertitel, das *Ursprungscharisma*, zu klären. Im deutschen theologischen Sprachgebrauch – ich wähle die mit institutionalisiertem Ordensleben vertrauten katholischen Publikationen – wird *Charisma* streng vom biblischen Ursprung her gedeutet, ob dogmatisch, ethisch oder spirituell[14], als Gabe des Hl. Geistes an den einzelnen zur Auferbauung der kirchlichen Gemeinde. Bis auf kleine Andeutungen wird Charisma mit einer konkreten Ordensform nicht gleichgesetzt.[15] Im romanischen und angelsächsischen Raum ist die Lage anders. Das italienische Lexikon des Ordenswesens »Dizionario degli Istituti di Perfezione«[16] führt 1975 unter *carismi* (im Plural) nach der ersten, biblisch orientierten Bedeutung »Wirken des Hl. Geistes im Hinblick auf das kirchliche Leben« zweitens das Ordensleben als Charisma (in der Einzahl) für Kirche und Welt und drittens die unterschiedlichen Charismen in der Kirche an; viertens definiert es das Charisma eines Ordens als jenes des bzw. der Gründer und fünftens das Charisma als Gabe des Hl. Geistes für die Kirche in einer konkreten Lebensform.[17] Die vierte und fünfte Bedeutung erscheint auch in englischen

13 Vgl. Haas, Intellektualität (wie Anm. 8), S. 87–92.

14 Vgl. LThK³ 2(1994), Sp. 1014–1018; Mühlen, Heribert: Charisma/charismatisch, in: PLSp, Sp. 183–187.

15 Im LkD³, S. 54–56, hier S. 55, gesteht Karl Heinz Neufeld unter den Lemmata »Charisma/Charismen« das Wort *Charismen* als »besondere Berufungen«, etwa in der »Vielfalt des Ordenslebens«, der spirituellen Theologie zu. Das weite Feld des spezifischen Ordensschrifttums wäre hier noch zu durchsuchen. Bei Altermatt, Alberich: Das »Patrimonium Cisterciense«. Seine Erforschung und Aktualisierung, in: CistC 93(1986), S. 1–24, hier S. 5, fand ich »Charisma der Gründer«.

16 Abkürzung DIP. Seit dem 1. Bd. (1974) sind neun Bände erschienen.

17 Vgl. Régamey, Pie-Raymond: Carismi, in: DIP 2(1975), S. 299–315, hier S. 307–315.

und französischen Publikationen[18]; 1994 veranstaltete die Ordenshochschule *Claretianum* einen Kongreß über das *carisma fondazionale.*[19]

Diese letzten Bedeutungen liegen auch dem von mir gewählten Begriff *Ursprungscharisma* zugrunde: die zisterziensische Lebensform als Gabe des Hl. Geistes an die Kirche, so wie sie die Ursprungszeit des Ordens geprägt hat. Könnte dafür nicht genauso gut und unverfänglicher *Spiritualität* der Gründungszeit stehen? Mit dem Wort *Charisma* versuche ich, jene über ausschließlich geistliche Haltungen und Äußerungen hinausgehende Lebensform zu bezeichnen, die Wirtschaft wie Theologie, Wissenschaft wie Kunst, Frömmigkeit wie Handwerk, Recht wie Brauchtum, persönliches Streben wie Gemeinschaftsbemühen umfaßt und als ursprüngliche für die spätere Entwicklung des Zisterzienserordens maßgeblich ist. Im Folgenden halte ich mich jedoch an die von den Autoren verwendeten Begriffe, sei es nun *Spiritualität* oder *Charisma.* Damit stehe ich beim letzten Wort des Titels, bei der *Problematik*, die anhand des Forschungsstandes deutlich werden soll.

Tatsächlich wird die Eigenart der Zisterzienserspiritualität unterschiedlich definiert. Der Benediktiner Jean Leclercq (†1993), Fachmann der monastischen Spiritualität, Entdecker der monastischen Theologie und Herausgeber der Bernhard-Werke[20], stellt bereits 1961 die im Vortragstitel genannte Frage: »Y a-t-il une spiritualité cistercienne?«[21] Er verneint sie: sogenannte zisterziensische Charakteristika fänden sich ebenso in anderen monastischen Orden der Zeit, besonders in den Reformbewegungen. Eine Eigenart stellten nur die Observanzen dar. Hingegen könne man mit Recht von einer zisterziensischen Theologie der Spiritualität sprechen, ja von der von Bernhard von Clairvaux begründeten *Zisterzienserschule*. Die goldene Zeit von Cîteaux schließe darum mit Bernhards Tod (1153).

18 Z.B. bereits im Titel bei De la Torre, Juan Maria: Le charisme cistercien et bernardin, in: CCist 47(1985), S. 192–212 u. S. 281–300 und 48(1986), S. 131–153; ferner in McGuire, The Meaning (wie Anm. 2), S. 107.

19 Come rileggere oggi il carisma fondazionale. XX Convegno del »Claretianum« – Roma 1994, ed. Hermann Schalück, Rom 1995.

20 Vgl. den Nachruf von Altermatt, Alberich: Dom Jean Leclercq OSB (1911–1993): Ein Leben im Dienste der Erforschung der Vergangenheit für die Zukunft, in: Gehrke, H., M. Hebler und H.-W. Stork (Hg.): Wandel und Bestand. Denkanstöße zum 21. Jahrhundert, Paderborn, Frankfurt 1995, S. 117–124.

21 Leclercq, J., F. Vandenbroucke und L. Bouyer: La spiritualité du moyen âge, Paris 1961, S. 270. Die Frage wird auch in der 2. Aufl. der ital. Übers.: »La Spiritualità del Medioevo (VI–XII secolo)«, Bologna ^{2}1986, S. 327, beibehalten.

Der Trappist Edmond Mikkers (†1992)[22] stellt eine einheitliche Zisterzienserspiritualität des Goldenen Zeitalters von Cîteaux von 1098 bis 1250, bis zum Eindringen scholastischer Denkweise in den Orden, fest.[23] Sie zeige sich an der engen Verbindung von Theorie und Praxis zisterziensischen Lebens, das auf den drei Elementen der Zeit der Gründeräbte Robert, Alberich und Stephan beruht, auf der Verehrung der Benediktusregel, auf der Liebe zur Einsamkeit und auf der Armut als Nachfolge Christi. Ferner kenne die *Zisterzienserschule* eine eigene Anthropologie und eine bestimmte Form der Askese. Ihre Theologie kreise um das Heilsgeheimnis der Inkarnation und sei ganz auf die Gotteserfahrung ausgerichtet. Mikkers bezeichnet die Zisterzienserspiritualität als affektiv und christologisch.[24]

Voraussetzung jeder Spiritualitätsforschung ist die Einbettung einer neuen religiösen Bewegung in ihr Umfeld.[25] Für die Zisterzienser haben dies Bede Lackner[26] und Jean Leclercq[27] beispielhaft vorgelegt und manche sogenannten typisch zisterziensischen Charakterzüge als Allgemeingut der monastischen Reformbewegungen bzw. des 12. Jahrhunderts ausgewiesen. Muß dann aber jede Originalität, wie sie Mikkers für die Zisterzienser postuliert, der Kontextualität – so die Meinung Jean Leclerqs – weichen? Hier sind weitere Überlegungen von Michel de Certeau aufschlußreich. Das Ursprungscharisma ist kein *Geist* oder ein *heiliges Ding* – als Garant einer absoluten Originalität –, sondern ein Geschehen in einem Beziehungsgeflecht, das zu einer Vielfalt von Neuschöpfungen und Interpretationen führt.[28] Dies beweist Certeau am Beispiel des Jesuitenordens und sagt:

22 Mikkers übernahm im DSp die Aufgabe, unter dem Stichwort »Robert de Molesme« das bislang fehlende Stichwort »Cisterciens« nachzutragen, vgl. Mikkers, Edmond: Robert de Molesme, in: DSp XIII (1988), 736–814 (I. Robert de Molesme, 736–737; II. La spiritualité cistercienne, 738–814).

23 Ebd., 740–773.

24 Andere vermittelnde Stellungnahmen stammen von Lekai, Louis: The Cistercians. Ideals and Reality, The Kent State University Press 1977, S. 227–235; Pennington, Basil: Die Zisterzienser, in: McGinn, B., J. Meyendorff und J. Leclercq (Hg.): Geschichte der christlichen Spiritualität I, Würzburg 1993, S. 220–231.

25 Vgl. Certeau, Cultures (wie Anm. 12).

26 Lackner, Bede: The Eleventh-Century Background of Cîteaux, Washington 1972 (= CistSS 8).

27 Vgl. die bibliographischen Hinweise im in Anm. 20 angegebenen Artikel.

28 Vgl. Certeau, Michel de: Le mythe des origines, in: ders.: La faiblesse de croire (wie Anm.12), S. 53–74, hier S. 58f. (Zitat ebd.). Vgl. auch McGuire, The Meaning (wie Anm. 2), S. 107, der von gesunden Spannungen im Orden spricht, solange über entgegengesetzte Begriffe diskutiert wurde; überging man sie, wuchsen sie sich zu Konflikten aus.

»En scrutant de plus près les origines, l'analyse semble n'atteindre qu'un vide là où nous attendions la vérité. Mais elle nous ouvre au contraire une voie lorsqu'elle nous oblige à deviner tout un système de relations humaines, au lieu de l'objet sacré que nous cherchions [...] L'ESPRIT, en ces origines, s'exprime dans la mouvante multiplicité de créations et d'interprétations [...], [dans] le vivant pluralisme déjà constatable entre les premiers compagnons, entre les divers moments de leur évolution, entre eux et leurs premiers successeurs.«

Mit diesem dynamischen Begriff eines Ursprungscharismas kann ich nun den *Status quaestionis* meiner Untersuchung formulieren. Geben uns die schriftlichen Zeugnisse der Zisterzienser der ersten Generationen Aufschluß über das Ringen um Ideale und Zielvorstellungen innerhalb und zwischen den Generationen? Wenn ja, welches sind diese Ideale? Wer ist daran maßgeblich beteiligt? Läßt sich die Generationenspanne zeitlich begrenzen?

Diesen Fragen möchte ich auf zweifache Weise nachgehen. Ein erster geraffter Überblick stellt die Gründungsgeschichten und juridischen Dokumente der Gründungsperiode bis zu Bernhards Tod (1098–1153) und ihre Problematik dar. Im zweiten Teil richte ich die Fragen über das Ursprungscharisma an geistliche Schriftsteller der 2., 3. und 5. Generation.

Das Ringen um die Ordensideale in den frühen historischen und juridischen Dokumenten

Die Zisterzienser berufen sich für ihre Eigenart auf ihre Gründungsgeschichten. Diese literarische Gattung stellt neben der Abfolge der Ereignisse auch die Zielvorstellungen der jeweiligen Gründung dar, besonders wenn es sich um ein Reformkloster handelt. Für die Gründung von Cîteaux liegen drei Berichte vor[29], das *Exordium Cisterciense* in der frühesten Fassung von 1130–35, das *Exordium Parvum* in der frühesten Fassung von 1152 und das *Exordium magnum* aus der Feder des Abtes Konrad von Eberbach (†1221). Alle drei betonen die Treue der Gründer zur Benediktusregel und die Kanonizität der Errichtung des Neuklosters. Doch ist die Beurteilung der ersten zwei *Exordia* kontrovers: was ist daran historisch zuverlässig, was ist Polemik gegen die

29 Vgl. den Überblick in Altermatt, Das Patrimonium (wie Anm. 15). Ab nun verweise ich auf die verbesserte franz. Ausgabe »Le patrimoine cistercien, introduction aux documents historiques, juridiques et spirituels les plus importants«, in: Cîteaux 38(1987), S. 264–308, für die Exordia S. 272–274. Zu allen historischen und juridischen Quellentexten s. die derzeit beste zweisprachige Ausgabe: Cîteaux. Documents primitifs. Texte latin et traduction française. Introduction et bibliographie par F. de Place, traduction par G. Guislain et J.-C. Christophe. Cîteaux. Commentarii cistercienses 1988 (Textes et documents).

schwarzen Mönche, wo hat Bernhard von Clairvaux in die Redaktion eingegriffen?[30] Vielleicht wird das baldige Erscheinen der kritischen Ausgabe von Chrysogonus Waddell – die Quellenlage ist sehr lückenhaft – einen Schritt weiterführen. Zudem ist zu bedenken, daß im 12. Jahrhundert die ganze Gesellschaft an Gründungsgeschichten interessiert war.[31] Doch zeigen literarkritische Untersuchungen, daß diese Gründungsgeschichten mit Topoi argumentieren; daher spiegeln sie eher die Intentionen ihrer Verfasser als die Wirklichkeit streng getrennter Ordensfamilien.[32]

Ähnlich verhält es sich mit der Grundverfassung, der *Carta caritatis*, die das Gleichgewicht zwischen der Selbständigkeit der Abteien und der Einheit des Ordens durch Filiation, Visitation und Generalkapitel juridisch verankert. Auch sie liegt in drei unterschiedlichen, schwer zu datierenden und zu bewertenden Fassungen vor.[33] Das Ringen um Zielvorstellungen läßt sich ebenso an den frühesten Generalkapitelbeschlüssen feststellen. Auch ihre Überlieferung und Datierung ist unsicher, auch sie hat Bernhard von Clairvaux beeinflußt.[34] Sie betrafen u.a. Liturgie, Musik, Buchmalerei und Architektur, alles Bereiche, die zu Bernhards Zeiten reformiert wurden.[35] Höchst bedeutend ist der in

30 Zum möglichen Bernhard-Einfluß vgl. Auberger, Jean Baptiste: L'unanimité cistercienne primitive: mythe ou réalité?; Achel: Commentarii Cistercienses, 1986, und besonders Leclercq, Jean: La »paternité« de S. Bernard et les débuts de l'ordre cistercien, in: RBén 103(1993), S. 445–481, und ders.: S. Bernard et les débuts de l'ordre cistercien, in: StMon 34(1992), S. 63–77.

31 Vgl. McGuire, The Meaning (wie Anm. 2), S. 94.

32 Vgl. Badstübner-Kizik, Camilla: Monastische Reform zwischen Ideal und Alltag. Zur Rolle von Topoi in der literarischen Auseinandersetzung zwischen Hirsauern und Zisterziensern, in: Blaschitz, G. und H. Hundsbichler (Hg.): Symbole des Alltags. Alltag der Symbole, Graz 1992, S. 171–190.

33 Vgl. Lekai, The Cistercians (wie Anm. 24), S. 27–30; Zakar, Polykarp: La Legislazione Cistercense e le Sue Fonti dalle Origini fino al 1265, in: I Cistercensi e il Lazio. Atti delle Giornate di Studio dell'Istituto di Storia dell'Arte dell'Università di Roma 17.–21.5.1977, Rom 1978, S. 127–134, hier S. 129. Weniger umstritten ist die Überlieferung der anderen juridischen Dokumente, der *Ecclesiastica officia*, heute in der kritischen und kommentierten Ausgabe von Choisselet, D. und P. Vernet: Les »Ecclesiastica officia« cisterciens du XIIème siècle. Texte latin selon les manuscrits édités de Trente 1711, Ljubljana 31 et Dijon 114. Version française. Annexe liturgique, notes, index et tables, Reininghe 1989 (= Documents cisterciens 22), vorliegend, und der *Usus conversorum*, vgl. Altermatt, Le patrimoine (wie Anm. 29), S. 279.

34 Vgl. Altermatt, Le patrimoine (wie Anm. 29), S. 278. Es ist Tatsache, daß manche Beschlüsse erst nach Bernhards Tod erfogten, z.B. jene über die Verlangsamung der Ausbreitung, vgl. Lekai, The Cistercians (wie Anm. 24), S. 48.

35 Vgl. den Kongreßband: Bernard de Clairvaux. Histoire – mentalités – spiritualité. Colloque de Lyon – Cîteaux – Dijon (= Bernard de Clairvaux, Oeuvres complètes. I. Introduction générale), Paris 1992 (= SC 380).

diesen Dokumenten feststellbare Wandel des Verständnisses der Benediktusregel von der *integritas regulae* bis zu ihrer *rectitudo* und *puritas.*[36] Auch hier ist die Forschung kontrovers; die einen neigen zu einem litteralen, die anderen zu einem liberalen Verständnis.[37]

All die genannten Bereiche zeigen, wie sehr die Reformziele der Armut, Schlichtheit, Handarbeit, des Schweigens und der *unanimitas* die ersten Generationen bewegten und wie groß Bernhards Einfluß war. Jean Leclercqs Thesen folgend tritt er als zweiter Reformer des Ordens auf. Sind dann die *Zisterzienser* nicht *Claravallenser*? Damit stellt sich die Frage: prägt Bernhard von Clairvaux allein das Ursprungscharisma?

Mit dieser Frage treten wir an einige spirituelle Texte des 12. und 13. Jahrhunderts heran. Sie stammen von verschiedenen, mit Bernhard eng verbundenen Autoren, von Wilhelm von St. Thierry (†1148), Aelred von Rievaulx (†1167) und Konrad von Eberbach (†1221). Ihre Themen sind unterschiedlich; sie gehen über die Baukunst zu Gemeinschaftsleben und zur Wertschätzung Bernhards zwei Generationen nach seinem Tod. Wie weit sind sie von seinem Genie unabhängig? Tragen sie eigene Noten zum Ursprungscharisma bei?

Spirituelle Texte des 12. und 13. Jahrhunderts

Wilhelm, der ältere Freund Bernhards[38], zuerst Abt der Benediktinerabtei St. Thierry in Reims (1121–35), dann Zisterzienser in Signy (1135–48), zählt zu den Zisterzienservätern, zu den großen geistlichen Schriftstellern des Ordens. Ein Jahr vor seinem Tod sendet er einen Traktat in Briefform an die befreundeten Kartäuser von Mont-Dieu, den später so benannten *Goldenen Brief.* In dessen erstem Teil, den er den Novizen widmet, fügt er einen Abschnitt über den Zellenbau ein, den ich hier vorstellen möchte. Zwei Begebenheiten aus Wilhelms Leben müssen zuvor noch erwähnt werden: Vor 1125 regt Wilhelm seinen Freund Bernhard zur Abfassung seiner berühmten *Apologie* an, des gegen die schwarzen Mönche gerichteten Manifestes der zisterziensischen Reform.[39] Als Abt von St. Thierry führt er 1131–32 zusammen mit anderen erste Äbteversammlungen in der Diözese Reims durch, um nach dem Vorbild der zisterziensischen Generalkapitel auch für die schwarzen Mönche Reformen zu

36 Vgl. Altermatt, Alberich: Die erste Liturgiereform in Cîteaux (ca. 1099–1133), in: Rottenburger Jahrbuch für Kirchengeschichte 4(1985), S. 119–148, hier S. 129–140.

37 Vgl. Pfeifer, Wilhelm, ACi 51 (wie Anm. 1), S. 83f.

38 Zu Wilhelms Biographie vgl. ebd., ACi 50, S. 25–39.

39 Zur Einschätzung der Apologie vgl. ebd., ACi 50, S. 27f. und ACi 51, S. 77.

beschließen.[40] So ist sein Übertritt zu den Zisterziensern nach der Demission im Jahr 1135 Ausdruck und Verwirklichung seiner ständigen Reformideale.

Ein Hinweis auf die literarische Gattung des Goldenen Briefes mag zusätzlich hilfreich sein. Der mittelalterliche Brief ist stets für eine breitere Öffentlichkeit bestimmt. Sein Autor verfaßt ihn nach den Regeln der Briefkunst, ist aber inhaltlich ungebunden. Darum sind auch monastische Briefe geistliche Literatur im weitesten Sinn mit möglichen historischen Anklängen; ihre Absicht ist nicht persönliche Mitteilung, sondern Erbauung, Belehrung oder Ausdruck der Freundschaft.[41]

Der *Frage des Zellenbaus* widmet Wilhelm die Paragraphen 147–156.[42] Mit den Worten des Autors ist ihr Inhalt folgender. Es hat sich der Brauch eingeschlichen, mit fremdem Geld und auserlesenen Künstlern prächtige Klosterbauten zu errichten, die von der ursprünglichen einfachen Schönheit weit entfernt sind (147–148). Doch müssen wirklich Weltleute um viel Geld das Zelt Gottes unter den Menschen bauen? Das sollten doch jene tun, die von Gott selbst belehrt worden sind (149–150)! Unsere Wohnstätte sei ein Zelt, das man leicht abbrechen kann. Wir sind ja Krieger und leben in der Fremde. Und ist es nicht viel natürlicher, in einer Hütte aus Zweigen, die mit Lehm verputzt sind, zu wohnen? Eine allzu schöne Umgebung schwächt den männlichen Geist, während eine ärmliche äußere Umgebung dem inneren Vorhaben entspricht (151–154). Darum sollen die schon bestehenden prächtigen Zellen den Kranken dienen und euren Nachfahren zeigen, daß ihr selbst auf sie verzichtet habt. Ihr aber, baut euch kleine Hütten wie die Patriarchen, die »hier keine bleibende Stadt haben, sondern die zukünftige suchen«[43] (155–156).

Der Abschnitt ist durchgehend im pathetischen Stil einer Rede gehalten. Ein scharfer und leidenschaftlicher Ton bestimmt den ersten Teil: Wilhelm klagt den Mißbrauch, um Almosengeld teure Klosterbauten aufzuführen (147–150), an. Der Ton im zweiten Teil ist versöhnlicher: der Autor legt die richtige Weise eines Klosterbaues dar und schlägt eine Übergangslösung vor (151–156).

Den größten Vorwurf kleidet der Autor in das leidenschaftliche Gebet der Paragraphen 149–150:

»Nimm weg, o Herr, die Schmach der hundert Dukaten von den Zellen deiner Armen! Warum [wurden sie] nicht eher um 100 Denare [errichtet]?

40 Vgl. ebd., ACi 50, S. 28f.

41 Zur Briefkunst vgl. ebd., ACi 50, S. 67–71.

42 Vgl. ebd., ACi 50, S. 159–164.

43 Hebr 13,14

Warum nicht eher um gar kein Geld? Warum bauen die Söhne der Gnade nicht eher selbst und umsonst die eigenen Zellen? Welche Antwort erhielt Mose, als er das Zelt verfertigen sollte? ›Sieh zu‹, sprach er, ›daß du alles nach dem Bild machst, welches dir auf dem Berg gezeigt wurde.‹ [Hebr 8,5] Geziemt es sich etwa, daß Weltleute das Zelt Gottes unter den Menschen errichten? Sie selbst, denen auf der Höhe des Berges das Bild der wahren Schönheit des Gotteshauses gezeigt worden ist, sie selbst sollen es für sich bauen. Sie selbst, denen die Sorge um ihr Inneres die Verachtung und Geringschätzung alles Äußeren gebietet, sie selbst sollen es für sich bauen. Die Form der Armut, das Gepräge der heiligen Einfachheit und die Linienführung der von den Vätern ererbten Nüchternheit – kein Fleiß der Künstler wird sie so erwirken wie ihre eigene Geringschätzung.«[44]

Wilhelm beschwört die Mönche, sie seien doch Söhne der Gnade, wie Moses auf dem Berg zur Gottesbegegnung berufen. Nicht Weltleute, nur sie selbst seien fähig, Zellen als Wohnstätten Gottes zu errichten. Nicht Kunstverständnis, nur die Geringschätzung der Welt fände die richtige Form für ein bescheidenes Äußeres. Ein aufwendiger Klosterbau wendet sich also im letzten gegen die eigene, höchste Berufung der Mönche, gegen die Kontemplation.

Wird ein Mißbrauch so scharf gegeißelt, erhebt sich sogleich die Frage, wen der Vorwurf treffen soll. Können es die Kartäuser als Empfänger der Epistola sein?[45] Die damalige Verbreitung des Ordens wie seine Vorschriften sprechen dagegen: Mont-Dieu ist erst die achte Gründung[46]; die Mönchszahl einer

44 *Amputa Domine obprobrium centum solidorum a cellis pauperum tuorum. Cur non potius centum denariorum? Cur non potius nullorum? Cur non potius gratis filii gratiae ipsi sibi aedificant? Quid responsum est Moysi, cum consummaret tabernaculum? Vide, inquit, omnia facito secundum exemplar quod ostensum est tibi in monte. Num a saeculi hominibus decet fieri tabernaculum Dei cum hominibus? Ipsi, ipsi, quibus in altitudine mentis ostenditur exemplar veri decoris domus Dei, ipsi aedificent sibi. Ipsi, ipsi, quibus sollicitudo interiorum suorum contemptum et negligentiam indicit omnium exteriorum, ipsi aedificent sibi. Formam paupertatis, et sanctae simplicitatis speciem, et paternae frugalitatis liniamenta, nulla sic aptabit artificum industria, sicut eorum negligentia.* Der lat. Text entstammt der kritischen Ausgabe: Guillaume de Saint-Thierry, Lettre aux frères du Mont-Dieu (Lettre d'or), introduction, texte critique, traduction et notes par Jean Déchanet, Paris 1975 (= SC 223). Übers. v. mir.

45 Wie es Déchanet (wie Anm. 44), S. 31f., Anm. 62 meint. Er formuliert allerdings vorsichtig: »De simples huttes, de pauvres cabanes, des constructions plus que modestes en tout cas [...] avaient accueilli [les chartreux du Mont-Dieu] et leur avaient servi d'abris. Depuis lors, la générosité des fidèles avait permis l'édification de bâtiments plus durables et d'un certain luxe. (Guillaume exagère manifestement; la ›grande église‹, consacrée en 1144 et les cellules y attenant n'avaient rien d'extraordinaire.)«

46 Vgl. Déchanet (wie Anm. 44), S. 16.

Kartause ist auf 12 bzw. 24 Personen beschränkt.[47] Darum kann zur Abfassungszeit der Epistola keine *kartusianische Monumentalarchitektur* entstehen, die die Beiziehung von besonderen Baufachleuten erfordern würde.[48]

Die Paragraphen 148f. enthalten mehrere Anklänge an Bernhards Apologie[49] und an Wilhelms Hohenliedkommentar, in dem er sich mit ähnlichen Ausdrücken gegen das benediktinische Mönchtum gewendet hatte.[50] Will er auch hier wieder Cluny angreifen[51], das nach der Fertigstellung des großen Domes seine Klostergebäude erweitert?[52] Doch werden im Text deutlich Reformorden angesprochen, deren Gründer die Nachfolger zu Armut und Schlichtheit der Bauwerke verpflichtet haben (148,1–4; 150,6–8).

So erhärtet sich Marijan Zadnikars Vermutung, daß Wilhelm die eigenen Mitbrüder meinte.[53] Ab 1130 wurde im Zisterzienserorden wegen des starken Nachwuchses viel gebaut, bei Neugründungen wie bei der Verlegung der zu klein gewordenen Mutterklöster.[54] Den Neubauten legte man, *mit einer Leidenschaft für das vollkommene Kloster*, den Idealplan des neuen Clairvaux zugrunde.[55] Für das Errichten der großen Anlagen waren weltliche Fachleute unentbehrlich, die teuer bezahlt werden mußten.[56] Doch ab 1150 setzten

47 Vgl. Guigues, Ier: Coutumes de Chartreuse. Introduction, texte critique, traduction et notes par un chartreux, Paris 1984 (= SC 313), Nr. LXXVIIIf., S. 284–286. Zu dieser Höchstzahl kommen noch der Prior sowie 16 Konversen, die in einem getrennten Gebäude wohnen, hinzu.

48 Braunfels, Wolfgang: Abendländische Klosterbaukunst, Köln [4]1980, S. 153–168, hier S. 154 u.159.

49 Apol VIII,16.XII,28: Sancti Bernardi Opera I–VIII, hg. v. Leclercq, J., H. M. Rochais u. C. H. Talbot, Rom 1957–1977 (=SBO), hier SBO III, S. 95, 104–106; deutsche Übersetzung von XII,28 bei Braunfels (wie Anm. 48).

50 Vgl. Pfeifer, Wilhelm, ACi 50 (wie Anm. 1), S. 162, Anm. 297.

51 Vgl. Manselli, Raoul: Monachesimo e povertà. La »Lettera ad fratres Montis Dei« di Guglielmo di Saint-Thierry, in: Mélanges à la mémoire du Père Anselme Dimier. II. Histoire cistercienne. 3: Ordre, moines, Pupillin 1984, S. 355–362, hier 357; Verf. hält die Cluniazenser für die Adressaten.

52 Braunfels (wie Anm. 48), S. 79–80, 105, 109.

53 Zadnikar, M. und A. Wienand (Hg.): Die frühe Baukunst der Kartäuser, in: Die Kartäuser. Der Orden der schweigenden Mönche, Köln 1983, S. 51–137, zu §§147–155 auf S. 58; Zadnikar hält die Stelle für eine Zisterzienserkritik, folgert aber daraus nicht belegbare Schlüsse.

54 Braunfels (wie Anm. 48), S. 131–134, (auch zum Folgenden), nennt Clairvaux II (1133–53), Fontenay II (fast gleichzeitig), Cîteaux II (etwas später). Das folgende Zitat steht auf S. 134.

55 Heute verwendet man den Begriff *bernhardinischer Plan* differenzierter, vgl. Chauvin, Benoît: Le plan bernardin: réalités et problèmes, in: Bernard de Clairvaux. Histoire (wie Anm. 35), S. 307–348.

56 Braunfels (wie Anm. 48), S. 129f., sagt: »Wo immer wir Einzelheiten wissen, ergibt sich, daß viele der leitenden Baumeister und die Masse der Handwerker von außen kamen.

bereits Klagen der älteren Mönchsgeneration über die *Bauwütigkeit* der jungen ein.[57]

In dieser Periode großer Bautätigkeit entstand die Epistola. Darum warnte Wilhelm die eigenen Mitbrüder davor, Neubauten zu aufwendig zu erstellen und dafür die besten verfügbaren Baufachleute um teuren Lohn zu dingen (147). Ja, konnte er nicht sogar Bernhard meinen, der allenthalben die Bautätigkeit forcierte?[58] Dies ist keineswegs undenkbar, denn Wilhelm appellierte an das ursprüngliche Armutsideal (148; 150) und erinnerte an die Entsprechung zwischen der äußeren schlichten Umgebung des Mönches und seiner inneren Losgelöstheit (150; 152f.), die Bernhards Apologie zwanzig Jahre früher betont hatte.[59] So zog Wilhelm mit der Waffe ursprünglicher Zisterzienserspiritualität[60] gegen eine neue, bedenkliche Zeitströmung im Zisterzienserorden zu Feld, und der vorliegende Text könnte die früheste Warnung vor zisterziensischer Bauwut im 12. Jahrhundert sein.

Soweit meine Entdeckung, die die Analecta Cisterciensia 1994 veröffentlichte. Zwei Jahre später erschien in derselben Zeitschrift eine Weiterführung meiner Überlegungen aus der Feder Placide Vernets, eines Trappisten der Abtei Cîteaux und Fachmannes der zisterziensischen Frühgeschichte.[61] Vernets methodologischer Ansatz ist verschieden: er liest den Goldenen Brief synchron mit Bernhards Apologie, den ersten beiden *Exordia*, den *Instituta* (Generalkapitelbeschlüssen) und dem ersten, ebenfalls von Wilhelm verfaßten Band der *Vita Prima*, Bernhards Lebensbeschreibung; außerdem zieht er historische und volkskundliche Quellen bei. So kann er beweisen, daß Wilhelms Bauempfehlungen in §151 keineswegs einfältige Vorstellungen sind, sondern sich auf die ursprünglichste Bauweise der Saône-Gegend beziehen, die

Das wird sowohl von dem Stil der Bauornamentik als auch von Nachrichten über die Bezahlung fremder Steinmetzen bezeugt.«

57 Schneider, Ambrosius: Der Baubetrieb der Cistercienser, in: ders. (Hg.), Die Cistercienser (wie Anm. 4), S. 54–63, hier S. 61f., führt neben den Klagen über die *libido* bzw. den *morbus aedificandi* die Beschwerde des ehemaligen Troubadours und nachmaligen Priors Helinand von Froidmont an: »Wir können schwerlich mehr als ›Arme Christi‹ gelten, wenn wir so viel Aufwand mit den Gebäuden machen.«

58 Braunfels (wie Anm. 48), S. 131, nennt Bernhards fähigste Baufachleute, seine Mönche Achard und Gottfried von Alaine, die ihr Abt zum Bau der Neugründungen ins Ausland sendete.

59 Apol XII,28: SBO III, S. 104–106.

60 Nach Leclercq, S. Bernard et les débuts (wie Anm. 30), S. 74f., ist bereits die sogenannte ursprüngliche Spiritualität keine andere als die Bernhards selbst.

61 Vernet, Placide: »In campis silvae [...] pusillus grex.« Dans une clairière de la forêt un tout petit troupeau. Préoccupations pour la vie monastique chez Guillaume, abbé bénédictin de Saint-Thierry puis moine cistercien de Signy, in: ACi 52(1996), S. 265–302.

bis heute in der Nachbarschaft von Cîteaux besteht. Diese schlichte Bauweise empfiehlt er, während in Clairvaux bereits ein Steinbau für rund 500 Mönche und Konversen fertiggestellt ist. *Pusillus grex* und *paupertas*, Einsamkeit und Handarbeit der Mönche sieht Wilhelm gefährdet. Er, der Konvertit aus einer großen Benediktinerabtei, leidet unter der Entwicklung seiner neuen Ordensheimat, der Zisterzienser, und appelliert an die geistlichen Ideale des Anfangs.

Dies ist nicht die einzige Kritik am eigenen Orden, die ich im Goldenen Brief entdeckte. Vielmehr nehmen im ganzen ersten Buch des Traktates den größeren Raum aktuelle Fragen des monastische Reformmönchtums ein.[62] Bei jeder einzelnen konnte ich beweisen, daß sie nicht die Kartäuser betrifft, sondern die anderen Reformorden, besonders aber die Zisterzienser. In ihnen erinnert der Verfasser seine Mitbrüder an die Reformprinzipien der gemeinsamen Handarbeit, der Armut des Klosters beim Zellenbau und bei der Beschaffung der Lebensgrundlage sowie der schlichten Liturgie. Auf dem Höhepunkt der ersten Ausbreitungswelle gelten ihnen die Mahnungen, die Demut zu bewahren, in der *vita mixta* verfügbar zu bleiben und nur geeignete Bewerber aufzunehmen. Wilhelm benützt also die Gelegenheit eines Widmungswerkes an Kartäuser, um seine zisterziensischen Mitbrüder in der ersten Blütezeit des Ordens an wichtige Reformprinzipien zu gemahnen.

Es erhebt sich die Frage, warum der Autor sein eigentliches Anliegen so verbarg. Er tat es, um seinen Freund Bernhard, den übermächtigen Förderer der Ausbreitung, nicht öffentlich anzugreifen, sondern ihn zusammen mit den Mitbrüdern an die Grundsätze der Zisterzienserreform zu erinnern. Haben Wilhelms Mitbrüder trotz dieser Verhüllung seine Kritik erkannt? Es scheint so, denn der Goldene Brief wurde noch vor der Fertigstellung im Orden kopiert und verbreitet.

Was das Ursprungscharisma betrifft, zeigt die Vielfalt von Wilhelms Kritik und ihre Zielrichtung, das gefährdete innere Leben des Mönches, daß der Kern dieses Charismas in einer Spiritualität liegt, die alle auch noch so profanen Bereiche des Lebens mit einbezieht. Kann man andrerseits aus Wilhelms Kritik schließen, daß dessen Entstehungszeit schon vorbei ist? Dies würde heißen, daß das *Ursprungs*charisma das *Gründer*charisma ist. Doch sind von den Gründern Robert und Alberich keine einzigen, von Stephan Harding nur kurze Schriftstücke erhalten.[63] Ihre Spiritualität ließe sich also nur indirekt aus den wie oben gezeigt schwierig zu bewertenden historischen und juridischen

62 Vgl. Pfeifer, Wilhelm, ACi 50 (wie Anm. 1), S. 199–202, mit ausführlichen Verweisen.
63 Vgl. Altermatt, Le patrimoine (wie Anm. 29), S. 274f.

Dokumenten der Anfangszeit erschließen. Das heute bekannte geistliche Schrifttum des Ordens setzt erst mit der zweiten Generation, mit Wilhelm und Bernhard, ein. So sehr einen also die Wilhelm-Lektüre über die Zeitspanne des Ursprungscharismas im Unklaren läßt, so sicher erweist sich hingegen Wilhelm als ebenbürtiger Mitgestalter zisterziensischen Wesens. Als letztes sei an die Dynamik des Ursprungscharismas erinnert, die im leidenschaftlichen (schriftlichen) Gespräch des Goldenen Briefes deutlich sichtbar wird.

Aelred, der »Bernhard des Nordens«, überlebt seinen Freund und Meister um gute zehn Jahre und steht daher an der Schwelle der dritten Zisterziensergeneration.[64] Zwanzig Jahre lang leitet er die Abtei Rievaulx, deren Größe selbst jene von Clairvaux übertrifft. Aus seiner äbtlichen Tätigkeit wähle ich eine Predigt, den dritten Sermo zum Fest des Hl. Benedikt am 21. März.[65] In einer Allegorese des Wüstenzuges Israels stellt Aelred den Mönchskonvent als Volk Gottes in der Wüste dar. Er soll wie die Israeliten das Zelt Gottes aus seinen Opfergaben errichten, d.h. aus seinem materiellen und geistigen Besitz.

»Doch jetzt zu uns, meine Brüder: Wenn wir geistliche Kinder Israels sind, [...] so muß jeder einzelne – so müssen wir alle zur Errichtung dieses Zeltes Opfergaben darbringen, und zwar jeder von dem, was er im Überfluß hat [...] Dies, meine Brüder, müssen wir nicht nur im Hinblick auf unsere Kullen und unsere Kleider verstehen, sondern noch viel mehr im Hinblick auf unsere Tugenden und geistlichen Gaben.«

Denn die Klostergemeinschaft baut sich aus den Begabungen jedes einzelnen auf: » ›Jeder hat nämlich seine besondere Gnadengabe von Gott, der eine so, der andere anders.‹ [1 Kor 7,7; RB 40,1] Der eine kann mehr Arbeit darbringen, ein anderer mehr Nachtwachen, wieder ein anderer mehr Fasten, ein anderer mehr Gebet und wieder ein anderer mehr geistliche Lesung oder Betrachtung. Aus all diesen Opfergaben soll ein einziges Heiligtum erbaut werden, so daß [...] keiner etwas zu seinem Eigentum erklärt oder Anspruch darauf erhebt, sondern allen alles gemeinsam sei. [vgl. RB 33,6[66]]«

64 Zu Aelred vgl. die kürzlich erschienene Monographie von Fösges, Gerd: Das Menschenbild bei Aelred von Rievaulx, Altenberge 1994 (= Münsteraner Theologische Abhandlungen 29), mit reicher Bibliographie. Zum ganzen folgenden Abschnitt vgl. von der Verfasserin: Aelred von Rievaulx und das Ursprungscharisma der Zisterzienser, in: CistC 104(1997), S. 199–208.

65 Krit. Ausgabe in CChr.CM 2/a, 65–69 (= PL 195,247–251), deutsche Übersetzung (ggf. von mir korrigiert) in EA 56(1980), S. 64–67. Zitate aus §§ 8–10 (Übers. S. 65).

66 RB = Regula Benedicti, Die Benediktusregel lat./dt., hg. im Auftrag der Salzburger Äbtekonferenz, Beuron 1992.

Dafür gibt der Abt eine gnadentheologische Erklärung:

»Gott könnte jeden, den er erwählt, augenblicklich zur Vollkommenheit führen und jedem einzelnen alle Tugenden schenken. Aber in seiner liebenden Vorsehung handelt er an uns, so daß einer den anderen brauche und in ihm besäße, was er nicht in sich selbst findet. Auf diese Weise soll die Demut bewahrt, die Liebe vermehrt und die Einheit erkannt werden.«

Dies ist der Höhepunkt der Predigt, der Gottes Ziel mit dem Menschen und die Antwort des Menschen auf seine Berufung in knappster Form ausdrückt: *humilitas, caritas, unitas.* Der Mensch erkennt sich demütig als Gottes Kreatur; Stolz oder Unzufriedenheit sind unangebracht. In Liebe stellt er dem Nächsten seine Gnadengaben zur Verfügung. So wird eine Einheit sichtbar, die Gottes Gegenwart, sein Zelt unter den Menschen, bezeugt.

Was ist das Zisterziensische an dieser Predigt? Aelred spricht und schreibt für ein Großkloster der zweiten, besonders aber der dritten Generation. Die dort unvermeidlichen Spannungen zeigt der Abt als Ansporn an die Gemeinschaft auf, in den Mitbrüdern die vielfältige Gabe Gottes wahrzunehmen und einander zu vermitteln. Dabei erinnert er an die Grundanliegen der Zisterzienserreform: die häufigen Zitate aus der Benediktusregel unterstreichen ihre Regeltreue, die körperlichen und geistlichen Übungen ihr strenges, aber ausgewogenes Programm. Gleichzeitig lenkt er die Aufmerksamkeit seiner Mönche auf die menschlichen Beziehungen. In all dem stellt er ihnen eine Gemeinschaft vor Augen, in der berechtigte Eigenheiten und Gemeinschaftssinn einander nicht ausschließen, sondern sich gegenseitig befruchten, ja bedingen: Einheit existiert nur in Vielfalt, und Vielfalt, will sie nicht zerfallen, stellt sich in den Dienst der Einheit.

Das Bemerkenswerte an Aelreds Entwurf ist seine theologische Fundierung. In geänderten Zeitumständen sucht er nicht praktische Lösungen oder Kompromisse, sondern den Willen Gottes für seine konkrete Gemeinschaft. In der Vielfalt der menschlichen Begabungen und Schwächen kann und soll Gottes vielgestaltige Gnade zum Vorschein kommen. Diese theologische Deutung der zisterziensischen Lebensweise unter geänderten Zeitumständen reiht ihn dem Ursprungscharisma zu

Im dritten Textbeispiel, in einem *Exemplum* aus Konrad von Eberbachs *Exordium Magnum,* werden bereits im Rückblick wichtige Züge des Zisterziensercharismas betont. Es gehört einer literarischen Gattung an, die im letzten Viertel des 12. Jahrhunderts entsteht: ab 1170 beginnt man in Clairvaux *Exempla*, kurze ethisch-erbauliche Geschichten des Klosteralltags, und

Wunderberichte zu sammeln. McGuire nennt die Zisterzienser die ersten großen europäischen Geschichtenerzähler.[67] Solche *Exempla* fügt der Claravallenser Mönch Konrad, später Abt von Eberbach (†1221), in sein *Exordium*, das *Exordium magnum*, das er übrigens stark an das *Exordium parvum* anlehnt, ein.[68] So ist das *Exordium Magnum* eine legendäre Darstellung mit historischem und zeitgenössischem Hintergrund: angesichts erster Zeichen eines Niedergangs – Konrad spricht von *pericula* und *negligentia*[69] – wird das Ordensideal an Gestalten der Frühzeit des Ordens exemplifiziert; besonders Bernhard wird von einer vertraulicheren Seite als vor seiner Heiligsprechung (1174) gezeigt, doch zwischen den Zeilen kommen auch kritische Stimmen zu Wort. Er tritt weniger als Wundertäter denn als Abt in Erscheinung, der sich um das geistliche Wohl seiner Mönche kümmert. All dies zeigt eine rege Diskussion über die Identität nicht nur Bernhards, sondern des Ordens im Ganzen.

Das *Exemplum* II, 12 trägt den Titel: »Als Bernhard einmal länger von Clairvaux entfernt war, kehrte er im Geist dorthin zurück, begab sich ins Noviziat und tröstete einen traurigen Novizen«[70] Der Schwerpunkt scheint auf dem Wunder der Bilokation zu liegen; doch der Text selbst zielt auf etwas anderes ab. Ich wähle den Mittelteil:

»Sobald Bernhard, endlich zurückgekehrt, das Noviziat betreten und mit seiner besänftigenden und erbauenden Stimme alle fröhlich gestimmt und zu mehr Eifer in der klösterlichen Observanz angespornt hatte, rief er einen von ihnen zu sich und sagte ihm: ›Vielgeliebter Bruder, woher kommt dir diese Traurigkeit, die die tiefsten Schichten deines Herzens so verderbenbringend zerstört?‹ Vor Scham wagte der Novize kaum etwas zu sprechen. Der hl. Ordensvater aber wußte, daß er sich seinen Schafen als Hirte und nicht als Tagelöhner erweisen müsse; mild und sanft von Herzen sagte er: ›Ich weiß, geliebtester Sohn, ich weiß, was in dir vorgeht, und deswegen habe ich wie ein Vater mit dir Mitleid [et propterea paterno pietatis affectu tibi compatior]. In meiner so langen Abwesenheit mußte ich stets die ersehnte körperliche Gegenwart meiner Mitbrüder entbehren; doch Gottes Gnade gewährte mir, das, was ich körperlich nicht vermochte, geistig zu ersetzen; so kehrte ich im

67 Vgl. McGuire, The Meaning (wie Anm. 2), S. 100. Dazu und zum Folgenden vgl. ders.: The First Cistercian Renewal and a Changing Image of St. Bernard, in: CistS 24(1989), S. 25–49, hier S. 28.

68 Krit. Ausgabe v. Grießer, Bruno: Exordium magnum cisterciense sive narratio de initio cisterciensis ordinis, Rom 1961; jetzt auch: Turnhout 1994, in: CChr.CM 138.

69 Vgl. McGuire, The First Cistercian Renewal (wie Anm. 67), S. 39f.

70 Griesser, Exordium magnum (wie Anm. 68), S. 106, Übers. v. mir. Dazu McGuire, The First Cistercian Renewal (wie Anm. 67), S. 36f.

Geist hierher zurück, ging durch die einzelnen Werkstätten, forschte sorgfältig danach, wie es den einzelnen ging und betrat auch das Noviziat. Alle fand ich vor Freude in der Furcht des Herrn jubeln und in Bereitschaft für die Mühen der Buße; nur dich sah ich vor übergroßer Traurigkeit verschmachten und seufzte auf. Als ich dich an mich ziehen und dich liebkosen wollte, widersetztest du dich mir, wandtest dein Gesicht von mir ab und weintest so bitterlich, daß meine Kukulle von deinen Tränen feucht wurde.‹ So sprach er und suchte mit heilbringenden Ermahnungen den (in sich) Gefangenen zu gewinnen; es gelang ihm, die Betrübnis zu vertreiben und den zur Freiheit der geistlichen Freude zurückzuführen, den die Traurigkeit schon fast verschlungen hatte.«

Welche zisterziensischen Züge sind hier zu beobachten? Bernhard wird als Abt nach der Benediktusregel gezeigt, der mehr auf das geistliche als auf das materielle Wohl der Mitbrüder bedacht sein soll (RB 2, 33–36). Zum Novizen verhält er sich wie ein Vater und mehr noch wie eine Mutter. Dies ist weder Zufall noch Sentimentalität, sondern Spiritualität. Caroline Walker Bynum hat durch eingehende Vergleiche benediktinischer und zisterziensischer geistlicher Schriften des 12. Jahrhunderts dargelegt, daß besonders die Zisterzienser im Jahrhundert der Wiederentdeckung der (gefühlvollen) Liebe[71] großen Wert auf die zwischenmenschlichen Beziehungen in den Konventen legen. Den Abt sehen sie wie Christus gemäß einer patristischen Metapher als *Vater* und *Mutter*.[72]

Damit wird diese scheinbar schlichte Erzählung zu einem Echo und zu einer Ergänzung der aelredischen Predigt, und das Ideal einer zisterziensischen Klostergemeinschaft, wie es viele, hier nicht behandelten früheren Texte zeigen, kommt in den Blick: der Abt ist gleichzeitig Vater und Mutter; die Mitbrüder stehen einander verständnisvoll bei; die Gemeinschaft ist als ganzes der Ort der vielfältigen Gnade Gottes, eine *unitas in pluralitate*. Ist nicht gerade diese Einheit in der Vielfalt die Sinnspitze des (biblisch und dogmatisch gedeuteten) Charismas[73], so daß sich hier auf überraschende Weise das historisch erhobene Charisma mit dem theologischen deckt? Zusammen mit Caroline Walker Bynum bin ich überzeugt, daß diese Gegenseitigkeit von Einzel-

71 Dinzelbacher, Peter: Über die Entdeckung der Liebe im Hochmittelalter, in: Saeculum 32(1981), S. 185–208.

72 Bynum, Caroline Walker: Jesus as Mother. Studies on the Spirituality of the High Middle Ages, Berkeley 1982, S. 59–81 (»The Cistercian Conception of Community«), S. 110–169 (»Jesus as Mother and Abbot as Mother: Some Themes in Twelfth-Century Cistercian Writing«).

73 Vgl. Kehl, Medard: Charisma. III. Systematisch-theologisch, in: LThK[3] 2(1994), Sp. 1015–1016.

nem und Gemeinschaft eines der charakteristischsten zisterziensischen Merkmale ist.[74]

Auf der Schwelle zum 13. Jahrhundert blickt Konrad auf die goldene Zeit des Ordens bereits zurück. Sein *Exordium magnum* steht damit außerhalb des Ursprungscharismas. Doch besagt dies nicht, daß das Zisterziensercharisma sich nicht weiter entfalten würde. Dies würde der Geschichtlichkeit des Menschen nicht gerecht und widerspricht auch den Tatsachen.[75] Doch für den vorliegenden Beitrag, in dem es um die Möglichkeit einer Definition des zisterziensischen Ursprungscharismas geht, ergibt sich daraus eine letzte Klarstellung: Jede Zisterziensergeneration entwickelt in geänderten Zeiten das Ordenscharisma weiter, indem es seine neuen spirituellen Erfahrungen und theologischen Einsichten am Ursprungscharisma mißt.[76] Jenes ist unabgeschlossen, während dieses einen, wenn auch, wie oben gezeigt wurde, dynamischen Normcharakter hat. Nur der letztere stand hier zur Diskussion. Damit komme ich zum Schluß.

Schluß

Ließe sich die Frage nach dem Zisterziensercharisma leichter beantworten, wenn es nur, wie in vielen Orden, das Charisma der *Gründer* wäre? Die Überlegungen Michel de Certeaus anhand der Frühgeschichte des Jesuitenordens widerlegen es. Ich möchte den Gedanken auf den Kopf stellen: statt das Fehlen eines auf eine oder mehrere Personen beschränkten Charismas zu beklagen, möchte ich die lange Spanne des Ringens um die Ordensideale begrüßen. Ja, noch mehr: ich möchte die Zisterzienser *Glückskinder* nennen. Denn welcher Orden ist je zu so einer günstigen Konstellation entstanden? Getragen vom Elan der monastischen Reformbewegung, ausgebildet im Zeitalter einer Renaissance und Erneuerung des kirchlichen und kulturellen Lebens[77], entfaltet er sich im Jahrhundert der Wiederentdeckung der Liebe. Wer konnte sich damals – und kann es noch heute – dieser wundersamen Mischung von Dynamik,

74 Zu erinnern ist, daß besonders die Zisterzienser zur Entwicklung der Menschenrechte, die Jahrhunderte später das Verhältnis von Staat und Einzelperson und der Bürger untereinander regeln würden, beitrugen, vgl. Moulin, Léo: Christliche Quellen der Erklärung der Menschenrechte, in: Böckenförde, E. W. und R. Spaemann (Hg.): Menschenrechte und Menschenwürde. Historische Voraussetzungen – säkulare Gestalt – christliches Verständnis, Stuttgart 1987, S. 16–30, hier S. 20–21. u. bes. S. 25.

75 Vgl. Mikkers, Robert (wie Anm. 22), 738–814 (bis zum 20. Jahrhundert).

76 Vgl. Certeau, Cultures (wie Anm. 12), S. 46–50.

77 Vgl. Benson R. und G. Constable (Hg.): Renaissance and Renewal in the Twelfth Century, Cambridge 1982.

asketischem Ernst, leidenschaftlicher Gottes- und Menschenliebe, hoher Bildung, Sinn für das Praktische, künstlerischem Gestaltungswillen und mitreißendem Corps-Geist entziehen?

Nach der *laudatio* darf die *confessio* nicht fehlen. Was die Benediktiner als »Geburtsfehler« bezeichnen würden, müssen die Zisterzienser zumindest als »Muttermal« zugeben, nämlich ein Reform-Orden zu sein, der es zu Beginn nicht nur anders, sondern auch besser machen wollte. Darüber müssen sie sich stets selbst und den andern Rechenschaft ablegen – über *Ideale und Wirklichkeit.*[78] So dürfen denn auch zum Schluß die offenen Fragen zum Ursprungscharisma nicht verschwiegen werden.

Was seinen Inhalt betrifft, zeichnet sich nach den Forschungen der letzten vier Jahrzehnte allmählich ein Konsens ab: die asketischen Grundanliegen der monastischen Reformbewegungen (Armut, Schlichtheit, Einsamkeit und Handarbeit) verbinden sich, ja ordnen sich bei den Zisterziensern einer Spiritualität unter, die auf die Kontemplation, auf die mystische Gottesbegegnung, vorbereiten soll.[79] Dabei stehen im Klosteralltag wie in den theologischen und juridischen Schriften die menschlichen Beziehungen in der jeweiligen Gemeinschaft und im gesamten Ordensverband im Vordergrund. Ebenso einstimmig werden heute neben Bernhard von Clairvaux auch andere Zisterzienserväter als prägende Gestalten angesehen.

Was die Zeitspanne der Herausbildung des Charismas betrifft, scheint eine Antwort noch in weiter Ferne zu liegen. Sind erste Zeichen eines Verfalls der Endpunkt?[80] Liegt dieser vor, wenn die vergangene Anfangszeit oder eine große Ausbreitungsperiode glorifiziert werden?[81] Beide Momente fanden sich aber bereits im Goldenen Brief, also im goldenen Zeitalter der Zisterzienser! Welche Rolle spielt die geographische Verbreitung? Wenn man in französischen Zisterzen den Niedergang der Ordenszucht zu beklagen beginnt, erleben die deutschen gerade den ersten Höhepunkt.[82] Welche Rolle spielt endlich das

78 So der Titel von Lekais Standardwerk (s. Anm. 24).

79 Jedoch ist die Beschränkung zisterziensischer Spiritualität und Mystik auf Christologie und Affektivität, wie sie z.B. Edmond Mikkers (s.o. S. 14), und z.T. Brockhusen, Gerda von: Zisterziensermystik, in: WMy, S. 528, vornehmen, einseitig; vgl. von der Verfasserin: Tre »stili« della mistica cistercense: Bernardo di Chiaravalle, Guglielmo di Saint-Thierry e Aelredo di Rievaulx, in: L'esperienza di Dio nella vita monastica. XXIII Corso Abbadesse dei monasteri benedettini d'Italia. Roma, 8.–13.1.1996, Civitella 1997, S. 137–165.

80 Vgl. McGuire, The Meaning (wie Anm. 2), S. 96.

81 Ebd. S. 98.

82 Vgl. McGuire, The First Cistercian Renewal (wie Anm. 67), S. 98.

Geschlecht? Im Zisterzienserorden sind seit ca. 1120, der Gründung des ersten Frauenklosters in Tart durch Stephan Harding[83], Männer und Frauen vereint. Auch wenn die Blüte der Zisterzienserinnenklöster erst in der zweiten Hälfte des 13. Jahrhunderts liegt, ist angesichts der spärlichen Überlieferung aus dem 12. Jahrhundert zu fragen, ob das zisterziensische Ursprungscharisma nur männlich ist.

Auf welche Entstehungszeit sich also festlegen? Ich kann nur eine Vermutung äußern. Der Kern jeden Ordenscharismas liegt in seiner Spiritualität. Solange diese von Theologie und Mystik gespeist ist, bestimmt sie die Praxis der jungen Gemeinschaft in jener breiten Auffächerung, die wir gerade am Zisterzienserorden bestaunen. Inhaltlich wie zeitlich sind für das zisterziensische Ursprungscharisma die theologischen und mystischen Impulse am bedeutendsten, oder mit den Worten Jean Leclercqs: *Wissenschaft und Gottverlangen.*[84] Meiner Meinung nach ist der letzte große Mystiker der Ursprungszeit der englische Zisterzienserabt Johannes von Ford.[85] Sein Todesjahr 1214 kommt der von Edmond Mikkers als Endpunkt angegebenen Jahreszahl 1250[86] nahe. Dies könnte bedeuten, daß das zisterziensische Ursprungscharisma zu seiner endgültigen Gestalt außerhalb Frankreichs findet, und zwar zu einer Zeit, in der man dort, wie es Konrad von Eberbach tut, bereits über den Verfall der Ordensideale klagt.

Ich bin zuversichtlich, daß weitere Entdeckungen und Klärungen zur Frage des Ordenscharismas möglich sind. Denn zusätzlich zu meinem philologisch-theologischen Ansatz könnten auch historisch-soziologische[87] und philosophische Zugänge[88] gewählt werden. Allerdings unter der Voraussetzung, daß

83 Vgl. Leclercq, Jean: Cisterciennes et filles de St. Bernard, in: StMon 32(1990), S. 139–156; Locatelli, René: L'expansion de l'ordre cistercien, in: Bernhard von Clairvaux. Histoire (wie Anm. 35), S. 103–140, hier 135–140 (»Une approche difficile: les moniales«). Während Leclercq die Gründung von Tart vor 1120 ansetzt, gibt Locatelli die Jahre 1120 bis 1125 an.

84 Leclercq, Jean: Wissenschaft und Gottverlangen, Düsseldorf 1963. Der franz. Originaltitel lautet: L'amour des lettres et le désir de Dieu, Paris 1957.

85 Vgl. Mikkers, Robert (wie Anm. 22), S. 757

86 S.o. S. 14

87 Vgl. Burgalassi, Silvano: Carisma (aspetto sociologico), in: DIP 2(1975), S. 298–299; Hostie, Raymond: Vie et mort des ordres religieux, Paris 1972; Ratschow, Carl Heinz: Charisma I. Zum Begriff in der Religionswissenschaft, in: TRE 7(1981), S. 681–682.

88 Zum Verständnis der Tradition (zu der ein Ordenscharisma zählt) vgl. z.B. Gadamer, Hans-Georg: Wahrheit und Methode, Tübingen 1960, S. 366–367; verschiedene Werke von Paul Ricoeur, z.B. De l'interprétation, Paris 1965; Le conflit des interprétations, Paris 1969; Salmann, Elmar: Der geteilte Logos, Rom 1992 (= StAns 111), S. 377–379.

die Forschung, wie Michel de Certeau rät, stets im Dreiergespräch weitergeführt wird: zwischen der heute lebenden Ordensgemeinschaft, zwischen heutigen Wissenschaftlern und zwischen den Zisterziensern der Anfangszeit.[89] Daß dieses Gespräch hier und jetzt stattfindet, dafür möchte ich Ihnen danken.

89 Vgl. Certeau, Le mythe (wie Anm. 28), S. 62f., 73.

Neue Forschungen zur Schulorganisation und Universitätsausbildung der polnischen Zisterzienser

Krzysztof Kaczmarek

Das Interesse an der Zisterziensergeschichte führte auch dazu, daß ein bedeutender Teil der Gebäude, in denen sich Zisterzienserklöster befanden, in den letzten Jahrzehnten archäologisch und architektonisch untersucht wurde. Dank der konservatorischen Arbeiten zeigen sie sich wieder in altem Glanz.

Das Interesse an der Zisterziensergeschichte und Versuche der Erhaltung und Pflege der Zisterziensererbschaft begleiten die weitere theoretische Arbeit der Historiker, Kunsthistoriker, Archäologen und Musikwissenschaftler. Im Mittelpunkt ihrer Abhandlungen aus den 50er und 60er Jahren unseres Jahrhunderts standen Probleme der Klosterstiftungen und des Klosterguts. In den letzten Jahren werden dagegen eher Fragen der Missions- und der karitativen Tätigkeit der Klöster, das Aufnahmeverfahren ins Kloster und die gesellschaftliche Basis sowie die Teilnahme der Zisterzienser am Kulturleben in ihrer Epoche diskutiert.[1] Häufig werden Probleme wie die Tätigkeit der Skriptorien, Klosterbibliotheken, die Geschichtsschreibung der Zisterzienser, die Ausbildung der Mönche, die Schulorganisation der Orden und die Universitätsstudien der Mönche angeschnitten.[2]

1 Eine Analyse der älteren Geschichtsschreibung zu den Zisterziensern im Hinblick auf die polnischen Klöster ist zu finden in: Chłopocka, Helena: Fundacje cysterskie w Polsce średniowiecznej w poglądach historiografii polskiej, in: Historia i kultura (wie Anm. 2), S. 9–24.

2 Wałkówski, Andrzej: Najstarszy kopiarz lubiąski, Acta Universitatis Vratislaviensis, Nr. 800, Historia 50, Wrocław 1985, S. 163–221; Ders.: Skryptorium dokumentowe klasztoru cystersów w Kamieńcu Ząbkowickim do końca XIII wieku, in: Klasztor w kulturze (wie Anm. 3), S. 239–261; Ders.: Wpływ skryptorium klasztoru cystersów w Pforcie na dokument lubiąski do końca XIII wieku, in: Dzieje i kultura (wie Anm. 2), S. 203–247; Ders.: Zarys rozwoju pisma dokumentów lubiąskich do połowy XIII wieku, in: Kultura średniowieczna Śląska. Pierwiastki rodzime i obce, hg. v. K. Bobowski, Wrocław 1993, S. 15–31. Vgl. von den jüngeren Publikationen auch: Dobosz, Józef: Trzynastowieczne falsyfikaty cysterskie z Sulejowa i Jędrzejowa – motywy i okoliczności powstania, in: Klasztor w kulturze (wie Anm. 3), S. 225–238; Wójcik, Marek: Początki skryptorium dokumentowego klasztoru cystersów w Rudach, in: Klasztor w kulturze (wie Anm. 3), S. 263–280; Płowens, Małgorzata: Księgozbiory cystersów »linii altenberskiej« w Wielkopolsce, Poznań 1993 (Ms.); Wenta, Jarosław: Dziejopi-

Das letztgenannte Problem, also das Verhältnis der Mönche zur Bildung, wurde in polnischen Untersuchungen des Zisterzienserordens bislang vernachlässigt. Die Historiker konzentrierten sich auf die Genese der einzelnen Stiftungen und die Analyse ihrer materiellen Existenz. Sie reflektierten nur selten über die Rolle des Zisterzienserordens im intellektuellen Leben seiner Epoche.[3]

Auch zu den Themenkomplexen Schulen und Universitätsausbildung der Zisterzienser hatten polnische Historiker, die sich mit dem mittelalterlichen Bildungswesen befassen, bis vor kurzem wenig zu sagen. Untersuchungen des damaligen Bildungswesens auf polnischen Gebieten umfaßten vor allem Schulzentren in der Diözese (Dome, Stiftskirchen und Pfarrkirchen).[4] Der einzige Orden, dessen eigenes Schulwesen gründlich untersucht wurde, ist der Dominikanerorden. Seit den 60er Jahren wird eine intensive Forschung auf dem Gebiet der Schulstruktur dieses Ordens in der polnischen Provinz sowie der ausländischen Studienreisen der »Predigerbrüder« betrieben.[5]

sarstwo w klasztorze cysterskim w Oliwie na tle porównawczym, Gdańsk 1990; Ders.: Dziejopisarstwo cystersów a memoria na przykładzie Henrykowa, Lubiąża i Oliwy, in: Klasztor w społeczeństwie (wie Anm. 3), S. 191–198.

3 Eine Zusammenfassung der Untersuchung zu den Klosterschulen im mittelalterlichen Polen ist zu finden bei: Stopka, Krzysztof: Szkoła zakonna w Polsce žredniowiecznej jako problem badawczy, in: Klasztor w kulturze (wie Anm. 3), S. 49–61.

4 Zu den jünsten Publikationen zählen: Stopka, Krzysztof: Szkoły katedralne metropolii gnieźnieńskiej w średniowieczu. Studia nad kształceniem kleru polskiego w wiekach średnich, Kraków 1994; Ryś, Jan: Szkolnictwo parafialne w miastach Małopolski w XV wieku, Warszawa 1995.

5 Korolec, Jerzy: Struktura organizacyjna szkół dominikańskich. in: Materiały i Studia Zakładu Historii Filozofii Starożytnej i Średniowiecznej 9(1968), S. 3–24 (im folgenden zitiert als: MSZHFSS); Ders.: Lista lektorów dominikańskich prowincji polskiej w XIII–XIV wieku, in: MSZHFSS 2(1962), S. 196–213; Ders.: Lista lektorów i szkół dominikańskich w dawnej Polsce XV wieku, in: MSZHFSS 4(1965), S. 276–333; Kielar, Pawel: Organizacja szkolnictwa dominikańskiego w XIV wieku. in: Studia Philosophiae Christianae 5(1969), S. 304–318; Ders.: Studia nad kulturą szkolną i intelektualną dominikanów prowincji polskiej w średniowieczu, in: Studia nad historią dominikanów w Polsce 1222–1972, hg. v. J. Kłoczowski, Warszawa 1975, S. 271–515; Kłoczowski, Jerzy: Studia w polskiej prowincji dominikańskiej za prowincjalatu Jakuba z Bydgoszczy (1447–1478), in: Europa – Słowiańszczyzna – Polska. Studia ku uczczeniu profesora Kazimierza Tymienieckiego. Poznań 1970, S. 457–481; Ders.: Studium Generalne dominikanów w Krakowie w XV wieku, in: Roczniki Filozoficzne 27(1979), Heft 1, S. 239–243; Ders.: Ze związków Polski z krajami zachodnimi u schyłku średniowiecza. Studia zagraniczne dominikanów prowincji polskiej, in: Polska w Europie. Lublin 1968, S. 109–135; Kaczmarek, Krzysztof: Jeszcze o lektorach i studentach w średniowiecznej prowincji polskich dominikanów oraz ich szkołach w Krakowie i we Lwowie, in: Nasza Przeszłość 88(1997), S. 163–193.

Die Ergebnisse dieser Forschung lassen die These zu, daß in Gebieten der polnischen Dominikaner, obwohl sie weit von den wichtigsten Bildungszentren des Ordens (Bologna, Paris, Oxford, Köln) lebten, Schulanordnungen der Generalkapitel der Dominikaner sehr schnell in Kraft getreten sind. Schon im 13. und 14. Jahrhundert existierten in der polnischen Provinz neben den theologischen Konventsschulen auch Partikulärschulen für Theologie-, Philosophie- und Artes-Studien. Um 1394 wurde das Krakauer Studium Generale der Dominikaner gegründet. Von der Bedeutung und dem Wirkungsbereich dieses Zentrums zeugt die Tatsache, daß in Krakau nicht nur Dominikaner aus der polnischen Provinz, sondern auch aus tschechischen und deutschen Gebieten studierten. Umgekehrt studierten im 15. und 16. Jahrhundert einige Hunderte von polnischen Brüdern des Dominikanerordens in Italien, dem Deutschen Reich, Frankreich und England.

Leider ist der Wissensstand im Hinblick auf das Schulwesen bei anderen Mendikantenorden nicht so gut wie bei den Dominikanern, gar nicht zu reden von den Kanoniker- und Mönchsgemeinschaften. Erst in den letzten Jahren wurden Abhandlungen über das Schulwesen bei den Karmelitern und Regularklerikern veröffentlicht.[6] Trotz der entsprechenden Forderungen wurde die Schultätigkeit der Franziskaner bisher ebenfalls noch nicht dargestellt. Mit der Untersuchung dieses Problems bei den Minoriten sind wir nicht weitergekommen als Kamil Kantak, der sich mit diesem Thema in den 30er Jahren unseres Jahrhunderts beschäftigte.[7]

Über die intellektuelle Kultur der Zisterzienser wird in der polnischen Forschung bereits seit mehr als 100 Jahren reflektiert. Die ersten Äußerungen zu den von Mönchen geleiteten Schulen, ihren Wirkungsbereich und das Niveau waren zwar recht kühn, aber sehr allgemein und ohne jegliche Bezugnahme auf Quellen. Die damaligen Meinungen waren in der Regel (aber nicht ausnahmslos) für den Orden sehr positiv. Die Autoren betonten das Engagement der Zisterzienser in der Schularbeit und die bedeutende Rolle der Mönche für die Hebung des intellektuellen Niveaus in der Umge-

6 Trajdos, Tadeusz: U zarania karmelitów w Polsce, Warszawa 1993; Ders.: Karmelici trzeiwczkowi w Akademii Krakowskiej w XV wieku, in: Poznańskie Studia Teologiczne 6(1986), S. 29–300; Mrozowicz, Wojciech: Szkoła klasztoru kanoników regularnych – augustianów w Kłodzku, w średniowieczu, in: Klasztor w kulturze (wie Anm. 3), S. 63–81.

7 Kantak, Kamil: Franciszkanie, passim; Die Forderung nach genaueren Untersuchungen zu den Schulstrulturen der polnischen Franziskaner stellte Kłoczowski, Jerzy: Bracia mniejsi w Polsce średniowiecznej, in: Zakony franciszkańskie w Polsce, Bd. 1, hg. v. J. Kłoczowski, Lublin 1983, S. 50.

bung der Klöster. In diesem Sinn äußerten sich beispielsweise Autoren in Enzyklopädien des 19. Jahrhunderts zur Geschichte des Zisterzienserordens sowie Verfasser von Monographien zu einzelnen Klöstern. Diese These ist in den damals wichtigsten Abhandlungen über die Geschichte des polnischen Schulwesens im Mittelalter aus der Feder von Antoni Karbowiak auch zu finden.[8] Überall wurde unterstrichen, daß die Genese der Zisterzienserschulen mit der Entstehung dieses Ordens zusammengefallen sei, daß die Mönche von Anfang an die »wissenschaftliche« Erziehung der Jugend betont sowie bewußt beim Aufbau der öffentlichen Schulstrukturen mitgewirkt hätten. Die beiden Thesen über die frühe Entstehung der Zisterzienserschulen und ihren offenen, nicht internen Charakter wurden in der polnischen Geschichtsschreibung sogar noch in den siebziger Jahren unseres Jahrhunderts unterstützt. Damals schrieb Paweł Czartoryski über den Beitrag der Zisterzienser im 12. Jahrhundert zur Ausbildung der Rittersöhne, die in der Umgebung von Klöstern lebten.[9] Eine ähnliche Meinung vertrat der Autor der Monographie des Klosters Oliva, Kazimierz Dąbrowski, der auf die Entstehung der dortigen Schule im 12. Jahrhundert hinwies.[10]

Ein Teil der Historiker war aber anderer Ansicht. Jan Fijałek, Autor einer zweibändigen Untersuchung über Jakob von Paradies, widersprach den Aussagen von Stanisław Kujot, der das intellektuelle Leben der Zisterzienser in Pelplin untersucht hatte. Fijałek stellte fest, daß Kujot diesen Bereich der Konventstätigkeit zu »rosig« dargestellt habe.[11] Kritisch dem Orden gegenüber waren später auch andere Historiker wie Alojzy Klawek, Marian Rechowicz und Jacek Wiesiołowski. Ersterer stellte fest, daß die wichtigste Aufgabe der Zisterzienser die »Stärkung des Glaubens in der Seele« und daher ordentliches Studieren nicht möglich gewesen sei.[12] Der zweite datierte die Gründung der internen theologischen Schulen des Zisterzienserordens erst in das 15. Jahrhundert und lehnte eindeutig die früheren Thesen von der Gleichzeitigkeit der Stiftung der einzelnen Klöster und der Schulentstehung

8 Karbowiak, Antoni: Szkoły dyecezji chełmińskiej w wiekach średnich, in: Roczniki Towarzystwa Naukowego w Toruniu 6 (1899), S. 11–14.

9 Czartoryski, Paweł: Średniowiecze, in: Historia nauki polskiej, red. bearb. v. B. Suchodolski, Wrocław-Warszawa-Kraków 1970, S. 5.

10 Dąbrowski, Kazimierz: Działalność gospodarcza, społeczna i kulturalna cystersów oliwskich (XII–XIV w.), Pelplin 1972, S. 45; Ders.: Opactwo cystersów w Oliwie od XII do XVI wieku, Gdańsk 1975, S. 174–178.

11 Fijałek, Jan: Mistrz Jakub z Paradyża i Uniwersytet Krakowski w okresie soboru bazylejskiego, Bd. 1, Kraków 1900, S. 23.

12 Klawek, Aleksy: Zarys dziejów teologii katolickiej w Polsce, Kraków 1948, S. 6–7.

ab.[13] Wiesiołowski meinte sogar, daß sich die Zisterzienser für das Schulwesen gar nicht interessiert und sich um die Ausbildung ihrer Kandidaten nicht bemüht hätten.[14]

In allen bislang erwähnten Arbeiten sind die Autoren von der Richtigkeit ihrer Meinungen fest überzeugt, es mangelt jedoch leider an ausführlicheren Quellenbeweisen. Karbowiak etwa vertritt die These von der frühen Gründung von Schulen durch die polnischen Zisterzienser. Dabei knüpft er eindeutig an seine allgemeineren Vorstellungen von den Anfängen des Schulwesens auf polnischen Gebieten an, die er in seinen vielen Arbeiten darstellt. Seiner Meinung zufolge bildete die ursprüngliche Missionskirche seit Beginn ihrer Tätigkeit die neu Aufgenommenen stets auf eigene Faust aus. Die Folge dieser Annahme war die These von der gleichzeitigen Gründung von Bistümern und Domschulen. Da der Autor die Missionstätigkeit bei den Zisterziensern von Łekno bestätigt sah, vermutete er also, daß die Mönche, angeführt von Christian, Schulen für preußische Neophyten gründeten.

Rechowicz hingegen begründete seine Meinung vom späten Beginn der theologischen Ausbildung der Zisterzienser mit der Analyse der Bibliotheksbestände der ehemaligen Klöster, und besonders mit der Analyse des Schicksals der Zisterzienserexemplare des Buches »Sentenzen« von Petrus Lombardus.

Es hat den Anschein, daß die Anhänger der These von der frühen Gründung der zisterziensischer Schulen ihre Existenz einfach voraussetzten, ohne die wenigstens bescheidensten Hinweise in den Quellen zu finden. Das war Folge der Überzeugung, daß ein so großer und begüterter Orden wie die Zisterzienser auch in dieser Hinsicht aktiv sein mußte. Beispiel dafür ist der schon zitierte Aufsatz von Dąbrowski über das Kloster in Oliva. Der Autor plädiert entschieden für die Datierung der Gründung der dortigen Schule schon in das 12. Jahrhundert, gibt aber ehrlich und unbekümmert zu, daß Quellen es nicht bestätigen würden und daß er seine Schlußfolgerung nur aus der den Historikern bekannten Tatsache ableite, daß der Konvent reich gewesen sei.

Sämtlicher angeführter Literatur mangelt es fast völlig an Anknüpfungen an die umfangreichen Forschungsarbeiten der westeuropäischen Histori-

13 Rechowicz, Marian: Początki i rozwój kultury scholastycznej (do końca XIV w.), in: Dzieje teologii katolickiej w Polsce, Bd. 1, Średniowiecze, hg. v. M. Rechowicz, Lublin 1974, S. 65–66.

14 Wiesiołowski, Jacek: Średniowieczna książka rękopiśmienna jako dzieło sztuki, Gniezno 1993, S. 11.

ker, besonders der Deutschen. Es ist schwer zu erklären, warum in der polnischen Geschichtsschreibung die Meinungen von Franz Winter nicht zur Kenntnis genommen wurden. Er beschrieb die Einschränkungen der Zisterzienserschulen, ihren internen Charakter und den daraus folgenden Ausschluß von der Ausbildung an Klosterschulen, der nicht nur außerhalb der Abteien lebende Menschen, sondern auch die zur *»familia«* der Klöster gehörenden Konversen betraf.

Den polnischen Historikern blieben auch die Erwägungen Gregor Müllers fast völlig unbekannt. Er wies auf den Einfluß der Anordnungen des Generalkapitels auf die Entwicklung der Klosterschulen hin. Seine in der »Cistercienser-Chronik« veröffentlichten Aufsätze über die von Zisterziensern gegründeten Universitätskollegien beinhalten Informationen über in Leipzig, Köln oder Heidelberg studierende polnische Mönche.

Es scheint berechtigt festzustellen, daß polnische Forscher zum Zisterzienserschulwesen mit Sicherheit voreilig synthetische und eindeutige Schlußfolgerungen formulierten, statt die Quellen sorgfältig zu analysieren und ihre Forschungsergebnisse mit Ergebnissen der Autoren aus anderen Ländern zu vergleichen.

Daher ist auch die Bedeutung der Wende leichter zu verstehen, die die Aufsätze von Augustyn Chalcarz, Hugo Leszczyński und Hubert Kostrzański sowie Studien von Jerzy Kłoczowski und Andrzej Wyrwa in den Untersuchungen zum Schulwesen der polnischen Zisterzienser sowie zu den Universitätsstudien der Mönche herbeiführten. Diese Autoren berücksichtigen in ihren wissenschaftlichen Aufsätzen zur Gründung der Zisterzienserschulen eine Quelle, die bisher ungenützt blieb, und zwar die Anordnungen des Generalkapitels des Ordens. Von den »Statuten« machte als erster Augustyn Chalcarz in größerem Ausmaß Gebrauch. In seiner nicht veröffentlichten Abhandlung über die Geschichte der Erziehung und der Ausbildung der Zisterzienser beschäftigte er sich unter anderem mit dem Problem der theologischen und juristischen Ausbildung der Mönche.[15] Im Gegensatz zu seinen Vorgängern berief er sich bei der Rekonstruktion der Entwicklungsetappen einzelner Schultypen des Ordens vor allem auf die Anordnungen, die während der alljährlichen Sitzungen des Generalkapitels in Cîteaux erlassen wurden. Diese Analyse ließ Thesen aufstellen, die es früher in der Fachliteratur nicht gab. Chalcarz bewies, daß laut der Anordnungen der

15 Chalcarz, Augustyn: Dzieje wychowania i studiów w zakonie cystersów do Soboru Trydenckiego. Studium historyczno-prawne, Lublin 1961 (Maschinenschrift).

Zisterzienser schon ab 1134 das Unterrichten von fremden Personen verboten war. Damit wurde die These von dem offenen, nicht ausschließlich internen Charakter der Klosterschulen widerlegt. Ferner machte er auf die Bildung der qualitativ neuen Schulstrukturen, der Universitätskollegien, aufmerksam, die der Orden seit der Mitte des 13. Jahrhunderts gründete. So wurden die Brüder in die Lebensart und das Bildungssystem allmählich eingeführt, die in Städten üblich waren. Chalcarz wies darüber hinaus auf die vorher unbekannte Tätigkeit des Zisterzienserpapstes Benedikt XII. und die Bedeutung seiner Bulle *»Fulgens«* für die Entwicklung und Organisation der Mönchsschulen hin, besonders der höheren, universitären Stufe. Schließlich wurden vom Autor das Problem der unterrichteten Fächer im Rahmen des Studiums bei Zisterziensern sowie das Problem der Einschränkungen im Jurastudium, die der Orden respektieren mußte, angeschnitten.

Leider äußerte sich Chalcarz zum Ende seines Aufsatzes quasi wider die angesammelten Beweise des wachsenden Interesses am Studieren im Orden erst ab dem 13. Jahrhundert und bestritt die Behauptung, daß sich die ersten Zisterziensergenerationen antiintellektuell zeigten. Seiner Meinung nach hielten die Mönche ihre hohe Ausbildung von Anfang an für wichtig, und die Anordnungen, die ab dem 13. Jahrhundert erlassen wurden, waren nur eine der Entwicklungsetappen der Ordensschulen.

Somit übersah der Autor, daß die Kritik an der geistigen Entwicklung der Zisterzienser nicht nur aus dem Orden abgeneigten Kreisen oder z.B. Mendikantenorden stammte, die mit dem Zisterzienserorden um die gesellschaftliche Anerkennung kämpften. Die Kritik übten die Zisterzienser selbst. Beweis dafür ist der erhalten gebliebene und 1946 veröffentlichte Briefwechsel von Stefan von Lexington, einem der bedeutendsten Zisterzienseräbte des 13. Jahrhunderts, der den größten Beitrag zur Entwicklung des Schulwesens im Orden leistete.[16] Die Briefe von Stefan zeigen, daß wenigstens der gebildetere Teil der Mönche sich bewußt war, daß ein Schulsystem mit verschiedenen Stufen existieren sollte. Dieses System könnte dann mit Schulen in Städten sowie den Schulen der Mendikantenorden konkurrieren. Die Aufrufe von Stefan von Lexington, begabtere Mönche zum Studium in die angesehenen Universitätszentren (Paris, Oxford) zu schicken, zeugen davon, daß das Studium im Orden nicht alltäglich war. Die Idee, die Brüder außerhalb der Klöster ausbilden zu lassen, war umstritten. Besonders die

16 Registrum epistolarum Stephani de Lexinton abbatis de Stanlegia et de Savignaco, hg. v. B. Griesser, Analecta Sacri Ordinis Cisterciensis 2(1946), S. 1–118.

orthodoxen Äbte befürchteten einen verderblichen Einfluß der mittelalterlichen Stadt auf die Mönche. Man kann also nicht mit der Ansicht von Chalcarz übereinstimmen, der die Bedeutung der Tätigkeit von Stefan, vor allem seine Entschlossenheit in der Bemühung, vertiefte Studien im Orden einzuführen, unterschätzte. Die Gründung der Kollegien war für ihn zwar eine Tatsache ohne Präzedenz, aber nicht von umwälzender Bedeutung im Vergleich mit früheren Entwicklungsetappen des zisterziensischen Bildungswesens.

Das Bewußtsein einer Wende hatten aber doch andere Autoren, die die geistige Kultur der Zisterzienser untersuchten. So schrieb Jerzy Kłoczowski, daß eben das 13. Jahrhundert ein neues Verhältnis des Ordens zum Studieren prägte.[17] Auch Rechowicz stellte fest, daß zu dieser Zeit im Orden die intellektuelle Richtung dominiert habe, und die Zisterzienser, im Gegensatz zu früheren Zeiten, sich mehr dem Studieren hingegeben hätten.[18] Die Bedeutung des Einflusses der Bettelorden, insbesondere der Dominikaner, auf den Lerneifer der Zisterzienser wußte auch Hugo Leszczyński zu schätzen.[19] Ähnlich äußerte sich jüngst auch Hubert Kostrzański. Seiner Meinung nach gab es drei Gründe, warum »die Zisterzienser zu lernen begannen: Rivalitätskämpfe mit den neuen Orden (Dominikanern und Franziskanern), Mangel an Erfahrung in Diskussionen mit Albigensern und zuletzt das Erscheinen einer Persönlichkeit, Stefan von Lexington, der selbst hochgebildet war und einen großen Einfluß auf die Zisterzienser hatte«.[20]

In den neuesten Einschätzungen der polnischen Historiker hinsichtlich des Zeitraumes und der Motive des regeren Interesses der Zisterzienser an der Ausbildung wird die Bedeutung der Wende im 13. Jahrhundert betont. Damals änderte sich im Orden die Einschätzung der Studiennützlichkeit. Hervorgehoben werden bei polnischen Historikern, ähnlich wie bei Louis J. Lekai und Reinhard Schneider, die Evolution in der Einstellung zur Ausbildung und die Festlegung der Organisationsform des Lernprozesses.

Die Veränderung der historischen Interpretation der zisterziensischen Einstellung zur Ausbildung wird in den letzten Jahrzehnten begleitet von

17 Kłoczowski, Jerzy: Prowincja polska cystersów w świetle akt kapituł generalnych tego zakonu z XV w., in: Polska w Świecie. Szkice z dziejów kultury polskiej, Warszawa 1972, S. 180.

18 Rechowicz (wie Anm. 20), S. 66.

19 Leszczyński, Hugo: Studia w klasztorach cysterskich XIII-XIX wieku, in: Historia i kultura (wie Anm. 2), S. 343–353.

20 Kostrzański, Hubert: Dziedzictwo białych mnichów, Szczyrzyc 1991, S. 53.

einer vertieften Forschung zu den Schulzentren der Zisterzienser, die in den einzelnen Abteien existierten, der Untersuchung der Schulreform, die durchgeführt wurde, als die polnische Provinz des Ordens Ende des 16. Jahrhunderts gegründet wurde, und schließlich der Erläuterung der Zunahme von Studienreisen der Mönche.

Die Untersuchungen der Klosterschulen der polnischen Zisterzienser wurden bisher hauptsächlich für die schlesischen Abteien durchgeführt, bis auf den mißlungenen Versuch von Dąbrowski für Oliva. Die Forschungen von Heinrich Grüger und Konstanty Jażdżewski über Leubus und Heinrichau widmeten sich vor allem der in der deutschen Fachliteratur präsenten Meinung, daß die genannten Klöster sehr schnell Schulen gründeten und daß die Schulen einen öffentlichen Charakter hatten.[21] Zu ähnlichen Ergebnissen kamen die Untersuchungen von Stanisław Rybandt und Jerzy Rajman in den oberschlesischen Abteien Rauden und Himmelwitz.[22]

Die Forschung der letzten Jahre brachte interessante Erkenntnisse über das neuzeitliche Zisterzienserschulwesen in der 1580 gegründeten polnischen Ordensprovinz. Die Beschlüsse des Kapitels, das im Kloster Wongrowitz tagte, sollten den Ausbau der Schulstrukturen bewirken. Es ging um die Gründung der Provinzkollegien, die Aufnahme in das Noviziat und die Ausbildung der Kandidaten unter 16 Jahren, die Bestimmung des Lehrganges in den Konventsschulen und Auswahlkriterien für Mönche zum Studium in Krakau oder Paris sowie das Unterrichten von weltlichen Personen durch Mönche.[23] Bevor dieses anspruchsvolle Programm in Kraft getreten ist, gab es viele Schwierigkeiten. Trotz der Forderungen des Generalkapitels konnten die Mönche mit der Gründung des Provinzkollegiums nicht fertig werden. Probleme gab es auch mit den entsprechend ausgebil-

21 Grüger, Heinrich: Heinrichau. Geschichte eines schlesischen Zisterzienserklosters 1227–1977, Köln, Wien 1978, S. 253. Der Autor setzt voraus, daß die Heinrichauer Schule Ende des 13. Jahrhunderts entstand. Anders meinte es Jażdżewski, Konstanty: Lubiąż. Losy i kultura umysłowa śląskiego opactwa cystersów (1163–1642), Wrocław 1993, S. 85–90; Ders.: Problem średniowiecznej szkoły w klasztorze cystersów w Henrykowie, in: Historia i kultura (wie Anm. 2), S. 355–366. Er stellte die Hypothese auf, daß es zur Gründung der Schulen von den schlesischen Zisterziensern frühestens um die Mitte des 14. Jahrhunderts kam und daß die Zentren einen ausschließlich internen Charakter hatten.

22 Rybandt, Stanisław: Średniowieczne opactwo cystersów w Rudach, Wrocław 1977; Rajman, Jerzy: Jemielnica. Wieś i klasztor cysterski na Górnym Śląsku, Katowice 1995.

23 Kaczmarek, Krzysztof: Reforma organizacji szkolnej polskich cystersów w świetle »Statutów« Edmunda od Krzyża z roku 1580, in: Scripta Minora, Bd. 1, hg. v. B. Lapis, Poznań 1996, S. 261–270.

deten Lehrkräften. Ende des 16. Jahrhunderts mußten nach Krakau sogar Mitarbeiter aus Frankreich gesandt werden. Schließlich wurde ein Provinzkollegium am Kloster in Mogila bei Krakau gegründet. Seine Struktur ist uns aus einer genauen Bearbeitung von Hugo Leszczyński bekannt.[24]

Die Entwicklung des Schulwesens der Zisterzienser im 16. und 17. Jahrhundert war auch für das öffentliche Bildungswesen von Bedeutung. Die Mönche gründeten viele Schulen (Gymnasien), in denen die in der Nähe lebende Bevölkerung unterrichtet wurde. In den Abhandlungen von Henryk Gerlic, Adam Massalski und Leokadia Grajkowska ist nachzulesen, daß solche Schulen in folgenden Zisterzienserklöstern existierten: in Rauden, Wachok, Wongrowitz, Grüssau und Fraustadt. Die Schule in Fraustadt wurde von den Mönchen aus dem Kloster in Priment geleitet und versorgt.[25]

Ein lebhaftes Interesse der Historiker weckte das Problem der Universitätsstudien der polnischen Zisterzienser. Informationen darüber liefern Abhandlungen von J. Fijałek und A. Karbowiak, aber die Autoren stellten ausschließlich die Zusammenhänge der »weißen Mönche« mit der Krakauer Akademie dar, und zwar aus einer statistischen Perspektive. Fijałek und Karbowiak suchten in den Universitätsakten nach den Namen der hier studierenden Zisterzienser bis 1510. Ergänzungen dieser von ihnen zusammengestellten Liste sind im 13. Band der »Studien und Mitteilungen aus dem Benedictiner- und Cistercienser-Orden« zu finden. In einem dort anonym veröffentlichten Aufsatz wurden Zisterzienser unter den Krakauer Studenten im 14. Jahrhundert aufgezählt. Diese Liste entstand aufgrund des 1892 herausgebrachten zweiten Bandes des Krakauer *»Album Studiosorum«*.

Die hier angeführten Publikationen enthalten Informationen über den wichtigsten Studienort der Zisterzienser: Krakau. Sie sind aber nicht vollständig. In den letzten Jahren stellte sich heraus, daß auf den 1892–1905

24 Leszczyński, Hugo: Z dziejów kolegium prowincjalnego cystersów w Mogile, in: Dzieje teologii katolickiej w Polsce, Bd. 2, Teil 2, hg. v. M. Rechowicz, Lublin 1975, S. 413–449.

25 Gerlic, Henryk: Gimnazjum cysterskie w Rudach Wielkich 1744–1816 w świetle »Origo humaniorum studiorum Raude« Lublin 1978 (Maschinenschrift); Ders.: Organizacja nauki w gimnazjum cysterskim w Rudach Wielkich. in: Studia Historyczno-Teologiczne Śląska Opolskiego 7(1979), S. 235–244; Massalski, Adam: Szkoła średnia w Wąchocku założona z inicjatywy cystersów (1802–1836), in: Z dziejów opactwa cystersów w Wąchocku, red. bearb. v. A. Massalski und D. Olszewski, Kielce 1993, S. 105–122; Grajkowska, Leokodia: Pierwsi polscy opaci w klasztorze cystersów w Wągrowcu, in: Rocznik Nadnotecki 23(1992), S. 90.

veröffentlichten Listen 15 Namen der in Krakau im 15. und 16. Jahrhundert studierenden Mönche fehlten.[26] Dazu kommen weitere fünf Namen von Zisterziensern, vor allem aus dem Kloster in Jędrzejów, die in Krakau in der ersten Hälfte des 17. Jahrhunderts studierten.[27] Insgesamt wuchs die Zahl der identifizierten Zisterzienserstudenten an der Jagiellonen-Universität dank der Forschung in den letzten Jahren um 20%.

Die eben zitierten Autoren erwähnten die ausländischen Studienreisen der polnischen Zisterzienser nicht. Manche Informationen über Studienaufenthalte der Ordensbrüder an deutschen Universitäten finden wir bei Franz Winter, aber die von ihm gesammelten Angaben sind nicht genau, weil die Akten der wichtigsten deutschen Universitäten erst nach der Veröffentlichung der Abhandlung von Winter herausgebracht wurden. Die Angabensammlung wurde teilweise dank der Forschung von A. Armhein, A. Arnold und A. Dietrich vervollständigt, die die Zisterzienserkollegien an Universitäten in Heidelberg, Köln und Leipzig behandelten. Einen ergänzenden Beitrag leistet auch der Aufsatz von Theodor Pyl, der sich mit dem Zisterzienserkloster in Eldena und den Zusammenhängen zwischen ihm und der Stadt Greifswald sowie der dortigen Universität beschäftigte. Diese Untersuchungen ließen die wissenschaftlichen Wanderungsbewegungen, vor allem von Zisterziensern aus Westpommern, Pommerellen und Schlesien an die deutschen Universitäten, bestimmen.

Nicht alle Hochschulen wurden im Hinblick auf die dort studierenden Zisterzienser untersucht. Andererseits sollten die existierenden Untersuchungen ergänzt werden, weil manchmal die Zisterzienserstudenten in den Universitätsquellen übersehen (Fall Krakau) oder die Klosternamen falsch identifiziert wurden, was zur falschen Bestimmung der mönchischen Reisen führte. Auslassungen gibt es z.B. noch in der wissenschaftlichen Arbeit von Ferdynand Maurer über das St. Nicolaus-Kollegium in Wien aus dem Jahre 1909. Ein weiteres Beispiel: falsch identifiziert wurde der Name des Klosters in Rauden in der – trotzdem wertvollen – Abhandlung von S. Rybandt.[28] Um die Fehler zu korrigieren, sollten alle Universitätsakten genau durchgesehen werden.

26 Kaczmarek, Krzysztof; Z badań nad studiami uniwersyteckimi polskich cystersów w średniowieczu, in: Nasza Przeszłość 79(1993), S. 77–88.

27 Kaczmarek (wie Anm. 30) S. 270, Anm. 57.

28 Zu diesem Thema äußert sich ausführlich: Kaczmarek, Krzysztof: Śląskie Żory czy duńskie Soro? Uwagi o studiach polskich cystersów w Erfurcie w średniowieczu, in: Śląski Kwartalnik Historyczny Sobótka 50(1995), Nr. 3–4, S. 255–259.

Die in der letzten Zeit durchgeführte Analyse der Universitätsakten sowie der Absolventenbücher bestätigte, daß die Zisterzienser auch an anderen Universitäten, hauptsächlich an den deutschen, studierten. Die Zahl der Studienorte verdoppelte sich: zu den schon bekannten, also Leipzig, Heidelberg und Köln, kamen die Universitäten in Erfurt, Wien, Rostock und Frankfurt an der Oder.[29]

Die letzte Überprüfung von Akten ließ die Listen der studierenden »weißen Mönche« ergänzen. Laut Fijałek und Karbowiak ließen sich die polnischen Zisterzienser ausschließlich an der Krakauer Akademie ausbilden. Es erwies sich aber, daß sich ein Drittel der studierenden Brüder in anderen Universitätszentren aufhielt. Das bezieht sich nicht nur auf schlesische und pommersche Klöster, sondern auch auf einige großpolnischen Abteien (Lond, Obra und Wongrowitz).[30]

Diese statistischen Korrekturen sind nicht die einzige Frage, die in den letzten wissenschaftlichen Diskussionen um die Universitätsausbildung der polnischen Zisterzienser aufkam. Ein sehr umstrittenes Problem bildete die Bestimmung der zuständigen Studienorte für einzelne Zisterzienserbezirke. Ein anderes Problem war der Streit zwischen dem Kloster in Mogila und der Abtei in Altzelle, der fast das ganze 15. Jahrhundert andauerte.

Das Problem der Zuordnung der Zisterzienserklöster aus bestimmten Bezirken auf einzelne Universitätskollegien wurde früher nicht behandelt. Die Historiker setzten intuitiv voraus, daß das Entscheidungskriterium bei der Wahl des Studienortes die Entfernung war. Diese Voraussetzung erwies sich als falsch im Lichte der Analyse der Schulanordnungen bei den Zisterziensern, die in den »Statuten« des Generalkapitels und in der Bulle *»Fulgens«* des Papstes Benedikt XII. zu finden sind. Es stellte sich heraus, daß die Zuordnung der einzelnen Zisterzienserklöster zu entsprechenden Studienorten nie zufällig war, sondern sie resultierte aus der bewußten Politik der Ordensvorsteher. Die Notwendigkeit dieser Bestimmung wurde mit der Zunahme der Kollegienzahl sichtbarer. Um den prekären Streitereien zwischen den Äbten vorzubeugen, wurden ihre Wirkungsbereiche von vornherein abgegrenzt. Den Kollegien wurden also bestimmte Bezirke zugeord-

29 Siehe Kaczmarek, Krzysztof: Cystersi z Pomorza Zachodniego na uniwersytetech średniowiecznej Europy, in: Dziedzictwo kulturowe cystersów (wie Anm. 4), S. 41–49; Ders.: Studia uniwersyteckie cystersów śląskich do połowy XVI wieku, in: Krzeszów uświęcony łaską (wie Anm. 5), S. 110–118.

30 Genaue Analyse in: Kaczmarek, Krzysztof: Studia uniwersyteckie cystersów z ziem polskich w średniowieczu, Poznań 1993 (Maschinenschrift), S. 193–209.

net, aus denen Äbte, Rektoren der jeweiligen Kollegien, neue Studenten aufnehmen konnten. Von allen Zisterzienserkollegien blieb nur das Pariser Kollegium offen: hierher durften Mönche aus allen Klöstern, unabhängig von der Entfernung, zum Studium kommen.

Als das Zisterzienserkollegium in Krakau entstand (1416–17), war Europa eigentlich schon in einzelne Aufnahmebezirke eingeteilt. In Frankreich gab es Kollegien in Paris, Toulouse und Montpellier. Mönche aus Italien begaben sich nach Bologna. Den Engländern stand das Kollegium in Oxford zur Verfügung. Die deutschen Zisterzienser wählten zwischen Prag, Heidelberg, Köln, Erfurt, Wien und Leipzig. Bis zur Gründung des Kollegiums in Krakau studierten die Mönche aus dem Königreich Polen im St. Nicolaus-Kollegium in Wien, die Zisterzienser aus Schlesien in Prag und ab 1413 in Leipzig, und die Mönche aus Pommern (das Kapitel unterschied zwischen Westpommern und Pommerellen nicht) ab 1411 ebenfalls in Leipzig.

Als der Generalabt Johannes 1417 endgültig in die Gründung des Kollegiums in Krakau einwilligte und seinen Aufnahmebezirk bestimmte, brach ein Konflikt zwischen dem Abt in Mogila, der das Krakauer Zentrum beaufsichtigte, und dem Abt in Altzelle, der das St. Bernhard-Kollegium in Leipzig betreute, aus.

Um den Streit gab es jüngst eine heftige, wie es scheint, Kontroverse. 1991 wurde in der Festschrift für Harald Zimmermann der Beitrag von Reinhard Schneider »Zentralistische und divergierende Tendenzen in der Studienorganisation der Zisterzienser« veröffentlicht.[31] Der Autor wollte die Zusammenhänge zwischen der Organisationsstruktur des Zisterzienserordens und dem Bildungssystem im Orden bestimmen. Er kam zu dem Ergebnis, daß sich im Zeitabschnitt bis zur Mitte des 14. Jahrhunderts der Machtzentralismus der Zisterzienser in der Schulstruktur des Ordens widerspiegelte. Ausdruck dieser Verhältnisse war die Wahl des Kollegiums von Paris zum Studienzentrum und die häufige Betonung seiner führenden Rolle in den Anordnungen des Generalkapitels. Es läßt sich noch hinzufügen, was Schneider nicht erwähnt, daß Ausdruck der Dominanz des Pariser Kollegiums auch die Verpflichtung seiner Versorgung durch alle Ordensklöster, darunter auch die des weiblichen Zweiges, war. Schneider stellte auch fest, daß in der zweiten Hälfte des 14. und im 15. Jahrhundert das bisherige

31 Schneider, Reinhard: Zentralistische und divergierende Tendenzen in der Studienorganisation der Zisterzienser, in: Ex Ipsis Rerum Documentis. Beiträge zur Mediävistik. Festschrift für Harald Zimmermann zum 65. Geburtstag, hg. v. Herbers, K., H. H. Kortüm und C. Servatius, Sigmaringen 1991, S. 495–508.

zentralistische Bildungsmodell durch ein Netz von Kollegien ersetzt wurde, die eigentlich an allen wichtigen Universitäten des mittelalterlichen Europas gegründet wurden. Um die Ursache dieser Wandlung zu erklären, behauptete er, daß entscheidende Momente in diesem Prozeß die wachsende Bedeutung des weltlichen Aspekts in der Organisation der Kollegien und dezentralistische Tendenzen in Europa sowie nationale Konflikte zu dieser Zeit waren. Die letzteren spielten nach Schneider die entscheidende Rolle im Streit zwischen Mogila und Altzelle.

Darüber tauchen aber Zweifel auf. Schneider übersah die Bedeutung des Schismas für die Entwicklung der Schulstrukturen bei den Zisterziensern völlig. Zur größten Entwicklung der Kollegien kam eben in der Zeit der Spaltung Europas in Obedienzgebiete, und diese Spaltung bezog sich auch auf den Orden. Wir wissen, daß die römischen Päpste den Mönchen aus Klöstern in ihrem Jurisdiktionsgebiet verboten, in Kollegien des Avignon-Obedienzgebietes zu studieren. Es ist kein Zufall, daß die meisten Kollegien, eben in der Zeit der Kirchenspaltung, im Gebiet unter der römischen Kirchenmacht gegründet wurden. Dazu gehört auch das Krakauer Kollegium. Den ersten Versuch der Gründung dieses Kollegiums unternahm König Władysław Jagiełło um die Wende des 14. zum 15. Jahrhundert – die Urkunde von Bonifaz IX., in der den Zisterziensern die Studienaufnahme in Krakau genehmigt wird, stammt aus dem Jahre 1401. Es ist nicht ausgeschlossen, daß die Bemühungen des Königs, die Mönche nach Krakau zu ziehen, mit der Umstrukturierung der dortigen Universität und ihrer Vergrößerung um die theologische Fakultät verbunden waren.

Man kann auch mit der Behauptung nicht übereinstimmen, daß die wichtigsten Ursachen des Streites zwischen Mogila und Altzelle nationale Konflikte sowie eine aggressive Haltung des Abtes von Mogila, der das Gebiet seiner Jurisdiktion um jeden Preis vergrößern wollte, waren. Um das Wesen dieses Streites verstehen zu können, sollte man die Kriterien der Festlegung der einzelnen Bezirke der Studienaufnahme in den entsprechenden Kollegien erwähnen. Von besonderer Bedeutung war das politische Kriterium. Deswegen wurden die Zisterzienser aus Italien nach Bologna geschickt, die englischen nach Oxford, die aus Böhmen und der Umgebung nach Prag, die aus Sachsen, Pommern und Schlesien nach Leipzig. Bei der Bestimmung der Jurisdiktion des Abtes von Mogila im Jahre 1417 wurden Begriffe aus dem Bereich der Kirchenverwaltung verwandt – dies war früher nicht der Fall. Dem Krakauer Kollegium wurden Gebiete des Gnesener Erzbistums zugeordnet. Es gehörte auch Schlesien dazu sowie Pommerellen, das zwar außerhalb des Königreichs Polen lag, aber Teil des Gnesener Erzbistums war. Es scheint also, daß den Kern des Streites zwischen Mogila und Altzelle nicht so sehr die nationalen Konflikte bildeten, sondern ein interner Widerspruch in den Anordnungen, daß nämlich dieselben Aufnahmebezirke verschiedenen Kollegien zugeordnet wurden. Auf jeden Fall tauchten in der in den Statuten niedergeschriebenen Polemik zwischen den beiden Äbten keine nationalen Argumente auf. Es ist dort nur vom Mangel an einem ordentlichen Kollegium in Krakau die Rede (gemeint ist der Mangel an gesonderten Kollegiumsgebäuden), was übrigens lange Zeit stimmte. Trotz der Forderungen der Ordensvorsteher konnten die polnischen Äbte lange keine entsprechenden Gebäude erbauen lassen bzw. kaufen.[32]

Um die neuesten Untersuchungen zum Schulwesen und den Studien der polnischen Zisterzienser zusammenzufassen, läßt sich folgendes feststellen:

1. Verifiziert wurde die Meinung, daß die mittelalterlichen Zisterzienserschulen früh entstanden und daß sie einen öffentlichen Charakter hatten.
2. Die Kenntnisse des neuzeitlichen Schulwesens der Mönche wurden bedeutend vertieft; es wurden Kriterien aufgezählt, die es von den früheren Schulinitiativen der Zisterzienser unterschieden.
3. Ergänzt wurde das Wissen über die Statistik der Universitätsstudien der Mönche sowie über die Motive der Festlegung der Aufnahmebezirke für die einzelnen Kollegien.

Trotz der großen Fortschritte der Geschichtsschreibung der letzten Jahre wird sich wohl kein Widerspruch erheben, wenn ich feststelle, daß uns noch viele Elemente des sich in den späteren Jahrhunderten wandelnden Schulsystems der Zisterzienser unbekannt bleiben und weiterer Forschungsarbeiten bedürfen.

Übersetzt von Romualda Braciszewska

32 Zu diesem Thema äußert sich ausführlich: Kaczmarek, Krzysztof: Między Krakowem i Lipskiem. Prowincja szkolna polskich cystersów w średniowieczu, in: Dzieje i kultura (wie Anm. 2), S. 125–138.

Reichsfürsten als Förderer des Zisterzienserordens in der frühen Stauferzeit[1]

Bernd Ulrich Hucker

Die Beziehungen der Kaiser und der Päpste, aber auch der europäischen Könige zum Zisterzienserorden sind immer wieder Gegenstand des Interesses gewesen.[2] Was fehlt, ist eine Darstellung des Anteils der geistlichen und weltlichen Reichsfürsten, also eines Standes von höchster Exklusivität, an der Ausbreitung des Mönchsordens von Cîteaux. Nun gibt es zwar die hochoffiziellen Treffen Bernhards von Clairvaux mit Lothar III. 1131 sowie mit Konrad III. 1146 und 1147, aber es wird schwerfallen, von einer konsequenten Zisterzienserpolitik des ersten Staufers und seines Vorgängers zu sprechen. König Konrad III. und seine Frau Gertrud förderten zwar die Gründung im oberfränkischen Ebrach, auch scheint des Staufers sächsischer Vorgänger Lothar III. einen Anteil an den Gründungen von Volkenroda (Thüringen) und Walkenried (Harz) gehabt zu haben. Kaiser Lothar förderte auch die Augustinergründungen Neumünster und Segeberg, die eine wichtige Schlüsselposition in der transalbingischen und ostbaltischen Mission einnahmen.[3] In der Hauptsache aber waren es geistliche und weltliche Reichsfürsten, allen voran die drei rheinischen Erzbischöfe sowie die Bischöfe Otto von Bamberg und Otto von Freising, die für die Ausbreitung des Ordens im *regnum Teutonicum* verantwortlich waren.

1 Mit Anmerkungen versehener Vortragstext.

2 Preiss, M.: Die politische Tätigkeit und Stellung der Cisterzienser im Schisma von 1159–1177, Berlin 1934; Jacqueline, B.: Papauté et épiscopat selon St. Bernard de Clairvaux, Paris 1963; Pfurtscheller, F.: Die Privilegierung des Zisterzienserordens im Rahmen der allgemeinen Schutz- und Exemtionsgeschichte vom Anfang bis zur Bulle »Parvus Fons« (1265), Frankfurt/Main 1972; Schmale, Franz-Josef: Das Papsttum im Zeitalter Bernhards von Clairvaux und der frühen Staufer, in: Greschat, M. (Hg.): Das Papsttum I. Von den Anfängen bis zu den Päpsten in Avignon, Stuttgart u.a. 1984 (= Gestalten der Kirchengeschichte 11), S. 176–195; Schulz, Knut: Die Zisterzienser in der Reichspolitik während der Stauferzeit, in: Elm, Kaspar (Hg.): Die Zisterzienser. Ordensleben zwischen Ideal und Wirklichkeit. Ergänzungsband, Köln 1982, S. 165–194; Hucker, Bernd Ulrich: Otto IV. und die Orden, in: Ders.: Kaiser Otto IV., Hannover 1990 (= MGH Schriften 34), S. 248–290.

3 Eine Studie über Lothars Beziehungen zu den Reformorden steht noch aus, vgl. aber Stoob, Heinz: Gedanken zur Ostseepolitik Lothars III., in: Ebner, H. (Hg.): Festschrift Friedrich Hausmann, Graz 1977, S. 531–551 und Crone, Marie-Louise: Untersuchungen zur Reichskirchenpolitik Lothars III. (1125–1137) zwischen reichskirchlicher Tradition und Reformkurie, Frankfurt/Main 1982.

Zisterziensermönche als geistliche Reichsfürsten

1903 stellte der Kirchenhistoriker Albert Hauck die Frage: »War es die Folge davon, daß jetzt so einflußreiche Prälaten wie Adalbert von Mainz, Albero von Trier, Otto von Freising den Orden förderten, daß überhaupt der Episkopat dem neuen Orden in jeder Hinsicht entgegenkam?«[4]

Daß Männer wie Erzbischof Friedrich von Köln (1100–1131) und Otto von Freising Zisterzienser in ihre Herrschaftsgebiete holten, ist nicht weiter verwunderlich, denn Otto war 1132 selbst in den Orden eingetreten und 1138 zum Abt von Morimond aufgestiegen[5], und Friedrich aus dem Hause der Grafen von Schwarzenburg (Bayern) war überhaupt ein Freund des benediktinischen Reformmönchtums und der neuen Orden: Von ihm empfing Norbert von Xanten die Priesterweihe.[6] Albero von Trier schließlich, der aus der Familie von Montreuil (bei Toul) stammte, war ein Studiengenosse Bernhards von Clairvaux.[7] Diesen Beispielen ist aus dem zweiten Reformorden Norbert von Xanten an die Seite zu stellen.[8] Für die Erhebung des Prämonstratensergründers zum Erzbischof von Magdeburg sorgte Kaiser Lothar III.[9]

Bei Otto von Freising und Otto von Bamberg spielte sicherlich auch die Nähe zur Kaiserdynastie und zum kaiserlichen Hof eine Rolle. Der Babenberger Otto von Freising war zugleich ein Halbbruder Konrads III., und Otto von Bamberg, aus edelfreier schwäbischer Familie, war über seine Mutter genealogisch mit den Staufern verbunden. Er entstammte dem Hof der Salierkaiser – er war 1102 kurzzeitig Kanzler Heinrichs IV. – und stand in engem Kontakt zu Adalbert von Mainz, den er 1115 zum Erzbischof geweiht hatte.[10]

4 Hauck, Albert: Kirchengeschichte Deutschlands, Bd. 4, Leipzig 1913, S. 345.

5 Vgl. Kirchner-Feyerabend, C.: Otto von Freising als Diözesan- und Reichsbischof, Frankfurt/Main 1990 und Goetz, Hans Werner: Das Geschichtsbild Ottos von Freising, Köln,Wien 1984.

6 Vgl. Wisplinghoff, E.: Friedrich I., Erzbischof von Köln, Phil. Diss. Berlin 1951.

7 Vgl. Zimmer, N.: Albero von Montreuil, in: Trierer Chronik 3(1907), S. 113–123 und S. 145–154.

8 Vgl. Elm, Kaspar (Hg.): Norbert von Xanten. Adliger – Ordensstifter – Kirchenfürst, Köln 1984.

9 Vgl. Grauwen, W. M.: Norbertus. Aertebischop van Magdeburg (1126–1134), Brüssel 1978 (= Verhandelingen van de Kongel. Academie voor Wetenschappen, Letteren en Schone Kunsten van Belgie, Klasse der Letteren XL, Nr. 86).

10 Vgl. Petersohn, Jürgen: Otto von Bamberg und seine Biographen, Zs. f. Bayer. Landesgesch. 43(1980), S. 3–27; Bauer, L., F. Bittner und F. Machilek (Hg.): Bischof Otto I. von Bamberg. Reformer – Apostel der Pommern – Heiliger, Bamberg 1989.

Die ältesten deutschen Gründungen

Lassen wir die wichtigsten frühen Gründungen Revue passieren: Altenkamp am Niederrhein (heute Kamp-Lintfort) kam 1122 auf Bitten des Erzbischofs Friedrich von Köln (1100–1131) zustande, dem der deutsche Abt von Morimond, Arnold, eine Mönchsgenossenschaft sandte.[11] Von Altenkamp aus wurden in Sachsen Walkenried, Amelungsborn, Hardehausen und Michaelstein, in Thüringen Volkenroda gegründet.

Zwischen 1120 und 1130 sind in Deutschland nur sechs Klöster gegründet worden, doch dann schwillt die Gründungsbewegung mächtig an. »Es vergeht bald kein Jahr, das nicht 10, 12, 15 und mehr Stiftungen aufzuweisen hätte.«[12] 1129/35 holte Graf Siegfried IV. von Northeim (von Boyneburg), der Enkel Ottos von Northeim, Herzogs von Bayern, und Vetter der Kaiserin Richenza, die weißen Mönche nach Amelungsborn an der Weser.[13] Friedrich II. von Sommerschenburg, Pfalzgraf von Sachsen, beteiligte sich an der Gründung von Michaelstein durch Beatrix von Winzenburg[14], einer Tochter Hermanns I. von Winzenburg, der als Landgraf von Thüringen und Markgraf von Meißen zu den Reichsfürsten gehörte. Die 1127/29 durch die Edeldame Adelheid, verheiratet mit dem Edelherrn Volkmar *de Thuringia*, gestiftete Abtei Walkenried[15] scheint aus dem Rahmen zu fallen – aber nur auf den ersten Blick. Den Quellen ist nämlich nicht zu entnehmen, welcher Familie Adelheid entstammte. Ihr Name und ihr Besitz deuten auf die (1125 ausgestorbenen) sächsischen Pfalzgrafen von Bottendorf *(Putelendorf)* oder die Landgrafen von Thüringen. Wäre Adelheid mit der gleichnamigen Tochter Ludwigs des Springers identisch, dann erklärten sich zugleich die reichen Schenkungen durch dessen jüngeren Sohn Udo, Bischof von Naumburg, an Walkenried. Die Grafen von Gleichen gründeten 1131 Volkenroda unter Mitwirkung Kaiser Lothars III.[16] Bischof Bernhard I. von Paderborn holte 1140 einen Zisterzienserkonvent nach Hardehausen.[17]

11 Tabula subscripta continet abbatias ordinis Cisterciensis (sog. *Annales Cisterciensis*), ed. Winter, Franz: Die Zisterzienser des nordöstlichen Deutschlands, 3 Bde., Gotha 1868–71 (Neudr. Aalen 1966), Bd. 1, S. 313–364, dort Nr. 23, S. 320.

12 Winter (wie Anm. 11), Bd. 1, S. 7; vgl. Donkin, R. A.: The Growth and Distribution of the Cistercian Order in Medieval Europa, in: Studia monastica 9(1967), S. 275–286 und Winkler, Gerhard B.: Die Ausbreitung des Zisterzienserordens im 12. und 13. Jahrhundert, in: Elm, Kaspar (Hg.): Die Zisterzienser. Ordensleben zwischen Ideal und Wirklichkeit, Bonn 1980, S. 86–92.

13 Tabula abbatias Nr. 129 (ed. Winter S. 325).

14 Ebd. Nr. 269 (ed. Winter S. 332).

15 Ebd. Nr. 39 (ed. Winter S. 321).

16 Ebd. Nr. 66 (ed. Winter S. 321).

17 Ebd. Nr. 197 (ed. Winter S. 327).

Bei den Klostergründungen der Altenkamper Filiation wird also bereits das Übergewicht des reichsfürstlichen Anteils deutlich – aus dem Rahmen fallen allein Walkenried und Volkenroda, doch dort war die Gründerin fürstlicher Abstammung, und hier scheint die Reichsgewalt selbst beteiligt gewesen zu sein.

Zum Vergleich ein Blick auf die Wege des zweiten »Reformordens«, der Prämonstratenser[18]: Sie verliefen deutlich anders. Gegründet von Norbert von Xanten, dem späteren Erzbischof von Magdeburg, erfolgte das Eindringen des Ordens noch deutlicher über den Klerus, weniger über den Hochadel. Das lehren die Beispiele Sachsens und Frieslands: In Ostfriesland entstanden von Westen her Aland, Langen und Palmar. Der Hl. Norbert selbst entfernte aus Pöhlde, das seit 981 Eigenkloster seines Erzstifts war, die Benediktiner und führte Mönche seines Ordens ein (1129/30). Mit Prämonstratensern wurden auch die im 12. Jahrhundert neu aufgebauten Domkapitel von Riga, Ratzeburg und Havelberg besetzt.

Eine zweite zisterziensische Initialzündung, die Gründung der Zisterzienserabtei Altenberg, ging ebenfalls von Morimond aus: sie wurde 1133 von den Grafen Adolf und Eberhard von Berg gestiftet[19], die später selbst die Mönchsgelübde ablegten. Die Grafen von Berg hatten sich in der Nachfolge der Ezzonen und der Grafen von Werl einen bedeutenden Herrschaftskomplex zwischen Wupper und Agger aufgebaut, die ihnen eine quasifürstliche Stellung verschuf (1380 wurden sie zu Herzögen erhoben). Altenberger Gründungen sind Mariental und Zinna, wie unser zeitgenössisches zisterziensisches Bild zeigt. 1136/38 siedelte Pfalzgraf Friedrich II. von Sommerschenburg Mönche in Mariental am Lappwald an (hier erscheint erstmals einer der beliebten Weihenamen der Zisterzienser).[20] Pfalzgraf Friedrich hat sich mit zwei Gründungen und einer, an der er beteiligt war, deutlich hervorgetan.[21] Er war einer der »Getreuen des Hofes« des Kaisers[22], womit wir abermals auf Lothar III.

18 Vgl. Backmund, Norbert: Geschichte des Prämonstratenserordens, Grafenau 1986 und Weinfurter, Stefan (Hg.): Barbarossa und die Prämonstratenser, Köln 1989 sowie das immer noch wertvolle Werk des Pfarrers von Schönebeck (b. Magdeburg) und Zisterzienserforschers Franz Winter: Die Prämonstratenser des zwölften Jahrhunderts und ihre Bedeutung für das nordöstliche Deutschland, Berlin 1865.

19 Tabula abbatias Nr. 93 (ed. Winter S. 323f.).

20 Ebd. Nr. 147 (ed. Winter S. 325), in manchen Fassungen der Abteiliste mit *Vallis S. Marie* in der Normandie, eine Tochtergründung von Alna, durcheinandergebracht.

21 Vgl. über ihn Hucker, Bernd Ulrich: Friedrich II. von Sommerschenburg, Pfalzgraf von Sachsen. Reichsfürst und Klostergründer, in: Das Zisterzienserkloster Mariental bei Helmstedt 1138–1988, München 1989, S. 114–126.

22 Hucker, Friedrich von Sommerschenburg (wie vorige Anm.), S. 116.

verwiesen werden. Zinna wurde 1170 durch Erzbischof Wichmann von Magdeburg gegründet[23], während Lehnin erst auf das Jahr 1180 zurückgeht (gestiftet von Markgraf Otto von Brandenburg).[24] Der Edelherr Esico von Bornstedt gründete 1140 Sichem (Sittichenbach).[25] Gegenüber seinen ostsächsischen Konkurrenten konnte auch Heinrich der Löwe nicht zurückstehen. Er engagierte sich zwar nicht persönlich, aber sein Dienstmann und engster Vertrauter, Vogt Balduin von Dahlum, rief 1144/45 Riddagshausen ins Leben.[26] Diese Abtei vor den Toren Braunschweigs konnte mit Sicherheit nicht ohne die Zustimmung des Herzogs zustande kommen. Er war es auch, der den Grund und Boden zur Verfügung stellte.[27]

Die dritte Initialzündung hatte, wie schon erwähnt, mit den Staufern zu tun: das fränkische Ebrach, 1127 durch die Edelherren Bern und Riwin sowie Königin Gertrud wohl unter Mitwirkung des Bamberger Bischofs Otto gegründet.[28] Hier wird deutlich, daß Edelfreie mitvollzogen, was vom Diözesanoberhaupt und vom Königshaus erwünscht war. Von Ebrach aus wurden Langheim, Reun, Nepomuk, Heilsbronn, Aldersbach und Bildhausen in Angriff genommen. Weitere Beispiele waren 1146 Aldersbach durch Bischof Otto I. von Bamberg[29], ebenso 1132 Heilsbronn und Langheim[30] sowie vor 1158 Bildhausen durch Heinrich von Stahleck, Pfalzgraf bei Rhein (seit 1141/42).[31]

Auf Bitten seines Sohnes Otto, des späteren Bischofs von Freising, gründete Markgraf Leopold III. von Österreich 1133 Heiligenkreuz bei Passau.[32]

23 Tabula abbatias Nr. 479 (ed. Winter S. 340 f.).
24 Ebd. Nr. 546 (ed. Winter S. 345).
25 Ebd. Nr. 188 (ed. Winter S. 327).
26 Ebd. Nr. 245 zu 1143 und 1144 (ed. Winter S. 330): *Redaseusa* (var. *Rodenseusa*) *in Saxonia, domus ignota*; aber Nr. 254 zu 1144 und 1145 (S. 331): *abbatia de Ridachshusen* (*Redageshausen*) und 266 zu 1145 und 1146 (S. 331): *abbatia de Ridachesekke* (*Tisdaregh alias Redaashaec*; *Ridagseg*). Die angegebene Filiation Morimond–Kamp–Amelungsborn und der übereinstimmende Gründungstag (*III. kal. Iulii*) ermöglichen die eindeutige Klärung. Ein historischer Merkvers gibt als Gründungsjahr 1144 an; Hucker, Bernd Ulrich: Historische Merkverse als Quellen der Landesgeschichte, Bll. f. dt. Landesgesch. 120(1984), S. 320, Nr. 88.
27 MGH Laienfürstenurkunden 1: Die Urkunden Heinrichs des Löwen, Nr. 7 (von 1146); die päpstliche Bestätigung erfolgte am 17. September 1147: Orig.-Ausfertigung Niedersächsisches Staatsarchiv Wolfenbüttel 24 Urk. 4.
28 Tabula abbatias Nr. 32 (ed. Winter S. 320f.).
29 Ebd. Nr. 264 (ed. Winter S. 331).
30 Ebd. Nr. 87 (ed. Winter S. 322 f.): *abbatia de Hailsbrun vel Fontis Salutis* und Nr. 91 (S. 323): *abbatia de Lancheim* (*Lankenheimio*).
31 Ebd. Nr. 401 (ed. Winter S. 337).
32 Ebd. Nr. 92 (ed. Winter S. 323).

Von dort aus wurden 1138 Zwettl durch die Kuenringer[33], Baumgartenberg 1142 durch den erbenlosen Otto von Machland initiiert.[34] Die Kuenringer sind in manchem den welfischen Vögten von Dahlum vergleichbar. Sie waren zwar babenbergische Ministerialen, aber Lehnsträger des Reichs, und gehörten zu den mächtigsten Dynasten in der Ostmark.[35]

Im Thüringischen wurde Georgenberg 1143 von Graf Sizzo von Schwarzburg-Käfernburg mit dem ersten Abt aus dem Hause der Grafen von Altena gegründet.[36] Eine der wenigen gräflichen Zisterziensergründungen war damit von den konkurrierenden Grafen von Schwarzburg – auch sie später in den Reichsfürstenstand erhoben – als Gegenpol zur Abtei Reinhardsbrunn gedacht, die ein Machtzentrum der thüringischen Landgrafen darstellte. Auch die mächtigen thüringischen Grafen von Gleichen gründeten 1130/31 eine Zisterze: Volkerode.[37]

In Lothringen wurden Eußerthal von Stephan von Mörlheim 1148[38] sowie Lützel bei Basel 1123 durch den dortigen Bischof gegründet[39]; von dort aus entstanden Neuburg, Pairis und Salem – letzteres 1137/38 durch den Edelherrn Guntram von Adelsreute.[40] Kaisheim entstand 1133 durch die Grafen von Lechsgemünd[41], Maulbronn wurde 1138 in Eckenweiher durch Walter von Lomersheim unter Mitwirkung des Bischofs Günther von Speyer 1148 an seinen heutigen Ort verlegt.[42] Um 1160 erfolgte die Gründung von Tennenbach durch Herzog Berthold IV. von Zähringen.[43] Das Grafenpaar Uta und Berthold III. von Eberstein stiftete 1149 Herrenalb[44], ein Konsortium von Edelherren (Billung von Lindenfels, Sigebot von Zimmern, Erlebot von Krensheim und Beringer von Gamburg) tat dasselbe um 1151 in Bronnbach.[45]

33 Ebd. Nr. 182 (ed. Winter S. 326).
34 Ebd. Nr. 211 (ed. Winter S. 328).
35 Vgl. den Ausstellungskatalog der Niederösterreichischen Landesausstellung »Die Kuenringer – Das Werden des Landes Niederösterreich«, Stift Zwettl 1981, Schriftleitung H. Wolfram, K. Brunner, G. Stangler.
36 Tabula abbatias Nr. 200 (ed. Winter S. 328): *abbatia Vallis S. Georgii in Thuringia* bzw. *Montis S. Georgii.*
37 Ebd. Nr. 66 (ed. Winter S. 321).
38 Ebd. Nr. 329 (ed. Winter S. 334).
39 Ebd. Nr. 27 (ed. Winter S. 320).
40 Ebd. Nr. 173 (ed. Winter S. 326).
41 Ebd. Nr. 108 (ed. Winter S. 324): *abbatia de Caesarea vulgariter Kaysheim.*
42 Ebd. Nr. 191 (ed. Winter S. 327).
43 Ebd. Nr. 406 (ed. Winter S. 337).
44 Ebd. Nr. 276 (ed. Winter S. 332).
45 Ebd. Nr. 395 (ed. Winter S. 336 f.).

Neben Morimond haben auch die Vaterabteien Clairvaux und Cîteaux direkt nach Deutschland hineingewirkt. Von Clairvaux aus entstanden 1136 Eberbach durch Erzbischof Adalbert von Mainz.[46] Winterbach, später Himmerode 1134, durch Erzbischof Albero von Trier[47]; Schönau 1142 durch Graf Burkhard II. von Worms.[48] Otterberg schließlich wurde 1144 durch den Abt von Eberbach aufgrund einer Schenkung eines Siegfried von Kesselberg gegründet.[49]

Von Cîteaux gingen das 1143 von Herzog Simon von Lothringen ins Leben gerufene[50] Stürzelbronn und das von Leopold I. von Österreich 1129 gegründete[51]Rein (Steiermark) aus.

Die benediktinische Dünenabtei (1128 Dotation durch Graf Wilhelm von Flandern) wurde 1138 den Zisterziensern übergeben (Les Dunes)[52]; die Dünenabtei wiederum gründete 1175 Ter Doest nördlich von Brügge[53], Clairmarais 1140 durch Abt Robert von Les Dunes auf Bitten des Grafen Dietrich von Flandern.[54] Graf Arnulf II. von Loos und Rieneck, der über ein Doppelterritorium in Niederlothringen und in Mainfranken verfügte, gründete 1135 die Prämonstratenserabtei Averbode und 1128 die Zisterze Herkenrode (Provinz Limburg).[55] In Loos selbst entstand 1148 eine Abtei als Tochter von Clairvaux.[56] Im benachbarten Brabant entstanden Villers 1146 durch den Hl. Bernhard selbst, den Herzog Gottfried VII. von Brabant unterstützte[57]; Aulne wurde 1147 durch Hugo von Leyen, den Bischof von Lüttich, gegründet.[58]

In Bayern entstand Raitenhaslach – es war zwar 1143 von Wolfger von Tegernbach in Schützing gegründet, aber 1147 als Eigenkloster des Erzstifts von Konrad von Salzburg an seinen jetzigen Ort verlegt.[59] Ulrich und Cholo von Wilhering stifteten auf ihrem dortigen Schloß 1146 die Abtei Fürstenzell.[60]

46 Ebd. Nr. 133 (ed. Winter S. 325).
47 Ebd. Nr. 99 (ed. Winter S. 324).
48 Ebd. Nr. 240 (ed. Winter S. 330).
49 Ebd. Nr. 250 (ed. Winter S. 331).
50 Ebd. Nr. 214 (ed. Winter S. 328f.).
51 Ebd. Nr. 49 (ed. Winter S. 321).
52 Ebd. Nr. 174 (ed. Winter S. 326).
53 Ebd. Nr. 512 (ed. Winter S. 342): *abbatia de Capella Thosa* (*Tosan*).
54 Ebd. Nr. 195 (ed. Winter S. 327).
55 Lex. d. Mittelalters, Bd. 5, 1991, Sp. 2109; nicht in Winters Edition der Tabula abbatias.
56 Tabula abbatias Nr. 324 (ed. Winter S. 333).
57 Ebd. Nr. 275 (ed. Winter S. 332, mit falscher Zuordnung »Wilhering«): *abbatia de Villari, Leodiensis diocesis.*
58 Ebd. Nr. 295 (ed. Winter S. 333).
59 Ebd. Nr. 237 (ed. Winter S. 330).
60 Ebd. Nr. 270 (ed. Winter S. 332).

Einen Sonderfall bilden die deutschen Gebiete, die unter den Einfluß des dänischen Ostseeimperiums der Könige Waldemar I. und Knut IV. geraten waren. Die Dänen hatten Rügen 1168 erobert und die Pommernfürsten 1185 in ihre Lehnsabhängigkeit gezwungen. Diese Verhältnisse kamen auch bei den Reformordensgründungen zum Ausdruck. Fürst Ratibor I. hatte schon bald nach 1150 in Grobe (b. Usedom) ein Prämonstratenserstift gegründet, das sich aber noch vor 1189 der Abtei Tommarp auf Schonen unterstellen mußte.[61] 1172 wurde von der Abtei Esrom (Seeland) aus Dargun gegründet.[62] Hieran war Bischof Berno von Schwerin (1155–1190/91) beteiligt. Berno, selbst Zisterzienser aus Amelungsborn, gründete 1171 auch Doberan.[63] Zu den Reichsfürsten kann Berno nicht gerechnet werden, da die drei slawischen Bistümer Heinrich dem Löwen unterstellt worden waren. Die Fürsten von Rügen gründeten erst 1231 Neuenkamp, doch hatte Jaromar I. schon 1199 die von den Dänen aus Dargun vertriebenen Zisterzienser nach Eldena geholt.[64]

Edelherren wollen mit Hilfe der Reformorden Fürsten werden

Aber noch etwas anderes hat sich, gewissermaßen als methodisches Nebenprodukt, ergeben: Dotationen zugunsten der drei Reformorden waren in der Regel einem exklusiven Kreis hochadliger Familien vorbehalten. So kann – wenigstens in der frühen Stauferzeit – eine Gründung Indikator für die fürstengleiche Stellung oder das fürstliche Selbstverständnis eines Adelshauses sein.

Dazu ein Beispiel aus dem Westen Deutschlands: Die Edelherren von Lippe stifteten kurz vor 1139 das *Prämonstratenserfrauenkloster* Cappel und bald nach 1185 in ihrer Stadtneugründung an der Lippe (*Lippstadt*) ein *Augustinerchorfrauenstift*, außerdem war Bernhard II. von Lippe, später Missionsbischof in Estland, 1185 zusammen mit anderen Edelherren und dem zuständigen Bischof an der Gründung der *Zisterzienserabtei* Marienfeld beteiligt.[65] Die Lipper hatten damit je ein Stift bzw. eine Abtei aus jedem der drei Orden ins Leben gerufen – für Herren, die sich in ihren Urkunden schlicht *nobiles* nannten, recht ungewöhnlich.

61 Wieden, H. bei der und R. Schmidt (Hg.): Handbuch der Historischen Stätten Deutschlands 12. Mecklenburg/Pommern, Stuttgart 1996, S. 309.
62 Tabula abbatias Nr. 492 zu 1171 und 1172 (ed. Winter S. 341).
63 Ebd. Nr. 473 zu 1169/70 (ed. Winter S. 340).
64 Ebd. Nr. 472 (ed. Winter S. 340).
65 Ebd. Nr. 559 (ed. Winter S. 346): *abbatia de Campo S. Marie* (*de Novo Campo in Westfalia*).

Blicken wir genauer hin, dann sehen wir eine Familie am Werk, die sich der vornehmsten hochadligen Abstammung rühmte – »ihr Adel war größer als ihr Besitzstand«, heißt es 1247 (*Quorum nobilitas maior quam copia rerum*).[66] Ab 1200 besetzte sie mehrere wichtige Bischofsämter gleichzeitig. Den Höhepunkt ihres Ansehens erreichte sie um 1220, als es dem Lipper Bischof Bernhard II. gelang, seinen Sohn Hermann zum »Fürsten aller Deutschen« in Liv- und Estland einzusetzen. Angestrebt war die Gründung eines eigenen Königreichs in den neuerrichteten Kreuzfahrerstaaten Estlands.[67] Der frühe Tod Hermanns im Kampf gegen aufständische Bauern vereitelte diese hochfliegenden Pläne 1229 zwar, doch rundeten die Lipper ihr Territorium, das einer größeren Grafschaft in nichts nachstand, durch Stadt- und Burgengründungen ab. Ihrer fürstlichen Stellung entsprach die Bedeutung der Marienfeld-Lippstädter Bauhütte, deren Einfluß sich mit der »westfälischen Hallenkirche« über Bremen und Gotland bis ins Ostbaltikum fortsetzte.[68] Wir erkennen an diesem Fallbeispiel: Dynasten, die aus fürstengleichem Anspruch und Selbstbewußtsein heraus massiv in Landesausbau und Modernisierung investieren, nutzten die Ansiedlung von Reformordensleuten mit gleicher Intensität wie die geistlichen und weltlichen Reichsfürsten.

Ergebnis

Der zweite Schub von Klostergründungen sowohl der Zisterzienser als auch der Prämonstratenser wurde dann von den Grafen- und Edelherrenfamilien gefördert. Natürlich kann eine eindeutige Zeitgrenze nicht angegeben werden, doch ganz generell möchte ich mich schon dahingehend äußern, daß die Reichsfürsten die Gründungen des 12., die kleineren Herren die des 13. Jahrhunderts dominierten. Dabei ist es interessant, daß sich zu den gräflichen,

66 Mag. Justinus, Lippiflorium V. 43 (ed. Schölzel S. 212): *Quorum nobilitas maior quam copia rerum.* Zur Datierung Hucker, Bernd Ulrich: Das Lippiflorium Justins von Lippstadt, ein Fürstenlob aus dem Jahre 1247, in: Westfälische Zs. 142(1992), S. 243–246 und in: 750 Jahre höhere Schule in Lippstadt, Lippstadt 1997 (= Lippstädter Spuren 12), S. 7–9.

67 Hucker, Bernd Ulrich: Liv- und estländische Königspläne?, in: Hellmann, M. (Hg.): Studien über die Anfänge der Mission in Livland, Sigmaringen 1989, S. 65–106 und ders.: Expansion nach »Übersee« – zur Auswanderung Niederdeutscher in das Ostbaltikum im 12. und 13. Jahrhundert, in: Kürschner, W. und H. von Laer (Hg.): Zwischen Heimat und Fremde. Aussiedler – Ausländer – Asylanten. Ringvorlesung der Universität Vechta, Cloppenburg 1993 (= Vechtaer Universitätsschriften 11); S. 55–73, dort S. 65f.

68 Thümmler, Hans: Die Bedeutung der Edelherren zur Lippe für die Ausbreitung der westfälischen Baukunst im 13. Jahrhundert, in: Westfalen – Hanse – Ostseeraum. Beiträge von L. von Winterfeld, A. K. Hömberg u.a., Münster 1955, S. 161–169.

edelfreien und ministerialen Stiftern im 13. Jahrhundert noch Fürstenwitwen höchsten Ranges gesellten, die Frauenkonvente bevorzugten.[69] Außerdem traten schon bald Zisterzen hinzu, an deren Gründung stadtsässige Ministerialen Anteil hatte. Das früheste Beispiel dafür ist wohl das 1215/16 bereits existierende St. Katharinenkloster in Bremen.[70]

Wenn wir jetzt nach einer Bewertung suchen, dürfen wir nicht vergessen, daß die Territorialherren »mit Hilfe« der Klostergründungen »Herrschaft oder Besitzrechte im jeweiligen Raum festigen« wollten.[71] Auf jeden Fall ist man sehr flexibel vorgegangen und hat neben den Zisterziensern auch – je nach Gelegenheit – Prämonstratenser und Augustinerchorherren gefördert. So gründete Otto von Freising, obwohl selbst Zisterzienser, das Augustinerchorherrenstift Schlehdorn und die beiden Prämonstratenserabteien in Freising (Neustift) und Schäftlarn. Wie Otto von Bamberg wählte er den Orden offensichtlich »je nach Bedarf und Gunst der Lage, vielleicht gelegentlich auch nach dem Wunsch der laikalen Stifter«.[72] Mit dem Netz der bischöflichen Initiatoren erwiesen sich die weltlichen Fürsten auf vielfache Weise verknüpft, und für sie dürfte neben dem Wunsch nach einer Stätte für Grablege und Totengedenken das gleiche territoriale Interesse im Vordergrund gestanden haben. Es hat keine reichsfürstliche Familie gegeben, die sich nicht in irgendeiner Weise an dem Gründungswerk beteiligt hätte.

Das meist mit dem Wirken der Zisterzienser in Verbindung gebrachte kolonisatorische Werk muß heute viel differenzierter gesehen werden. Sicherlich haben manche Zisterzen bis dahin unfruchtbare Landstriche kolonisiert, andere aber auch gar nicht. Dagegen tritt die rigide Grundherrschaftspolitik der Neugründungen viel deutlicher ins Licht. Sie wurde durch das Eigenwirtschaftsprinzip und durch die personellen Strukturen des Ordens nachgerade erzwungen und ist sowohl in vielen Einzelfällen[73] als auch durch die

69 So Agnes von Meißen, die Witwe Heinrichs, Herzogs von Sachsen und Pfalzgrafen bei Rhein, die im Lüneburgischen Wienhausen (1221) und Isenhagen (1243) stiftete, und Maria von Brabant, die Witwe Kaiser Ottos IV., die das Frauenkloster *Locus imperatricis* bei Binderen (Nord-Brabant) ins Leben rief, Hucker, Otto IV. (wie Anm. 2) S. 355f. und 366.

70 Hucker, Bernd Ulrich: Innocenz III., Otto IV. und die Zisterzienser im Bremer Schisma (1207–1217), Jahrb. d. Gesellsch. f. Niedersächs. Kirchengesch. 86(1988), S. 127–143, dort S. 133 und 139f., und ders., Otto IV. (wie Anm. 2), S. 698 Anm. 17.

71 So für Oberfranken Dippold, Günter: Otto und Kloster Langheim, in: Bauer, Bittner, Machilek (wie Anm. 10), S. 339–358, dort S. 346.

72 Meyer, Otto: Oberfranken im Hochmittelalter, Bayreuth 1973, S. 100.

73 Beispiele Steinmann, Wilhelm: Das Kloster und seine Wirtschaftspolitik im Mittelalter, in: Hirschler, H. und E. Berneburg (Hg.): Geschichten aus dem Kloster Loccum, 2.

vergleichenden Untersuchungen von Hans Wiswe, Siegfried Epperlein und Werner Rösener gesichert.[74] Viele Abteien errichteten selbst im Altsiedelland völlig neue, einheitlich organisierte Grundherrschaften. Ältere grundherrschaftliche Strukturen wurden gesprengt, und die Dörfer, in denen Klöster bzw. Grangien entstanden, erhielten häufig ein völlig neues Gesicht. Aber die Reformmönche revolutionierten nicht nur die Ökonomie, sondern auch Bautechnik[75] und Montanwesen. Das Beispiel Walkenried ist auf diesem Gebiete besonders eindrucksvoll.[76] Mit all diesen Erscheinungen hängt es zusammen, daß die Mönche bei den Zeitgenossen als bauwütig galten.

Der Orden lieferte den Territorialherren mit den Gründungskonventen hochmotivierte Mannschaften, die effiziente Methoden beherrschten, um Modernisierung und Landesausbau sichtbar voranzutreiben. Diese Ziele konnten erreicht werden, weil jeder Konvent bald ein Heer von Konversen um sich sammelte, das zwar überwiegend aus landwirtschaftlich arbeitenden, aber auch aus Spezialisten anderer Gebiete bestand.

Ich schlage vor, meine eigene Themenformulierung – Reichsfürsten fördern den Orden –, aber auch die eingangs zitierte Frage Karl Haucks auf die

verb. Aufl., Hannover 1982, S. 196–208; Hucker, Bernd Ulrich: Das Problem von Herrschaft und Freiheit in den Landesgemeinden und Adelsherrschaften des Mittelalters im Niederweserraum, Diss. PH Westfalen-Lippe 1978; Ders.: Die Gründung des Klosters Himmelpforten, in: Mitt. d. Stader Geschichts- u. Heimatvereins 46(1971), S. 26–37; zur Marschenpolitik vgl. ders.: Freiheit und Herrschaft bei den Kehdingern, in: Stader Jahrb. 1971, S. 101–108.

74 Wiswe, Hans: Grangien niedersächsischer Zisterzienserklöster. Entstehung und Bewirtschaftung spätmittelalterlich-frühneuzeitlicher landwirtschaftlicher Großbetriebe, in: Braunschw. Jahrb. 34(1953), S. 5–134; Epperlein, Siegfried: Bauernbedrückung und Bauernwiderstand im hohen Mittelalter. Zur Erforschung der Ursachen bäuerlicher Abwanderung nach Osten im 12. und 13. Jahrhundert, vorwiegend nach den Urkunden geistlicher Grundherrschaften, Berlin 1960 (= Forschungen z. mittelalterl. Geschichte 6); Rösener, Werner: Bauernlegen durch klösterliche Grundherren im Hochmittelalter, in: Zs. f. Agrargesch. u. Agrarsoziologie 27(1979), S. 60ff.; ders.: Grangienwirtschaft und Grundbesitzorganisation südwestdeutscher Zisterzienserklöster vom 12. bis 14. Jahrhundert, in: Elm, Die Zisterzienser, 1982 (wie Anm. 2), S. 137–164; Elm, K. (Hg.): Erwerbspolitik und Wirtschaftsweise mittelalterlicher Orden und Klöster, Berlin 1992; Raabe, Christiane: Das Zisterzienserkloster Mariental bei Helmstedt von der Gründung 1138 bis 1337. Die Besitz- und Wirtschaftsgeschichte unter Einbeziehung der politischen und ordensrechtlichen Stellung, Berlin 1995 (= Berliner Historische Studien 20 – Ordensstudien 9), S. 84ff. und 140ff.

75 Vgl. Badstübner, Ernst: Kirchen und Mönche. Die Baukunst der Reformorden im Mittelalter, Berlin 1980; Binding, G. und M. Untermann: Kleine Kunstgeschichte der mittelalterlichen Ordensbaukunst, Darmstadt 1985.

76 Hucker, Otto IV. (wie Anm. 2), S. 262–264.

Füße zu stellen: Nicht die Fürsten und hohen Prälaten sind es, die den Orden förderten, sondern der Orden förderte deren öffentliche Aufgaben. Reichsfürsten und Könige ergriffen die ausgestreckte Hand des Ordens, denn sie sahen, daß die Vateräbte, anders als die Benediktineräbte, jederzeit aufgrund ihres gut funktionierenden Organisations- und Informationssystems[77] in der Lage waren, Gründungskonvente bereitzustellen. Die Fürsten, die sich für die Idee einer Klostergründung hatten gewinnen lassen, konnten dann sicher sein, daß dann jeder Konvent nach denselben Prinzipien tätig wurden.

77 Aufgrund der jährlich abgehaltenen Generalkapitel aller Äbte und der regelmäßig durchgeführten Visitationen, vgl. Mossig, Christian: Verfassung des Zisterzienserordens und Organisation der Einzelklöster, in: Elm, Die Zisterzienser, 1980 (wie Anm. 12), S. 115–124.

Liturgie und Klosterbaukunst bei den Zisterziensern[1]

Peter Pfister

Charisma der Einfachheit

Alten Zisterzienserklöstern sagt man nach, daß sie eine besondere und unverwechselbare Ausstrahlung haben. Diese hängt sicher mit der Reformidee der Gründer des Ordens zusammen. Eingedenk ihres Versprechens beschlossen sie, an diesem Ort die Regel des heiligen Benedikt einzusetzen und sie einmütig zu halten, und sie wiesen alles zurück, was dieser Regel Abbruch tat. Mit dem armen Christus wollten sie arm sein. Mit diesen zwei Sätzen aus dem *Exordium parvum*, das wahrscheinlich auf den heiligen Stephan Harding zurückgeht, ist das Programm der Gründer von Cîteaux umrissen. Armut bedeutete für sie Bestreiten des Lebensunterhaltes aus der eigenen Arbeit, Verzicht auf Luxus, Beschränkung auf das Wesentliche sowie Echtheit, Einfachheit und Reinheit. Diese Grundsätze prägten auch die Bauweise ihrer Kirchen und Klöster, deren künstlerische Ausstattung, die liturgischen Geräte und Gewänder, die Buchmalerei, die Gestaltung des Gottesdienstes, den Choralgesang und nicht zuletzt das geistliche Schrifttum. Über den heiligen Bernhard von Clairvaux, der zum charismatischen Verbreiter dieser Reform wurde, schreibt E. Gilson: »Trotz seines gefürchteten asketischen Lebens ist Sankt Bernhard nie einem literarischen Puritanismus verfallen. Zwar sind die Mauern seiner Klöster nackt, nicht aber gilt das von seinem Stil. Diese Zisterzienser haben auf alles, nur nicht auf die Kunst eines guten Stils verzichtet. Jeder dieser furchtbaren Asketen trägt einen nichtsterbenwollenden Humanisten in sich.«

Zur Kunst hatte Bernhard ein ambivalentes Verhältnis. Er verurteilt nicht den Sinn für das Schöne, für das er selbst empfänglich war; er lobt seinen Bruder Gerhard wegen seiner Fähigkeiten als Architekt. Aber er lehnt in der Gestaltung der Kirchen und Klöster alles ab, was den Mönch daran hindert, seine Aufmerksamkeit auf Gott zu richten. Er wendet sich gegen Bauten, mit denen – im Namen der Prachtentfaltung für Gott – den Armen das entzogen wird, was man ihnen schuldet.

1 Am 17. Oktober 1997 auf dem wissenschaftlichen Seminar des Fördervereins Kloster Chorin gehaltener Vortrag. Für den Druck ist die Form des mündlichen Vortrags weitgehend beibehalten worden; für vertiefende Informationen sei auf die am Ende des Beitrages genannte Literatur verwiesen.

Albert Camus äußerte einmal, »jedesmal, wenn ich glaubte, die Welt auf ihren tiefsten Sinn geprüft zu haben, war es die Einfachheit, die mich erschüttert hat.« – Vielleicht ist es ja ein solches Charisma der Einfachheit, das uns beim Besuch alter Zisterzienserklöster so berührt. Diese Mönche und Nonnen verstanden es, Armut und Sparsamkeit der Mittel nicht mit Häßlichkeit und schlechtem Geschmack zu verwechseln.

Aus der späteren geschichtlichen Entwicklung des Ordens wissen wir freilich, daß das ursprüngliche Ideal der Armut und Einfachheit weder im Bereich der monastischen Lebensgestaltung noch in der Wirtschaftsweise durchgehalten werden konnte. Bereits gegen Ende des 12. Jahrhunderts versuchte das Generalkapitel, gegen eine Aufweichung der Strenge und das Errichten aufwendiger und großartiger Bauten einzuschreiten. Zerstörung durch Kriege, Feuersbrünste oder einfach das starke Anwachsen der Gemeinschaften machten oft Neubauten nötig, bei denen man sich nicht mehr an die strengen alten Vorschriften hielt. Spätere Epochen des religiösen und wirtschaftlichen Aufschwungs waren meist von einem ganz neuen Lebensgefühl geprägt, das ohne große Bedenken und manchmal mutwillig die mittelalterliche Bausubstanz opferte und durch »moderne« ersetzte. So finden wir im deutschen Sprachraum in protestantisch gewordenen Gegenden alte Zisterzienserbauten oft reiner erhalten als in katholischen, wo der Barock seinen Siegeszug auch bei den Zisterziensern antrat. Fast alle heute noch bestehenden Frauen- und Männerklöster des Ordens haben sich im Lauf der Jahrhunderte bauliche Jahresringe zugelegt, die mit dem Stilempfinden der früheren Zisterzienser nicht gut vereinbar sind. Oft aber ging man mit dem wertvollen Alten auch äußerst sorgsam um, und es hat sich mehr erhalten, als man auf den ersten Blick sieht.

Die Liturgie der Zisterzienser

Die Klosterbaukunst erschließt sich nur vom monastischen Leben her. Sie ist steinerne Fassung des Ordensgeistes.

Was ist Liturgie?

Das griechische Wort Liturgie (aus: *Leiton ergon* = Dienst am Volk im Sinne einer öffentlichen Dienstleistung) bezeichnet die gottesdienstliche Versammlung der Gemeinde, in der Christus durch seinen heiligen Geist in Verkündigung und sakramentalen Zeichen den Gläubigen an seinem Pascha-Mysterium Anteil gewährt und dem erlösten Menschen die dankbar preisende Antwort an den Vater ermöglicht.

Wesen der Liturgie

Die herkömmlichen Beschreibungen erfassen die Liturgie meist unter dem Begriff des Kultes, übersehen dabei aber oft, daß es sich nicht nur um ein Tun des Menschen handelt (Gottesverehrung), sondern daß dabei zuerst Gott in Christus durch Wort und Sakrament heilbringend tätig wird und dann erst der Mensch den Vater mit und in Christus dankend lobpreist. Basis und Quellgrund der Liturgie ist die geschichtliche Heilstat des Gottmenschen Jesus Christus mit dem Pascha-Mysterium als Mittelpunkt. An ihm will Christus seine Kirche in der Kraft des Heiligen Geistes teilhaben lassen. Dies geschieht besonders durch die liturgischen Handlungen, in denen die Heilbringung gegenwärtig ist. Liturgie ist also in ihrem tiefsten Wesen Vergegenwärtigung und Zuwendung des Heilwerkes Christi, sie ist Aktionsgemeinschaft des Hohenpriesters Christus und seiner Kirche zur Heiligung der Menschen und zur Verherrlichung Gottes. Deshalb hat jeder Gottesdienst der Christen eine dialogische Struktur: Gott ist in Christus tätig: in Richtung auf den Menschen, diese aber preisen und verehren ihn: in und mit Christus den Vater.

Umfang und Teilbereiche der Liturgie

Zur Liturgie rechnen die wahrnehmbaren Feiern, in denen Christus in der Gemeinde gegenwärtig wird, um die Menschen zu heiligen und den Vater zu verherrlichen. Im Zentrum dieser heiligen Handlungen steht die Eucharistie, in der die Gemeinschaft mit Christus am intensivsten verwirklicht wird. Um sie herum legt sich der Kreis der Sakramente, die den Menschen entweder in die eucharistische Gemeinde einfügen (Taufe, Firmung), ihm in besonderen Situationen helfend zur Seite stehen (Bußsakrament, Krankensalbung) oder zu einem besonderen Dienst befähigen (Weihesakrament). Des weiteren rechnen dazu die selbständige Verkündigung des Gotteswortes in Lesung und Predigt sowie die Feier des Gotteslobes, wenn die Kirche betet und singt. Hierzu zählt die Tagzeitenliturgie und damit das Chorgebet (Brevier).

Über die genannten gesamtkirchlichen Bereiche der Liturgie hinaus gibt es weitere gottesdienstliche Versammlungen in der Art von Andachten und Prozessionen sowie eher regional gebräuchlichen Feiern.

Bedeutung der Liturgie

Die Liturgie hat in der Gesamtheit des kirchlichen Lebens einen hohen Stellenwert. Ihre Wirksamkeit wird von keinem anderen Tun der Kirche an Rang und Maß erreicht. Liturgisches Handeln darf aber nicht bei sich selbst stehen bleiben. Wer in ihr und durch sie immer stärker Christus eingegliedert wird, weiß sich nach seinem Vorbild auch dem Heil aller Menschen verpflichtet. Liturgie gibt dem Menschen erst die rechte Motivation und Kraft, den Egoismus zu überwinden und sich selbstlos dem Dienst am Mitmenschen und dem Heil der ganzen Welt zu schenken. Die im Gottesdienst empfangene Gabe wird zur Aufgabe im und am Reich Gottes.

Eucharistie ist das von Christus gestiftete, von der Kirche unter Danksagung begangene Mahl zum Gedächtnis des Herrn, in dem seine erlösende Opferhingabe unter uns gegenwärtig und wirksam wird. Eucharistie ist regelmäßig mit dem Wort Gottesdienst verbunden. Sie wird in der abendländischen Überlieferung meist Messe genannt, in der morgenländischen Liturgie.

Das *Stundengebet* bezeichnet die regelmäßigen nichteucharistischen Versammlungen der Gemeinde zu bestimmten Stunden des Tages und auch in der Nacht, durch die vor allem der Auftrag des Herrn erfüllt werden soll, wegen der drängenden Nähe der Gottesherrschaft allzeit zu wachen und zu beten (Lukas 18,1 und Lukas 21,36).

Voraussetzungen und Anfänge der Liturgie

Im alten Bund war jeder Tag ein Kompendium der Heilsgeschichte, da der Abend den Auszug aus dem Knechthaus Ägypten gegenwärtig machte und der Morgen den Bundesschluß am Sinai. Diese Heilsgeschehnisse blieben durch das beständige Opfer, das jeden Abend und jeden Morgen im Tempel gefeiert wurde, im Volke wirksam. Im neuen Testament ist dann ein dreimaliges tägliches Beten bekannt (Lukas 24,53).

Gemeindliche und klösterliche Gebetsversammlungen

Mit der äußeren Freiheit der Kirche und dem Wachstum der Gemeinden entstand aus gelegentlichen Übungen, die schon bei Hippolyt bezeugt sind, der Brauch, daß sich die Gemeinde regelmäßig zum Morgenlob und zum Abendlob versammelt. Seither sind in allen christlichen Kirchen Laudes und Vesper die Angelpunkte des Stundengebetes. Dazu treten gelegentliche nächtliche Gottesdienste, vor allem in der Osternacht. Die Kerngemeinden, die sich als Mönche zusammentaten, feierten aber auch die bisher privaten drei Gebetsstunden unter Tags gemeinsam in gottesdienstlicher Versammlung und ebenso das nächtliche Gebet (Matutin, Mette). Sie entwickelten ferner aus den besonderen Bedürfnissen des Klosterlebens ein eigenes Gebet zur ersten Stunde (Prim) und zum Tagesschluß (Komplet). Ebenso wirkte die den Mönchen eigene Art des Psalmenbetens auf die Struktur auch der Gemeindehoren ein. Das voll ausgebaute System des mönchischen Stundengebetes wurde auch von den Gemeindekirchen übernommen, vor allem weil man vielfach Mönchen die Abhaltung des Stundengebets an den Kathedralen übertrug und die Bischöfe aus Mönchskreisen wählte.

Die Benediktregel

Wohl kein Orden hat sich von Beginn an so um die angemessene Gestaltung seines Gottesdienstes gesorgt wie der der Zisterzienser. Gewiß mag sich im Verlauf der Geschichte des Ordens auf den Generalkapiteln, also den gemeinsamen Begegnungen der Äbte aus den verschiedenen Gebieten des Abendlandes, eine gemeinsame Liturgie als willkommene Hilfe für die äußere Durchführung dieser Tagungen erwiesen haben. Aber nicht praktische Gesichtspunkte haben zur Liturgiereform dieses Ordens geführt, sondern Überlegungen zum Wesen der Mönchsgemeinschaft, ihrer Spiritualität. Weil die Befolgung der Klosterregel des Hl. Benedikt – ohne Abstriche und ohne Vorbehalte – den Impuls zur Gründung gegeben hatte, bedeutete dies auch, daß den liturgischen Anweisungen Benedikts eine besondere Verbindlichkeit zukam. In den Kapiteln 8–20 wurden besondere Bestimmungen aufgestellt.[2] Sie betrafen kaum die Messe, dafür recht ausführlich das Stundengebet. Dieser monastische Ritus, den Benedikt bewußt anders als den römischen Ritus gestaltet hatte, war von den Benediktinern im wesentlichen übernommen worden, doch hatte sie sich im Laufe der Jahrhunderte nicht gescheut, die Liturgie durch mancherlei Zufügungen zu bereichern. Diese neueren Psalmen, Gebete und Litaneien wurden von den Gründervätern von Cîteaux rigoros abgeschafft. Sie konnten als weniger glücklich angesehen werden, da sie in der Ordensregel nicht genannt waren.

2 Die betreffenden Kapitelüberschriften der Benediktregel geben über ihren Inhalt bereits Auskunft:
8. Vom Gottesdienst in der Nacht
9. Wieviel Psalmen beim Nachtgottesdienst zu singen sind
10. Wie das nächtliche Lob im Sommer gehalten werden soll
11. Wie die Nachtwachen an den Herrentagen (Sonntagen) gehalten werden sollen
12. Wie die Morgenfeier gehalten werden soll
13. Wie die Morgenfeier an den gewöhnlichen Tagen gehalten werden soll
14. Wie die Nachtwachen an den Festtagen der Heiligen gehalten werden sollen
15. Zu welchen Zeiten das »Alleluia« gesungen werden soll
16. Wie der Gottesdienst unter Tags gehalten werden soll
17. Wieviel Psalmen bei diesen Gebetszeiten zu singen sind
18. In welcher Reihenfolge die Psalmen zu singen sind
19. Vom Verhalten beim Psalmensingen
20. Von der Ehrfurcht beim Gebet

Doch Benedikt hatte nur die äußere Ordnung der Offiziumsliturgie beschrieben. Es fehlte eine Regelung, welcher Hymnus und welche Antiphon nach welcher Melodie zu singen sei. Die Gewohnheiten und Bücher von Molesme konnten nur einen vorläufiger Anhalt bieten. Die Absicht von Abt Stephan Harding, allgemeine Ordensgrundsätze auch auf die Gestaltung der Liturgie anzuwenden, wird schon in der *Charta caritatis* deutlich. Stephan forderte hier einen einheitlichen Gesang und einheitliche Bücher für den ganzen Orden als Ausdruck von dessen Einheit, damit es »in unseren Handlungen keinerlei Zwietracht gebe; vielmehr wollen wir in einer Liebe, nach einer Regel und gleichen Gebräuchen leben«. Für die Texte und Riten der Messe ergaben sich dabei keine Schwierigkeiten. Diese Elemente der Liturgie waren zumindest in Frankreich so einheitlich, daß sie ohne weiteres übernommen werden konnten. Sonderriten hat der Orden nicht angestrebt oder gefördert. Anders stand es mit der musikalischen Gestaltung der Gottesdienste. Die *Consuetudines* gaben disziplinarische Anweisungen für die Sänger: sie sollten würdevoll männlich singen, nicht etwa im Falsett wie Possenreißer. Wichtig ist auch die Übernahme der Forderung nach einheitlichen Büchern. Stephan schuf als Grundlage dafür eine revidierte Fassung der Vulgata, der lateinischen Bibelübersetzung des Hieronymus. Außerdem entschlossen sich nach 1120 die zi-sterziensischen Gründerväter, für alle Teile des Kirchengesanges eine authentische Fassung aufzuspüren, um sie für den Orden verbindlich zu machen. Bei den Hymnen vermuteten sie diese in Mailand, bei den Meßgesängen, dem Graduale, dagegen in Metz. Somit ist diese erste Reform der Zisterzienserliturgie deutlich eine auf Autoritäten gegründete: der Bibeltext folgte Hieronymus, das Stundengebet wurde nach Benedikt gestaltet (vgl. die Tabelle S. 64), das Hymnar entstand nach Ambrosius und das Antiphonar und Graduale nach Gregor. – Zur Erläuterung: *Hymnus* ist ein Lobgesang nach Art der Psalmen, wie er sich schon in der ältesten Gemeinde ausgebildet hat und im ganzen neuen Testament zu finden ist (vergleiche die neutestamentlichen Cantica bei Lukas, die himmlischen Lobgesänge der Apokalypse, die hymnischen Stellen in den Briefen). *Antiphonar* (Antiphonale) ist das liturgische Buch für den gesungenen Vollzug des Stundengebetes. *Graduale* ist die musikalisch reich ausgestattete Form des Zwischengesangs außerhalb der Osterzeit, der auf die erste Lesung des Wortgottesdienstes in der römischen Meßliturgie folgt. Graduale ist zugleich die fränkische Bezeichnung des in Rom *cantatorium* genannten Buches für die Sologesänge der Meßfeier. Seit dem 12. Jahrhundert nennt man so das Choralbuch, das alle Gesänge für die Meßfeier enthält.

Das Stundengebet steht unter bestimmten Themen:

Themen	zur Nacht	am Morgen	Prim	Terz	Sext	Non	Vesper	Komplet
1. Urthema: Licht, Sonne, Dunkel	aus der Nacht zum Licht	Aufgang des Lichts	Tagwerk im Licht	volles Licht	Licht wird Hitze	Sinken des Lichts	Licht in den Abend	Nacht mit Licht
2. Thema: Heilsereignisse um Christus, das Licht	Ankunft: Weihnacht und Parusie	Auferstehung	(Nazareth) Der arbeitende Herr	Pfingsten	Thron-besteigung, Kreuz und Himmelfahrt	Tod Christi	Mensch-werdung	(Kafarnaum) Der nächtens betende Herr
3. Thema: Ereignisse des Heilstages (Karfreitag)	Ölberg	Gottes-bekenntnis vor dem hohen Rat	vor Pilatus	Geißel und Dornen	Kreuzweg	Öffnung des Herzens	Mater dolorosa (Vesperbild)	Grab

Mittelalterliches Klosterleben

Unter dem Grundsatz *»ora et labora«* (»bete und arbeite«) hat der Mönch gemäß der Benediktregel Gehorsam gegenüber dem Abt, Armut und Keuschheit und auch das Verbleiben in seinem Kloster zu versprechen. Das gesamte Leben der Klostergemeinschaft wird durch die Benediktregel geordnet. Die zentrale Aufgabe des mönchischen Lebens ist der Gottesdienst und darin vor allem das gemeinsame Chorgebet (siebenmal am Tag, einmal in der Nacht).[3] Obendrein sind Handarbeit und geistliche Lesung verpflichtend.[4] Die Regel achtet auf eine Ausgewogenheit zwischen Gebet, Arbeit, Entsagung, Gehorsam und brüderlicher Liebe. Alles, was die Klostergemeinschaft zum Leben braucht, soll sich innerhalb der Klostermauern befinden.

Tagesablauf der Mönche

Die Nachtruhe der Mönche ist kurz, und ihr Tag beginnt bald nach Mitternacht. Beständig wechseln während des Tages Zeiten des Chorgebets und Zeiten der Arbeit. Von Ostern bis September essen die Mönche zweimal täglich, im Winter nehmen sie nur eine Mahlzeit ein. Ein Frühstück ist unbekannt. Vor jeder Mahlzeit wäscht man sich Gesicht und Hände am Brunnen vor dem Refektorium. Samstags waschen die beiden Mönche, die Küchendienst haben, den übrigen die Haare. Zwölfmal im Jahr werden Bart und Haare geschnitten. Viermal wird der Aderlaß vorgenommen.

3 »Der Prophet sagt: »Siebenmal am Tag sing ich dein Lob.« Diese geheiligte Siebenzahl erfüllen wir dann, wenn wir zur Zeit der Laudes, der Prim, Terz, Sext, Non, Vesper und Komplet die Pflichten unseres Dienstes erfüllen [...]. Von den Metten zur Nachtzeit sagt aber derselbe Prophet: »Um Mitternacht erhob ich mich, um dich zu preisen.« Zu diesen Zeiten wollen wir unserem Schöpfer lobsingen ob seiner gerechten Satzungen [...].« (Benediktregel, 16)
»Wir glauben, daß Gott überall zugegen ist und daß »die Augen des Herrn an jedem Ort auf Gut und Böse schauen«. Dieser Glaube soll dann besonders lebendig sein, wenn wir beim göttlichen Dienst stehen.« (Benediktregel, 19)

4 »Müßiggang ist der Seele Feind. Deshalb sollen sich die Brüder zu bestimmten Zeiten mit Handarbeit und wieder zu bestimmten Zeiten mit heiliger Lesung beschäftigen [...].« (Benediktregel, 48)
»Die Brüder sollen sich gegenseitig bedienen. Keiner sei vom Küchendienst entschuldigt, außer wer krank oder durch ein wichtiges Geschäft in Anspruch genommen ist [...].« (Benediktregel, 35)
»Bei der Mahlzeit der Brüder darf die Lesung nicht fehlen [...]. Für die ganze Woche werde ein Leser bestimmt, und er fange am Sonntag damit an [...].« (Bendiktregel, 38)
»Sobald man zur Stunde des Gottesdienstes das Zeichen vernommen habe, lege man alles aus der Hand und komme in größter Eile herbei [...]. Es darf also nichts dem Gottesdienste vorgezogen werden.« (Benediktregel, 43)

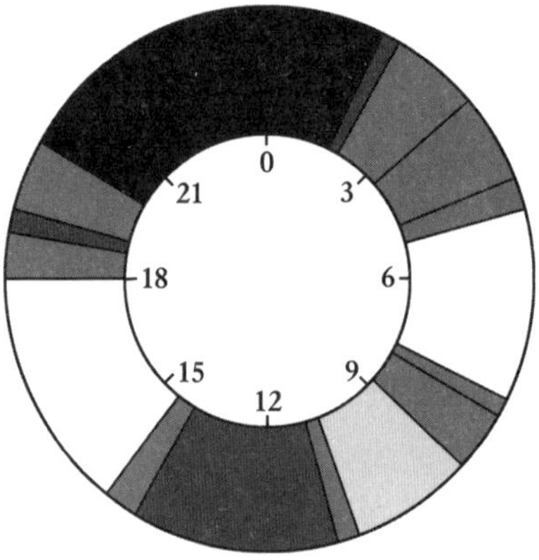

Tagesablauf der Mönche

1.45 Uhr:	Aufstehen
2.00 Uhr:	Vigilien (Nachtgebet)
3.15 Uhr:	Laudes (Lobgebet zur Morgendämmerung) anschließend: Matutinalmesse (Frühmesse), Privatmessen
4.30 Uhr:	Prim (Gebet zur ersten Stunde), Kapitelsitzung
5.00 Uhr:	Arbeit
7.45 Uhr:	Terz (Gebet zur dritten Stunde)
8.00 Uhr:	Konventamt (gesungene Messe für alle)
8.50 Uhr:	Lectio Divina, Arbeit
10.40 Uhr:	Sext (Gebet zur sechsten Stunde)
11.00 Uhr:	Erste Mahlzeit, Mittagsruhe
14.00 Uhr:	Non (Gebet zur neunten Stunde)
14.30 Uhr:	Arbeit
18.00 Uhr:	Vesper (Gebet am frühen Abend)
18.40 Uhr:	Zweite Mahlzeit
19.00 Uhr:	Komplet (Gebet zum Tagesschluß)
20.00 Uhr:	Nachtruhe

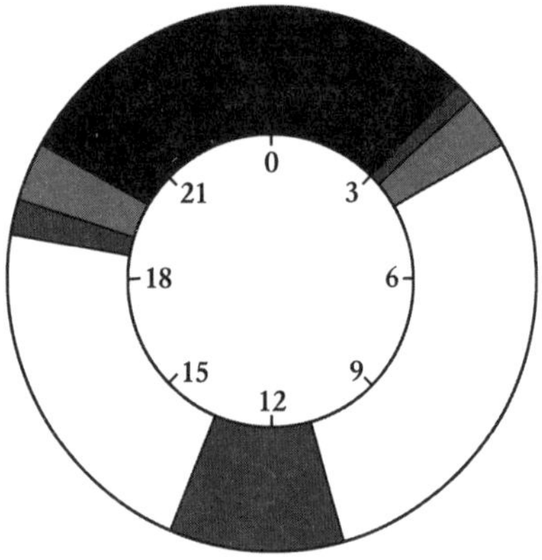

Tagesablauf der Konversen

3.00 Uhr:	Aufstehen
3.15 Uhr:	Laudes (Lobgebet zur Morgendämmerung)
4.00 Uhr:	Arbeit
11.00 Uhr:	Erste Mahlzeit und Ruhepause
13.30 Uhr:	Arbeit
18.30 Uhr:	Zweite Mahlzeit
19.00 Uhr	Komplet (Gebet zum Tagesschluß)
20.00 Uhr:	Nachtruhe

Gottes-Dienst

Restlose Hingabe an Gott ist Inhalt und Ziel des Mönchslebens. Armut (Loslösung von der Welt und ihren Gütern), Keuschheit (Beherrschung des Leibes und seiner Lust) und Gehorsam (Verleugnung des eigenen Willens) sind nur Mittel dazu. Der Gottes-Dienst steht daher im Mittelpunkt des Lebens. *Opus Dei* (Gottes-Dienst im Chorgebet und Meßfeier), *Lectio Divina* (geistliche Lesung) und *Labor Manuum* (Handarbeit) sind die Grundpfeiler des Klosterlebens.

Meßfeier

Die Meßfeier ist der Höhepunkt im Tageslauf. Die Zisterzienser kennen bereits die tägliche Meßfeier, während zur Zeit des Hl. Benedikt nur sonn- und feiertags die Messe gelesen worden ist. Daß alle Priester des Klosters täglich eine Privatmesse lesen, wird erst später üblich.

An Sonn- und Feiertagen wohnen auch die Konversen der Messe bei.

Chorgebet

Das gemeinsame Chorgebet steht im Mittelpunkt des Klosterlebens. Die Gottesdienstzeiten sind ausschlaggebend für den Tagesablauf. Siebenmal am Tag und einmal in der Nacht kommen die Mönche in der Kirche zusammen. Bis zu sieben Stunden täglich verbringen die Mönche im Chorgestühl bei Gesang, Gebet und Lesung.

Das Chorgebet besteht zum großen Teil aus Texten der Hl. Schrift. Die Psalmen bilden das Grundgerüst. Jede Woche wird der gesamte Psalter vorgetragen. Wechselgesänge (Responsorien), gesungene Verse (Versikel), Lesungen, liturgische Lieder (Hymnen) und das Schlußgebet (Oration) unterbrechen das gleichförmige Beten der Psalmen. Hilfsmittel beim Chorgebet ist ein Grundbestand liturgischer Bücher: Psalterium, Antiphonar, Hymnarium, Lektionar, Kalendarium. Nach der Prim kommen die Mönche im Kapitelsaal zusammen. Dort werden die Namen der Heiligen verlesen, deren Gedächtnis gerade begangen wird. Außerdem wird für die verstorbenen Mitbrüder und Wohltäter gebetet und ein Kapitel aus der Benediktregel vorgetragen. Die Lesung vor der Komplet hört man im Nordflügel des Kreuzganges.

Geistliche Lesung

Die geistliche Lesung (*Lectio divina*) bildet die zweite tragende Säule des Klosterlebens. Sie bezweckt die vertiefte Kenntnis der Heiligen Schrift, um dem klösterlichen Ideal näher zu kommen, und findet in der »Arbeitszeit«

statt. Ihr Ort ist vor allem der Kreuzgang, dessen Nordseite als Lesehalle ausgebildet ist.

Die *Lectio divina* ist etwas ganz anderes als die heute übliche Art zu lesen. Man nähert sich dem Geschriebenen eher auf die Art und Weise, wie wir Poesie oder persönliche Briefe lesen: ohne Hast, voll Respekt und Wertschätzung vor dem Text, unterbrochen von vielen Pausen, in denen sich der Leser Gott zuwendet in einer frohen und dankbaren Antwort auf das, was er gelesen hat. Das schöne Wort des Hl. Thomas von Aquin in seinem Adoro de Devote beschreibt am besten einen Baustein für die Schriftlesung: *»dulce sapere«* (süß schmecken). Es ist ein längerfristiges Tun, das Aufmerksamkeit und Beharrlichkeit erfordert. Man hüpft nicht von Blüte zu Blüte, sondern konzentriert sich darauf, das Buch, das man sich vorgenommen hat, bis zu Ende zu lesen, so wie es der Hl. Benedikt für alle Lektüre in der Fastenzeit für seine Mönche angegeben hat. Man muß die Sichtweise des Verfassers akzeptieren, ohne die eigene in den Vordergrund zu schieben. Die *Lectio divina* kann man als ein langsames und sammelndes Lesen auf der Suche nach einem persönlichen Kontakt mit Gott beschreiben und nicht als die Beherrschung eines Wissensgebietes. Der Hl. Augustinus würde es eher als einen Gegenstand des *frui* als des *uti* bestimmen, etwas, das seinen Wert in sich hat und nicht darin, daß man davon irgend etwas ernten könnte. Wir modernen Menschen haben ja die Tendenz, die Schrift in uns aufzunehmen, indem wir uns fragen, was wir damit machen können; die Väter sorgten sich eher darum, was die Schrift mit ihnen machen könnte. Sie dachten, daß die Lesung der Bibel etwas bei ihnen verändern würde. »Wenn ein Mensch seinen Irrtum aufgibt, um das Wort der Schrift zu hören oder seinen Geist der Wahrheit zu öffnen, in gewisser Weise ist er wie Gott geworden« (Clemens von Alexandrien).

Handarbeit (labor manuum)

Im Unterschied zu den Cluniazensern, die vom Ertrag fremder Arbeit leben und sich fast ganz dem Gottesdienst widmen, betonen die Zisterzienser gemäß der Benediktregel die Prinzipien der Selbstversorgung und Handarbeit. Mit eigener Hand wollen sie ihren Unterhalt erwerben, wie Gott es nach dem Sündenfall befohlen hat und wie es auch die Apostel getan haben.

Zufassen müssen die Mönche vor allem in den Anfängen der Klostereinrichtung. Sie helfen beim Bau und auf dem Feld und erledigen die Hausarbeiten. Einer wirklich produktiven Tätigkeit der Mönche sind durch die vielen Gebetszeiten Schranken gesetzt. Doch die Arbeit sichert nicht nur den Lebensunterhalt, sondern hat auch einen geistlichen Sinn: in Demut soll die Mühe ertragen werden, denn auch Christus und die Apostel haben ihren Unterhalt mit eigner Hand erarbeitet.

Das Rückgrat der Klosterwirtschaft bildet die Handarbeit der Konversen. Einige Konversen leisten Dienste im Kloster, andere arbeiten in Werkstätten im Klosterbereich, andere auf den Wirtschaftshöfen, in denen auswärtiger Grundbesitz zusammengefaßt war.

Liturgie und Klosterbaukunst in den ersten Jahrhunderten des Zisterzienserordens

Schmuck

Schon im *Exordium Parvum* sind Verbote gegen den priesterlichen Schmuck, also die Gegenstände, die beim Gottesdienst vom Priester verwendet werden, erlassen worden. Lediglich ein eiserner Kandelaber wird hier erlaubt, die Weihrauchfässer dürfen nur von Kupfer oder Eisen sein. Dagegen ist bei den Kelchen, gemäß ihrer erhabenen Bestimmung, eine größere Freiheit gestattet: sie können von Silber oder vergoldet sein, aber nicht von massivem Gold. Die Weinkännchen dagegen müssen ohne jegliches Gold und Silber gehalten sein. Auch für den priesterlichen Ornat ist die größte Einfachheit vorgeschrieben. Er darf keine Gold- und Silberstickereien zeigen und nur von Leinen oder Barchint sein. Allein für Stola und Manipel ist Seide gestattet. Die Kasel darf nur einfarbig sein. Alles muß in einfachem Weiß gehalten sein, da 1181 ausdrücklich alle gefärbten und kuriosen Tücher verboten werden und zwei Jahre darauf dies noch besonders für Fransen hervorgehoben wird. Dieselben Vorschriften gelten für Altardecken. 1199 wird noch ein besonderes Verbot gegen Altartücher mit Besatz und Bordüren erlassen.

Türme

Romanische Bauten zeichnen sich vor allem durch gewaltige Massenwirkungen aus, hervorgerufen in erster Linie durch das System der Türme, das den Bau beherrscht. Bei der nur von praktischen und nützlichen Gesichtspunkten geleiteten Tätigkeit der Zisterzienser ist es dagegen ganz selbstverständlich, daß sie sich gegen die Anlage von Türmen wandten. Wenn sich in der ersten Sammlung der Generalkapitelbeschlüsse von 1134 kein Verbot der Türme findet, so liegt das wohl daran, daß es nach ihnen kein Bedürfnis gab.

Wenn zum ersten Male im Jahre 1157 ein Verbot der Türme auftaucht, so müssen wir darin wohl mit Recht ein Anzeichen dafür sehen, daß bei einigen neugegründeten Klöstern inzwischen doch zu der Anlage von Türmen geschritten worden war, wenn auch nur mit bescheidenen Dimensionen.

(Gemäß der Verordnung von 1274 wird nur ein hölzerner Dachreiter gestattet.)

Schlichtheit der Architektur

Die Tatsache, daß die Zisterzienser trotz ihrer allgemeinen Ablehnung jeglicher Kunst als etwas Überflüssigem dennoch die Architektur pflegten, liegt daran begründet, daß diese für sie zum Nötigen und Zweckmäßigen zählte. Bauen mußte der Orden, das forderten die Notdurft des Lebens und die religiösen Funktionen, doch war man nicht bereit, der Architektur eine künstlerische Bedeutung und Ausdruckskraft zuzumessen. Andererseits ließ sich ein künstlerischer Anspruch doch nicht gänzlich unterdrücken. Und weil alle anderen Künste von einem undurchdringlichen Gehege von Verboten umgeben waren – die Architektur inkonsequenterweise nicht –, kam das gesamte künstlerische Kapital, das im Orden vorhanden war, allein auf diesem Gebiet zum Tragen. Und da es den Bauherren versagt war, ihr Können der liebevollen Behandlung der Architekturdetails zuzuwenden, mußte sich ihr Streben auf das große Ganze richten.

Indem der Zisterzienserorden die Baumeister auf ihr eigentliches Arbeitsfeld zurückführte und durch eine strenge Ordensgesetzgebung und straffe Organisation dafür sorgte, daß sie diese Grenzen auch einhielten, ergab sich seine Bedeutung für die abendländische Kunstgeschichte. Falls ein Architekt, den ein Kloster einstellte, einer Neigung zum Dekorativen nachgehen wollte, traf er stets auf herben Widerstand. Lediglich die kunstvolle Gliederung des Raumes billigte ihm die Ordenstradition zu. Er wurde durch die Generalkapitel in eine klare Richtung gewiesen: zu bauen aus den Bedürfnissen der Klostergemeinde heraus nach einfachen Gesetzen der Raumgestaltung. Gerade darin war die zisterziensische Baukunst singulär – und erfolgreich weit über die Grenzen des Ordens hinaus. Denn aufgrund der großen Verbreitung, die dieser schon im ersten Jahrhundert seines Bestehens in der abendländischen Welt gewann, setzte sich auch die auf Zweckmäßigkeit und Nützlichkeit ausgerichtete Zisterzienserbaukunst überall durch. Weil der Zisterzienserorden eine reiche kolonisatorische Tätigkeit entfaltete, brachte er seine neuartige Baukunst auch in solche Gebiete, wohin die romanische noch nicht gedrungen war, und lieferte so das Vorbild auch für viele andere Bauten im jeweiligen neuen Kulturland.

Mit der Abneigung gegen alles Dekorative, die zum Verbot aller Künste mit Ausnahme der Architektur führte, ist die hauptsächliche kunstgeschichtliche Leistung des Zisterzienserordens erklärt, aber noch nicht das Spezifische der

Zisterzienserarchitektur. Wie kommen die Ordensbauten zu ihrem einheitlichen Gepräge, worin wurzelt gerade dieser bestimmte Typus? – Ein wesentliches Charakteristikum, das Fehlen der Türme, ist bereits weiter oben mit den Generalkapitelverordnungen erklärt worden. Für andere Eigentümlichkeiten sind verschiedene Faktoren maßgeblich gewesen.

Grundriß

So ist das Grundrißschema durch die Opposition zu Cluny bedingt. Der Plan der Zisterzienserkirchen hat sich in seinem charakteristischen Teil, dem Ostbau, in unmittelbarer Anknüpfung an den altcluniazensischen entwickelt. Die Kritik des Hl. Bernhard gegen »der Bethäuser maßlose Höhe, ihre übertriebene Länge, ihre unnütze Breite« hatte sich vor allem gegen den Prachtbau des Abtes Hugo von Cluny gerichtet. Die Zisterzienser griffen daher mit Absicht auf den einfacheren *älteren* Bau von Cluny zurück. Wie die weitere Grundrißbildung zustandekam, läßt sich dagegen nur vermuten. Wahrscheinlich waren hier die rituellen Gebräuche bestimmend. Beispielsweise dürfte die Verpflichtung für jeden Ordenspriester, täglich die Hl. Messe zu lesen, die zunehmende Häufung der Kapellen bedingt haben. Die für Zisterzienserkirchen so charakteristische Ausdehnung des Langhauses hat wohl seinen Grund in dem Gebot des abgesonderten Gottesdienstes für Laien.

Eine andere Eigentümlichkeit, das Fehlen der Krypta, die in der Romanik ein allgemeines Attribut von Kirchengebäuden war, in der Gotik aber wieder verschwand, findet sich ebenfalls schon bei den Cluniazensern.

Einheitlichkeit

Daß sich die Zisterzienserarchitektur derart einheitlich gestaltete, ist zum allergrößten Teil auf die strenge Organisation – mit dem Generalkapitel als deren oberster Spitze – zurückzuführen. Das Streben nach Uniformierung, wie es sich in den Verordnungen, im *Liber usuum*, geltend macht und wie es der ganzen Organisation zugrunde liegt, mußte sich natürlich auch auf die Architektur auswirken.

Die Organisation war so strukturiert, daß jedes Kloster einerseits im engsten Zusammenhang mit den übrigen lebte und andererseits so wenig wie möglich mit der Welt in Berührung kam. Die Klöster teilten einander ihre Erfahrungen mit, das eine holte sich bei dem anderen Rat. Die Visitationen, die alljährlichen Reisen der Äbte nach Cîteaux boten häufigen Anlaß zum Austausch von Ideen und Erfahrungen. Der Abt kehrte bei seiner Reise zum Generalkapitel täglich in einem anderen Kloster ein, jeder Tag bot neue, reichliche Gelegenheit zum Schauen und Prüfen. Auch deswegen mußten die Ordensbauten ein einheitliches Gepräge annehmen: Die Zisterzienserkirche im hohen Norden war dieselbe wie im fernen Süden.

Schönheit und Richtigkeit

Die Harmonie des benediktinischen Mönchslebens ergibt sich aus dem Gleichgewicht der Beziehungen zwischen dem Menschen und Gott, seinem Schöpfer und Erlöser, zwischen dem Individuum und der Gemeinschaft. Dieses in vielen Klöstern verlorengegangene Gleichgewicht wollten die Zisterzienser wiederherstellen, indem sie den Tages- und Jahresrhythmus der Benediktsregel genau befolgten. Den Gebetszeiten des liturgischen Gottesdienstes folgten Stunden der demütigen Arbeit in Feld und Wald oder im Dienst der Gemeinschaft, aber ebenso mehrere Stunden für Lesung, Studium und stilles meditatives Gebet und auch Stunden für Schlaf und Erholung und die gemeinsamen Mahlzeiten. Man lebte in brüderlicher Gemeinschaft, ließ aber doch Raum für Einsamkeit und Schweigen und die Bedürfnisse des einzelnen. Dieser Tagesablauf war hineinkomponiert in den Wechsel des wachsenden und des abnehmenden Jahres und in die Fest- und Fastenzeiten des Kirchenjahres.

Die Lage und Bauweise des Klosters mußte diesem Lebensstil entsprechen. Daher beschlossen die Gründer, nach dem Vorbild des heiligen Benedikt ihre Klöster nicht in Städten oder Dörfern zu bauen, sondern an abgelegenen, wenig begangenen Orten. Bevorzugt wurden einsame Täler oder Auenlandschaften an einer Flußschleife wegen der Nutzung des Wassers. Die Anordnung der Bauten und Räume erfolgte im Kernbereich des Klosters fast überall genau nach den Funktionen des monastischen Alltagslebens, wie es im *Liber usuum* oder Buch der Gebräuche minutiös beschrieben war.

Normalplan

Wer sich den Normalplan eines Zisterzienserklosters (vgl. S. 73) einmal eingeprägt hat, findet sich fast in jeder Zisterze mühelos zurecht. Die geostete Kirche steht meist auf der Nordseite des Baukomplexes. Daran schließt sich um einen Innenhof gruppiert das Viereck des Klosters. Im Ostflügel liegt neben dem Querhaus der Kirche die Sakristei, davor die gegen den Kreuzgang geöffnete Nische des Armariums, wo gleichsam in einer Waffenkammer des Geistes die Bücher aufbewahrt waren, dann folgt ebenerdig der Kapitelsaal als Versammlungsraum der Gemeinschaft und anschließend das Auditorium, wo die täglichen Arbeiten besprochen, verteilt und teilweise auch erledigt wurden.

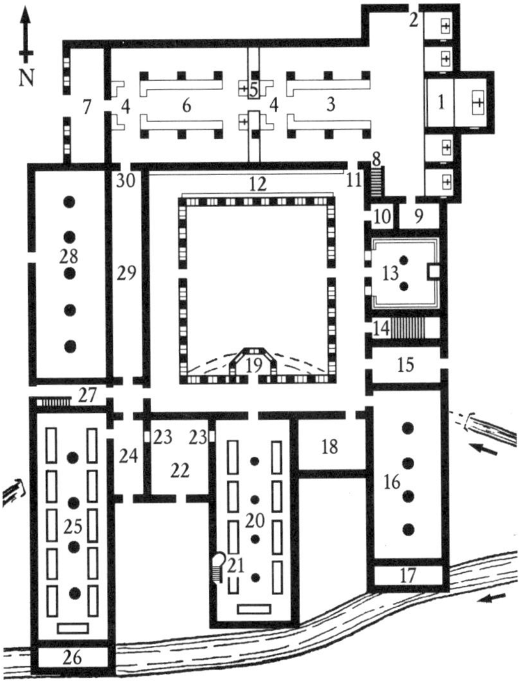

Normalplan eines Zisterzienserklosters (nach Jürgen Eberle):

1–7 Kirche:
1 Presbyterium
2 Friedhofspforte
3 Religiosenchor
4 Krankenchöre
5 Lettner
6 Laienchor
7 Vorhalle (Paradies),

8 und 14 Aufgang zum Dormitorium der Mönche (über 9, 10, 13–16)
9 Sakristei
10 Armarium
11 Mönchspforte
12 Lesesitze im Kreuzgang
13 Kapitelsaal
15 Sprechraum (Parlatorium)
16 Auditorium
17 Mönchslatrinen
18 Calefaktorium
19 Brunnenhaus
20 Mönchsrefektorium
21 Lesekanzel
22 Küche
23 Durchreichen

24 Sprechraum der Konversen
25 Konversenrefektorium
26 Konversenlatrinen
27 Durchgang mit Treppe zum Konversendormitorium (über 25, 27, 28)
28 Vorratskeller
29 Konversengasse
30 Konversenpforte

Im Obergeschoß des Ostflügels befindet sich das Dormitorium, d.h. der Schlafsaal der Mönche, der ab dem 16. Jahrhundert meist in kleine Einzelzellen unterteilt wurde.

Nach Süden liegt das Calefactorium, in alter Zeit der einzige beheizbare Raum des Klosters. Daran schließt sich das Refektorium, in größeren Klöstern oft ein als zweischiffige Halle nach Süden vorgestreckter Speisesaal der Mönche. Funktionsgerecht folgt in westlicher Richtung die Küche, von der aus sowohl das Refektorium der Mönche als auch der Speisesaal der Laienbrüder versorgt wurde. Der gesamte Westflügel des Klostervierecks war für den Speisesaal und Schlafsaal der Konversen vorbehalten, die in der Blütezeit des Ordens sehr zahlreich waren.

Alle diese Regularräume sind durch den Kreuzgang (Claustrum) verbunden, der aber mehr war als nur Korridor oder Verkehrsfläche. Marcel Aubert nannte den Kreuzgang »das Herz der Abtei«. In den *Usus Ordinis Cisterciensis* werden die Herzfunktionen des Kreuzganges genau beschrieben. Es war ein Ort der Stille und Sammlung, wo die Mönche die Stunden der Lesung und Betrachtung verbrachten. Zur wärmeren Jahreszeit fand in dem an die Kirche angelehnten Flügel die gemeinsame Lesung vor der Komplet statt. Jeden Samstag war hier Fußwaschung der Mönche, mit besonderer Feierlichkeit die Fußwaschung am Gründonnerstag, zu der so viele Arme wie Mönche im Kloster lebten, eingeladen und bewirtet und beschenkt wurden. An hohen Festen ist der Kreuzgang Zeuge einer feierlichen Prozession vor dem Hochamt. Von dieser stammt ja seine deutsche Bezeichnung.

Gelegentlich wurden unter den Bodenplatten des Kreuzganges die Leichname von Äbten und Mönchen beigesetzt. – Das Brunnenhaus gegenüber dem Eingang ins Refektorium diente zum täglichen Waschen; auch das Rasieren der Tonsur und des Bartes wurde hier vorgenommen, und mehrmals im Jahr war hier Gelegenheit zum Aderlaß, dem dann einige Ferientage mit besserer Kost folgten.

In der geistlichen und hagiographischen Literatur des Ordens finden sich oft Stellen, die den tiefen Frieden und die geistlichen Freuden des beschaulichen Lebens im Kreuzgang schildern. Bernhard und andere Zisterzienserväter sprechen gern vom *paradisus claustralis*. »Wahrhaft, das Kloster ist ein Paradies, ein von der Mauer der Zucht geschützter Ort, fruchtbar und ertragreich an klösterlichen Gaben. Wie gut und schön ist es, wenn Brüder miteinander in Eintracht wohnen (Ps 133,1). Da siehst du, wie einer seiner Sünden beweint, ein anderer im Lob Gottes sich freut, einen, der der Diener aller ist, jenen, der Lehrer der anderen ist, einen, der betet, einen anderen, der liest; hier einen, der Barmherzigkeit übt, dort einen, der für Sünden eine Buße erteilt; einen, der in Liebe brennt, einen anderen, der sich durch Demut auszeichnet; einen, der im Glück bescheiden, einen, der im Unglück ungebeugt geblieben ist; diesen, der sich im tätigen Leben abmüht, jenen der im beschaulichen Leben ruht.«

- *Chor:* Mehrmals am Tage und in der Nacht geht der Zug der Mönche mit dem Abt zur Kirche in den Chor, um stellvertretend für alle Menschen Gottes Lob zu künden. Nach der Regel steht über allem anderen Tun der heilige Dienst.
- *Dachreiter:* Dort hängt die Glocke, mit der der Sakristan die Mönche zum Chorgebet weckte.
- *Chor:* Das tägliche Konventamt ist das Herz des monastischen Lebens.
- *Kreuzgang:* Der Kreuzgang verbindet die um den Innenhof gelegenen Gebäude, von ihm aus sind die angrenzenden Räume zugänglich. Insofern ist er nur Verbindungsgang. Aber der Kreuzgang selbst ist Raum zugleich. Er ist Ausblick auf nichts Zweites bietend und in sich zurückführend. Er ist die Architekturform der im Schreiten geübten Meditation. Ihn durchzieht der Konvent bei der Prozession vor dem Hochamt.
- *Kreuzgangflügel entlang der Kirche:* Der entlang der Kirche verlaufende Kreuzgangflügel war durch seine Benutzung besonders ausgezeichnet: in ihm fand am Abend vor der Komplet eine geistliche Lesung statt. Man saß entlang den Wänden, der Vorleser in der Mitte vor der Außenwand, ihm gegenüber an der Kirchenmauer der Abt. Hier, in diesem Kreuzgangflügel, fanden auch die liturgischen Fußwaschungen statt; die Vorrichtungen zum Ableiten des Wassers sind noch in einigen Lesegängen erhalten.
- *Armarium (Bücherraum):* In unmittelbarer Nähe des Leseganges, meist in der Westwand des Kirchenschiffes, befand sich in den mittelalterlichen Klöstern zunächst das Armarium, die geistliche »Rüstkammer« der Mönche. Oft war es nur eine Mauernische, zuweilen schon ein kleiner Raum. Hier standen auf hölzernen Regalen die Bücher, die der Kantor an die Leser verteilte. Als die Bücherbestände sich vergrößerten, wurden eigene Bibliotheksräume geschaffen. Die Stelle der Armarien nahmen dann sehr oft Nischengräber ein, in die die Gebeine der ersten Äbte überführt wurden. Im Zeitalter des Barock erkannte man in der Bibliothek nicht nur ein geistiges oder organisatorisches Problem, sondern zugleich ein künstlerisches. Man suchte für die Stätte der geistigen Arbeit – ebenso wie für die Kirche als Stätte des Gotteslobes – eine ihr würdige Form. Alle Liebe der klösterlichen Bauherren galt daher in erster Linie den Kirchen und Biblio-

theken; sie lassen uns heute jene letzte imponierende Einheitswelt des Barock erkennen.

- *Kapitelsaal:* Im Kapitelsaal versammelt sich der Konvent nach der Frühmesse. Hier findet das Schuldbekenntnis statt. Hier predigt der Abt sonntags; es finden Lesungen statt. Begräbnisort der Äbte. Man saß entlang den Wänden. Der Kapitelsaal ist im Grundriß fast immer quadratisch, er liegt oft wenige Stufen tiefer als der Kreuzgang, von dem er nie fest abgeschlossen, sondern durch die offene Tür und die Fenster verbunden war.
- *Dormitorium:* Die Regel schreibt vor: »Ist es möglich, so sollen alle im gleichen Raum schlafen. Läßt dies aber die große Zahl nicht zu, so schlafen je zehn oder zwanzig zusammen mit den Älteren, die die Aufsicht führen. Im Schlafraum brenne beständig bis zum Morgen ein Licht.« Der Grundsatz des gemeinsamen Schlafraumes führte zur Errichtung jener ungewöhnlich großen Säle, deren Länge zuweilen die der Kirchenschiffe überschritt und die sich im Obergeschoß des Ostflügels der Klosteranlage befanden. Die Architektur betonte den Zweck: Die Höhe wurde nicht zu groß gewählt, ein ausgewogenes Verhältnis von Höhe und Breite gab den Dormitorien den Charakter von Ruheräumen. Sie hatten stets zwei Zugänge. Einer führte in den Kreuzgang, ein anderer ins Querschiff der Kirche hinunter.
- *Brunnenhaus:* Am Kreuzgang gegenüber dem Eingang zum Refektorium liegt das Brunnenhaus, ein kapellenartiger kleiner Zentralbau. An seinem Becken mit fließendem Wasser wuschen sich die Mönche vor den Mahlzeiten und wohl auch sonst nach Bedarf.
- *Refektorium:* Die in der Regel geforderte Einfachheit der Speise ist eine Voraussetzung für die Würde des Essens, das auch aufgrund einer solchen Raumgestaltung zur Zeremonie werden mußte. Das Refektorium steht im allgemeinen senkrecht zum Kreuzgang und ist so in der Längsausdehung nicht gebunden. Über ihm war ein Türmchen mit einer Glocke angebracht. Das Glockenseil endete am Tisch des Priors. Er gab nach Ordensbrauch Beginn und Ende der Mahlzeit durch ein Glockenzeichen an.
- *Krankenhaus:* Die Regel sagt: »Um die Kranken soll man vor allem und über alles besorgt sein. Man diene ihnen so, wie wenn man wirklich Christus dienen würde; er selbst hat ja gesagt: ›Ich war krank und ihr habt mich besucht‹ und: ›Was ihr einem dieser Geringsten getan habt, das habt ihr mir getan.‹ [...] Es sei also eine wichtige Sorge für den Abt, daß die Kranken in keiner Weise vernachlässigt werden.« Die Krankenhäuser errichtete man östlich der Klausur, im ruhigsten Bereich des Klosters.

- *Gästehaus:* Die Regel bestimmt: »Alle Gäste, die zum Kloster kommen, werden wie Christus aufgenommen, denn er wird einst sprechen: ›Ich war fremd und ihr habt mich beherbergt.‹ Allen erweise man die ihnen gebührende Ehre, besonders den Glaubensgenossen und den Pilgern. [...] Die Küche für den Abt und die Gäste sei für sich; so stören die Gäste, die zu bestimmten Zeiten ankommen und im Kloster niemals fehlen, das Leben der Brüder nicht. [...] Auch werde die Sorge für die Gastwohnung einem Bruder übertragen. [...] dort seien Betten in genügender Anzahl. So wird das Gotteshaus von Weisen und weise verwaltet werden.« Das Gästehaus liegt in der Nähe der Toranlage, um Störungen des monastischen Lebens zu vermeiden.

Liturgie und Klosterbaukunst in den Fürstenfelder Reformstatuten (1595)[5]

Der Verfall der Ordensdisziplin bei den Zisterziensern hatte weder durch die Bulle *Fulgens sicut stella matutina* von Papst Benedikt XII. von 1335 noch durch den Generalkapitelbeschluß von 1390, alle Klöster zu reformieren, aufgehalten werden können. Die ursprüngliche Observanz sah den regelmäßigen Besuch der Generalkapitel durch die Äbte und die Visitation ihrer Tochterklöster vor. Die Äbte scheuten die beschwerliche Reise zum Generalkapitel nach Cîteaux immer mehr; so nahmen im 15. und beginnenden 16. Jahrhundert nur noch etwa 15 bis 20 Äbte an den Generalkapitelsitzungen teil. Grundlegende Änderungen der bedrohten Mißstände verschoben die Generalkapitel oft auf ein »günstigeres« Datum.

Im Grunde war die Organisation des Ordens weitgehend zusammengebrochen. Reformeifrige Abteien suchten jetzt – angeregt durch die Organisationsform der Bettelorden – einen Ausweg in der Bildung von regionalen bzw. nationalen Kongregationen, beginnend mit der 1425 von Papst Martin V. bestätigten kastilischen Kongregation; ein Vorgang, der zur selben Zeit auch bei den reformwilligen Benediktinern zu beobachten war. Die Kongregationsbildung griff allerdings erst nach dem Tridentinum auf nichtromanische Länder über. Im Zuge der gesamtkirchlichen Tridentinischen Reform und der mit ihr einhergehenden römisch-zentralistischen Bestrebungen wurden von den Päpsten die Kongregationszusammenschlüsse forciert. 1580 wurde die polnische, 1618 die oberdeutsche und 1629 die irische Zisterzienserkongregation errichtet.

5 Vgl. hierzu: Nehlsen, Hermann; Wollenberg, Klaus (Hg.): Zisterzienser zwischen Zentralisierung und Regionalisierung. 400 Jahre Fürstenfelder Äbtetreffen – Fürstenfelder Reformstatuten von 1595–1995, Frankfurt/M. 1998

Die Gründe für die Kongregationsbildungen waren einfach: Im Gegensatz zur Frühzeit des Ordens wurde die gebietsübergreifende zentralistische Verfassung der Zisterzienser seit dem 15. Jahrhundert in Europa mehr und mehr mit der Ausbildung souveräner Staaten, innerem Verfall und wirtschaftlichen Krisen konfrontiert. Insbesondere Zahlungen von in einem Territorium liegenden Klöstern an die »ausländische« Zentrale im französischen Cîteaux (Ordenskontributionen) sowie die Visitation einer Zisterze durch Gebietsfremde erschienen den Landesherrn zunehmend untragbar – man denke nur an den Geistlichen Rat im Herzogtum Bayern, der bei jeder Visitation eines Zisterzienserklosters seinen Vertreter mit dabei hatte.

Im Jahr 1595 trafen in der bayerischen Zisterze Fürstenfeld die Äbte von 18 Zisterzienserklöstern des süddeutschen Raums unter dem Vorsitz des Generalabtes von Cîteaux, Edmund de la Croix, zu einem Nationalkapitel zusammen. Die dabei erfolgte Verabschiedung der »Fürstenfelder Reformstatuten« stellt den ersten Schritt zur Bildung der *»Congregatio Superioris Germaniae«*, der oberdeutschen Zisterzienserkongregation, dar. Damit begann sich das Regionalprinzip auch in Oberdeutschland, Österreich und der Schweiz durchzusetzen. Der Inhalt der Fürstenfelder Reformstatuten betraf alle Bereiche des zisterziensischen Lebens: »Über Gelübde, Lob Gottes, Messen, Prozessionen, Beichte, Papst, Generalkapitel, Verhaltensweisen, Almosen, Kleidung, Lesungen, Beisetzungen« und vieles mehr. Es waren also im wahrsten Sinne Reformstatuten für das gesamte zisterziensische Leben. Im folgenden bringe ich diejenigen Auszüge aus den Reformstatuten, die mit Liturgie und Klosterbaukunst in engem Zusammenhang stehen. Sie ermöglichen einen Blick zurück und einen Blick nach vorne in der Geschichte des Ordens:

»2. Das Lob Gottes

Weil es unsere vornehmliche Aufgabe ist, daß wir Gott, dem Herrn, in Heiligkeit dienen, möge das Lob Gottes bei Tag und bei Nacht vollständig, andächtig, ehrfürchtig und siebenmal am Tag täglich zu den dafür vorgesehenen Stunden im Chor feierlich gebetet und gesungen werden gemäß Ritus, Brauch und Form unseres Ordens, verbunden mit den gottesfürchtigen Verneigungen und allen übrigen regulären Zeremonien, wie es in den Büchern über Anordnung und Bräuche ausführlich zum Ausdruck kommt. [...]

Jeder Ordensmann unseres Ordens ist von der Regel her und auf Grund der Vorschriften des Ordens zur täglichen Erfüllung des Gotteslobes verpflichtet. [...]

Damit es bei der Feier des Offiziums weder zu Tadelnswertem noch zu Ärgernis Erregendem kommt, sollen die zuständigen Verantwortlichen für den Chor – Prior und Subprior, Kantor und Succentor – darüber wachen, daß keiner der Mönche schläfrig sei, in schlampiger Haltung dastehe und beim Beten vorschnell sei. Wenn sie sehen, daß sich ein solcher unter den Mönchen befindet, dann sollen sie ihn ermahnen. Bessert er sich nicht, müssen sie ihn melden, damit er zurechtgewiesen wird. Sie haben überdies sorgfältig darauf zu achten, daß alles nicht zu schnell, unter Gähnen, übereilt, mit Hast, mit entweder zu lauter oder zu ungleicher Stimme gelesen oder gesungen wird, sondern deutlich, klar, mit dazwischen befindlichen Pausen, Punkten, mit würdevollem und gemäßigtem Gesang, mit vollständigen Worten, ohne Verkürzungen derselben durch Weglassen infolge des Zusammenziehens von Silben. Man soll auch nicht einen neuen Psalmvers vor Ende des anderen Psalmverses beginnen. Alle sollen hauptsächlich danach streben, daß ihr Herz mit ihrer Stimme in Einklang ist, damit sie der Herr nicht tadelt: Dieses Volk ehrt mich mit den Lippen, sein Herz ist aber weit weg von mir.

Alle sollen gleichzeitig, wenn es vorgesehen ist, ihre Knie beugen, aufstehen, sitzen, sich tief und ehrfürchtig beim Aussprechen des Namens Jesus, Maria und des Ehre sei dem Vater und dem Sohn usw. verneigen. [...]

Nach dem ersten Glockenschlag zu den Vigilien oder wenigstens nach dem zweiten sollen die Junioren – sollten sie säumig sein, hat ihnen ihr zuständiger Oberer eine Strafe aufzuerlegen – bei der Stufe des Hauptaltares zusammenkommen. Dort sollen sie kniend bis zum letzten Glockenschlag für die öffentlichen Anliegen der Kirche, für die Sorgen all jener, die ihrer Fürbitte anempfohlen wurden, beten. Damit sie dies mit noch vollerer Hingabe tun können, werden sie die Älteren mit eigenem Beispiel ermahnen.

Der Kantor soll für die einzelnen Wochen auf eine Tafel die Namen derer schreiben, die die Messe feiern, die singen, lesen oder einen anderen Dienst in der Kirche und an anderen Regularorten zu versehen haben. Die Namen auf der Tafel soll der, der den Wochendienst des Invitatoriums innehat, am Samstag beim Kapitel nach der Lesung aus der Regel vortragen. Die Tafel selber lasse er in der Nähe des Kreuzganges aufgehängt zurück, damit jeder lese, was er zu gegebener Zeit der Ordnung gemäß am angegebenen Ort zu tun hat. Vor allem soll er sorgfältig dafür Sorge tragen, dies aus Ehrfurcht vor dem Lob Gottes und wegen der Heiligkeit der Kirche würdig und lobenswert zu tun. [...]

Bei der Feier des göttlichen Offiziums soll das Spielen der Orgel nur mäßig zum Einsatz kommen. Responsorium, Graduale, Offertorium, kein Vers und keine Antiphon, auch nicht das Glaubensbekenntnis sollen von der Orgel begleitet werden. Das Glaubensbekenntnis und einzelne Teile müssen mit lauter Stimme von beiden Chorseiten gesungen werden. Hingegen soll man die Orgel bei Hymnen und Cantica spielen, nämlich beim Magnificat, Benedictus, Te Deum laudamus, beim Gloria in excelsis, Sanctus, Agnus Dei, beim Salve Regina und anderen

Liedern. Trotzdem soll von zwei Brüdern in der Mitte des Chores mit lauter Stimme vorgelesen werden, damit vom Offizium weder etwas ausgelassen wird noch es beim Offizium zu sonstigem Durcheinander kommt. Man hüte sich davor, daß sich beim Orgelspielen unlautere und ausgelassene Töne einmischen. Alle übrigen Musikinstrumente außer Orgeln werden nicht zugelassen.

Verantwortliche für den Chor, besonders Kantoren, sollen Laien – vorbildliche ausgenommen – den Zutritt zum Chor nicht gestatten. Sie dürfen nicht zulassen, daß Laien sich mit Religiosen zusammensetzen. Sie dürfen es nicht zu Unterhaltungen, zum Lachen und anderem Ungeziemenden kommen lassen.

Jeden Freitag – bei einem hindernden Umstand am Samstag – soll der Konvent nach Beendigung des Kapitels in gewohnter Weise im Kreuzgang des Klosters eine Prozession halten. Dabei sollen die Mönche die sieben Bußpsalmen beten. Vor dem Hauptaltar im Chor niedergestreckt soll die Litanei mit zugehörigen Gebeten und Fürbitten gebetet werden, wie es in den Rubriken des Breviers und im Buch der Bräuche vorgesehen ist.

An festlichen Feiertagen sollen je zwei Religiosen die Responsorien und die dazugehörigen Verse singen. Dabei sollen Kantor und Sukzentor, bekleidet mit dem Pluviale, bei beiden Vespern und bei der Hauptmesse in der Mitte des Chores stehen. Abwechselnd sollen sie wegen der größeren Würde des Festtages beginnen, Antiphonen und Psalmen anzustimmen. Die Haltung beim Stehen, wie sie außerhalb der Stallen zu sein hat, soll bei bestimmten Antiphonen und Hymnen an deren Tagen beobachtet werden. [...]

Im Chor größerer Klöster sollen wenigstens vier große Bücher der Psalterien, fünf Graduale für das Singen der Messen und fünf Antiphonarien für die Vespern und für andere Horen vorhanden sein. Von ihnen soll ein Exemplar bei einem fälligen Hochfest für die beiden Kantoren, die in der Mitte des Chores zu singen haben, vorgesehen sein. Außerdem sollen zwölf Prozessionale und zwei Lektionare für die Lesungen der Vigilien oder zwei Exemplare von Predigtsammlungen, zwei Bücher für Bräuche und für die Tagesordnung zur Verfügung stehen. Bei Klöstern mit kleineren Gemeinschaften sollen im Vergleich zu den angeführten Büchern ebenfalls genügend vorhanden sein. Die Kantoren sollen dafür Sorge tragen, daß nach Beendigung der einzelnen Horen alle Bücher geschlossen, in einem Schrank verwahrt oder an einen anderen passenden Ort des Chores gebracht werden, damit sie nicht schmutzig werden, keinen Schaden nehmen oder gar verloren gehen.

3. Die Feier der heiligen Messe

In den einzelnen Klöstern soll täglich die Konventmesse gesungen werden. Privat sollen zwei Messen des Ordens, nämlich eine zu Ehren der Gottesmutter Maria und eine für die Verstorbenen, und andere Messen frommer Stiftungen und Messen für

Wohltäter und Wohltäterinnen gefeiert werden, wenn solche zelebriert werden müssen. [...]

Der zelebrierende Priester soll durch eine ordentliche Körperhaltung in geziemender Weise ganz auf die Erkenntnis dieses so großen Mysteriums konzentriert sein. [...]

Der Priester soll das Offizium der heiligen Messe nicht ohne Buch lesen, selbst wenn er in der Sache noch so Erfahrung hätte, um die verschiedenen Zerstreuungen des Geistes und genug anderer Dinge, die nun mal passieren können, zu vermeiden. [...]

Ebenso darf er erst dann zu zelebrieren beginnen, wenn die Kerzen angezündet worden sind. [...]

Wird in der Kirche eine Predigt gehalten, dann darf niemand (während dieser Zeit) eine Messe feiern, um nicht dem Hören des Wortes Gottes und dessen Früchten hinderlich zu sein. [...]

Die Altartücher dürfen aus keinem anderen Material denn aus Leinen angefertigt sein, weil auch Christus in einem reinen Linnen bestattet worden ist. An Länge und Breite sollen die Altartücher wenigstens die Länge von drei Palmzweigen entsprechen. Die Altartücher müssen ganz weiß und sauber gehalten werden. Der Saum der Enden des Altartuches soll, wenn er irgendwie eine Verzierung aufweist, einfach sein, ohne Stickereien und Ausschmückungen ähnlicher Art. Denn in solchen können Teilchen und Partikel von konsekrierten Hostien hängenbleiben. [...]

Über jedem Altar soll ein Kruzifix unseres Herrn oder eine Statue der hehren Jungfrau Maria, seiner heiligen Mutter, oder eine Statue eines bzw. einer anderen Heiligen aufgestellt werden. Ist keine Statue vorhanden, dann soll es wenigstens ein bemaltes Bild sein, um einerseits jene Heiligen zu ehren, andererseits sollen sie zum eigenen Trost und zur persönlichen Erbauung gereichen. Was aber arg beschädigt ist, was ohne Weihesiegel, was ohne Reliquien von Heiligen und was eben nicht notwendig ist, soll zerstört werden. Alles andere, was geweiht und für die Feier der Messe nötig ist, soll unversehrt erhalten bleiben. [...]

Ist eine heilige Messe zu feiern, dann soll der Altar mit dreifach geweihten Altartüchern und Korporalien bedeckt werden. [...]

Auf der rechten Seite eines jeden Altars, soll ein kleines Waschbecken errichtet, wo ein solches noch nicht vorhanden ist, oder soll eben eine Waschgelegenheit installiert werden, wo nach Empfang des Altarsakramentes die Reinigung des Kelches und der Hände des Zelebranten vorgenommen werden kann. Anderes, dem heiligen Kult ähnlich Dienliches, soll dort verwahrt und keineswegs gleichsam wie Profanes in die Erde geschüttet werden.

Bei jedem Altar und in jeder Seitenkapelle befinde sich ein Altarglöckchen, mit dem vor Erheben des Allerheiligsten mit ein paar Anschlägen geläutet werden soll, damit alle, die in der Kirche oder in nächst liegenden Orten sind, ermahnt werden, das Allerheiligste anzubeten. [...]

4. Die Kirche und anderes, was zu ihr gehört

In der Kirche, die ja ein Haus Gottes ist, soll sich nichts Profanes, überhaupt nichts finden, was irgendwie den Eindruck nach Würdelosigkeit und Ehrfurchtslosigkeit erwecken könnte. Das Kirchengerät der Kirche in Form von heiligen Gefäßen, Kleidern, Büchern, Ornamenten, Paramenten und anderem Ähnlichen, was zu heiligem Kult notwendig ist, soll im Lauf der Jahre vermehrt werden, wie lange eben über all diese Ornamente eine Instruktion erlassen wird. Ist am Gebäude der Kirche etwas zerstört, schadhaft oder sonst auf irgendeine Weise kaputt gegangen, dann soll es so schnell als möglich wieder in Stand gesetzt werden. [...]

In den Kirchen unseres Ordens muß kein Taufbecken vorhanden sein, dafür aber in der nächstliegenden Pfarrkirche zum Gebrauch für jene Menschen, deren Seelsorge dem Kloster aufgetragen ist. [...]

Keiner soll im Gotteshaus einfach herumgehen. Keiner versuche, dort mit einem anderen Gespräche anzuknüpfen. Niemand veranstalte im Gotteshaus Zechgelage oder Schmausereien. Keiner provoziere in ihm Lärm oder verursache in ihm sonst einen Krawall. Keiner begehe schließlich im Gotteshaus etwas, was Mißfallen erregen könnte. Und keiner unterlasse im Gotteshaus, was der göttlichen Majestät wohlgefällt. Im Gotteshaus möge fortwährend Schweigen eingehalten werden. Man hüte sich davor, Hunde und andere Tiere in die Kirche einzulassen. Hunde sollen vor der Kirche mit eisernen Ketten angebunden werden. Sollte es aber dennoch einem Tier geglückt sein, in die Kirche zu gelangen, dann soll es von einem, der mit ihm umgehen kann, hinausgebracht werden. Man soll in der Kirche nichts dulden, was den Anschein von Schändlichkeit und Ehrfurchtslosigkeit erwecken könnte. In diesen und ähnlichen Fällen, die die Heiligkeit der Kirche betreffen, sollen die Äbte oder die für die Klausur Verantwortlichen solche, die man als Schuldige ertappt, sehr streng bestrafen.

Der Sakristan soll Kirchengewänder, heilige Gefäße, Kelche, Kleider, Reinigungstüchlein, Korporale, Pallen und Altartücher, Handtücher und andere Gegenstände ähnlicher Art, die für die Feier der Messe Verwendung finden, reinigen und waschen. [...]

Wo immer Reliquien von Heiligen existieren, sollen sie ihres Kultes und ihrer Verehrung nicht beraubt werden. An ihrem Festtag sollen sie mit geschuldeter Ehrfurcht zum Hauptaltar oder zu dem für sie eigens errichteten Altar getragen werden. Der Sakristan lege über sie ein Schriftstück an und vernachlässige nicht seine Verpflichtung. [...]

Jährt sich das Fest eines Heiligen, zu dessen Ehre eine Kapelle geweiht oder ein Altar konsekriert worden ist, so soll der betreffende Altar besonders geschmückt werden. Von der ersten Vesper bis zum Ende des folgendes Tages soll dort ständig ein Licht brennen. [...]

5. Prozessionen, öffentliche Bittgänge und geistige Übungen

Wie in den Büchern der Prozessionale des Ordens vorgesehen, sollen feierliche Prozessionen im Kreuzgang des Klosters vor dem Introitus des Hauptgottesdienstes stattfinden. [...]

Am Fest unseres heiligen Vaters Bernhard soll man im Kreuzgang des Klosters eine feierliche Prozession mit drei Stationen und zwei Responsorien Heiliger Bernhard und Denn du bist glücklich und die Antiphon Gepriesen sei der Herr und Gott unseres Vaters halten. [...]

Wenn Fürbittgebete am Fest eines Heiligen gesprochen werden, kann irgendein passendes Responsorium oder eine entsprechende Antiphon gesungen werden. Nur wenn ein Kreuz von zwei Kreuzträgern und einem Weihwasserträger begleitet, vorausgetragen wird, darf ein Bittgang oder eine Prozession gehalten werden. [...]

11. Der Kreuzgang

Die Brüder sollen sich im Kreuzgang zu andächtigen Studien, frommen Lesungen und zu anderen geistlichen Übungen aufhalten. Sie sollen dort aber nicht einfach wahllos herumgehen in der Absicht, lediglich um dort Zerstreuung zu suchen. Sie sollen im Kreuzgang auch keine Unterhaltungen pflegen und nichts tun, was das religiöse Schweigen, das dort immer zu bewahren ist, unterbrechen könnte. Zuwiderhandelnde sollen wegen ihrer Dreistigkeit bestraft werden.

Damit durch die Türe des Kreuzgangs der Ausgang zu den Regularorten nicht offen stehe, so daß in diese Bereiche weder unbefugte Personen noch Tiere wahllos eintreten können, und damit nicht Brüder, besonders die jüngeren, ohne Erlaubnis ihres Oberen einfach hinausgehen können, soll das Tor zum Kreuzgang geschlossen gehalten werden. An dieser Türe befestige man ein Glöckchen, mit welchem dem Pförtner ein Zeichen zum Öffnen der Pforte gegeben wird. Der Pförtner gewähre niemandem, nur wenn er muß, Möglichkeit zum Hinausgehen bzw. zum Eintreten. Handelt er anders, dann soll ihm wegen Übertretung der Vorschrift die verdiente Strafe erteilt werden. An die Pforte zum Kreuzgang oder an die entsprechende Türe setze man vernünftigerweise wegen des Vorteils einen weisen Ordensmann mit reifem Charakter, der nach der Regel Antwort zu geben und zu empfangen weiß. [...]

In jenem Teil des Kreuzganges, der sich zur Kirche hin anschließt und der zur geistlichen Lesung und für andere klösterliche Dienste benutzt wird, fertige man eine Sitzgelegenheit und statte jenes Teil zum Freien hin mit einer Verglasung aus, wo dies noch nicht geschehen ist. Dort soll man vor der Komplet eine Lesung, collatio genannt, halten. Bei dieser soll unter dem Vorsitz des Oberen den sitzenden Brüdern eine halbe Stunde lang etwas aus andächtigen Büchern von frommen Autoren oder aus den Werken unseres heiligen Vaters Bernhard oder eines anderen anerkannten Kirchenlehrers vorgelesen werden, an dem sich die Brüder erbauen können. Alle sollen bei der Collatz zugegen sein und unter Schweigen aufmerksam zuhören. Wer der Collatz fern geblieben ist, soll jedoch streng bestraft werden.

Im selben Teil des Kreuzganges oder in dem Kapitelsaal nächst liegenden Schulraum oder in der Bibliothek der einzelnen Klöster sollen gewisse Bücher vorhanden sein, die für gute Studien und für die Betrachtung nützlich sind. [...]

16. Was alles zum Status besagter Regularorte gehört

Alle oben genannten Regularorte – Gotteshaus, Sakristei, Bibliothek, Kapitelsaal, Kreuzgang, Dormitorium, Refektorium, Krankenraum und überhaupt alle Teile dieser Bereiche – sollen sich von zwei Seiten her schließen lassen. Wo es notwendig ist, sollen Türen und Schlösser sorgfältig repariert und in gutem, geziemenden Zustand gehalten werden. Nicht notwendige Türen soll man entfernen. In allen diesen Räumen dulde man nichts Profanes; Derartiges soll dort überhaupt nicht aufbewahrt werden. Den Mönchen allein sollen all diese Räumlichkeiten zu ihrem eigenen Nutzen zur Verfügung stehen, wie sie zur Feier des göttlichen Offiziums und zur Einhaltung der Regularobservanz eingerichtet worden sind.

An allen diesen Orten soll gemäß der Regel zu jeder Zeit das Stillschweigen bewahrt werden und zwar überall – mit Beginn nach der Komplet bis zum Verlassen des Kapitels am nächsten Tag. [...]

Man errichte kein Monument und kein Grabmal im engsten Bereich des Hauptaltares, nicht im Chorraum oder in einer Seitenkapelle in einer Weise, daß auf Grund der Anlage für die Feier des göttlichen Offiziums irgendwie ein Hindernis daraus entstehen könnte. [...]«

Wer ein Zisterzienserkloster besucht, sollte etwas von diesem Geist des Friedens, der Stille und der Einfachheit zu spüren bekommen. Damit ist nicht eine sentimentale Romantik gemeint. Diese kann vielleicht von einer Klosterruine besser vermittelt werden als von einem lebendigen Kloster, in dem das gesunde und realistische Pulsieren der Arbeit gar nicht den Eindruck verträumter Beschaulichkeit macht. Zisterziensermönche und -nonnen wollen keine Lebenskünstler sein, die sich im Kloster vor den Belastungen und Problemen der Welt verstecken. Vielmehr wollen sie durch ihr Gebet Gott verherrlichen, durch ihre Arbeit den Mitmenschen und dem Reich Gottes dienen und durch ihr Gemeinschaftsleben ein Zeugnis für die Liebe Christi geben.

Literatur

Adam, Adolf und Rupert Berger: Pastoralliturgisches Handlexikon, Freiburg 1980.

Dimier, Anselme und Jean Porcher: Die Kunst der Zisterzienser in Frankreich, Würzburg 1986; bes. Die Spiritualität der Zisterzienser, S. 9–32.

Ehrmann, Angelika, Peter Pfister und Klaus Wollenberg (Hg.): In Tal und Einsamkeit. 725 Jahre Kloster Fürstenfeld. Die Zisterzienser im alten Bayern. 2 Bde., München 1988.

Elm, Kaspar und Peter Joerissen (Hg.): Die Zisterzienser. Ordensleben zwischen Ideal und Wirklichkeit, Ergänzungsband, Köln 1982; darin bes. der Artikel von Klinkenberg, H. M.: Cîteaux – Spiritualität und Organisation, S. 13–27.

Geistliche Grundlagen, in: Die Zisterzienserkongregation von Mehrerau. Geistliche Grundlagen – Konstitutionen – Geschichte – Klöster (hg. im Auftrag des Kongregationskapitels), Bregenz 1995.

Griesser, B.: Der Liber usuum der Zisterzienser, in: Analecta SOCist 12(1956), S. 153–288.

Kasper, Clemens und Klaus Schreiner (Hg.): Zisterziensische Spiritualität. Theologische Grundlagen, funktionale Voraussetzungen und bildhafte Ausprägungen im Mittelalter, St. Ottilien 1994.

Mikkers, Edmund: Die Spiritualität der Zisterzienser, in: Die Zisterzienser, Stuttgart 1989, S. 129–160.

Nehlsen, Hermann und Klaus Wollenberg (Hg.), Zisterzienser zwischen Zentralisierung und Regionalisierung. 400 Jahre Fürstenfelder Äbtetreffen – Fürstenfelder Reformstatuten von 1595–1995, Frankfurt/M. 1998.

Pfister, Peter (Hg.): »Höre, neige das Ohr deines Herzens«, Klosterführer aller Zisterzienserklöster im deutschsprachigen Raum, Straßburg 1997.

Pfister, Peter (Hg.): eben aus dem Glauben. Das Bistum Freising, Bd. 2, Das Mittelalter, Straßburg 1989.

Saur, Josef: Der Zisterzienserorden und die deutsche Kunst des Mittelalters besonders in Hinsicht auf die Generalkapitelverordnungen vom 12.–14. Jahrhundert, in: Studien und Mitteilungen des Benediktinerordens und seiner Zweige 34(1913), S. 475–522 und 660–699.

Schneider, Ambrosius: Die Cistercienser. Geschichte – Geist – Kunst, Köln 1977, daraus bes. ders.: Die Geistigkeit der Cistercienser, S. 118–156.

Otto IV. und der Westgiebel von Chorin*

Dirk Schumann

Abb. 1: Otto IV., Autorenbild aus der sog. Manessischen Liederhandschrift um 1310 (Heidelberg, Univ.-bibliothek, cpg 848)

Als Markgraf Otto IV. gemeinsam mit seinen Brüdern Johann II. und Konrad die nach der Teilung von 1258/60 an die johanneische Linie der Markgrafen gefallene nördliche Mark Brandenburg regierte, tat er dies nicht als gleicher unter gleichen, sondern stach dominant hervor. Den Urkunden zufolge war fast immer er es, der selbständig agierte, während sein älterer Bruder Johann kaum allein auftrat – so in der Auseinandersetzung um die Nachfolge des Magdeburger Erzbischofs oder bei der Vermittlung zwischen König Rudolf von Habsburg und dem askanischen Vetter Otto V.[1] Der jüngere Konrad, der bis zu seinem Tod 1304 mit Otto eine gemeinsame Hofhaltung führte, wurde von den Chronisten zum einfachen, friedfertigen Mann stilisiert, »der die Jagd und die Ruhe liebte«[2], während sein Bruder die Ämter der Kurwürde, des Reichskämmerers und ab 1293 das des obersten Landfriedensrichters in Sachsen wahrnahm.[3] Dementsprechend fällt dessen bildliche Darstellung in der Manessischen Liederhandschrift aus, die nur wenige Jahre nach seinem Tod entstanden sein dürfte.[4] Denn

* Der Aufsatz faßt wesentliche Ergebnisse einer vor kurzem im selben Verlag veröffentlichten Untersuchung zusammen und verfolgt einzelne Aspekte. Vgl. Schumann, Dirk: Herrschaft und Architektur. Otto IV. und der Westgiebel von Chorin, Berlin 1997.

1 Vgl. Schulze, Johannes: Die Mark Brandenburg, Bd. 1, Berlin 1989, S. 183ff

2 »Vir simplex fuit et pacificus, vacans venationibus et quieti.« Schulze 1989, wie: Anm. 1, S. 188

3 Schulze 1989, wie Anm. 1, S. 187

4 Vgl. Kornrumpf, Gisela: Heidelberger Liederhandschrift C, in: Deutsche Literatur des Mittelalters, Verfasserlexikon, Bd. 3, Berlin und New York 1981, S. 584f

auffällig ist, daß unter den allegorischen Autorenbildnissen der Liederhandschrift gerade Otto in einer Metapher des »Höfischen« vorgeführt wird. Schachspiel und Rhetorengestus heben den Aspekt der höfischen Bildung hervor, der sicher nicht ohne eine Selbststilisierung des Markgrafen in diese Richtung vorstellbar ist. Obwohl in das niederdeutsche Sprachgebiet hineingeboren, bediente er sich in den von ihm überlieferten Minneliedern vermutlich distinktiv einer Art mittelhochdeutscher Schriftsprache.[5]

Neben solchen möglichen Distinktionsmustern könnte hier die in männlichen deutschen Adelskreisen zu dieser Zeit überhaupt noch nicht selbstverständliche Beherrschung des Schreibens greifbar werden. Zwar ist seine Dichtung sprachlich und inhaltlich eher konventionell, trägt aber eine betonte Virtuosität in den Reimbindungen zur Schau, die in den wenigen erhaltenen Liedern stark variieren. In der Konstruktion sind diese Reimbindungen durchaus mit Prinzipien der Architektur vergleichbar, wie sie in den Rhythmisierungen und Gruppenbildungen der Gliederungselemente des Choriner Westgiebels anklingen.

Zwar wurde häufiger vermutet, daß vor allem unter Otto IV. wesentliche Bauteile der Choriner Klosterarchitektur entstanden sind[6], doch wie läßt sich hier eine größere Sicherheit erzielen, da keine einzige Urkunde oder Quelle einen etwaigen Aufenthalt Ottos zu Lebzeiten in Chorin beweist?

Verlegung der Hofhaltung in die Nähe von Chorin

Nachdem Otto IV. mit seinen Brüdern die Herrschaft übernommen hatte, blieb Tangermünde nach wie vor der wichtigste Ort der johanneischen Hofhaltung.[7] Hier wurden in der ersten Zeit ihrer Regierung die meisten erhaltenen Urkunden ausgestellt.

Aus den Ausstellungsorten der Urkunden ergibt sich eine zunächst recht gleichmäßige Anwesenheit der Markgrafen in den südlichen und nordöstlichen Gebieten. Dieses Gleichgewicht verlagerte sich jedoch im späten 13. Jahrhundert in östliche und nordöstliche Richtung.[8] In dieser Verlagerung widerspiegeln sich die neuen außen- und innenpolitischen Interessen der Markgrafen mit dem versuchten Zugriff auf Ostsee- und Hansehandel.

5 So von K. Burdach bezeichnet. In: Allgemeine deutsche Biographie, Bd. 24, Leipzig 1887, S. 622

6 Schmoll, J. A., gen. Eisenwerth: Das Kloster Chorin und die askanische Architektur in der Mark Brandenburg, Berlin 1961, S. 169

7 Fey, Hans-Joachim: Reise und Herrschaft der Markgrafen von Brandenburg, Köln und Wien 1981, S. 138f

8 Fey 1981, wie Anm. 7, S. 157

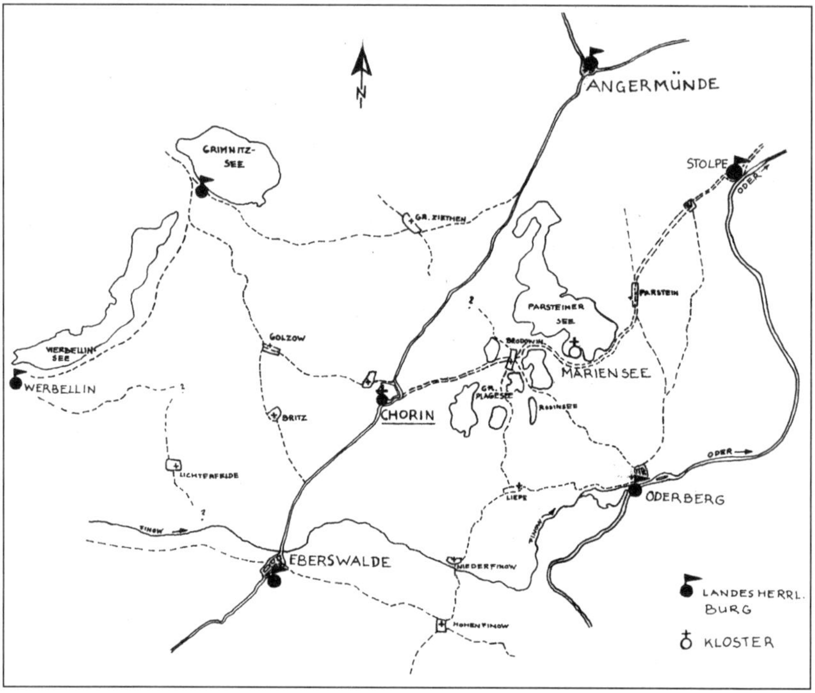

Abb. 2: Chorin und die landesherrlichen Burgen der Umgebung in einem für das späte 13. Jahrhundert vermuteten Wegenetz (Zeichnung D. Schumann)

Bevorzugte Aufenthaltsorte waren jetzt das Jagdgebiet Schorfheide und die als Neu Tangermünde gegründete Stadt Angermünde. Von 143 nachweisbaren Urkunden Ottos IV. und seiner Brüder aus der Zeit zwischen 1290 und 1308 (Ottos Todesjahr) wurden 29 in Werbellin, Grimnitz bzw. Angermünde ausgestellt, während nur noch vier Aufenthaltsbelege für Tangermünde existieren.[9]

Insgesamt befanden sich jetzt 60% der Orte, in denen die erhaltenen Urkunden ausgestellt wurden, im nördlichen und östlichen Raum der johanneischen Gebiete, und über ein Drittel der nachweisbaren Aufenthalte lagen dabei in der näheren Umgebung von Chorin.[10] Für die Zeit zwischen 1300 und 1308 stammt sogar fast die Hälfte aller nördlichen Aufenthaltsbelege von

9 Fey 1981, wie Anm. 7, S. 128ff

10 Von 143 Urkunden aus der Zeit von 1290 bis 1308 belegen mindestens 87 einen Aufenthalt in den nördlichen und östlichen Gebieten der johanneischen Markgrafen. Zu den 29 Belegen aus Angermünde, Werbellin und Grimnitz sind noch zwei aus Neuendorf (bei Oderberg) und einer aus Finow (bei Eberswalde) zu rechnen. Vgl.: Fey 1981, S. 128ff

dort.[11] Jetzt weilten die Markgrafen zu allen Jahreszeiten hier und verbrachten anscheinend auch ganze Winter in der Nähe des Klosters. Dabei wurden nicht nur die Angelegenheiten der Umgebung geregelt, sondern wichtige Verträge und Übereinkommen für die ganze Mark abgeschlossen.[12]

So gesehen erhielten die Hofhaltungen in Werbellin, Grimnitz und Angermünde gemeinsam den Charakter einer Residenz, die sich eben nur auf mehrere Orte verteilte. In einem Halbkreis gruppieren sich die landesherrlichen Burgen um das zentral gelegene Chorin (Abb. 2). Vielleicht liegt hierin auch der Grund, daß kein direkter Aufenthaltsbeleg für das Kloster existiert, denn es war von Angermünde, Werbellin und Grimnitz in zwei Stunden zu Pferd zu erreichen gewesen.[13] Da die Markgrafen seit dem späten 13. Jahrhundert auch häufig die Zeiten um Ostern und Weihnachten, den Hochfesten der christlichen Kirche, hier verbrachten, kann ihre Anwesenheit in der Choriner Klosterkirche, dem einzigen repräsentativen Kirchenbau der Umgebung, als höchstwahrscheinlich angenommen werden.

Der Grundriß

Wolfgang Erdmann stellte jüngst die These infrage, daß die Gründung von Chorin ein Ergebnis der askanischen Landesteilung um 1258 gewesen sei[14], da schon 1255 in Cîteaux über eine Klostergründung der brandenburgischen Markgrafen verhandelt wurde, deren Mutterabtei Lehnin sein sollte. Tatsächlich sprechen verschiedene Indizien dafür, daß die 1258 reich ausgestattete Gründung Mariensee nicht von vornherein als Herrschaftskloster und dynastische Grablege der johanneischen Markgrafen geplant war. So ist das Vorgängerkloster von Chorin zunächst nicht – jedenfalls nicht nachweislich – mit der Herrschaftsmemoria und der Jenseitsfürsorge der toten und vor allem der noch lebenden Markgrafen betraut worden. Das geschah erst 1267 in der Bestätigungsurkunde der Besitzungen durch die Söhne Johanns I. (unter ihnen Otto IV.)[15]

11 Von 83 Aufenthaltsbelegen dieser Zeit wurden mindestens 50 im nördlichen und östlichen Teil der johanneischen Herrschaftsgebiete ausgestellt, von denen 22 auf Angermünde, Werbellin und Grimnitz entfallen. In: Fey 1981, wie Anm. 7, S. 128ff

12 So wurden beispielsweise in Werbellin 1307 der Sühnevertrag mit Mecklenburg ausgehandelt, 1308 Lübecker Angelegenheiten geregelt oder auch im gleichen Jahr mit Herzog Albrecht von Sachsen eine Vereinbarung zur Königswahl getroffen. Vgl.: Krabbo, Hermann; Winter, Georg: Regesten der Markgrafen von Brandenburg aus askanischem Hause, 1. Lieferung Leipzig 1910 – 11. Lieferung Berlin 1933, S. 568

13 Dabei handelt es sich um Wegstrecken von 16–18 km.

14 Erdmann, Wolfgang: Zisterzienserabtei Chorin, Königstein im Taunus 1994, S. 6

15 Riedel, Adolf Friedrich: Codex diplomaticus Brandenburgensis, Berlin 1838–65, Bd. A XIII, S. 211

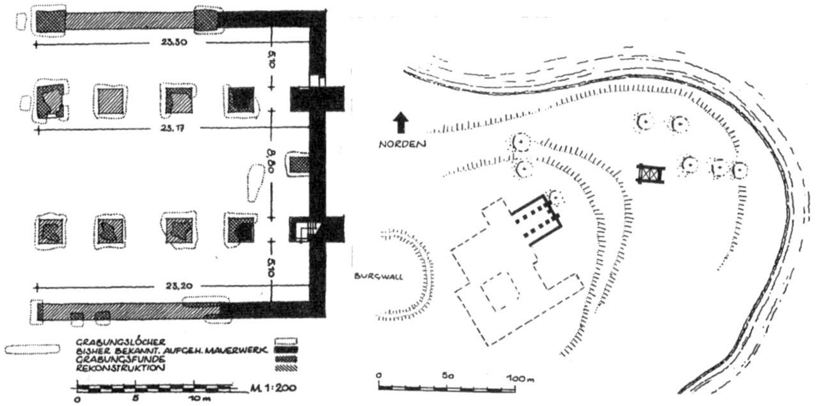

Abb. 3, 4: 1939 durch J. A. Schmoll ergrabene Reste des Chores der Marienseer Klosteranlage mit einem Rekonstruktionsversuch des Grundrisses nach W. Erdmann

Demzufolge kann als ein entscheidender Grund für die Verlegung des Klosters nach Chorin neben einer Verbesserung des Standortes und seiner Infrastruktur auch seine beabsichtigte Indienstnahme als »Hof-« und Herrschaftskirche der Markgrafen angenommen werden. Denn auffällig ist nicht nur die gegenüber Mariensee zentralere Lage Chorins innerhalb des landesherrlichen Burgenringes, sondern auch der Wechsel in der architektonischen Konzeption.

Dieser Wechsel ist heute nur noch anhand des Grundrisses nachvollziehbar: Mit der Verlegung wurde die in Mariensee begonnene moderne Reduktionsform des zisterziensischen Grundrisses zugunsten einer Grundrißkopie der bisherigen dynastischen Grablege der askanischen Markgrafen in Kloster Lehnin aufgegeben.

Doch während die Choriner Klosterkirche in fast allen ihren Grundrißelementen eine Kopie mit dem durchschnittlichen Verhältnis von 1:1,06 darstellt, besteht eine deutliche Abweichung in der Länge der beiden Langhäuser: Der Choriner Grundriß ist um eine Arkade länger als der Lehniner. Daß es sich dabei anscheinend nicht um die ursprüngliche Planung handelt, wird an den Langhauspfeilern deutlich. Begonnen wurde das Choriner Langhaus mit einem Stützenwechsel, der Anklänge eines gebundenen Systems aufnimmt. Nach einer deutlichen Baunaht fehlt dieser Stützenwechsel in den westlichen fünf Jochen.

Eine Erklärung hierfür könnte die nachträgliche Verlängerung der Choriner Langhausplanung liefern, bei der ein Stützenwechsel nicht mehr aufge-

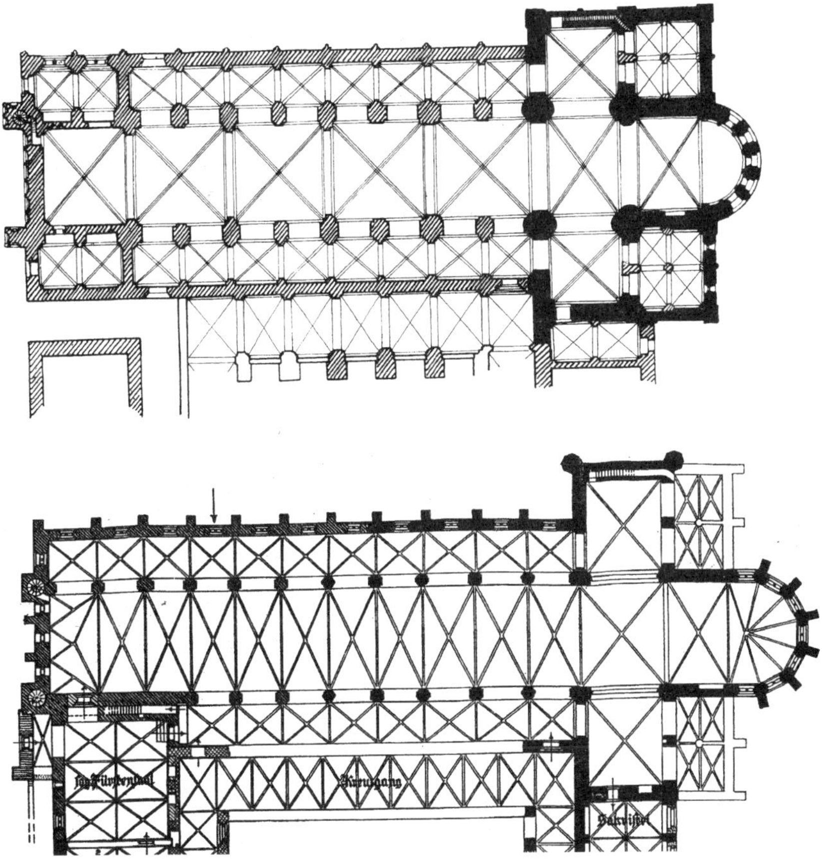

Abb. 5, 6: Grundrisse der Kirchen in Lehnin und Chorin

gangen wäre und stattdessen eine einheitliche Pfeilerform für den Weiterbau verwendet wurde.[16]

Den möglichen Grund für die vermutete Langhausverlängerung lieferten archäologische Freilegungen der Jahre 1992/93 vor der Westfassade des Choriner Laienflügels.[17] Es wurden die Fundamente einer nachträglich vor die

16 Ob von Anfang an eine Wölbung über durchgehendem Travée geplant war, muß an dieser Stelle offenbleiben.

17 Siehe Kirsch, Kerstin: Archäologische Beobachtungen im Kloster Chorin, Landkreis Barnim, zwischen 1990 und 1992, in: Veröffentlichungen des Brandenburgischen Landesmuseums für Ur- und Frühgeschichte, Bd. 29/95, S. 173ff. Aufmaß der Fundamentreste in: Biller, Thomas: Chorin, Bauforschung am Kellergeschoß des Westflügels, in: Brandenburgische Denkmalpflege 3/1994, Heft 2, S. 47

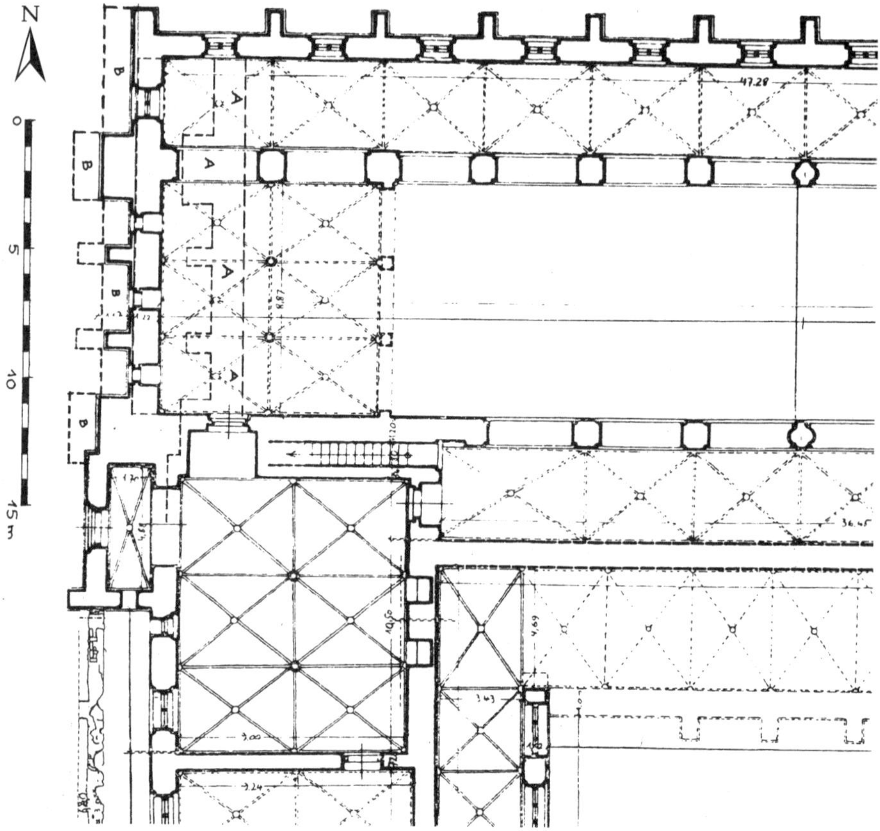

Abb. 7: Grundriß der Westwand der Choriner Kirche mit dem freigelegten Anschluß der Konversengasse sowie der vermuteten ursprünglichen Planung (A) und dem möglichen Westabschluß (B) unter Beibehaltung der östlichen Langhausjochweiten (Ergänzung des Planes von W. Schleyer durch D. Schumann)

Außenwand des Laienflügels gelegten Gangarchitektur gefunden: einer sogenannten Konversengasse.

Es ist nicht unwahrscheinlich, daß die Planänderung mit der nachträglichen Anlage des Ganges auch die Verlängerung der Kirche nach sich zog. Die charakteristische Rückstaffelung der Fassade wäre aber offensichtlich in jeder Planungsphase beibehalten worden, so auch bei der nicht ausgeführten Langhauskopie nach Lehniner Vorbild (A, Abb. 7).

Damit die vorhandene Rückstaffelung der Westfassade entstehen konnte, mußten die westlichen Jochabstände des Langhauses um durchschnittlich

20 cm verkürzt werden. Wäre dies nicht geschehen, hätte sich eine zusammenhängende Wand von Gang und Westfassade ergeben (B, Abb. 7), die aber offensichtlich nicht beabsichtigt war.

Für eine tatsächliche Ausführung und Nutzung des Ganges sprechen die Ansätze von mindestens zwei verschiedenen Fußböden.[18]

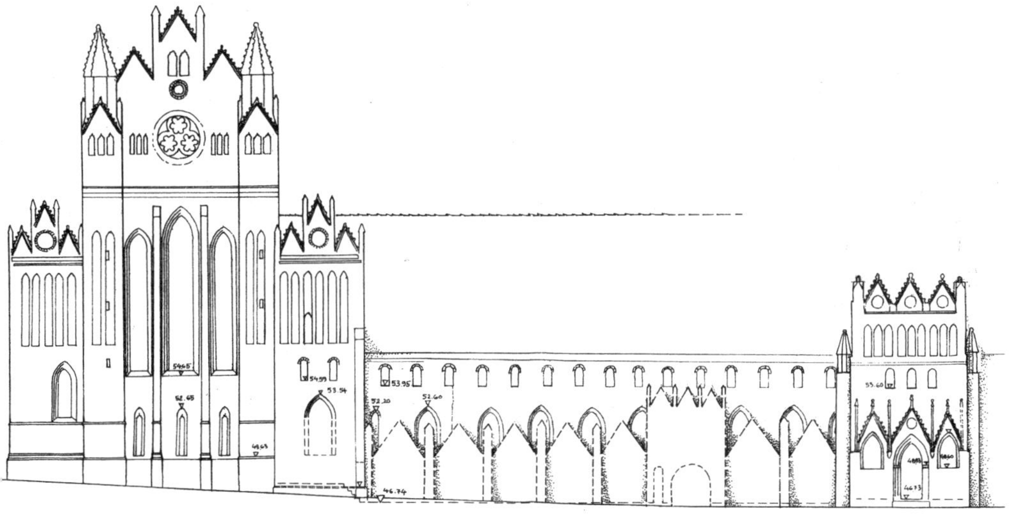

Abb. 8: Rekonstruktionsvorschlag der Gangarchitektur vor dem Choriner Laienflügel und der Treppentürme des Pfortenhauses nach vorhandenen Befunden (Darstellung D. Schumann)

Die Fassade

In diesem Zusammenhang stellt sich natürlich auch die Frage nach dem aufgehenden Baubestand der Westfassade.

Bauhistorische Untersuchungen und Beobachtungen durch das Brandenburgische Landesamt für Denkmalpflege[19] und durch den Verfasser führten zu dem Ergebnis, daß trotz der von vornherein beabsichtigten Rückstaffelung die stets so einheitlich wahrgenommene Westfassade erst das Ergebnis von Planabwandlungen in aufeinanderfolgenden Bauphasen war.

18 Diese sitzen unter der nachmittelalterlichen Zusetzung der Verbindungsöffnung von Gang und Fürstensaal.

19 Goralczyk, Peter; Wagner, Stefanie: Zur Bau und Restaurierungsgeschichte des Klosters Chorin, in: Brandenburgische Denkmalpflege 1998 (in Vorbereitung)

In einer ersten Bauphase der Fassade entstand ein zusammenhängender Baublock (Abb. 9), der nach dendrochronologischen Untersuchungen hier verbauter Hölzer bis um 1280 vollendet war.[20] Für die spätere Anfügung der südlichen Giebelwand der Westfassade wurde ein Warteverband aufgeführt.[21]

Abb. 9: Erster Baublock der Choriner Westfassade bis etwa 1280 (Darstellung P. Eichholz, verändert D. Schumann)

Als der Mittelteil schließlich bis zur Traufhöhe errichtet worden war, existierte offensichtlich der Plan einer asymmetrischen Fassadengestalt, denn die Verzahnung mit den seitlichen Giebelwänden erreicht jeweils unterschiedliche Höhen. Auffällig ist der Zusammenhang der verschieden hohen Verzahnungen mit den verschiedenen Höhen der ehemaligen mittelalterlichen Pultdächer. So sollten wohl die seitlichen Giebel in einer ursprünglichen Planung den verschiedenen Höhen der dahinterliegenden Pultdächer folgen (Abb. 11).

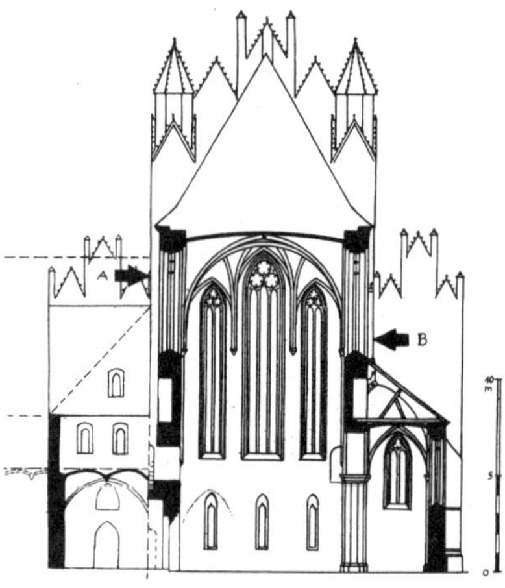

Abb. 10, 11: Der obere Teil der nördlichen Giebelwand stößt ohne Einbindung an den Treppenturm. Im Querschnitt mit Blick nach West wird der Zusammenhang der unterschiedlichen Höhen der Giebelwandeinbindungen (A und B) mit den dahinterliegenden mittelalterlichen Dachsituationen deutlich. (Zeichnung P. Eichholz, verändert D. Schumann)

20 Goralczyk; Wagner 1998, wie Anm. 16. Der obere Abschluß dieses Baublocks wird vor allem durch eine deutliche Zäsur im verwendeten Backsteinmaterial deutlich.

21 Eine durchgehende Mörtelnaht an der Verzahnung mit dem Warteverband des mittleren Teils des Westgiebels weist die nachträgliche Anfügung der südlichen Giebelwand nach.

In den letzten Bauetappen der Choriner Westfassade entstanden folglich erst nach veränderter Planung die Giebel- und Wandabschnitte, die zur Symmetrisierung des Fassadenbildes führten und ihm seine heutige Gestalt gaben. Ebenfalls in diesen Bauetappen entstanden das Pfortenhaus und schließlich die Gangarchitektur als zusammenhängendes Ensemble, das nach dendrochronologischen Datierungen eingemauerter Dachlatten[22] um 1300 vollendet war.

Somit fallen diese Bauabschnitte und die zunehmenden Aufenthalte Ottos IV. in der Nähe von Chorin zeitlich zusammen.

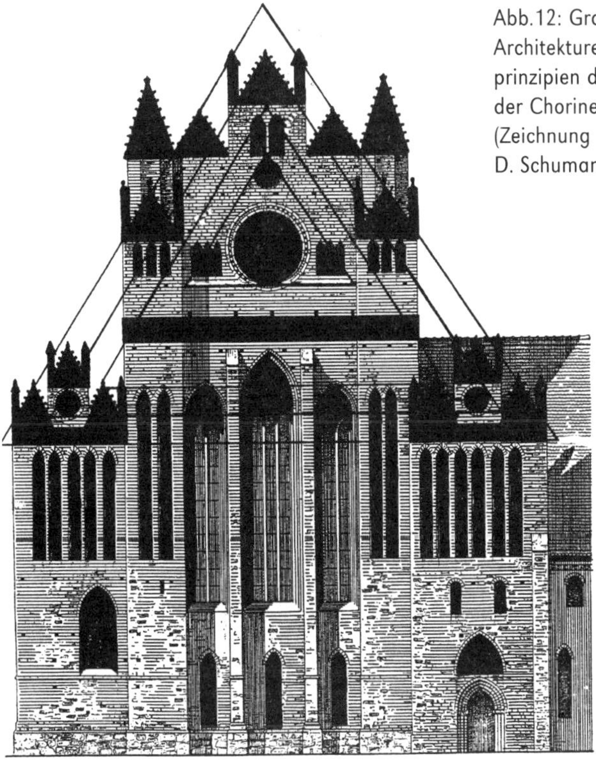

Abb.12: Graphisch hervorgehobene Architekturelemente und Strukturprinzipien der westlichen Giebel der Choriner Klosterkirche (Zeichnung P. Eichholz, ergänzt D. Schumann)

Auffällig ist der »bildhafte« Charakter der Architekturelemente dieser Bauabschnitte. Nicht nur die hohe freistehende Wandschale des nördlichen Seitenschiffs erhält den Charakter einer »Bildwand«, auch der mittlere Giebelabschluß wird zur Projektionsfläche zahlreicher architektonischer Zeichen.

22 Goralczyk/Wagner 1998, wie Anm. 16

Diese gliedern die Giebelfläche kaum plastisch – ganz im Gegensatz zur durchgliederten Wandfläche unterhalb der Traufe, die in einer völlig anderen Gestaltkonzeption durch hohe Fenster und Strebepfeiler fast vollständig aufgelöst und vertikalisiert wurde.

Der Giebelaufsatz wirkt dieser Vertikale entgegen: Rhythmisch angeordnete Gruppen von Blenden bilden horizontale Reihungen, und statische Dreiecksbeziehungen, die aus dem Modul des Giebels abgeleitet sind, bestimmen den Aufbau des riesigen Giebelschildes.

Diese letzte Architekturschicht des Westgiebels entstand offensichtlich direkt mit dem Ziel, funktionale Momente der Architektur bedeutungsvoll aufzuwerten.

So wurde der von vornherein vorhandenen Emporenanlage der zwei westlichen Mittelschiffsjoche das in die Fläche projizierte Bild einer imperialen Dreiturmanlage aufgesetzt, das sich aus der Architektur romanischer Westbauten herleiten läßt. Auf den Giebel gelegte Blendenreihungen führen dabei zu Anklängen einer Zwerggalerie.

Auch die Anlage des Pfortenhauses darf als ein deutliches Zitat herrschaftlicher Architektur verstanden werden. Es wurde zwecks deren Bedeutungssteigerung einer bereits vorhandenen Pforte nachträglich vorgeblendet. Ursprünglich begleiteten diesen zweigeschossigen Baukörper noch zwei Treppentürme (Abb. 8).[23]

Funktionale Momente der Choriner Westfassade

In seiner Durchgangssituation und der Gestalt zitiert das Pfortenhaus die traditionelle Anlage eines Westwerkes. Dabei gehen Tradition und Innovation eine für Chorin charakteristische Synthese ein. Neben dem vergangenheitsbezogenen Architekturzitat, in dem auch die »romanischen« Rundbogenfenster nicht fehlen, stehen die Wimpergggliederungen einer modernen »höfischen« Architektur. Die Entwicklung eines freistehenden Schildgiebels nimmt dazu neueste Tendenzen aus dem hanseatischen Architekturraum auf.

Somit besitzt diese Choriner Architekturschicht nicht nur deutlich den Vorzeigegestus traditioneller imperialer Formen und betont die Kenntnis moderner höfischer Architektur, sondern es versammeln sich hier bedeutungsvoll Vergangenheit, Gegenwart und Zukunft. In deren architektonischer Präsenz liegt anscheinend auch eine ideelle Qualität: Vergangenes soll auf Kommendes

23 Die im Verband mit dem Pfortenhaus eckig aufgemauerten Treppentürme sind durch ihre noch vorhandenen Fundamente und die aufgehenden Spuren der Verzahnungen und der Treppenspindel deutlich nachweisbar.

verweisen. Vollzogene Geschichte wird zur Beweisgröße gegenwärtiger und kommender Entwicklungen: hier der Landesherrschaft Ottos IV. Mit Hilfe dieser typologischen Verweise ermöglicht die Choriner Architektur eine rückwirkende Bedeutungsaufladung der Landesherrschaft mit einer heilsgeschichtlichen Dimension.

Angestrebt wird die baulich-materielle Präsenz des (ungeteilten) Adelsgeschlechts. Dessen bedeutende Vergangenheit soll vergegenwärtigt werden, indem sie in der Architektur ihren gegenständlichen Ausdruck erhält. Nicht Teilung der askanischen Herrschaft, sondern deren doppelte Präsenz ist die Motivation des Bezugs auf Lehnin, der alten Grablege der Askanier. Denn erst die »dauernde Gegenwart der Verstorbenen verpflichtet die Lebenden. Sie bindet das Geschlecht zusammen.«[24]

Den engen Zusammenhang zwischen dieser Funktion und dem Architekturbild zeigt schließlich auch die für Zisterzienserkirchen unübliche polare Ausbildung der Kirchenanlage. So steht dem Hochchor die zweijochige Anlage der Westempore gegenüber. Ihr raumgreifender, bühnenartiger Charakter spricht dafür, daß sie ebenfalls Altar- und liturgischer Handlungsraum war. Daß dabei das für Zisterzienserkirchen relativ singuläre Moment der Herrschaftsempore[25] eine Rolle gespielt hat, belegt nicht nur das Zitat einer Dreiturmanlage an der äußeren Westfassade, sondern auch die Raumdisposition der Emporenanlage selbst. Denn der westliche Aufriß von Ober- und Untergeschoß der Empore legen in Charakter und Verhältnis eine Beziehung zur zweigeschossigen Anlage der Sainte-Chapelle in Paris nahe. Das westlichste Emporenjoch wurde schließlich parallel zum Chorpolygon von Licht durchflutet und durch eine spezielle Gewölbefiguration betont. Die Polarität der architektonischen Gestalt könnte ein funktionales Pendant in den Bestattungen besitzen, die im kryptenartigen Untergeschoß der Empore angetroffen wurden[26] und nicht ohne die Bestattungsfunktion von Chor und Querhaus zu denken sind.

Dem Kapitelsaal steht der sogenannte Fürstensaal gegenüber, der durch die Gangarchitektur mit dem ein Westwerk »zitierenden« Pfortenhaus verbunden

24 Sauer, Christine: Fundatio und Memoria, Göttingen 1993, S. 31

25 Eine westliche Emporenanlage besaß offensichtlich auch schon die Klosterkirche Lehnin, doch anscheinend blieb diese auf das nördliche Seitenschiff beschränkt. Die Annahme einer Westempore für das in der 1. Hälfte des 13.Jahrhunderts entstandene schlesische Zisterzienserinnenklosterkirche Trebnitz durch H. Grüger bleibt den Baubefunden zufolge unsicher. Vgl.: Grüger, Heinrich: Trebnitz, Zisterzienserinnenabtei, in: Jahrbuch der Schlesischen Friedrich-Wilhelms-Universität zu Breslau, Bd. XXIII/ 1982, S. 75

26 So nach einem Plan Schleyers zu den 1884 erfolgten Freilegungen, der sich im Geheimen Staatsarchiv Preußischer Kulturbesitz (I HA Rep. 93 B, Nr. 2460) in Berlin befindet.

Abb. 13: Umzeichnung der Wandmalereien von der Nordwand des Fürstensaales (Darstellung J. Raue)

Abb. 14: Detail der Malereireste aus der ursprünglichen Anbetung der Heiligen Drei Könige und getrennt dargestellte Übermalung mit der Taufe Christi auf der Nordwand des Fürstensaales (Darstellung J. Raue)

war. In eben diesem Fürstensaal erfolgte in der ersten Hälfte des 14. Jahrhunderts die Übermalung einer Anbetung der Heiligen Drei Könige zu einer Taufe Christi. Diese Übermalung innerhalb einer sonst anscheinend beibehaltenen christologischen Wandbildfolge deutet auf einen Funktionswandel des Raumes hin, der sich wahrscheinlich mit dem Aussterben der askanischen Markgrafen 1319/20 in Verbindung bringen läßt.[27] Die nach deren Aussterben erfolgte Umnutzung des Raumes wiederum spricht für den ursprünglich landesherrlichen Funktionszusammenhang des Fürstensaals und des ihn umgebenden Architekturkomplexes von Pfortenhaus, Gang und Westteil der Kirche, die auch bauzeitlich eine zusammenhängende Architekturschicht bilden.

Somit läßt sich der auffällige Charakter dieser Choriner Architekturschicht des späten 13. Jahrhunderts, der einerseits durch traditionelle Zeichen von Herrschaft und andererseits durch Zitate moderner höfischer Architektur gekennzeichnet ist, vor allem mit Otto IV. in Verbindung bringen. Dessen Selbststilisierung auf dem Gebiet höfischer Bildung findet seine Entsprechung im Vorzeigegestus der Choriner Architektur. Nicht nur fällt die häufige Anwesenheit Otto IV. in der Nähe Chorins mit der Entstehung der oben diskutierten Bauteile des Klosters zeitlich zusammen, sondern es decken sich auch verschiedene imperiale Architekturzitate mit dem Selbstverständnis dieses Herrschers.

Neben der Ausübung zahlreicher königlicher Regalien, die ihre rechtliche Grundlage in der Markgrafschaft besaßen, trat Otto IV. mit dem Anspruch, bei der Wahl der Bischöfe bestimmend mitzuwirken, kaisergleich auf. Diese Tatsache wird nicht nur in seinem starken Engagement deutlich, mit dem er seinem Bruder Erich 1283 den Magdeburger Erzbischofsstuhl und seinem Bruder Hermann den Bischofssitz von Havelberg sicherte, sondern auch in seiner Vorstellung, die Bistümer Brandenburg und Havelberg »der markgräflichen Landeshoheit unterordnen zu können«.[28]

Da zahlreiche Momente in Funktion und Gestalt der Choriner Architektur deutlich über das Selbstverständnis eines Zisterzienserklosters hinausgehen[29] und verschiedene Indizien eine direkte Verbindung zwischen Otto IV. und der Klosterarchitektur belegen, ist eine konzeptionelle Einflußnahme durch den Markgrafen anzunehmen, auch wenn deren *Wie* an dieser Stelle weitestgehend offenbleiben muß.

27 So auch J. Raue auf Grund der Datierung der Übermalung in die erste Hälfte des 14. Jahrhunderts. Siehe: Raue, Jan: Chorin, Wandmalerei und farbige Dekorationen im Kloster, Untersuchungen zu Fürstensaal und Chor der Klosterkirche, in: Brandenburgische Denkmalpflege, 3/1994, Heft 2, S. 67

28 Schulze 1989, wie Anm. 1, S.185 und 213

29 Auch wenn das Kloster Chorin innerhalb seiner arrondierten Ländereien eine geschlossene Grundherrschaft anstrebte, verlor das Kloster nach dem Aussterben der Askanier offensichtlich stark an Bedeutung. Auch deshalb ist sein besonderer architektonischer Charakter nur im Zusammenhang mit der askanischen Landesherrschaft verständlich.

Zisterzienserinnenkirchen als repräsentative Herrschaftsbauten[1]

Friederike Gleich

Die Nonnenklöster der Zisterzienser sind in den sonst so umfangreichen und breitgefächerten Forschungen zu diesem Orden ein vergleichsweise wenig behandelter Bereich. In den letzten Jahren entstanden jedoch vermehrt Arbeiten über Frauenklöster – viele davon über Nonnenzisterzen. Zumeist waren dies Monographien, Kirchenführer und Festschriften, die nun als Arbeitsgrundlage genutzt werden können, um für Frauenklöster wenig oder nicht erforschte Aspekte historischer und kunstgeschichtlicher Ordensforschung auch mit regional übergreifenden Fragestellungen aufzuarbeiten. Einen kleinen Beitrag zur Erweiterung und Differenzierung des Bildes, das bisher in der Forschung von Nonnenzisterzen erstellt wurde, soll dieser Aufsatz liefern.

Das gängige Bild, das man sich von Zisterzienserinnenkirchen im deutschsprachigen Raum[2] macht, entspricht ganz und gar nicht dem, was man sich unter einer repräsentativen herrschaftlichen Kirche vorstellt. Es ist von wenigen Überblicksaufsätzen geprägt, vor allem wohl durch die wichtigen Arbeiten Ernst Coesters. Als der übliche Typus zisterziensischer Nonnenkirchen wird dabei die schlichte, kleine Saalkirche beschrieben: »Bei den typischen Zisterzienserinnenkirchen handelte es sich meist um schlichte, einschiffige Anlagen mit Flachdecke, wobei die Nonnen auf einer Empore von den Laien getrennt waren« erklärte Monsees.[3] Ähnliche Aussagen finden sich bei anderen Autoren.[4]

1 Dieser Aufsatz entstand im Rahmen der Erarbeitung meiner Dissertation, die die mittelalterliche Architektur, Skulptur und kulturhistorische Einordnung der Zisterzienserinnenkirche Trebnitz zum Thema hat. Dieses Vorhaben wird vom Förderprogramm Frauenforschung der Berliner Senatsverwaltung für Arbeit, berufliche Bildung und Frauen durch ein Stipendium gefördert. Die Dissertation wird im Laufe des Jahres 1998 abgeschlossen sein.
Der Begriff »Herrschaftsbau« ist hier nur im allgemeinsten Sinne gebraucht. Er soll im folgenden Bauten bezeichnen, die mit ihrem architektonischen und bauplastischen Aufwand, teils auch ihrer Ausstattung, dem Repräsentationsbedürfnis eines adligen Stifters oder eines mächtigen Konvents und seiner Äbtissin dienen.

2 Dieser soll hier, zusammen mit den östlichen Nachbargebieten, in der Hauptsache berücksichtigt werden.

3 Monsees, Yvonne: Zisterzienserinnenklöster unter der geistlichen Leitung Eberbachs, in: Forschung und Forum. Kloster Eberbach, Heft 3 (1989), S. 3–18; hier S. 7.

4 Beispielsweise bei Griep, Hans-Günther: Neuwerk 1186–1986, Goslar 1986, S. 21.

Zweifellos sind sie der häufigste Typus unter den Zisterzienserinnenkirchen. Doch zu weit geht wohl Coester, wenn er zu den Großkirchen von Nonnenzisterzen schreibt: »Cisterciensisch an ihnen sind außer der Ordenszugehörigkeit der Nonnen meist nur einige architektonische Einzelheiten. Mit den typischen Cistercienserinnenkirchen haben sie wenig zu tun. Daher scheiden sie weitgehend aus unserer Betrachtung aus.«[5] Wenn er auch die Formenvielfalt der Nonnenkirchen kurz vorstellt, scheint er letztlich doch nur die kleine Saalkirche als den eigentlichen »legitimen« Typus der Zisterzienserinnenkirche anzuerkennen. Weshalb große Nonnenkirchen »weniger zisterziensisch« sein sollen, ist allerdings unverständlich, betrachtet man etwa Bauten wie die Zisterzienserinnenkirche von Trebnitz (Trzebnica).[6]

Bei überregionalen Untersuchungen wurde bisher wenig darauf geachtet, wann, in welchen Regionen und unter welchen Bedingungen welche Art von Nonnenkirche erbaut wurde. Geht man diesen Fragen nach, entsteht ein differenzierteres Bild, und es kann vielleicht gezeigt werden, wann und wie bestimmte Typen für welche Funktion entstanden – möglicherweise auch nebeneinander bestanden.

Schwerpunkt der Forschungen Coesters waren die »einschiffigen Cistercienserinnenkirchen West- und Südwestdeutschlands von 1200 bis 1350«.[7] In diesem Bereich und diesem Zeitraum, insbesondere in der Phase der sogenannten religiösen Frauenbewegung[8], entstanden zahlreiche Nonnenkirchen. Unter ihnen hatten die Saalkirchen einen besonders großen Anteil, was mit der stark reformorientierten Ausrichtung dieser Bewegung und dem Einfluß der Bettelorden zusammenhängen dürfte. Beispiele für derartige Bauten wären etwa die 1277 geweihte Kirche des Klosters Himmelspforten in Würzburg, die Kirchen der Abteien Himmelkron und Schönau an der Saale, aber auch viele Saalkirchen ostdeutscher Nonnenzisterzen wie Heiligengrabe, Lindow oder Helfta.

5 Coester, Ernst: Die Cistercienserinnenkirchen des 12. bis 14. Jahrhunderts, in: Schneider, Ambrosius (Hg.): Die Cistercienser. Geschichte – Geist – Kunst, Köln ²1977, S. 363–428, hier S. 368.

6 Dieser Bau steht architektonisch in enger Verbindung zu den Männerzisterzen Altzella und Dobrilugk, er steht also eindeutig in zisterziensischer Bautradition. Dennoch wurde der Bau in der Literatur lange Zeit als »unzisterziensisch« eingeordnet. Genaueres zur Kirche von Trebnitz unten S. 84ff.

7 Coester, Ernst: Die einschiffigen Cistercienserinnenkirchen West- und Südwestdeutschlands von 1200 bis 1350, Mainz 1984.

8 Dazu Grundmann, Herbert: Religiöse Bewegungen im Mittelalter, Darmstadt ²1961 und Dinzelbacher, P. und D. Bauer (Hg.): Religiöse Frauenbewegung und mystische Frömmigkeit im Mittelalter, Köln, Wien 1988.

Es soll nun keineswegs infragegestellt werden, daß die Saalkirchen die größte Gruppe unter den Zisterzienser-Nonnenkirchen bilden. Doch möchte ich anhand der nachfolgenden Beispiele zeigen, daß die in der Sekundärliteratur übliche Festlegung auf einen bestimmten Nonnenkirchentypus vielen Kirchen nicht gerecht wird. Bei aufmerksamer Betrachtung der Denkmäler und der Beachtung der historischen Hintergründe ergibt sich ein viel differenzierteres Bild, zeigt sich eine größere Breite an »legitimen« Typen für Zisterzienserinnenkirchen. Hier sollen nun vor allem die großen oder aufwendig ausgestatteten Kirchen unter ihnen betrachtet werden.

Für die unterschiedlichen Ausprägungen der Zisterzienserinnenkirchen gibt es die verschiedensten Gründe. Eine große Rolle spielte oft der Repräsentationswunsch hochadeliger oder aufstrebender Stifter, der unterschiedliche Ziele haben konnte. Meist werden mit einem besonders aufwendigen Klosterkirchenbau mehrere Zwecke verfolgt worden sein – mit durchaus variierenden Schwerpunkten.

Eine Klosterstiftung durch eine hochadlige Familie hatte nicht unbedingt die Errichtung eines auffälligen Großbaus zur Folge. Doch es gibt sehr viele ehemalige Zisterzienserinnenkirchen, die von dem Schema der einfachen Saalkirche stark abweichen. Genügend, um sich zu fragen, inwieweit es berechtigt ist, die Eigenschaft »zisterziensisch« nur den kleinen Saalkirchen zuzusprechen. Gerade die Bauten der frühesten uns bekannten Nonnenzisterzen sprechen dafür, daß es – jedenfalls im 12. Jahrhundert – keine Festlegung auf den Saalkirchentyp gab.

Diese erste Gruppe von basilikalen, nicht eben kleinen Frauenkirchen, wurde von Adligen gestiftet, die in enger Verbindung zum Königshof standen: Als erstes Zisterzienserinnenkloster in Deutschland gilt Wechterswinkel in Unterfranken, das um 1140 vom Würzburger Bischof Embrico unter Beteiligung König Konrads III. gegründet wurde.[9] Die Kirche der reichen, auch von Friedrich I. und II. privilegierten Abtei, entstand um die Mitte des 12. Jahrhunderts als für ihre Zeit große Basilika, die sogar eine Vorhalle hatte (vgl. Abb.). Der heutige Zustand kann nur noch einen verfälschten Eindruck wiedergeben, da im frühen 19. Jahrhundert die östlichen Joche abgerissen wurden. Der noch erhaltene Westteil und die früheren Maße zeigen, daß die Kirche den gleichzeitigen Männerkirchen wohl wenig nachstand.

9 Kunzmann, Hugo: Wechterswinkel, in: Handbuch der historischen Stätten Deutschlands. Bayern, Stuttgart ^{3}1961, S. 792.

Wechterswinkel, Westfassade mit Baunaht zur ehemaligen Vorhalle *Foto: F. Gleich*

Das schon 1147 von Wechterswinkel besiedelte Kloster Ichtershausen in Thüringen, das Lehfeldt »eines der bedeutendsten in Thüringen« nennt[10], bekam ebenfalls eine dreischiffige Basilika. Sie hat ein Westwerk, fünf Langhausjoche und schließt im Osten mit drei Apsiden. Die Stifterin des Klosters war Friederuna von Grumbach. Gemeinsam mit ihrem Sohn Markward II. wandelte sie ihre Eigenkirche in ein Zisterzienserinnenkloster um. Markward, der bis zum Statthalter der Lombardei aufstieg, gehörte zu den einflußreichen Männern um Konrad III. Das Kloster Ichtershausen wird als taktisch wichtiger Punkt für den Aufbau des staufischen Königsgutes in Thüringen betrachtet.[11]

10 Bau- und Kunst-Denkmäler Thüringens, Heft 8, bearb. v. P. Lehfeldt, Jena 1891, S. 127.

11 Dazu Patze, Hans: Kaiser Friedrich Barbarossa und der Osten, in: Vorträge und Forschungen 12(1967), S. 337–408; hier S. 341; ders.: Ichtershausen, in: Handbuch der historischen Stätten Deutschlands. Thüringen, Stuttgart ^{2}1989, S. 208f.: »An der Gründung von I., das auch von Barbarossa eine Bestätigungsurk. erhielt, wird die Absicht der Staufer deutlich, eine Verbindung von ihren schwäb.-fränk. Besitzungen (Rothenburg o.T.) über Würzburg, den Thüringer Wald nach dem Königsgutbezirk in Nordthüringen [...] und im Harz (Goslar) aufzubauen. [...] Die Bedeutung des Platzes in der staufischen Politik wird daraus sichtbar, daß die Anhänger Philipps v. Schwaben am 6.3.1198 in I. die Wahl des Hz. zum dt. Kg. (Wahlanzeige Philipps an Innocenz III.: in imperaturam) einleiteten und am 8.3. den Wahlakt in Mühlhausen abschlossen.«

Auch ins staufische Umfeld gehört die Stiftung des Nonnenklosters St. Theodor in Bamberg. 1157 wurde dieses Kloster von der Pfalzgräfin Gertrud von Stahleck, Schwester Konrads III. und somit Tante Friedrichs I., unter Beteiligung Bischof Eberhards II. gegründet. Gertrud hatte zunächst in Wechterswinkel gelebt[12], dann auf Anraten Hildegards von Bingen, mit der sie in Briefkontakt stand[13], St. Theodor gestiftet und dort noch viele Jahre verbracht. Die Kirche des Zisterzienserinnenklosters wurde als dreischiffige Basilika erbaut und schloß im Osten mit drei Apsiden. Umbauten haben die Kirche im Laufe der Jahrhunderte stark verändert. Vom Bau des späten 12. Jahrhunderts sind verschiedene Friesstücke erhalten, die in zum Teil stark plastischem Relief Weinranken-, Palmetten- und andere Ornamentformen zeigen. Von den zwei erhaltenen Portalen ist vor allem das große Westportal wegen seiner Schmuckformen und der zwei steinernen Löwenpaare bemerkenswert. Von einigen der Schmuckformen aus St. Theodor gingen nach Meinung Arens' Einflüsse auf die Bauplastik der Nürnberger Kaiserburg aus.[14] Die Klosterkirche war mit etwa 60 m x 22 m sehr groß.[15] Ihre Größe und »reichhaltige Ausstattung erscheint so sehr im Widerspruch zur Schlichtheit des zisterziensischen Bauideals, daß die Annahme naheliegt, daß hier in der Baukunst andere Inhalte zum Ausdruck gebracht werden sollten.«[16] Große Bedeutung für das Kloster dürfte die Totenmemoria wichtiger Persönlichkeiten gehabt haben. Bischof Hermann II. ließ sich 1177 – wohl auf eigenen Wunsch – in St. Theodor bestatten. Für die Ausrichtung auf hochadlige Ansprüche spricht neben diesem Bischofsgrab, daß in St. Theodor das Totengedächtnis für Königin Gertrud von Ungarn, für Herzog Otto von Meranien und für seine Frau und Eltern begangen wurde.[17]

Zur nächsten »Generation« zisterziensischer Nonnenklöster gehörte das Kloster Neuwerk in Goslar. Der Konvent für das 1186 vom Reichsvogt Volk-

12 Gertrud wandte sich zur gleichen Zeit dem Klosterleben zu wie ihr Ehemann, Heinrich von Stahleck, der in Ebrach Mönch wurde. Auf seine Stiftung geht die Gründung des Ebracher Tochterklosters Bildhausen zurück.

13 Führkötter, A. (Hg.): Hildegard von Bingen. Briefwechsel, Salzburg 1965, S. 187–190. Hildegard hat auf ihrer Mainfahrt auch St. Theodor besucht.

14 Arens, Fritz: Die Staufischen Königspfalzen, in: Haussherr, Reiner (Hg.): Die Zeit der Staufer, Ausstellungskatalog, Stuttgart 1977, Bd. 1, S. 129–142; hier S. 136f.

15 Sie übertrifft damit viele Mönchskirchen dieser Zeit.

16 Belz, Thomas: Ein zisterziensischer Memorialbau in Bamberg? Ein Beitrag zur Baugeschichte des Klosters St. Theodor auf dem Knöcklein, in: Beiträge zur fränkischen Kunstgeschichte 1/2(1995/96), S. 21–31; hier S. 21.

17 Wieland, Martin: Das Zisterzienserkloster zu St. Maria und St. Theodor zu Bamberg, Haßfurt 1902, S. 5.

Goslar, Neuwerkkirche, Blick von Südosten
Foto: F. Böttcher

Goslar, Neuwerkkirche, Detail der Apsis
Foto: F. Böttcher

mar von Wildenstein bzw. von Goslar gegründete Kloster kam aus Ichtershausen.[18] Die Goslarer Neuwerkkirche wird selbst in neuerer Literatur immer wieder als Benediktinerinnenkirche bezeichnet, obwohl schon die Herkunft des Gründungskonvents schließen läßt, daß die Zisterzienserregeln von Beginn an befolgt wurden – auch wenn es keine offizielle Ordensinkorporation gab. Die große kreuzförmige Basilika hatte den sogenannten Goslarer Dom zum architektonischen Vorbild. Damit eiferte der Reichsvogt Volkmar beim Bau seiner Grablege jener Kirche nach, in der das Herz Heinrichs III. begraben wurde. 1186 wurden der Hauptaltar und ein reich mit Reliquien ausgestatteter Altar im südlichen Teil der Neuwerkkirche geweiht, zudem bekam die Kirche von Bischof Adelog von Hildesheim den Status einer Kollegiatkirche verliehen sowie das Recht, daß dort alle bestattet werden dürften, die es wünschten.

18 Griep (wie Anm. 4), S. 45ff. führt einige Hinweise dafür auf, daß die Stifterin Helena, von deren familiärer Herkunft man nichts Konkretes weiß, mit den Stiftern von Ichtershausen verwandt war. Die Stifter von Ichtershausen und Neuwerk fungierten auch mehrfach als Zeugen in Urkunden des jeweils anderen Klosters.

Goslar, Neuwerkkirche, Westlicher Vierungsbogen mit zwölf Halbfiguren und Triumphkreuz (2. V. 16. Jh.) *Foto: F. Böttcher*

Goslar, Neuwerkkirche, Langhaus, Dienst mit eingezogenem Ring *Foto: F. Böttcher*

Die Neuwerkkirche zählt nicht nur hinsichtlich ihrer großzügigen Architektur, sondern auch aufgrund ihrer reichen Ausmalung und skulpturalen Ausstattung aus der ersten Hälfte des 13. Jahrhunderts zu den außergewöhnlich repräsentativen Zisterzienserinnenkirchen. Das im Nordwesten gelegene Hauptportal besaß ein gemaltes Tympanon, das die Madonna und Heilige darstellte. Die Wandmalereien des Presbyteriums zeigen unter anderem eine monumentale thronende Madonna mit flankierenden Heiligen in der Apsiswölbung, Szenen des Alten Testaments und Apostel und Könige. Dabei sind Bereiche wie Heiligenscheine zum Teil durch Stuck hervorgehoben. Die heute an der Orgelempore eingebauten Stuckreliefs sowie die Ausmalung von etwa 1230 gehörten früher zum Lettner mit seinem Marienaltar am westlichen Vierungsbogen.[19] Sie sind, wie auch die anderen Skulpturen, die Fresken und das Westwerk, nicht mit den Gewohnheiten des Zisterzienserordens zu vereinbaren. Allerdings war das Kloster auch nicht inkorporiert und strebte die offizielle Aufnahme in den Orden ja möglicherweise gar nicht an. Schließlich hatte es zunächst beste Voraussetzungen für eine selbständige mächtige Position.[20] Sein Kampf um Anerkennung der Reichsunmittelbarkeit verlief zwar

19 Hölscher, Uvo, A. v. Behr und Carl Wolff: Die Kunstdenkmäler der Provinz Hannover. II. Regierungsbezirk Hildesheim. 1. u. 2. Stadt Goslar, Hannover 1901, S. 85f. berichten, daß die Reliefs zu einer Art Kanzel über dem Marienaltar gehörten, der »als ›Altar St. Mariae unter der Kanzel‹ oft erwähnt« sei. Der Altar mit Kanzel wurde erst 1843 »von seinem Orte an der ›Ostseite der Vierung mitten vor dem Querschiffe‹ an seinen jetzigen Platz gerückt.« Griep (wie Anm. 4), S. 60 bezeichnet den Bereich hinter der Lettnerwand, der gegenüber dem westlichen Langhaus erhöht war, als Sängerempore. Hier wäre jedoch noch der Frage nachzugehen, ob es sich nicht um eine Abschrankung des Nonnenchores gehandelt haben kann, zumal für die Gesänge der Konventsmessen natürlich die Chornonnen zuständig waren.

20 Hillebrand, Werner und Dieter Lange: Das Kloster Neuwerk, Goslar [5]1978, S. 1: »Neuwerk entwickelte sich in der Folgezeit [dem frühen 13. Jahrhundert] zum reichsten

Goslar, Neuwerkkirche, Stuckrelief am Westlettner, um 1230/40 *Foto: R. Dorn*

Goslar, Neuwerkkirche, Nordportal *Foto: C. Forster*

letztlich erfolglos, doch Architektur und Ausstattung zielen noch ganz auf eine derartige Stellung hin. Griep ist vielleicht etwas zu einseitig, wenn er die Insignien in Malerei, Reliefs und Stiftergrab nur auf diese Machtkämpfe des Klosters gegen Bischof und Stadt bezieht[21], doch sind Ausstattung und Architektur – etwa das Westwerk, die plastische Dekoration und Gliederung der Ostapsis oder die Tatsache, daß hier die erste auf Wölbung angelegte Kirche Goslars gebaut wurde[22] – zweifellos auf die Betonung von Herrschaftlichkeit und hohem Anspruch ausgerichtet. Eine besondere Rolle als Repräsentationsobjekt könnte das Kloster zudem im Zusammenhang mit den Streitigkeiten zwischen den Staufern und Heinrich dem Löwen eingenommen haben, in denen Goslar ein wichtiges Zentrum war.[23]

Kloster in Goslar: Seine Besitzungen umfaßten Verkaufsstände der Handwerker sowie Mühlen und Häuser in der Stadt, Anteile am Erzbergwerk am Rammelsberg, Hütten und Waldungen sowie reichen Grundbesitz im Harzvorland und am Harzrand.« Dadurch hatten Vögte, Bischof und Stadt natürlich größtes Interesse, es als lukrative Einnahmequelle in Abhängigkeit zu bringen.

21 Griep (wie Anm. 4), S. 31f.

22 Zur Wölbung und zur Stellung der Kirche innerhalb der Goslarer Sakralarchitektur: Hölscher, Uvo: Forschungen zur mittelalterlichen Sakralarchitektur der Stadt Goslar, in: Niederdeutsche Beiträge zur Kunstgeschichte Bd. III, 1964, S. 13–92.

23 Gerade in diesem Zusammenhang ist die These Huckers zu bedenken, der hinter vielen Zisterzienserkloster-Stiftungen staufischer Reichsfürsten vorrangig königliche Interessen vermutet. Dazu sein Aufsatz im vorliegenden Band.

Zisterzienserinnenklöster wurden von Adelsfamilien – ab dem 13. Jahrhundert oft auch aus dem niederen Adel – gegründet, die sie als Hauskloster, oft auch als Grablege nutzten. Auch unter den Kirchen dieser Klöster gab es viele, die nicht als schmucklose kleine Saalkirchen angelegt waren.

Frauenroth, Klosterkirche *Foto: F. Gleich*

Das Kloster Frauenroth in Unterfranken bei Kissingen wurde 1231 durch Graf Otto II. von Botenlauben und seine Ehefrau Beatrix gegründet. Der Stifter hatte an einem Kreuzzug teilgenommen und dürfte als Minnesänger mit den neuesten höfischen Gepflogenheiten vertraut gewesen sein. Die Nonnenkirche, die den Stiftern als Grablege diente, ist eine dreischiffige Basilika mit nicht ausspringendem Querschiff (vgl. auch Abb. im Farbteil). Im 17. Jahrhundert wurde die Kirche stark verändert, die Seitenschiffe wurden abgebrochen. Von der mittelalterlichen Ausstattung sind die kurz nach der Mitte des 13. Jahrhunderts entstandenen qualitätvollen Reliefs des Stiftergrabes erhalten, die Otto und Beatrix von Botenlauben zeigen.[24] Das Grab hatte einst eine rühmende Inschrift.[25]

Die südwestdeutsche Nonnenzisterze Baindt, 1227 gegründet, doch erst später nach Baindt verlegt, ist eine Stiftung von Konrad Schenk von Winterstetten und seiner Gemahlin. Seit 1236 gehörte das Kloster dem Zisterzienserorden an. Die 1241 geweihte Kirche ist ebenfalls eine Basilika.[26] In ihr wurden das Stifterehepaar und dessen Tochter bestattet. Baindt war reichsunmittelbar, und man könnte daher vermuten, daß der Bautypus hier mit der hohen Stellung eines reichsunmittelbaren Klosters zu tun hat. Allerdings entstand im Bereich Oberschwabens und der Schweiz eine kleine Gruppe von zisterziensischen Nonnenzisterzen mit basilikalen Kirchen: Magerau, Heilig-

24 Kahsnitz, Rainer: Die Gründer von Laach und Sayn. Fürstenbildnisse des 13. Jahrhunderts, Ausstellungskatalog, Nürnberg 1992, S. 182 nennt diese Datierung statt der sonst häufigen um 1270/80 oder gar um 1300.

25 Die Kunstdenkmäler von Unterfranken und Aschaffenburg, Heft 10. Stadt Bad Kissingen und Bezirksamt Kissingen, bearb. v. Karl Gröber, München 1914, S. 104.

26 Auch diese Kirche wurde durch spätere Umbauten, Einwölbung und barocke Ausstattung stark verändert. Siehe dazu: Die Kunst- und Altertums-Denkmale im ehemaligen Donaukreis. Oberamt Ravensburg, bearb. v. Richard Schmidt und Hans Buchheit, Berlin 1931, S. 56–63.

kreuztal, Gutenzell, Niederschönenfeld und Klosterzimmern gehören dazu. Man hat es hier also mit einer regionalen Besonderheit zu tun, die möglicherweise mit durch die visitierenden Mönchsklöster beeinflußt ist, aber auch von den Stiftern ausgehend entstanden sein kann.

Im äußersten Süden Brandenburgs liegt die ehemalige Nonnenzisterze Güldenstern in Mühlberg, die 1227 erstmals erwähnt wurde. Das Kloster wurde von der Familie von Ihleburg/Eilenburg, die es wohl auch gründete, gefördert. Es fungierte als Grablege derer von Ihleburg/Eilenburg, und mehrere Äbtissinnen und Pröpste des Klosters stammten aus dieser Familie. Auch Markgraf Heinrich von Meißen machte ihm Schenkungen. Die in der zweiten Hälfte des 13. Jahrhunderts erbaute, 65 m lange Backsteinkirche wurde später stark verändert. Für das einschiffig ausgeführte Langhaus war wohl ein südliches Seitenschiff geplant, während sich im Norden die Konventsgebäude direkt anschlossen. Dadurch ist der Bau, der weit ausladende Querschiffarme mit je einer polygonalen Kapelle hat, also nicht wirklich den einschiffigen Kirchen zuzurechnen.[27] Das Kloster erhielt starke Förderung und hatte bald einen reichen Landbesitz, doch ist es von der Forschung zu sehr vernachlässigt, als daß man seine Stellung und seine erstaunlich aufwendige Architektur zufriedenstellend einordnen könnte.

Kloster Güldenstern in Mühlberg
Foto: P. Oehlmann

Ein weiteres Beispiel für ein Zisterzienserinnenkloster mit großer Kirche ist das noch heute bestehende Marienstern in Sachsen. 1248 wurde es von Amabila, der Witwe des Reichsministerialen Bernhard II. von Kamenz, und ihren Söh-

27 Coester, Cistercienserinnenkirchen des 12. bis 14. Jh. (wie Anm. 5), S. 409, beschreibt sie als »ausgeprägte Cistercienserinnenkirche, die durch vielfältige Übereinstimmungen mit anderen – west- und niederdeutschen – Nonnenkirchen des Ordens eng verbunden ist, und stellt durch seine Größe und seine reiche Ostpartie einen Höhepunkt in der Entwicklung der einschiffig-kreuzförmigen Cistercienserinnenkirchen dar, der schon fast die monumentale Wirkung eines vornehmen Damenstifts-Münsters ausstrahlt.«

nen gegründet und 1264 in den Orden aufgenommen. Die Stifterfamilie hatte gerade den Höhepunkt ihrer Macht erreicht und stattete das Kloster äußerst reich aus.[28] Besonders der Mitstifter Bernhard III., später Bischof von Meißen, förderte das Kloster sehr. In seiner Kirche wurde er 1296 bestattet. Die in der zweiten Hälfte des 13. Jahrhunderts erbaute Kirche ist eine dreischiffige Halle aus Backstein[29], deren südliches Seitenschiff nur als Empore ausgebildet ist, unter der sich der nördliche Kreuzgangflügel befindet.[30] Wegfall oder starke Reduktion des an die Konventsbauten anschließenden Seitenschiffs kommt bei Zisterzienserinnenkirchen mehrfach vor.[31] Wenn die Kirchen sonst auch zweifellos keine konkreten architektonischen Verbindungen zueinander aufweisen, dürften die Dreischiffigkeit, der architektonische Aufwand und besonders die für diese Gegend untypische Verwendung von Backstein mit dekorativ eingesetzten Werksteinen direkt oder indirekt vom Bau der großen schlesischen Nonnenzisterze Trebnitz, der Stiftung der Breslauer Piastenherzöge, beeinflußt sein, denn der Stifter Bernhard war lange Zeit als wichtiger Ratgeber am Breslauer Hof tätig gewesen.[32]

Eine andere Gruppe großer Zisterzienserinnenkirchen ist – über ganz Europa verteilt – unter den Hausklöstern von Herzögen und Königen zu finden. Die etwa 30 km nördlich von Breslau gelegene Abtei Trebnitz (Trzebnica) wurde 1202 von Herzog Heinrich I. und seiner Ehefrau, der später heilig gesprochenen Hedwig von Andechs-Meranien, gestiftet. Dieses erste schlesische Frauenkloster erhielt seinen Konvent aus dem Kloster St. Theodor in Bamberg, zu dem die Andechser ja wie schon erwähnt eine gewisse Bindung hatten, sicher auch durch Bischof Ekbert von Bamberg, den Bruder Hedwigs. Die unter der Barockisierung heute noch weitgehend erhaltene Kirche wurde 1219 geweiht, 1218 war das Kloster offiziell dem Zisterzienserorden inkorporiert worden.

28 Blaschke, Karlheinz: Kamenz, in: Handbuch der historischen Stätten Deutschlands. Sachsen, Stuttgart 1965, S. 159.

29 Allerdings mit auffälligem regelmäßigem Einsatz von Werksteinen in den achteckigen Stützen, den Rippenanfängen und Fenstergewänden.

30 Zu Marienstern: Beschreibende Darstellung der älteren Bau- und Kunstdenkmäler des Königreichs Sachsen, bearb. v. Cornelius Gurlitt, 35. Heft, Amtshauptmannschaft Kamenz (Land), Dresden 1912; Magirius, Heinrich: Das Kloster Sankt Marienstern, Berlin 1981 (= Das Christliche Denkmal 116); Magirius, Heinrich: Architektur der Zisterzienserklöster in der Lausitz, in: Cîteaux 47(1996), S. 263–281, bes. S. 267f.

31 Beispielsweise bei den Klosterkirchen von Sonnenkamp und Alt-Brünn; für Mühlberg war eine derartige Anlage wohl geplant.

32 Schieckel, Harald: Marienstern, in: Handbuch der historischen Stätten Deutschlands. Sachsen, Stuttgart 1965, S. 217 und Magirius, Zisterzienserklöster in der Lausitz (wie Anm. 30), S. 268.

Wie Rekonstruktionszeichnungen Zinklers erkennen lassen, zeigt der Backsteinbau architektonische Verwandtschaft mit den Kirchen der Männerzisterzen Altzella und Dobrilugk.[33] Auch Länge (alle um 60 m) und Proportionierung sind ähnlich. Wie Altzella hatte die Trebnitzer Klosterkirche ursprünglich eine Vorhalle.

Trebnitz, Klosterkirche, Mittelschiff nach Osten *Foto: F. Gleich*

Das Auffälligste an ihr sind die Reste einer äußerst reichen Skulpturenausstattung, von denen bis heute immer wieder Teile entdeckt werden. Ein Tympanon mit der Anbetung der Madonna im nördlichen Querschiff (Abb. im Farbteil), ein weiteres an der nördlichen Westfassade mit David, der vor Bathseba und einer Dienerin musiziert, sind in situ erhalten. Zwei weitere Tympana und andere ornamentale und figürliche Steinarbeiten sind für die Westfassade anzunehmen.

Trebnitz, Klosterkirche, südliches Seitenschiff nach Osten *Foto: F. Gleich*

Einige der zahlreichen aufgefundenen Skulpturenfragmente zeugen in Kleidung und Gestik von höchsten und aktuellsten Formen der höfischen Kultur des frühen 13. Jahrhunderts. Die Ausstattung beschränkte sich nicht auf das Äußere der Kirche. An der Nonnenempore etwa befanden sich alttestamentarische Szenen, z.B. eine Darstellung des Opfers Abrahams, von der ein Fragment mit dem im Dornenbusch verfangenen Widder erhalten ist. Für zahlreiche weitere Skulpturenfragmente ist nicht mehr eindeutig nachzuweisen, wo sie sich befunden haben.

33 Zinkler, Alfred; Frey, Dagobert; Grundmann, Günther: Die Klosterkirche in Trebnitz. Denkmal deutscher Kunst der Kolonialisationszeit in Schesien, Breslau 1940, Tafel 4a.

Trebnitz, Lapidarium (ehem. an der Nonnenempore), Opferung Issaks *Foto: F. Gleich*

Trebnitz, Lapidarium, Teil einer Archivolte, Martyrium *Foto: F. Gleich*

In der Bauzeit der Trebnitzer Kirche wenden sich die Generalkapitelstatuten des Zisterzienserordens noch scharf gegen die Ausschmückung seiner Kirchen, gerade auch Skulpturen betreffend: 1231 beklagen die Generalkapitelstatuten die *novitas* und *superfluitas* in Bildern, Skulpturen und Gebäuden der Klöster, die Neuheiten und den Überfluß also, die die Ehre des Ordens deformierten.[34] 1240 verlangt ein Generalkapitelstatut, daß die farbig gemalten Tafeln von den Altären verschwinden mögen oder weiß übermalt werden.[35] Auch die Trebnitzer Reliefs waren farbig gefaßt. Die Ausstattung der Kirche stand also eindeutig im Widerspruch zu den Wünschen des Ordens. Dennoch wurde Trebnitz als eines der wenigen Frauenklöster dieser Zeit dem Zisterzienserorden voll inkorporiert.

34 Canivez, Jean-Marie: Statuta Capitulorum Generalium Ordinis Cisterciensis ab anno 1116 ad annum 1786, 7 Bde., Löwen 1933–41 (= Bibliotheque de la Revue d'Histoire Ecclesiastique 9–16); hier Bd. 2, S. 93, Nr. 1231,8: »*Districte praecipitur ut novitates et superfluitates in picturis, in sculpturis, in aedificiis, in vestibus pretiosis et aliis similibus, quae deformant antiquam Oridnis honostatem ab omnibus domibus Ordinis penitus evellantur* [...]«

35 Ebd., S. 218, Nr. 1240,12: »*Quoniam de curiositate tabularum quae altaribus Ordinis nostri sperponuntur clamos insinuatio venit ad Capitulum generale, praecipitur ut omnes tabulae depictae diversis coloribus amoveantur aut colore albo colorentur.*«

Es war nicht nur künstlerisch reich ausgestattet worden. Auch für seine wirtschaftliche und rechtliche Stellung hatte der Stifter, Herzog Heinrich, großzügigst gesorgt. Als äußerst erfolgreicher Herrscher, der für seinen Sohn möglicherweise sogar das Königtum anstrebte, hat der schlesische Herzog die Kirche, die er zu seiner Grablege bestimmt hatte, nach allen Seiten hin gut abgesichert und ihr eine Gestaltung verliehen, die sein Selbstverständnis, Reichtum und modernste höfische und religiöse Bildung repräsentierte.

Auf ähnliche Weise wie Trebnitz fällt das mährische Zisterienserinnenkloster Tischnowitz (Tisnov) auf. Auch hier wurde für das 1232 gestiftete Kloster eine großzügige Anlage mit großer kreuzförmiger Basilika erbaut (um 1240).[36] Die Kirche ist eine dreischiffige Basilika mit fünf Langhausjochen, quadratischen Querschiffarmen, an denen sich je eine Kapelle befindet, und einem Presbyterium aus einem quadratischen Joch und einem 5/8-Ostschluß. Die Fenster des Presbyteriums wurden bei der Barockisierung der Kirche teilweise verändert.

Das auffälligste ist aber auch hier eine für ein Zisterzienserkloster dieser Zeit ganz ungewöhnliche Skulpturenausstattung. – Das aufwendige Westportal (Abb. im Farbteil) ist zwar – wohl mehrfach – stark restauriert und überarbeitet worden, doch ist die hohe Qualität der Plastik in einigen Bereichen noch deutlich ablesbar.

Das Kloster wurde von Königin Konstanze und ihrem Sohn als königliche Grablege gegründet.[37] Das Herrscherhaus hatte eine enge Beziehung zum Zisterzienserorden. Nach 1200 stiftete lange Zeit jeder Přemysliden-König ein Zisterzienserkloster.[38] Doch gerade das Frauenkloster Tischnowitz fällt durch sein Skulpturenportal auf. Ein derartiges Portal steht ganz im Widerspruch zu den Vorgaben des Ordens. Es ist einzig durch die königlichen Stifter erklärbar. Entsprechend dem Klosternamen *Porta coeli* dürfte das Portal als symbolische Himmelspforte zu deuten sein.

Es hat ein fünffach gestuftes Gewände mit eingestellten Säulchen. Zwischen diesen befinden sich in der oberen Hälfte zehn Apostelfiguren, zwei weitere stehen seitlich des Portals auf von Löwen getragenen Säulchen. Über

36 Zu Konventsbauten und Kirche: Kuthan, Jiři: Die mittelalterliche Baukunst der Zisterzienser in Böhmen und in Mähren, München, Berlin 1982, S. 28 ff.

37 1239 wurde der mährische Markgraf Přemysl in der Kirche bestattet, 1240 – wie es ihr Wunsch gewesen war – Königin Konstanze.

38 Charvátová, Katerina: Propter laudabilia abbatum merita: The Kings of Bohemia and the Cistercian order, in: Klaus Wollenberg (Hg.): In Tal und Einsamkeit, Bd. 3: Kolloquium, S. 167–183; hier S. 172.

einem stark die Horizontale betonenden Fries sind die reich ornamentierten Archivolten im Spitzbogen geführt. Das Bogenfeld zeigt ein Relief mit dem thronenden Christus in der Mandorla, umgeben von Evangelistensymbolen, rechts und links davon je eine Fürbitterfigur. Unter der Mandorla knien die Stifter, die das Kirchenmodell tragen: Königin Konstanze und entweder ihr verstorbener Ehemann König Přemysl Ottokar I. oder ihr Sohn. Seitlich des Portals sind noch die Gewölbeanfänger einer Vorhalle zu sehen.

Im Gegensatz zu den größtenteils stark überarbeiteten Gewänden scheint das Tympanon relativ gut erhalten zu sein. Teile des Portals sind aus Marmor, was noch einmal besonders deutlich das hohe Anspruchsniveau dokumentiert.

Die Architektur der Klosteranlage von Tischnowitz zeigt zum Teil enge Verbindungen zu den Bauten des Zisterzienserinnenklosters Oslavan (Oslavany), das 1224/25 von Heilwidis von Znaim gegründet worden war.[39] Auch dieses hatte eine dreischiffige Basilika als Klosterkirche, von der allerdings nur wenige Teile erhalten sind.

Aus viel späterer Zeit stammt eine weitere Zisterzienserinnenkirche Ostmitteleuropas, die mit ihrem großen Kirchenbau gerade durch ihre späte Gründung besonders auffällt.[40] 1323 wurde von Königin Elisabeth/Richsa, Witwe König Wenzels II., das Zisterzienserinnenkloster Alt-Brünn (Stare Brno) gegründet.[41] Da die Gründung für ein Kloster dieses Ordens relativ spät erfolgte, ist nicht anzunehmen, daß der Zisterzienserorden hier gewählt wurde, weil er für Adelsstiftungen gerade in Mode war, sondern daß er sehr bewußt ausgesucht wurde. Woher der Konvent für das von Sedletz betreute Kloster kam, ist unbekannt. Die Stifterin lebte längere Zeit im Kloster und ließ sich 1335 in der Kirche bestatten. Wohltäter des Klosters war auch König Johann von Luxemburg. Die 80 m lange Kirche hat – besonders für eine Zisterzienserinnenkirche – einen sehr ungewöhnlichen Grundriß: Das vierjochige Hauptschiff mit seiner großen Westempore für den Nonnenchor wird im Süden von einem Seitenschiff begleitet, von dessen vier Jochen aber nur zwei zum Langhaus geöffnet sind. Besonders imposant wurde der Ostteil der Kirche gestaltet: Einem weit ausladenden Querhaus aus quadratischer Vierung und je zwei rechteckigen Jochen folgt östlich eine Art drei-

39 Kuthan (wie Anm. 36), S. 263.

40 Abbildungen und kurze Darstellung in: Samek, Bohumil: Das Kloster der Augustiner in Brünn, Brünn 1993.

41 Benesovska, Klara: Das Zisterzienserinnenkloster von Altbrünn und die Persönlichkeit seiner Stifterin, in: Strzelczyk, Jerzy: Cystersi w kulturze średniowiecznej Europy, Poznań 1992, S. 83–100.

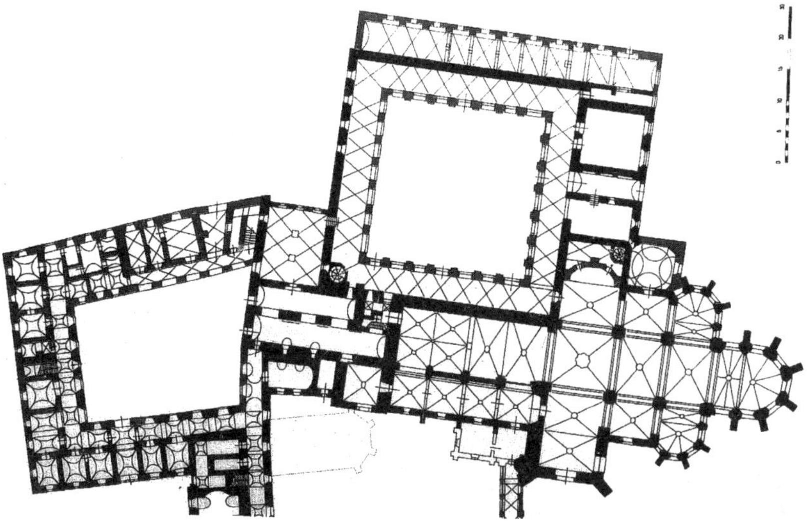

Alt-Brünn, Grundriß der Klosteranlage

Abb. aus: Samek, Bohumil: Das Kloster der Augustiner in Brünn, Brno 1993

schiffiges Zwischenjoch und dann, wie ein zweites Querschiff, ein Mittelschiffsjoch dem nach Süden und Norden hin jeweils noch ein kurzes Joch und ein 5/8-Abschluß angefügt sind. Daran schließt dann das eigentliche Presbyterium an, ein stark querrechteckiges Joch, das von einem 5/8-Polygon abgeschlossen wird.

Der Kirchenbau wurde wohl in mehreren Etappen erstellt. Die ganze Kirche ist aus Backstein erbaut, für einige dekorative Formen wurde Werkstein verwendet. Die ungewöhnliche Formation des Presbyteriumsbereiches der Kirche, die fern aller Ordensgewohnheiten steht, ist am ehesten mit Bauten wie der Marburger Elisabethkirche und der Breslauer Kreuzkirche in Verbindung zu bringen. Zumal Elisabeth aus dem Herrscherhaus der Piasten stammte und ihr Ehemann Wenzel II. auch Herzog von Krakau war, könnte Elisabeth sich bewußt auf Schlesien und die berühmte Hl. Hedwig bezogen haben, wenn sie als Rückzugsort und Grablege ein Zisterzienserinnenkloster und für dieses einen stattlichen Kirchenbau mit einem für Mähren ungewöhnlichen Materialeinsatz wählte.

Daß große repräsentative Zisterzienserinnenkirchen nicht nur eine Eigenart des deutschen Sprachraums und Ostmitteleuropas waren, zeigen die relativ bekannten Beispiele in Frankreich: die Basiliken der von Blanca von Kastilien gegründeten Klöster Nôtre-Dame du Lys und Maubuisson, ferner das Kloster Carrizo in Spanien und das portugiesische Almoster.

Am berühmtesten dürfte die Kirche des spanischen Klosters Las Huelgas bei Burgos sein. Die über 80 m lange Basilika mit Querschiff und vier Ostkapellen zeigt alle Prachtentfaltung einer königlichen Stiftung.[42] König Alfons VIII. von Kastilien hat mit seiner Ehefrau Eleonore dieses Kloster, in dem seine Tochter Äbtissin wurde, für 100 hochadlige Nonnen gestiftet. Er konnte sogar für einige Zeit durchsetzen, daß es der Sitz eines eigenen Generalkapitels der Frauenklöster seines Landes wurde.[43]

Diese kleine Auswahl sollte genügen, um zu zeigen, daß die kleine, schlichte und bescheidene Saalkirche – bösartig als Scheune zu beschreiben – nicht die einzige »legitime« Möglichkeit für ein Zisterzienserinnenkloster war.

Die gezeigten Kirchen gehörten zu Klöstern, die von hohen oder aufstrebenden Adligen gestiftet wurden, und denen oft eine besondere Funktion zukam: sie wurden Hausklöster, in denen weibliche Familienmitglieder des Hochadels in angemessen repräsentativer Umgebung für das Seelenheil der Familie sorgten, aber auch als politisch mächtige Äbtissinnen über große Gebiete herrschten, wie im Falle von Las Huelgas. Sie spielten eine besondere Rolle in der aktuellen Politik, wie wahrscheinlich Ichtershausen und Goslar, oder waren – was am häufigsten vorkam – Grablege des Stifters, wie im Falle von Güldenstern. Nicht selten kamen ihnen all diese Funktionen gleichzeitig zu, wie die Beispiele Trebnitz und Tischnowitz zeigen.

Die Anzahl der Zisterzienserinnenkirchen, die nicht dem Schema einer Saalkirche entsprechen, ist nicht eben gering. Vor allem in der früheren Zeit, d.h. im 12. und frühen 13. Jahrhundert, scheinen die Frauenklöster noch keineswegs auf diese Form festgelegt zu sein. Die Saalkirche ist vor allem in der zisterziensischen Blütezeit der hochmittelalterlichen religiösen Frauenbewegung, also von etwa 1230 bis 1270, die beliebteste Form, und zugegebenermaßen sind innerhalb dieser Bewegung besonders viele Klöster entstanden. Die eigene Ausrichtung der Frauenklöster dieser Phase läßt zudem das Einwirken von Ideen der Bettelorden auf die Architektur annehmen. Es bleibt noch zu diskutieren, ob man die in dieser Zeit entstandenen Frauenklöster daher nicht besser als ordensübergreifende Sonderrichtung betrachten sollte.

42 Agapite y Revilla, Juan: El real Monasterio de las Huelgas de Burgos, Valladolid 1903.

43 Dazu: Feige, P.: Filiation und Landeshoheit. Die Entstehung der Zisterzienserkongregationen auf der iberischen Halbinsel, Berlin 1975 (= Zisterzienserstudien 1/Studien zur europäischen Geschichte 11), S. 37–76; hier S. 39.

Jedoch sind auch über die Phase der hochmittelalterlichen Frauenbewegung hinweg immer wieder besonders aufwendige Zisterzienserinnenkirchen, teils mit kunstvoller Ausstattung, zum Zweck hochadliger Repräsentation und Memoria entstanden.

Für den deutschsprachigen Raum wären noch zahlreiche Beispiele basilikaler oder durch Größe oder Ausstattung auffallender Zisterzienserinnenkirchen anzuführen: Sonnenkamp, Heiligkreuz in Rostock, Roermond, Wöltingerode, Wiebrechtshausen, Heiligkreuztal, Niederschönenfeld, Sion und Mariengarten in Köln, Walberberg, Gevelsberg und so fort. Innerhalb meiner Datensammlung zu deutschen Zisterzienserinnenklöstern – die keinesfalls vollständig ist, aber immerhin Informationen zu 275 Klöstern beinhaltet – finden sich unter 122 Kirchen, deren grundsätzlicher Typus aus mittelalterlicher Zeit bekannt ist, 31 Basiliken. Beschränkt man den Blick auf die Zeit vor dem starken Einfluß der mittelalterlichen religiösen Frauenbewegung, dann erscheinen bis 1225 unter 29 bekannten Kirchenformen dreizehn Basiliken. Der Typus der Basilika kam also mindestens bis ins frühe 13. Jahrhundert gleichberechtigt neben den Saalkirchen zum Einsatz. Deren Dominanz setzte sich mit der Verbreitung der mittelalterlichen religiösen Frauenbewegung durch. Sicher spielt auch eine Rolle, daß immer mehr niedere Adlige Nonnenklöster stifteten bzw. Konvente ohne begüterte Einzelstifter den Aufbau ihres Klosters bewerkstelligen mußten. Mit der Frage, was als zisterziensisch zu bezeichnen ist oder nicht, haben diese Einflüsse wenig zu tun. Auch weiterhin wurden für Zisterzienserinnenkirchen, in denen Stifter sich in ihrer Grablegekirche ein aussagekräftiges Monument und einen angemessenen Ort für das Totengedächtnis schaffen wollten, als große Basiliken erbaut.

Das Ausklammern dieser Kirchen und Klöster als »untypisch« oder gar »unzisterziensisch« hat meiner Meinung nach keine Berechtigung. Viele jener Klöster wurden – sicher durch den großen Einfluß ihrer Stifter – sogar in Zeiten, in denen die Generalkapitelstatuten sich gegen die Aufnahme von Frauenklöstern wandten, dem Orden *pleno iure* inkorporiert: Las Huelgas, das sogar eine Zeitlang ein weibliches Generalkapitel abhielt; Trebnitz 1218 in den Orden aufgenommen; Marienstern 1264 inkorporiert. Vom rechtsgeschichtlichen Standpunkt aus haben sie also häufig größeren Anspruch, als zisterziensisch betrachtet zu werden.

Abgesehen von den wenigen Kirchen, die große Türme hatten, wie die des Nonnenklosters Neuwerk in Goslar, blieb die Architektur selbst der großen Frauenzisterzen sicher im Rahmen der vom Orden akzeptierten Formen. Für die Existenz von Vorgaben des Generalkapitels für Nonnenkirchen, die die kleine Saalkirche forderten, wie sie z.B. Coester vermutet, gibt es keine Hinweise.[44] Allerdings hätten große und aufwendige Skulpturenausstattungen wie in Trebnitz und Tischnowitz ein Problem für die Ordensinkorporation darstellen müssen. Doch offenbar war das Generalkapitel gegenüber Frauenkirchen diesbezüglich weniger streng. Sicher hat auch das Engagement einflußreicher Stifter zu dieser Haltung beigetragen.

Von kunstgeschichtlicher Seite her scheint die Nichtzugehörigkeit zum Saalkirchentypus oft das einzige Argument zu sein, Bauten als »unzisterziensisch« einzuordnen. Nach etwaigem Bezug zu Männerkirchen wird selten gefragt. Eine Übersicht über die Architekturformen von Zisterzienserinnenklöstern war bei den von der Forschung rezipierten Autoren bisher stark auf die Saalkirchen des mittleren 13. Jahrhunderts ausgerichtet. Daneben gibt es nur wenige landschaftlich orientierte Arbeiten, die aber kaum nach der allgemeinen Verbreitung spezieller Typen suchen. Der Mangel an differenzierteren Untersuchungen zur Typologie der Zisterzienserinnenkirchen führt also zu dem Urteil, nur Saalkirchen als passende Form für Zisterzienserinnenklöster zu bezeichnen. Nachdem inzwischen durch die vermehrten Forschungen zu Frauenklöstern die Grundlagen zur Aufarbeitung solcher Fragen immer besser werden, dürfte nun auch eine vielseitigere, die Funktionen und das historische Umfeld stärker einbeziehende Darstellung von den Kirchen der Zisterzienserinnen entstehen.

44 Coester, Die einschiffigen Cistercienserinnenkirchen (wie Anm. 7), S. 4, schreibt zu den im 13. Jahrhundert besonders häufigen einschiffigen Kirchen: »Vermutlich standen dahinter bestimmte Wünsche des Generalkapitels von Cîteaux nach schlichten Nonnenkirchen im Sinne der bekannten Forderungen Bernhards von Clairvaux, der dagegen sehr gekämpft hatte, daß die Gotteshäuser des Ordens eine ›maßlose Höhe, übertriebene Länge, unnütze Breite‹ und ›Aufwand an Steinmetzarbeit‹ zeigten. Zugleich dürfte das Generalkapitel für eine ästhetisch ansprechende Gestaltung der einschiffigen Kirchen gewesen sein, hatte doch Bernhard seine Mönche ermahnt, einen Sinn für Schönheit zu entwickeln. Jedenfalls hat der Orden in der Zeit um 1200, in der sich die Einschiffigkeit im weiblichen Ordenszweig durchsetzte, wahrscheinlich Grundsätze für eine systematische Vereinheitlichung der Nonnenkirchen erörtert, denn in diese Zeit fällt auch der Beschluß des Generalkapitels, in den Frauencisterzen die strenge Klausur und strikte Beachtung der Regel einzuführen und beides zur Vorbedingung für die Eingliederung neuer Frauenklöster zu machen.«

Vom katholischen Frauenkloster zum evangelischen Damenstift – die weiblichen Zisterzen Lindow, Marienfließ und Heiligengrabe in der Reformation

Annette Kugler

»Denn so fern die lieb und lust da ist ...«

Nach der Flucht von zwölf Nonnen aus dem Zisterzienserinnenkloster Marienthron bei Grimma äußerte sich Luther 1523 über das weibliche Klosterleben in der Schrift »Ursach und Antwort, daß Jungfrauen Klöster göttlich verlassen mögen« folgendermaßen: »*Also habt yhr auch dise armen seelen aus dem gefengnis menschlicher tyranney gefuret* [...]. *Wie viel meinstu aber, das Nonnen ynn klostern sind, da das teglich gottis wort nicht gehet, die frolich und mit lust ungetzwungen yhren gottes dienst thu und orden trage? freylich unter thausent kaum eyne.* [...] *So folget, das auch kein gelubd weytter gellten noch geschehen noch gehallten werden soll, denn so fern die lieb und lust da ist, das ist, so fern der heylige geyst da ist.*«[1]

Bisher hat sich die Forschung kaum detailliert mit dem Schicksal der Klöster in der Reformationszeit beschäftigt. Veröffentlichungen zu Themen der Reformationsgeschichte bewerten das Klosterleben wegen seines vermeintlichen moralischen und wirtschaftlichen Verfalls negativ und sehen in ihm ein Übel, welchem Luther und die Reformation entgegenwirkten.

Schon ein kurzer Blick auf die Quellen verdeutlicht, daß die im Zuge der Reformation aufgelösten Klöster und deren Güter von höchster wirtschaftlicher und damit auch politischer Bedeutung waren. Daher sollte das Schicksal der Klöster in der frühneuzeitlichen Forschung einen größeren Stellenwert bekommen. Der überwiegende Teil der Ordenshistoriker betrachtet in seiner Forschung oftmals die sogenannte »Blütezeit« des Ordenswesens: vornehmlich also das 12. und 13. Jahrhundert. Der Beginn des 16. Jahrhunderts wird als Zeit des Niedergangs für das Ordenswesen angesehen und daher kaum beachtet. Zudem behandeln die wenigen Beiträge zu Klöstern in der Reformationszeit zumeist Männerklöster oder den männlichen Ordenszweig, die Geschichte der

1 Luther, Martin: Ursach und Antwort, daß Jungfrauen Klöster göttlich verlassen mögen, WA 11, S. 387–400, S. 395–397. An anderer Stelle dieser Schrift argumentiert Luther weiter gegen das weibliche Klosterleben: »*Tzum andern ist das eyn hohe wichtige ursach und nott, das man leyder die kinder, sonderlich das schwache weyber volck und junge megde ynn die kloster stosset, reytzt und gehen lest, da doch keyn teglich ubung ist gottlich wortts, ja sellten odder nymer mehr das Euangelion eyn mal recht gehorett wirt.*« Ebd., S. 396.

Frauenklöster erweckt dagegen weniger Interesse. Bereits 1989 äußerte Walter Ziegler in seinem Aufsatz »Reformation und Klosterauflösung. Ein ordensgeschichtlicher Vergleich« die Ansicht, daß aber gerade für eine Untersuchung zu den Frauenklöstern gutes Material vorzufinden sei.[2]

Im folgenden soll das Schicksal der drei brandenburgischen Zisterzienserinnenklöster des Bistums Havelberg – Heiligengrabe, Lindow und Marienfließ – in der Reformation vorgestellt werden.[3] Dabei steht die Frage im Mittelpunkt, welcher Institutionen und Personengruppen sich der Landesherr bediente, diese Zisterzienserinnenklöster in evangelische Damenstifte umzuwandeln.[4] Dazu werden die Vorgänge bei Einführung der evangelischen Lehre in den drei Zisterzienserinnenklöster genauer betrachtet, denn jedes Kloster hat eine eigene Reform- und Reformationsgeschichte. Auf dieser Grundlage läßt sich ein Vorgehensschema bei der Einführung der evangelischen Lehre in

2 Ziegler, Walter: Reformation und Klosterauflösung. Ein ordensgeschichtlicher Vergleich, in: Elm, Kaspar (Hg.): Reformbemühungen und Observanzbestrebungen im spätmittelalterlichen Ordenswesen, Berlin 1989 (= Berliner Historische Studien 14, Ordensstudien VI), S. 585–614, S. 586.

3 Der vorliegende Artikel ist als Werkstattbericht aus meinem Promotionsvorhaben »Der Bischof und das Domkapitel von Havelberg und die Frauenklöster ihrer Diözese in der Reformationszeit« zu verstehen. Dabei wird die vierte weibliche Zisterze des Bistums Havelberg, das Kloster Wanzka, hier nicht berücksichtigt. Wanzka befindet sich auf mecklenburgischem Territorium, und eine Darlegung der Reformation im Herzogtum Mecklenburg würde den Rahmen an dieser Stelle sprengen.

4 Zur Diskussion, ob es sich bei diesen drei Frauenklöstern um weibliche Zisterzen in Hinblick auf die Inkorporation in den gesamten Orden handelt, siehe zunächst allgemein Degler-Spengler, Brigitte: Zisterzienserorden und Frauenklöster. Anmerkungen zur Forschungsproblematik, in: Elm, Kaspar, (Hg.): Die Zisterzienser. Ordensleben zwischen Ideal und Wirklichkeit, Ergänzungsband, Köln 1982, S. 312–220. Maren Kuhn-Rehfuß bemerkt in ihrem Aufsatz »Zisterzienserinnen in Deutschland«, daß zwar 1220 und 1228 der Orden weitere Angliederung der Frauenklöster verbot, d.h. der Generalkapitelsbeschluß von 1228 versagte zwar den Frauenkonventen die Aufnahme und Betreuung durch den Orden, nicht aber die Annahme und Befolgung der Zisterzienserkonstitutionen. Somit entstanden eine Vielzahl von Frauenklöstern, die zwar nach den Vorschriften des Zisterzienserordens lebten, ihm rechtlich aber nicht angehörten. Kuhn-Rehfuß, Maren: Zisterzienserinnen in Deutschland, in: Elm, Kaspar (Hg.): Die Zisterzienser. Ordensleben zwischen Ideal und Wirklichkeit, Bonn 1980, S. 125–148. Für die drei hier behandelten Frauenklöster ist bis zu diesem Zeitpunkt anzunehmen, daß sie nach den Konstitutionen der Zisterzienser lebten, dem Orden aber rechtlich nicht angehörten. Siehe auch die Arbeiten von Winter, Franz: Die Zisterzienser des nordöstlichen Deutschlands. Ein Beitrag zur Kirchen- und Kulturgeschichte des Deutschen Mittelalters, Bd. 2, Neudruck der Ausgabe Gotha 1871, Aalen 1966 und Huemer, Blasius: Verzeichnis der deutschen Cistercienserinnenklöster, in: Studien und Mitteilungen zur Geschichte des Benediktinerordens und seiner Zweige 37(1916), S. 1–47.

den katholischen Frauenklöstern entwickeln. Bevor aber auf die Vorgänge innerhalb der weiblichen Zisterzen eingegangen wird, soll zunächst eine kurze Darstellung der Reformation im Kurfürstentum Brandenburg folgen.

Die Einführung der Reformation im Kurfürstentum Brandenburg

Grundlegend für diese Ereignisse war der Übertritt des Landesherrn Kurfürst Joachim II. zum evangelischen Glauben.

Als sich Kurfürst Joachim II. am Allerheiligentag 1539 in der St. Nikolaikirche in Spandau mit der Einnahme des Abendmahls in beiderlei Gestalt zum erstenmal offiziell zur evangelischen Lehre bekannte, wurde deutlich, daß damit auch den geistlichen Institutionen des Kurfürstentums Veränderungen bevorstanden.[5] Bereits im folgenden Jahr erließ Joachim II. eine entsprechende Kirchenordnung; sie bildete die Grundlage für die Einführung der evangelischen Lehre in seinem Territorium. In dieser Ordnung wurden Fragen des Glaubens, der Liturgie und Verwaltung und der Umgang mit Kirchengütern behandelt. Aufgrund dieser Tatsache bedeutete die Einführung der evangelischen Lehre, die durch den Erlaß der Kirchenordnung vom Landesherren ausging, auch immer seinen direkten Zugriff auf das Vermögen, den Grundbesitz und das geistliche Leben der kirchlichen Institutionen.

1540 ist in der Vorrede der kurmärkischen Kirchenordnung für deren Errichtung folgende Begründung zu lesen: »[...] *nu mehr ein lange zeit, viel und manchfeltige irthum, misbreuch und zwispalten, in der heiligen christlichen kirchen eingedrungen und ganz erschrecklich fur und fur zugenomen und gewachsen* [...] *damit solchem ubel und erschrecklichen misbreuchen, mit zeitigem, guten rath abgeholfen und richtige gebürliche mas gegeben* [...] *zu vergleichung unserer heiligen religion in das werck bracht, fortgesetzt und geschlossen würde* [...].«[6]

Die kurbrandenburgische Kirchenordnung war im Vergleich zur sächsischen Kirchenordnung weitaus mehr auf Kompromiß mit der katholischen Seite bedacht. Dies ist besonders bei den liturgischen Regelungen festzustellen, die nach wie vor katholische Elemente aufwiesen. Diese ausgleichend angelegte Kirchenordnung ist auch vor dem Hintergrund des religionspolitischen Engagements Joachims II. auf der Reichsebene zu sehen. In den 1530er Jahren versuchte er, vermittelnd zwischen den beiden Religionsparteien im Reich zu

5 Siehe auch Rudersdorf, Manfred und Anton Schindling: Die Reformation in Kurbrandenburg, in: Wichmann-Jahrbuch des Diözesangeschichtsvereins Berlin, NF 3(1994/95), S. 141–157, hier S. 143.

6 Sehling, Emil (Hg.): Die Evangelischen Kirchenordnungen des XVI. Jahrhunderts, Bd. 3, Leipzig 1909, S. 39.

wirken. Das ausgleichende Verhalten des Kurfürsten in der strittigen Religionsfrage dürfte ein Grund dafür gewesen sein, daß Kaiser Karl V. während des Regensburger Reichstages die Kirchenordnung Joachims II. am 24. Juli 1541 vorläufig, bis zur Entscheidung der Glaubensfrage auf einem Konzil, genehmigte.[7]

Zunächst sah der Kurfürst in seiner Kirchenordnung noch vor, den Bischöfen seines Landes eine wesentliche Rolle bei der Einführung der evangelischen Lehre zu übertragen und diese somit in sein Vorhaben einzubeziehen. In einer Erklärung an die Landstände über die Kirchenordnung und die Kirchenvisitationen von 1540 ist zu lesen: »*So sollen auch den Bischoffen pleiben vnd volgen alle Institutiones, Jurisdiction, Testament, Cathedrarica, Commenden, Indult und andere Emolumenta, so fern solchs vnser itzigen Ordnung nicht entkegen vnd vorhinderlich ist.*«[8]

Nach der Kirchenordnung waren die Bischöfe grundsätzlich auch weiterhin für Fragen der Glaubensausübung und Betreuung der Geistlichen zuständig.[9] Nachdem aber die übrigen Landstände und der Bischof von Brandenburg, Mathias von Jagow, der Kirchenordnung zugestimmt hatten, die Bischöfe von Lebus und Havelberg sich aber dagegen verwehrten, konnte sich der Kurfürst bei der Durchführung seines Vorhabens nur auf den brandenburgischen Bischof stützen.[10] In den Jahren 1540 bis 1544 wurde die evangelische Kirchen-

7 Siehe Rudersdorf/ Schindling (wie Anm. 5), S. 144.

8 Codex Diplomaticus Brandenburgensis, Berlin 1838ff., C III, S. 489.

9 Vgl. Sehling (wie Anm. 6), S. 53: »*Derwegen, wo sich einiger feil oder mangel zutregt, daran die pfarherrn oder leut gebrechen hetten, dasselbige sollen sie an uns, unsere bischofe und visitatoren gelangen, und was alsdenn durch gottlich gnad mit gutem rat ferner verschafft, verfolgt werden* [...]« Weiterhin ist auf S. 86 über die Ordination der Pfarrer und die Autorität des Bischofs zu lesen: »*Die pfarrer und priester und andere kirchenpersonen solen den bischofen gehorsam sein, wie denn die bischof inen wiederum nichts, was wider gottes wort oder die billigkeit were, wie wir uns zu inen versehen, auflegen sollen und wo jemands wider die priester einige zuspruch habe, das sol er vor irem ordinario suchen und so ein priester strafbar befunden, sol er sich der gebürlichen straf des ordinarii untergeben.*«

10 Sehling (wie Anm. 6), S. 86: »[...] *nachdem der allmechtig gott sein göttlich gnade verliehen, das unser besonder freund, der bischof von Brandemburg, mit der heilsamen leer des evangelii allenthalben (gott lob) einig, so ist auch unser meinung, das diejenigen, so in unsern landen zu kirchenamtern gebraucht werden sollen und zuvor nicht ordiniret sein, ire ordination von bemeltem unserem freunde, dem bischof zu brandemburg, empfangen, auch von andern unsern bischofen, als fern sie sich dieser unserer christlichen kirchenordnung und reformation halten und mit derselben verglichen werden, welchs denn wir inen vonn herzen durch Jesum Christum, unsern lieben herrn, gönnen und bitten und darzu durch sein göttlich gnad, soviel als uns imer möglich, fürderlich sein wollen.*« – Groß bezweifelt aber im Gegensatz zu Sehling, daß der Kurfürst im März 1540 die Kirchenordnung den versammelten Land-

ordnung durch die ersten Kirchenvisitationen im Kurfürstentum eingeführt.[11] In einem vom kurfürstlichen Kanzler Weinlöben verfaßten Schriftsatz wird das Gremium zur Einführung der evangelischen Lehre in den Visitationen beschrieben: »*Dartzu drey personen gebraucht werden soltten, Nemlich ein Prelat, einer von der Ritterschafft vnnd ein Rechtsvorstendiger.*«[12]

Die Einführung der Reformation im Kurfürstentum Brandenburg zog nicht nur für die Amtsgewalt des Bischofs, sondern für alle geistlichen Ämter einschneidende Veränderungen nach sich. Denn Frauenklöster die nicht in einem Orden inkorporiert waren – und es ist davon auszugehen, daß dies für die drei hier behandelten weiblichen Zisterzen zutraf – unterstanden bis zur Einführung der Reformation in allen Angelegenheiten, die Religion, Disziplin und die Verwaltung betrafen, der Aufsicht ihres jeweiligen Diözesanbischofs.[13]

Die Klöster

Jedes Kloster war unterschiedlichen Einflüssen ausgesetzt. Neben den weltlichen Gewalten, wie den adeligen Stiftern und Landesherren, sind hierbei auch die geistlichen Gewalten, meist vertreten durch die Diözesanbischöfe, oft aber auch die Kurie und der Orden, nach dessen Regeln der Konvent lebte, zu nennen. Daher trafen bei einer Klosterreform, oder in diesem Fall bei der Einführung der evangelischen Lehre, unterschiedliche Kräfte und damit auch unterschiedliche Interessen aufeinander. Auf die Einführung der evangelischen Lehre in diesen drei Zisterzienserinnenklöstern ist jedoch bis zu diesem Zeitpunkt keine Reaktion aus Cîteaux vorzufinden. Dies spricht widerum dafür, daß die drei Frauenklöster nicht in den Zisterzienserorden inkorporiert

ständen zur Prüfung und Bestätigung vorgelegt hat. Siehe Groß, Otto: Vom Widerstand der katholischen Kirche gegen die Kirchenordnung Joachims II, in: Wichmann Jahrbuch 7(1953), S. 36–52, S. 39 und Sehling (wie Anm. 6), S. 40.

11 Siehe Rudersdorf/ Schindling (wie Anm. 5), S. 144. Eine Karte über das Vorgehen der Visitationskommissionen im Bistum Havelberg ist in Arbeit. Mit ihrer Hilfe soll der Einfluß des letzten katholischen Bischofs gegenüber den reformatorischen Bestrebungen des Landesherrn in seinem kirchlichen Einflußgebiet untersucht und dargestellt werden.

12 CDB, C III, S. 471.

13 Der Bischof hatte das Recht und die Pflicht, die Klöster zu visitieren, er konnte, wenn nicht anderweitig Bestimmungen getroffen waren, Einfluß auf die Wahl der Äbtissin, des Beichtvaters und des Propstes nehmen, und er kontrollierte das Konventsvermögen. Dazu war der Bischof verantwortlich für die Ordenszucht, die Reinheit von Glauben und Sitte, die Einhaltung der Klausur und den Sakramentsempfang. Vgl. Scheuermann, Audomar: Der Bischof als Ordensoberer, in: Episcopus. Studien über das Bischofsamt, Regensburg 1949, S. 335–361, S. 346.

waren. Kein brandenburgisches Zisterzienser- und Zisterzienserinnenkloster überlebte die Reformationszeit als katholische Institution. Von den zwölf Zisterzienserinnenklöstern des Kurfürstentums Brandenburg (Altfriedland, Bernstein, Boitzenburg, Heiligengrabe, Lindow, Marienfließ, Neuendorf, Reetz, Seehausen, Zehden, Zehdenick und Ziesar) bestanden aber fünf (Heiligengrabe, Lindow, Marienfließ, Neuendorf und Zehdenick) als evangelische Damenstifte weiter. Dagegen bewiesen die Zisterzienserinnenklöster in den Diözesen Magdeburg und Halberstadt eine erstaunliche Widerstandskraft, so daß sieben von zwanzig bestehen blieben. Aus der Diözese Halberstadt ist zudem durch die Untersuchungen von Schrader bekannt, daß die Zisterzienserinnenklöster, welche die Reformation als katholische Frauenklöster überlebten, im 17. Jahrhundert in den Ordensverband aufgenommen wurden.[14] Im Bistum Havelberg ist dafür kein Beispiel zu finden.

Mit der Einführung der evangelischen Lehre erfolgte zumeist die Auflösung von Klöstern, die sich allerdings von Fall zu Fall unterschiedlich lange hinziehen konnte. Oftmals war dies ein Prozeß, der bis zu zwei Generationen von Landesherren und verbleibenden Klosterinsassen andauerte. Dies betraf v.a. die Männerklöster, während die katholischen Frauenklöster – wie hier Heiligengrabe, Lindow und Marienfließ – zur Versorgung der unverheirateten adeligen Frauen in evangelische Damenstifte umgewandelt wurden. Mit der Einführung der evangelischen Lehre und Kirchenordnung erlosch zwar formal das katholische Frauenkloster, im alltäglichen Lebensablauf der evangelischen Damenstifte wirkten jedoch für längere Zeit Traditionen und Selbstverständnis aus katholischer bzw. zisterziensischer Zeit nach.

Entsprechend den Bestimmungen des Kirchenrechtes wurden die nichtinkorporierten Zisterzienserinnenklöster der Mark Brandenburg von ihren Bischöfen betreut, wovon in der früheren Zeit einige Urkunden Zeugnis ablegen. Die meisten Urkunden der Havelberger Bischöfe aus der vorreformatorischen Zeit betreffen die Stärkung der Wirtschaftskraft der Klöster. Für die Reformationszeit konnte bis zum gegenwärtigen Zeitpunkt der Untersuchung jedoch keine Verbindung zwischen den Havelberger Frauenklöstern und ihrem Bischof Busso II. von Alvensleben nachgewiesen werden. Somit können Fragen nach der Rolle des Diözesanbischofes bei Widerstand oder Annahme der evangelischen Lehre in den weiblichen Zisterzen nicht exakt

14 Siehe Schrader, Franz: Die katholisch gebliebenen Zisterzienserinnenklöster in den Bistümern Magdeburg und Halberstadt und ihre Beziehungen zum Ordensverband, in: Zeitschrift der Savigny Stiftung für Rechtsgeschichte 91, kanon. Abt. 60(1974), S. 168–212, S. 184f.

beantwortet werden. Das Zisterzienserinnenkloster Heiligengrabe widersetzte sich am heftigsten und längsten gegen die Anordnungen des Landesherren, so daß erst am 5. Oktober 1548 ein Vergleich zwischen Kloster und Kurfürst möglich war. Gerade für Heiligengrabe wäre das Verhalten des letzten katholischen Bischofs von Havelberg, der bis zu seinem Tod am 5. Mai 1548 die evangelische Kirchenordnung und Lehre ablehnte, aufschlußreich, weil die Priorin des Klosters, Elisabeth von Alvensleben, seine Nichte war.[15]

Wenn die vorhandenen Quellen über die Einführung der evangelischen Lehre in diesen Frauenklöstern in ihrer Gesamtheit betrachtet werden, ist ein Vorgehensschema zu erkennen.[16] Eine Visitationskommission kündigte den Besuch in einem Kloster an. Diese bestand, wie bereits von Kanzler Weinlöben formuliert, aus einem Dreiergremium: einem Geistlichen, einem Vertreter der Ritterschaft und einem »Rechtsvorstendigen«. Die Ritterschaft wurde oftmals durch den Landeshauptmann vertreten.[17]

Nach dem Eintreffen der Visitationskommission im Kloster stellte diese in einer Art Bestandsaufnahme die wirtschaftlichen Verhältnisse fest und prüfte die Ausübung der religiösen Lebensweise. Die Klosterfrauen wurden dazu aufgefordert, die evangelische Kirchenordnung des Kurfürsten anzuerkennen. Sobald die Frauen die evangelische Kirchenordnung akzeptiert hatten, verzichteten sie auf alte Rechte. Ein Beispiel hierfür ist die Neuwahl einer Äbtissin bzw. Domina für das Damenstift Lindow 1547. Zunächst zeigten die Insassinnen dem Kurfürsten das Ableben der Äbtissin an und baten ihn nach der Neuwahl, die Gewählte zu konfirmieren und zu investieren.[18] Außerdem ermöglichte die Einführung der evangelischen Lehre auf Grundlage der Kirchenordnung dem Kurfürsten einen direkten Zugriff auf die Wirtschaftsführung und die Verfügungsgewalt über den Besitz des Klosters. Der Landesherr zielte sozusagen auf die Position des »summus episcopus« ab, und die Verwaltung der Stiftsan-

15 Landeshauptarchiv Potsdam, Pr. Br. 10 A, Nr. 34, Blatt 14.

16 Offizielle kurfürstliche Instruktion für die Visitationen gab es zwar keine, dafür aber eine Anleitung von Kanzler Weinlöben: »*Artikel belange der Kirchen und geistlichen Güter*«, Geheimes Staatsarchiv Dahlem (GStA), Rep. 47,15.

17 Die Funktion des Landeshauptmannes in dieser Zeit verdient eine besondere Beachtung, da dieses Amt – zumindest für das Bistum Havelberg – zum wesentlichen Instrumentarium der Herrschaftssicherung des Landesherren vor Ort gehörte und es maßgeblich für die »Evangelisierung« des Territoriums verantwortlich war. Ein Beleg hierfür ist der Briefwechsel zwischen Curdt von Rohr, dem Hauptmann des Landes Ruppin und der Prignitz, und dem Kurfürsten bzw. Kanzler Weinlöben aus dem Jahr 1548 in GStA, Rep. 58.

18 Siehe: Zimmermann, Gerhard (Hg.): Die Brandenburgischen Kirchenvisitations-Abschiede und -Register des XVI. und XVII. Jahrhunderts aus dem Nachlaß von Victor Herold, Bd. 2, Berlin 1963, S. 331.

gelegenheiten, die in der katholischen Zeit der Propst innehatte, ging in der Reformation auf einen weltlichen Beamten, den Stiftshauptmann, über. Zumeist wurde nach der Einführung der evangelischen Lehre das Klostergut an Adelige der Umgebung verpfändet und die Klosterfrauen mit einem Vertrag über ihre leibliche Versorgung abgefunden. Der Pfandinhaber verpflichtete sich, für den angemessenen Lebensunterhalt der Klosterfrauen zu sorgen. Da er selbst Interesse daran hatte, einen möglichst großen Profit aus den Gütern zu erzielen, war die mangelnde Versorgung oftmals Anlaß zur Klage für die Frauen.[19] Es hat den Anschein, daß die Bemühungen um ein reformiertes spirituelles Leben in den Damenstiften hinter den wirtschaftlichen Interessen des Landesherrn und der Pfandinhaber zurücktrat.

In jedem Kloster verlief die Einführung der evangelischen Lehre unterschiedlich, denn die Visitatoren konnten nicht damit rechnen, daß alles nach ihren Vorstellungen verlief. Einen Einblick, wie ein Mitglied einer Visitationskommission, in diesem Fall Kanzler Weinlöben selbst, die Visitationen erlebte, wird anhand eines Schreibens an einen Freund vom 2. Juni 1541 deutlich: »*So bin ich seindt ostern in der visitation aussen gewesen vnd hab also nicht botschafft gehabt, auch woll nicht so vill musse zu schreiben haben konnen. Ich hab in der visitation wenigk hülffe vnd feind die hendel dermassen gelegt, das ich vil lieber vf drei reichstage mit ziehen vnd vf jedem XX wochen vorharren, den dieser sachen lenger wartten wolte. Ich bin also domit boshaft, das ich nun schwerlich zurücke kan, hoffe aber, got werde mir daraufz helffen. Vmb lohn oder danck dürffen wir nicht visitirn* [...].«[20]

Gerade das Schicksal und die Ereignisse um das Kloster Heiligengrabe zeigen deutlich, wie vehement der Widerstand gegenüber den Anordnungen des Landesherren aussehen konnte.[21] Weitaus problemloser gestaltete sich die Einführung der evangelischen Lehre im Kloster Lindow.

19 Hier sei als Beispiel der Vergleich zwischen dem Kloster Lindow und dem Kurfürsten von 1551 angeführt, indem der Unterhalt der Insassinnen genau geregelt wurde, nachdem anscheinend wegen des zu geringen Unterhalts die Jungfrauen sich über den Verweser des verpfändeten ehemaligen Klostergutes beschwerten. Riedel, A IV (wie Anm. 8), S. 458–460.

20 CDB, C III, S. 492.

21 Den detaillierten Verlauf des Widerstandes des Klosters siehe bei Curschmann, Fritz: Die Einführung der Reformation im Nonnenkloster Heiligengrabe, in: Forschungen zur Brandenburgischen und Preußischen Geschichte 25(1912), S. 365–416 und Simon, Johannes: Kloster Heiligengrabe, 1. Teil. Von der Gründung bis zur Einführung der Reformation 1287–1549, Sonderdr. aus dem Jb. f. Brandenburgische Kirchengeschichte, Berlin 1929.

Die Zisterzienserinnenklöster Lindow und Marienfließ

Bereits 1541 stand die Visitationskommission vor den Toren des Klosters Lindow. Anscheinend verlief die Visitation hier ohne größere Probleme, da am 15. Juli 1541 die Visitatoren die Kirchenordnung verkündeten und ein Visitationsabschied vorzufinden ist.

In diesem Abschied wird zunächst schriftlich festgehalten, daß die Klosterfrauen die evangelische Kirchenordnung anerkennen. Im nächsten Abschnitt folgt die Reformierung der Kirchenzeremonien. Der Tagesablauf blieb, wie in einem katholischen Kloster, in Gebetseinheiten unterteilt. In der Ordnung ist zu lesen, »[...] *das die jungfrauen ides tages, wan sie die prima gesungen sollen in ir reventer alle zusammen gehen und eine aus ine, wellicher solches durch die domina oder priorissin ufererlegt wirdet, ein oder zwei artikel der k-o.* [Kirchenordnung], *sunderlich aber den cathecismus den andern furlesen.*«[22] Um eine bessere Kenntnis der heiligen Schrift zu erreichen, »*sollen ine des morgens, wen(n) sie malzeit halten, alweg ein oder zwei capitel aus dem alten und zu der abentmalzeit auch also aus dem neuen testament deutzsch furgelesen werden.*«[23]

Darüber hinaus wird in verschiedenen Punkten detailliert aufgezählt, was, wann und wie sie zu bestimmten Tagen zu beten haben, daß das Abendmahl in beiderlei Gestalt einzunehmen ist und daß sich die Jungfrauen in ihren Gesängen nach dem reformierten Stift zu Cölln an der Spree zu richten haben. Sollte eine Jungfrau das Stift verlassen wollen, weil sie z.B. heiraten oder in den weltlichen Stand treten wollte, könne sie das ungehindert tun. Zudem wurde ein Mißbrauch der Gastung festgestellt und der Propst dazu angehalten, fremde Gäste in die Stadt Lindow zu verweisen. Dies könnte ein Hinweis dafür sein, daß die in katholischer Zeit geforderte Klausur auch in evangelischer Zeit Bestand haben sollte.

Außerdem bietet dieser Abschied einen wichtigen Einblick in den alltäglichen Ablauf eines evangelischen Stiftes. Da er laut Herold auch als Vorlage für denjenigen des Klosters Neuendorf in der Altmark diente (2. September 1541), ist auch für die übrigen evangelischen Damenstifte im Kurfürstentum Brandenburg, wie Heiligengrabe, Marienfließ und Zehdenick, eine ähnliche Regelung in Bezug auf das religiöse Leben anzunehmen.[24]

In Hinblick auf das Klostervermögen und in der Bewirtschaftung der Güter ist in dem Lindower Abschied von 1541 allerdings keine Veränderung der alten

22 Zimmermann (wie Anm. 19), S. 322.

23 Ebd., S. 332f.

24 Vgl. den Abschied des Kloster zum Heiligen Kreuz in Zehdenick vom 3. April 1541 in: ebd., S. 357–360.

Zuständigkeiten vorzufinden. Der Propst war weiterhin für die wirtschaftlichen Angelegenheiten des Stifts zuständig. Es hat den Anschein, daß die ökonomischen Verhältnisse des Stiftes zunächst unangetastet blieben. Erst nach dem Tod des Propstes Johann Fischer im Jahr 1542 erfolgte die schrittweise Umwandlung der Klostergüter in kurfürstliche Domänen. Die Neubesetzung der Propstei fiel dem Kurfürsten zu. Danach verpfändete der Landesherr die vakante Propstei für 8000 Gulden an Johann von Arnim. 1555 wurde das Stift dann weiter an Kurprinz Johann Georg verpfändet. Dadurch entzog man dem Stift schrittweise das Eigentumsrecht an den zum ehemaligen Kloster gehörigen Besitzungen und überführte sie allmählich in das Domanium des Landesherren.

Wann und wie die kirchliche Reformation in Marienfließ erfolgte, konnte aufgrund der spärlichen Archivmaterialien bis jetzt noch nicht ermittelt werden. Riedel nimmt an, daß die Reformation hier erst nach dem Tod des letzten katholischen Bischofs Busso II. von Havelberg (spätestens 1548) erfolgte, da der Bischof auch Landesherr der Herrschaft Putlitz war, in der sich das Kloster befand.[25]

Nach Wentz wurde Marienfließ 1231 von den Edlen Gänsen zu Putlitz gegründet und von ihnen mit reichlichem Besitz ausgestattet.[26] Seitdem ist Marienfließ auch als Hauskloster dieser adeligen Familie zu bezeichnen. Aus dem Jahr 1552 existiert ein Vertrag zwischen dem Kloster und den Edlen Gänsen zu Putlitz, in dem Fragen über Rechte und Pflichten zwischen dem Konvent und der Stifterfamilie geregelt wurden. In dem Vertrag erkannte das Kloster die Edlen Gänse zu Putlitz als seine Herren an und versprach, nur mit deren Zustimmung einen Propst zu bestellen, die Rechnungslegung des Propstes vor ihnen abzunehmen und in strittigen Fällen Recht bei der Stifterfamilie zu suchen.[27] Bevor 1552 der Vertrag zwischen dem Kloster und den Herren von Putlitz zustande kam, haben wohl ungenaue Regelungen über den Klosterbesitz und den damit verbundenen Rechten zu einem schwierigen Verhältnis zwischen beiden Vertragsparteien geführt. Dies ist deutlich aus dem überlieferten Text herauszulesen.[28] Über die Vorgänge innerhalb des Klosters, soweit

25 Vgl. CDB, A I, S. 233.

26 Das Bistum Havelberg, Germania Sacra, Erste Abteilung, Zweiter Band, bearbeitet von Gottfried Wentz, Berlin 1933, S. 275.

27 »[...] *und wollen die Jungfern hinfuro die herrn von Pudlist, wie bis anhero, für ihre Herren und Obrigkeit halten und erkennen, Alles getreulich und ungefehrlich.*« CDB, A I, S. 267; sowie CDB, A I, S. 266, Punkt 16 und 17 des Vertrages.

28 CDB, A I, S. 264f.

es die Einführung der evangelischen Lehre betrifft, konnten bis zum gegenwärtigen Zeitpunkt keine weiteren Hinweise gefunden werden. Da Marienfließ jedoch als evangelisches Damenstift weiterbestand, ist auch hier eine ähnliche Ordnung des täglichen Gebetsablaufs wie für Lindow anzunehmen.

Bemerkenswert ist am Beispiel von Marienfließ, daß das Klostergut anscheinend nicht verpfändet und nicht zum Dominialgut des Landesherren geschlagen wurde. Dies ist aus dem Vertrag mit der ehemaligen Stifterfamilie von 1552 ersichtlich. Zusammenfassend ist für die Klöster Lindow und Marienfließ festzustellen, daß der Zugriff des Landesherrn auf die Besitzungen nicht sofort erfolgte. Im Falle von Marienfließ mußten die Interessen der Stifterfamilie berücksichtigt werden, und beim Kloster Lindow erfolgte der Zugriff des Kurfürsten erst nach dem Tod des Propstes. Dies ist damit zu begründen, daß sowohl Marienfließ als auch Lindow Hausklöster der nach den Kurfürsten mächtigsten Familien der Mark Brandenburg waren: die Edlen Gänse von Putlitz und die Grafen von Arnstein, die sich später auch Herren von Lindow nannten. Da das Geschlecht der Herren von Lindow aber 1524 ausstarb, mußte der Kurfürst zwar Rücksicht auf die Befindlichkeiten des übrigen ansässigen Adels nehmen, konnte in den 1540er Jahren aber in Hinblick auf sein finanzielles und wirtschaftliches Interesse gezielter vorgehen als bei Marienfließ.

Das Zisterzienserinnenkloster Heiligengrabe

Die spektakulärsten Ereignisse spielten sich bei der Einführung der evangelischen Lehre im Kloster Heiligengrabe ab.[29] Zwischen Kurfürst und Kloster bestand seit 1542 ein Streit, der erst in einem Vertrag am 5. Oktober 1548 beigelegt wurde.[30] Der Inhalt dieses Vertrages gibt über die Ereignisse der vergangenen Jahre aufschlußreiche Auskünfte. Für das Verhalten der Insassinnen des Klosters Heiligengrabe war vermutlich weniger die Frage nach dem rechten Glauben ausschlaggebend, denn die Nonnen erklärten sich 1543 mit der Einführung der neuen Kirchenordnung einverstanden. Vielmehr waren ihre bisher wahrgenommenen Rechte Anlaß des Streites. Der Kurfürst verpfändete bereits 1542 den Klosterbesitz zunächst an Erasmus von Retzdorf und 1543 an Curdt von Rohr, den Hauptmann des Landes Ruppin. Der direkte Zugriff des Landesherren auf den Besitz des Klosters, d.h. die Verpfändung,

29 Siehe Simon, Johannes: Die Einführung der Reformation im Kloster, in: ders.: Heiligengrabe (wie Anm. 22), S. 101ff.

30 In der kurfürstlichen Kanzlei wurde der Vertrag zwischen dem Kurfürsten und dem Kloster fertiggestellt und am 5. Oktober 1548 zu Cölln vollzogen. Abschrift aus Stiftsarchiv Heiligengrabe, Nr. 633.

wurde in Heiligengrabe bereits vor der Reformation durchgeführt. Es verdeutlicht noch einmal, wie sehr der landesherrliche Ausbau des Territoriums durch die Reformation begünstigt werden konnte, unter anderem, weil es sich bei Heiligengrabe, im Gegensatz zu Lindow und Marienfließ, um eine landesherrliche Stiftung handelte.

Wegen ihrer Weigerung, den Landesherren während der letzten sechs Jahre zu gehorchen, mußten in dem Vergleich zwischen Kloster und Kurfürst zunächst die Äbtissin und der Konvent um Verzeihung bitten. In Bezug auf die Religion und Kirchenzeremonien beugte sich der Konvent den kurfürstlichen Anordnungen. Es ist davon auszugehen, daß auch in diesem brandenburgischen Zisterzienserinnenkloster die gleichen Bestimmungen für Alltagsleben und Ausübung des Gebetes nach Einführung und Anerkennung der evangelischen Lehre zutrafen, wie sie in dem Abschied für das Kloster Lindow vorzufinden sind.

Zudem wurde vereinbart, daß der Konvent seinen Propst fortan unter Zustimmung des Kurfürsten mit Rat der von Rohr zu Neuhausen zu wählen hatte. Er mußte die 5000 fl landesherrlicher Schulden übernehmen, die durch die Verpfändung von 1543 an Curdt von Rohr angefallen waren. Damit löste sich das Kloster aus der Verpfändung und konnte erneut über seinen Besitz bestimmen. Diese Vereinbarung ist als Zugeständnis des Kurfürsten gegenüber dem Kloster zu werten, denn der Konvent gelangte erneut in die Besitzrechte seiner Güter, die er wieder ungehindert nutzen und gebrauchen durfte. Durch den andauernden Widerstand gegenüber den Anordnungen des Landesherren und Pfandinhabers hatten die Klosterfrauen erreicht, daß ihre Güter nicht in das landesherrliche Dominialgut eingezogen wurden.

In dem Vertrag wird festgehalten, daß Heiligengrabe auf alle Rechtsmittel des Widerspruchs verzichtet, insbesondere auf die Berufung an den Papst und das Reichskammergericht. Anscheinend diente diese Vereinbarung als Absicherung für den Kurfürsten, der den Klosterfrauen wegen dieser jahrelangen Auseinandersetzung nicht traute und eine abschließende Lösung anstrebte.

Es muß außerdem darauf hingewiesen werden, daß die Befürwortung oder die Ablehnung der evangelischen Lehre nicht allein wirtschaftliche Motive hatte, wie die Weigerung der Bischöfe von Lebus und Havelberg oder auch des Franziskanerkonvents der Stadt Brandenburg zeigt.[31] Allerdings lassen sich religiöse Motive, auch aufgrund der Quellenlage, weit schwerer erfassen.

31 Das Bistum Brandenburg, Erster Teil, Germania Sacra, Erste Abteilung, Erster Band, bearbeitet von Gustav Abb und Gottfried Wentz, Berlin 1929, S. 363–371.

Hinter der Weigerung der Klosterfrauen von Heiligengrabe, den Anordnungen des Landesherren zu gehorchen, lassen sich nicht nur wirtschaftliche Interessen vermuten. Die Frauen bestanden gegenüber dem Kurfürsten auf ihren Rechten, die auch verbunden waren mit einer vertrauten Lebensweise, dem alten Glauben und einer bisher gelebten Frömmigkeitsform. Gerade für die Frauenklöster war ihre wirtschaftliche Grundlage eine wichtige Voraussetzung, um die alten Lebensgewohnheiten bewahren zu können. Hinzu kommt, daß für die Frauen das Klosterleben oftmals die einzige selbstgewählte standesgemäße Alternative zu einer Verheiratung war. Wenn Luther seine Wertung über das Klosterleben allein auf die »lieb und lust« an »gottis wort« reduziert und darin die einzige gültige Legitimation für den Fortbestand dieser Lebensform mit ihrer immerhin über 200jährigen Tradition bis zur Reformation sieht, wird er der sozialen Funktion dieser Institution nicht gerecht.

Das Beispiel Heiligengrabe zeigt auch, wie eng das Engagement für den Erhalt des Klosters mit dem Charakter der jeweils handelnden Personen zusammenhängt. Letztendlich war es die Beharrlichkeit der Äbtissin Anna von Quitzow, die die Enteignung des Klosters verhinderte und somit ein Fortbestehen Heiligengrabes auch nach 1542 sicherte.

Hinweis: Abbildungen zu den ehemaligen Zisterzienserinnenklöstern Lindow, Marienfließ, Zehdenick und Heiligengrabe sind im Farbteil des Buches zu finden.

Abt Arnold von Monnikendam – eine zisterziensische Ordenskarriere

Stephan Warnatsch

Arnold von Monnikendam ist eine der interessantesten Zisterzienserpersönlichkeiten des 15. Jahrhunderts. Männer wie Georg Sello[1], Leo Vorst[2], Hans Mosler[3] und zuletzt Kaspar Elm[4] haben ihm ihre Aufmerksamkeit gewidmet. Vor allem die Arbeit Elms ist dabei in mancherlei Hinsicht bereits erschöpfend gewesen, und vornehmlich dieser ist auch der vorliegende Aufsatz verpflichtet.

Herkunft, Studium und die Zeit in den Klöstern Neuenkamp und Heisterbach

Arnold war bürgerlicher Herkunft. Geboren in Monnickendam am Ijsselmeer in der Diözese Utrecht – das Geburtsjahr ist nicht überliefert –, ging er 1427 nach Rostock und nahm dort an der erst acht Jahre zuvor gegründeten Universität das Studium der *artes* auf.[5] Dort wurden ihm wegen seiner Armut die Studiengebühren erlassen[6], was wohl auch auf den Nachweis besonders guter Vorbildung und auf entsprechenden Leumund schließen läßt. 1435 beendete er hier sein Studium mit dem Titel des *baccalaureus*[7], bevor er 1436 nach Köln ging[8], wo er vermutlich noch im gleichen Jahr den Titel eines *magister artium* erwarb und auffälligerweise bereits 1437 unter den Professoren der Artisten-

1 Sello, Georg: Lehnin. Beiträge zur Geschichte von Kloster und Amt, Berlin 1881, S. 161–166.
2 Vorst, Leo: Arnoldus van Monnikendam, in: Cîteaux 12(1961), S. 226–241.
3 Mosler, Hans: Die Cistercienserabtei Altenberg, in: Germania Sacra NF 2(1965), S. 158–161.
4 Elm, Kaspar: Propugnator et defensor totius ordinis. Arnold van Monnickendam, Abt von Lehnin (1456–67) und Altenberg (1467–90), in: Vera Lex Historiae. Studien zu mittelalterlichen Quellen. Festschrift für Dietrich Kurze zu seinem 65. Geburtstag am 1. Januar 1993, hg. v. Stuart Jenks (et. al.), Köln, Wien, Weimar 1993, S. 1–38.
5 Hofmeister, A. (Hg.): Die Matrikel der Universität Rostock, Bd. 1 (1419–1499), Rostock 1889, S. 29: »*Arnoldus Johannis de Traietop. iur. 19 die.*« Arnoldus aus der Diözese Utrecht, Jurastudent am 19. (Januar 1427).
6 Ebd., S. 47: »*Arnoldus Johannis Monnekam V die. 0,5 fl.*« Arnoldus Johannis von Monnickendam, am 5. (Mai 1434) ein halber Florin (Studiengebühren).
7 Ebd., S. 52: »*Arnoldus Johannis Monkedam, baccall.*« (1435).
8 Keussen, Hermann (Hg.): Die Matrikel der Universität Köln, Bonn ^{2}1928, Nachdruck Düsseldorf 1979, Bd. 1, S. 389: »*Arn. Johannis de Munekedam, Trai., d.s.*« (1436).

fakultät geführt wurde.[9] In Köln begann er parallel zu seiner Lehrtätigkeit das Studium der Theologie, das er spätestens 1445 mit dem Doktortitel abschloß.

Das genaue Datum seines Beitritts zum Zisterzienserorden ist uns nicht bekannt. Da er sich aber 1450 bei der römischen Kurie ausdrücklich für die Interessen des Klosters Neuenkamp einsetzte und anläßlich seiner Immatrikulation an der Universität Heidelberg im Juni 1451 als dessen Profeß eintragen ließ[10], kann kein Zweifel bestehen, daß er bereits während seines Studiums in Rostock in die der Hansestadt nahegelegene Zisterze eingetreten war, die dort in Gemeinschaft mit anderen niederdeutschen Zisterzienserklöstern ein Studienhaus unterhielt.[11] Allerdings wird Arnold erst 1443 in der Kölner Matrikel als *religiosus* geführt.[12] Dies ist aber nicht überzubewerten: Kaspar Elm führt Ungenauigkeiten bei der Matrikelführung in Köln und rechtliche Probleme beim Wechsel von Neuenkamp nach Heisterbach ebenso als Gründe für diese späte Zuordnung zu den *religiosos* an, wie mögliche Kaschierungsversuche gegenüber den Ordenswächtern:[13] Bereits 1434 nämlich hatte das Generalkapitel beschlossen, daß wegen der *»insolentiae et scandalosae dissolutiones scolarium ordinis«* bis zur Errichtung eines eigenen Ordenskollegiums keine Ordensleute mehr in Köln studieren sollten.[14] Arnold aber studierte und unterrichtete ab 1436/37 an genau dieser Universität.[15] Wie dem auch sei, sonderliche Unterstützung erfuhr er bei seinen Studienbemühungen seitens der Konventsbrüder jedenfalls nicht. 1443 und 1444 nämlich weigerte sich der Heisterbacher Konvent trotz wiederholter Intervention der Kölner Universität, der Theologie-Promotion Arnolds zuzustimmen[16], was aber wohl vornehmlich darin begründet war, daß man in Heisterbach vermeiden wollte, seinerseits die Promotionskosten übernehmen zu müssen. Erstmals 1444, aber auch noch 1451, als Arnold nach sechs Jahren, in denen er in Heisterbach Novizenmeister gewesen

9 Ebd., S. 138: *»Arn. Monikedam«*. Die Position, die Arnold hier bekleidet, setzt den vorherigen Erwerb des Magistertitels voraus.

10 Elm (wie Anm. 4), S. 4f.: *»Fr. Arnoldus Monikedam, ord. Cisterc., professus in Novo campo, theologie professor«* (Juni 1451).

11 Canivez, J. M. (Hg.): Statuta Capitulorum Generalium Ordinis Cisterciensis ab anno 1116 ad annum 1786, Löwen 1933–41, Bd. 4, S. 480, Nr. 84 und S. 558f., Nr. 52.

12 Keussen, Matrikel (wie Anm. 8), S. 465: *»Joh. de Colonia al. Hauberch, Col. d.; art.; n., quia p. fam. m. Arnoldi Monekendam, religiosi.«*

13 Elm (wie Anm. 4), S. 8.

14 Canivez (wie Anm. 11), S. 398, Nr. 7.

15 Arnold, Adalrich: Gründungsversuch eines Studienkollegiums und Studierende des Cistercienserordens in Köln 1388–1559, in: Cistercienser Chronik 49(1937), S. 65–72

16 Mosler, Hans: Die Altenberger Äbte, in: Mosler, Hans: Altenberg, Neustadt a. d. Aisch 1959, S. 57–60; hier S. 57.

war, in den universitären Betrieb zurückkehrte, forderte das Generalkapitel den Abt von Heisterbach auf[17], die Kosten für ihn zu begleichen. Offensichtlich aber verweigerte der Abt dies auch weiterhin. Am 14. September 1452 bekundete dann Abt Johann VII. von Morimond in Cîteaux, daß nun statt dessen Abt Mathias von Neuenkamp dem Magister Arnold von Monnikendam, zu diesem Zeitpunkt bereits Provisor in Heidelberg, zur Erlangung der Doktorwürde 200 Florin vorgestreckt und auch endlich die Erlaubnis zur Profeß in Heisterbach erteilt habe. Abt Johann von Morimond garantierte seinerseits für die Rückzahlung der Summe durch Arnold und den Konvent von Heisterbach.[18] In diesem Vorgang ist erstmals eine Unterstützung der Karriere Arnolds durch Gönner in höheren Ordensämtern zu erkennen. Ist das Eingreifen des Generalkapitels 1444 und 1451 noch im Sinne der Bewahrung des Ordens vor Rechtsstreit mit externen Institutionen wie der Kölner Universität zu verstehen, geht das Engagement der Äbte von Neuenkamp und Morimond über diesen Amtsschutz doch hinaus und dient recht deutlich dem persönlichen Nutzen Arnolds.

17 Canivez (wie Anm. 11), S. 554, Nr. 38 und S. 655, Nr. 77.

18 Der bisher von der Arnold-Forschung übersehene Vorgang findet sich im Vorpommerschen Landesarchiv Greifswald, Rep. 1: Kloster Neuenkamp, Original Nr. 189 belegt. Da der Abt von Morimond 1452 ausdrücklich bekundet, er selbst habe – wie die Formulierung nahelegt, bereits im Amte des Abtes – dieser Geldleihe beigewohnt, kann diese nur zwischen dem 12. Mai 1449 und dem 14. September 1452 erfolgt sein. Da aber das Generalkapitel von 1451 noch ausdrücklich die Begleichung der Kosten anmahnt, dürfen wir davon ausgehen, daß der Vorgang tatsächlich auf das Generalkapitel von 1452 datiert und nicht früher. Dies paßt auch damit zusammen, daß sich Arnold ja immerhin noch im Juni 1451 als Profeß von Neuenkamp bezeichnete. Genau dieses Element freilich ist etwas irritierend, denn zu jenem Zeitpunkt war Arnold ja mindestens seit acht Jahren, vermutlich aber schon seit etwa 14 Jahren, Mitglied des Heisterbacher Konvents und dort bereits sechs Jahre lang Novizenmeister gewesen. Dies wirft die Frage nach der Begrifflichkeit der *Profeß* auf: Wenn sie sozusagen die Mönchswerdung durch Gelübde meinte, so wäre sie so etwas wie die ordensrechtliche »Geburtsurkunde« und hätte dementsprechend Gültigkeit, egal wo sich der Mönch danach aufhielte. Da aber Arnold ausdrücklich die *Erlaubnis* zur Profeß in Heisterbach erhält, möchte man diese mehr als einen regelrechten Konventsbeitritt verstehen. Dies aber paßt wiederum damit nicht zusammen, daß Arnold auch ohne diesen Beitritt schon über Jahre hin ein verantwortungsvolles Klosteramt in jenem Kloster innehatte, dem er so gesehen gar nicht offiziell angehörte, dann aber die Profeß ausgerechnet erlaubt bekommt, als er den Konvent – zumindest räumlich – verläßt, um in Heidelberg Provisor zu werden. Die entsprechende Stelle in den Generalstatuten klärt dieses Problem nicht (vgl. Schneider, Ambrosius: Die Geschichte der Zisterzienser, in: Ders. (Hg.): Die Cistercienser. Geschichte – Geist – Kunst, Köln ^{3}1986, S. 13–53, hier S. 28, Nr. 7 und 8). Hier fehlt der Raum zu einer dezidierten Analyse, doch schiene es angebracht, Sachverhalte wie diesen näher zu prüfen, um den Rechtsakt der Profeß in seiner Bedeutung, die über die Jahrhunderte auch Verschiebungen erfuhr, stärker differenzieren zu können.

Heidelberg (1451–56)
1451 nahm er als *professor theologiae* seine Lehrtätigkeit in Heidelberg auf, wo er dann 1452 vom Schönauer Abt zum Provisor des zisterziensischen St. Jakob-Kollegs ernannt wurde, das er bis 1456 leitete. In dieser Funktion war er als Hausvorsteher sowohl für die Wirtschaft als auch für die *disciplina* im Kolleg verantwortlich, welche die Kirchenzucht ebenso umfaßte wie die Lehre. Als Theologe zeigte er sich engagiert und äußerst streitbar: Schon bald nach seiner Ankunft in Heidelberg beteiligte er sich an einem theologisch-philosophischen Streit um die Transsubstantiationslehre zwischen Heidelberger Nominalisten und Kölner Realisten. Obwohl ja mittlerweile selber in Heidelberg lehrend, schlug er sich auf die Seite seiner ehemaligen Kölner Kollegen und schreckte nicht davor zurück, am 4. Oktober 1453 mehrere geharnischte Thesen gegen die Lehrsätze der in Heidelberg dominierenden ockhamistischen Schule an die Heidelberger Kirchentüren zu schlagen. Dabei war er in seinen Formulierungen nicht zimperlich: Unter anderem unterstellte er, die von den Heidelbergern vertretene Abendmahlslehre fördere den Götzendienst und – was für die so Attackierten möglicherweise noch empörender war – habe die gleichen Wurzeln wie der auf dem Konstanzer Konzil verdammte Hussitismus. Angesichts solch aggressiven Konfrontationskurses beschloß die Universitätsversammlung, die ihrerseits vorwiegend aus Nominalisten bestand, Arnolds Suspension vom Lehramt, während der Heidelberger Rektor, um Ausgleich bemüht, lediglich auf der Entfernung der Thesen bestanden und Arnold wegen der Gefährdung des Universitätsfriedens gerügt hatte. Man könnte das Vorgehen des neuen Provisors für das ungestüme Bestreben eines viel zu lange aus der akademischen Welt Verwiesenen halten, nun an seiner neuen Wirkungsstelle sogleich merklich etwas zu bewegen. Es bedurfte jedenfalls der Intervention des Wormser Propstes, des Kanzlers der Universität, und des Abtes von Schönau, des Sachwalters des St. Jakob-Kollegs, um einerseits Universität und Pfalzgraf Friedrich I., aber auch andererseits den störrischen Arnold zum Einlenken zu bewegen. Dies allerdings muß wohl mit aller Eindringlichkeit geschehen sein, denn schon am 6. Oktober 1453 widerrief Arnold öffentlich vor Lehrern und Studenten in Heidelberg. Daraufhin wurde ihm die *venia legendi* zurückerteilt.

Schon allein der recht kurzfristige und hitzige Verlauf dieses von Arnold provozierten Eklats, wirft mit dem abschließenden Widerruf ein interessantes Schlaglicht auf seine Persönlichkeit und läßt vermuten, daß sein offensichtlicher theologischer Eifer nicht immer im Einklang mit charakterlicher Größe oder diplomatischem Geschick gestanden haben kann. Dies ist insofern ein wesentliches Indiz, weil uns Arnold im Verlauf seiner weiteren Karriere noch häufiger unter dem Banner eben dieser beiden Qualitäten entgegentreten wird – als kompromißloser Streitführer ebenso wie als geschätzter Ordensdiplomat.

Vor allem letzteres möchte man nach 1453 gar nicht annehmen, nachdem das Verhalten des Kollegprovisors in Heidelberg nicht eben zum Vorteil des zisterziensischen Ansehens gewesen sein kann. Dennoch beauftragte ihn das Generalkapitel schon 1454 damit, zusammen mit den Äbten von Heisterbach und Himmerod ein neues Studienkolleg in Köln einzurichten, wie man es ja seit 1434 verstärkt ins Auge gefaßt hatte. Hierbei war Arnold nach seinem vehementen Eintreten für die Kölner Position besonders prädestiniert, und man mag daher spekulieren, ob wir in dem vordergründig so ungeschickten Auftritt im vorangegangenen Disput womöglich einen im Gegenteil ausgebufften Karriereschritt sehen müssen, mit dem er sich dem tendenziell konservativen Generalkapitel als Vertrauensmann für höhere Aufgaben empfehlen wollte. Da die Angelegenheit den Heidelberger Provisor allerdings auch unzweifelhaft in Verruf gebracht hatte, könnte das Kölner Projekt ebensogut ein Versuch des Generalkapitels zur Rehabilitation des Professors gewesen sein. In jedem Falle aber scheiterte das Unternehmen an finanziellen Problemen.[19] Arnold verblieb daher bis 1456 auf seinem Posten in Heidelberg.

Kloster Lehnin (1456–67)

Als er dann 1456 das Lehniner Abbatiat antrat, geschah dies offenbar gegen den Willen des dortigen Konvents. Dieser hatte nämlich bereits aus den eigenen Reihen einen Nachfolger für den damals aus Altersgründen resignierenden Abt Nikolaus Spiegelhagen bestimmt. Über diese Entscheidung setzten sich aber der Vaterabt aus Sittichenbach und die ihn begleitenden Äbte anläßlich der damit verbundenen Visitation in Lehnin hinweg.[20] Vieles spricht dafür, daß dies eine schon länger geplante Maßnahme war: Spiegelhagen hatte seine Resignation so

19 Arnold (wie Anm. 15), S. 65–72

20 Der größte Teil der folgenden Ausführungen fußt auf den ungedruckten Prozeßakten von 1468, die das von Arnolds Lehniner Amtsnachfolger Gallus gegen ihn angestrengte Verfahren im Eberbacher Stadthof zu Köln dokumentieren: *»Handellbelangende / etliche Guetter so etwa ein Aptt / vom Closter one und wider des Con / vents vorwissen oder bewilligung / vorkaufft und alienirt«* (Brandenburgisches Landeshauptarchiv, Potsdam, Pr. Br. Rep. 2, Kurmärkische Kriegs- und Domänenkammer D 11121, f. 310r.–336v.). Als erster und bisher einziger hatte Kaspar Elm (wie Anm. 4) auf diese Texte zurückgegriffen. Ich bin Herrn Professor Elm in diesem Zusammenhang zu besonderem Dank für seine selbstlose Unterstützung und Überlassung einiger Archivmaterialien verpflichtet, die mir viel Mühe gespart und manche Anregung geboten haben.

lange wie irgend möglich hinausgezögert. Unter dem greisen Abt scheinen die in Lehnin bereits aus dem 14. Jahrhundert bekannten Parteiungen[21] zu einer verstärkten Zerrüttung der konventualen Einheit und im Zuge dessen zu einer wirtschaftlichen Schwächung geführt zu haben. Disziplin und Harmonie waren offenbar nachhaltig gestört, und dies wird dem Vaterabt bei seinen Visitationen nicht entgangen sein. Diese Entwicklung in dem ansonsten ja doch reichen und bedeutenden Kloster, dessen Äbte immerhin die Position kurfürstlicher Räte bekleideten und für den Orden im ostelbischen Raum erheblichen Einfluß verwalteten, wollte man offenbar korrigieren. Dafür aber schien ein Externer eher geeignet zu sein als ein Mitglied des unruhigen Konvents selbst, der wohl weiterhin von der sogenannten Loburger Partei dominiert wurde. Diese leitete ihren Einfluß vornehmlich aus der wirtschaftlichen Bedeutung des, so ist zu mutmaßen, von ihr verwalteten Loburger Hofes ab.[22] Diese Umstände und Überlegungen scheinen, wenngleich uns dafür Belege aus den Kapitelstatuten fehlen, beim Generalkapitel diskutiert worden zu sein, und man wird den begabten, aber heißspornigen Provisor aus Heidelberg für die hier gebotene Bewährungsprobe ins Auge gefaßt haben. Auffällig ist jedenfalls, daß seine erste größere Unternehmung als Abt von Lehnin die Veräußerung eben der besagten Loburger Besitzungen war, die Hans von Barby inclusive des Klosterfreihofes in Loburg schon am 3. Januar 1457 für 720 rheinische Gulden zu Lehen erwarb.[23] Wir kommen darauf noch zurück.

Insgesamt stand dies aber auch im Kontext der Bemühungen Arnolds, von Anfang an die von ihm seitens des Vaterabtes und der Ordensführung er-

21 Im Zuge der Untersuchungen einer Klage des Lehniner Mönches Dietrich von Ruppin gegen Abt Hermann von Lehnin und dessen Mitstreiter, die dem Heiligen Stuhl unterbreitet wurde, der sie seinerseits den Äbten von Kolbatz, Stolpe und Neuenkamp übertrug, erfahren wir von Parteiungen innerhalb des Konvents; dabei erscheint die sogenannte »Loburger Partei« als dominant (Codex Diplomaticus Brandenburgensis, Abt. A, Bd. X, S. 241–243, Nr. 127: 24. Februar 1339). Inwieweit die zum Teil äußerst drastischen Vorwürfe Dietrichs ernst zu nehmen sind, bleibt Spekulation. Der beklagte Abt jedenfalls verblieb im Amt.

22 Die nur aus dem Streit von 1339 überlieferte Begrifflichkeit einer »Loburger Partei« impliziert wohl, daß die bezeichnete Gruppierung mit den Sachwaltern der Loburger Güter gleichzusetzen sein dürfte, die wirtschaftlich als Zwischenstation auf dem Weg nach Magdeburg bzw. als Schnittpunkt der Fernhandelsstraße nach Osten von einiger Bedeutung gewesen sind.

23 Codex Diplomaticus Brandenburgensis, Abt. A, Bd. X (im folgenden als: CDB A X), S. 295–297, Nr. 206 (3. Januar 1457): Verkauf der Loburger Güter samt dem Klosterfreihof; vgl. auch die entsprechende Bestätigung des Kaufs und der Lehnspflicht durch Erzbischof Friedrich von Magdeburg: Bauer, Hermann: Die Überlieferung des Lehniner Archivs, Berlin 1913, S. 154, Nr. 9.

warteten wirtschaftlichen und disziplinären Reformen in Lehnin in Angriff zu nehmen: Mit seiner üblichen Bereitschaft zur Konfrontation focht er in kontinuierlicher Folge Auseinandersetzungen mit dem Domkapitel von Brandenburg[24], mit den Altstädten von Magdeburg[25] und Brandenburg[26], mit der dortigen Neustadt[27], mit den Herren von Rochow[28] und Waldenfels[29], mit den von Bröseke[30], dem Schulzen zu Klosterfelde[31] und den Brüdern Hans und Klaus Schrabstorf[32] aus, prozessierte entsprechend langwierig oder schloß Vergleiche und vertragliche Regelungen über Zinszahlungen, Fischereirechte, Grenzverläufe und Abgaben, die oft ältere Streitigkeiten beendeten oder doch zumindest Klärung brachten und dem Kloster so einige Außenstände und zum Teil höhere Einkünfte sicherten. Arnolds wirtschaftliches Nahziel war der Abbau der drückenden Schuldenlast. Zu diesem Zwecke wandelte er z.B. die bisherige Grangie Schönerlinde in ein Pachtgut um[33] und verkaufte, wie erwähnt, auch die umfangreichen Güter, die das Kloster in und um Loburg bei Magdeburg seit Beginn des 13. Jahrhunderts besessen hatte.[34] Ganz im Stile auch heute üblicher Sanierungspraktiken machte Arnold festgelegtes Kapital flüssig, um

24 CDB A X, S. 305f., Nr. 216 (6. Dezember 1460): Einigung über Synodalia aus Trechwitz und Damsdorf.

25 CDB A X, S. 303f., Nr. 214 (13. November 1459): Einigung über Schuldzahlungen der Stadt an das Kloster.

26 CDB A X, S. 310f., Nr. 221 (26. Juli 1463) und CDB A X, S. 312–315, Nr. 223 (31. März 1467): Streit um Fischereirechte im Mönchelank und Riewendsee; vgl. auch den Bericht von diesbezüglichen Zeugenaussagen: Bauer (wie Anm. 21), S. 32, Nr. 74 und S. 155, Nr. 10.

27 CDB A X, S. 411–413 (ohne Nr.) (11. November 1462): Kloster Lehnin einigt sich mit der Neustadt Brandenburg im Streit um den Borsebruch und andere Güter.

28 CDB A X, S. 307–309, Nr. 218 (31. August 1462): Schiedsspruch im Streit um Fischereirechte im Plessower See und im Heidebutzin.

29 CDB A X, S. 294f., Nr. 205 (12. August 1456): Schlichtung im Streit um Güter und Ansprüche im Gebiet von Plaue; CDB A X, S. 302, Nr. 212 (21. September 1459): Bestätigung Kurfürst Friedrichs.

30 CDB A X, S. 311f., Nr. 222 (17. Februar 1467): Kurfürst Friedrich II. von Brandenburg entscheidet einen Streit zwischen Kloster Lehnin und den von Bröseke zu Ketzin über das Sandbruch, den Fliederwerder und andere Besitzungen.

31 CDB A X, S. 297f., Nr. 207 (9. März 1458) und CDB A X, S. 298f., Nr. 208 (27. April 1458): Streit um Holzrechte und die wüste Feldmark Dreißighufen.

32 CDB A X, S. 300f., Nr. 210 (9. April 1459): Vergleich in Grenzstreitigkeiten zwischen Schildow, Schönerlinde und Mühlenbeck.

33 CDB A X, S. 299f., Nr. 209 (19. Dezember 1458): Markgraf Friedrich gestattet dem Kloster, den Freihof in Schönerlinde in ein Pachtgut umzuwandeln, und widmet dem zu Mühlenbeck erbauten Hof einige Dienste.

34 CDB A X, S. 190, Nr. 18 (1207): Heinrich II. von Plauen schenkt Lehnin Hof und Güter in Loburg unter erzbischöflichem Konsens.

anderweitig nicht gedeckte Schulden abbauen zu können. Wäre die finanzielle Konsolidierung erreicht, die im übrigen – damals wie heute – auch mit personellen Konsequenzen verbunden wurde, denn Arnold drang auf Disziplin, würde man den verlorenen Wirtschaftsstatus durch gezielte Neuinvestitionen korrigieren. Bei diesen Bemühungen, die der Lehniner Konvent, wie aus den späteren Ereignissen ersichtlich wird, nur unwillig ertrug, wurde Arnold von Bischof Dietrich von Brandenburg[35] und vor allem von Kurfürst Friedrich II. unterstützt, der ihm und dem Konvent das Dorf Jeserig in der Zauche [36] und zur Einrichtung eines Stadthofes ein Haus in der Neustadt Brandenburg schenkte[37] sowie zweimal im Jahr Jahrmärkte im Klosterstädtchen Werder erlaubte.[38] Arnold scheint durchaus bemüht gewesen zu sein, als Theologieprofessor auch die geistliche Führungsrolle des Lehniner Abtes zu stärken. So nahm er z.B. im April 1458 am Berliner Ketzerprozeß gegen Matthäus Hagen und andere teil.[39] Ansonsten ist das gute Verhältnis zwischen Arnold und Kurfürst Friedrich gerade in der ersten Hälfte des Abbatiats gut greifbar – Kurfürst und Bischof nennen Arnold bei verschiedenen Gelegenheiten einen wichtigen Getreuen und besonders guten Freund:[40] Der Abt tritt im Gefolge des Landesherren auf, als dieser in der Altstadt Brandenburg einen Gütertausch mit Bischof und Dompropst von Brandenburg vornimmt[41], und fungiert 1459 sogar im Namen des Kurfürsten als Vermittler in einem Streit zwischen der

35 Bischof Dietrich von Brandenburg bestätigte dem Kloster zum Beispiel das Patronatsrecht in den Dörfern Trechwitz, Damsdorf, Schönerlinde und Mühlenbeck, über die es Differenzen gegeben hatte; s. Bauer (wie Anm. 23), S. 133.

36 CDB A X, S. 301f., Nr. 211 (15. Juli 1459): Übereignung des Dorfes Jeserig, das Abt Arnold, Prior Jakob, Cellerarius Andreas und der ganze Lehniner Konvent schon ein knappes Jahr später an Andreas und Hans Benzdorf verlehnen: CDB A X, S. 304f., Nr. 215 (2. Mai 1460).

37 CDB A X, S. 306f., Nr. 217 (25. November 1462): Bestätigung des Kurfürsten für das Wohnhaus des Abtes in der Neustadt Brandenburg als freie Herrenwohnung; CDB A X, S. 309f., Nr. 220 (26. Februar 1463): Beurkundung des Kaufs von Haus und Hof des Valentin Lange durch den Kurfürsten für das Kloster seitens der städtischen Schöffen.

38 CDB A X, S. 303, Nr. 213 (21. Oktober 1459): Erlaubnis, zweimal jährlich Märkte im Städtchen Werder zu halten.

39 Kurze, Dietrich: Quellen zur Ketzergeschichte Brandenburgs und Pommerns, S. 288–302, Nr. 25a; hier S. 294.

40 Kurfürst Friedrich II.: *»vnnser rat vnd lieber getrewer er«* (CDB A X, S. 301f., Nr. 211, hier S. 301; 15. Juli 1459) und *»der wyrdige vnser Rat vnd lieber getrewer er«* (CDB A X, S. 303, Nr. 213; 21. Oktober 1459); Bischof Dietrich von Brandenburg: *»die Erwerdige vnnse besunder liue here vnde frundt«* (CDB A X, S. 312–315, Nr. 223; 31. März 1467).

41 CDB A VIII, S. 416f., Nr. 461 (18. Dezember 1458): Vereignung der Dörfer Etzin und Weseram durch Kurfürst Friedrich von Brandenburg an Bischof und Dompropst von Brandenburg im Tausch gegen das dem Kurfürsten abgetretene Dorf Tempelfelde.

Stadt Lüneburg und dem Herzog von Braunschweig sowie einigen in Lüneburg wohnhaften Prälaten.[42]

In Lehnin selbst aber war Arnolds Position von Anfang an schwierig. Seine Maßnahmen waren unzweifelhaft unpopulär und reizten deshalb zu Widerstand. Und schon allein seine Providierung durch den Vaterabt und dessen *complices*[43], also »Verbündete« oder »Mitschuldige«, wie die Mönche sie nannten, galt seinen Gegnern als unrechtmäßige Bevormundung des Konvents. So stand ihm dieser bei aller inneren Zerstrittenheit in seiner Ablehnung weitgehend geschlossen gegenüber. Und wie wir schon im Kontext des Heidelberger Theologiestreits sehen konnten, zeichnete sich Arnold nicht eben durch Nachsicht oder Feinfühligkeit gegenüber seinen Opponenten aus. Da kann es nicht wundern, daß die Lehniner Mönche ihn nicht als *pastor sed mercenarius*[44], nicht als guten Hirten, sondern als Söldner sahen und ihn lediglich als *provisus* betrachteten[45], einen aufgezwungenen Sachwalter. Unter der Führung des Priors Jacobus und des Cellerarius Bartholomeus[46] machten sie ihm das Leben offensichtlich sehr schwer. Und auch in seiner »Außenpolitik« gab es Schwierigkeiten, denn bereits 1459 geriet er in Streit mit den Äbten von Walkenried und Neuenkamp, seinem alten Konvent aus Rostocker Studientagen. Anlaß und Verlauf sind nicht überliefert, doch war das Zerwürfnis so heftig, daß das Generalkapitel die Äbte von Altzelle und Buch für die Lehniner Seite[47] sowie Doberan und Reinfeld auf seiten Neuenkamps und Walkenrieds[48] mit zügiger Untersuchung und Beilegung beauftragen mußte. Und auch andernorts scheint Arnolds Tätigkeit ihm relevante Gegnerschaft eingehandelt zu haben, jedenfalls ließ der Lehniner Abt 1458 das am 19. Juni 1414 erstellte Transsumt einer am 4. Februar 1351 von Papst Clemens VI. ausgestellten Urkunde erneut transsumieren, in der alle geistlichen und weltlichen Schädiger des Ordens in der Posener, Breslauer und Meißner Diözese mit schweren Kirchenstrafen bedroht werden.[49]

42 CDB C I, S. 329f., Nr. 207 (20. März 1459).
43 Lehniner Amtsbuch fol. 311r: *»cum suis complicibus«*.
44 Lehniner Amtsbuch fol. 312v: *»non est pastor, sed Mercenarius«*.
45 Lehniner Amtsbuch fol. 312v.
46 Dieser vertrat das Kloster und den neuen Abt Gallus auch vom 26. bis 29. Mai 1469 beim Prozeß im Eberbacher Hof zu Köln (Lehniner Amtsbuch fol. 318r–320r). In späteren Jahren erwies er sich darüber hinaus als Vertrauter sowohl des Markgrafen als auch des Kurfürsten, zwischen denen er wiederholt als Bote vertraulicher Nachrichten fungierte.
47 Canivez (wie Anm. 11), Bd. 5, S. 34, Nr. 46.
48 Ebd., Bd. 5, S. 34, Nr. 47.
49 Das Transsumt von 1458 befindet sich seit 1963 im Brandenburgischen Landeshauptarchiv Potsdam.

Wechsel nach Kloster Altenberg (1467) und Streit mit Lehnin (1467–69)
Es blieb jedoch dabei, daß die größten Belastungen für Arnold aus den inneren Zwistigkeiten entstanden, die ausgehend von der ungeliebten Providierung über die nicht verwundene Entäußerung der Loburger Besitzungen bis 1467 zu einer zunehmenden Kompromittierung seiner Position in Lehnin führten. Im Frühjahr dieses Jahres verließ er Lehnin unter dem Vorwand einer Reise nach Cîteaux mit vier Pferden, 120 Gulden und zwei kostbaren Ringen[50], kehrte aber nicht mehr in die Zauche zurück. Es ist sehr fraglich, ob ihn sein Weg überhaupt nach Cîteaux führte. Statt dessen begegnen wir ihm bald im Kloster Altenberg, wo er den bisherigen Abt Johannes Schlebusch ersetzte, dessen Position seinerseits unhaltbar geworden war.[51] Der Abt Wilhelm von Morimond und die Äbte von Kamp, Marienfeld und Eberbach setzten Schlebusch bei einer Visitation Altenbergs ab und ließen an seiner statt Arnold zum Abt wählen.

Dies geschah im August 1467, und wir wissen nicht genau, wo Arnold die Zwischenzeit verbracht hatte, doch bieten sich vor dem Hintergrund der weiteren Ereignisse vor allem der Düsseldorfer Hof des Herzogs von Jülich-Berg und das Kloster Morimond an: Mit beiden dürfte er in dieser Sache schon vorher in Verbindung gestanden haben. Möglicherweise waren die entsprechenden Kontakte seitens Herzogin Dorotheas von Oldenburg[52], einer Tochter Kurfürst Friedrichs II. von Brandenburg, mit dessen Billigung an ihre Schwägerin, die Herzogin Sophia von Jülich-Berg, vermittelt worden. Kurfürst Friedrich II. wird es recht gewesen sein, wenn damit in Lehnin Ruhe einziehen sollte, und die Herzogin, die damals für ihren kranken Gemahl die Geschäfte führte, mag in dem hochqualifizierten, wenngleich schwierigen Ordensmann die letzte Chance für das mittlerweile ökonomisch und moralisch heruntergewirtschaftete Kloster Altenberg gesehen haben. Denn das dürfen wir unterstellen: Wenn Arnold zu diesem Zeitpunkt einen Ruf hatte, so sicherlich den, in seinen Reformversuchen kompromißlos zu sein – eine Art Krisenmanager, wenn man so will –, und wie in Wirtschaftsunternehmen heute, so wird sich

50 Schultze, Johannes: Lehnin. 750 Jahre Kloster- und Ortsgeschichte mit bisher unbekannten Ansichten des 18. Jahrhunderts, Bernburg 1930, S. 19.

51 Johannes Schlebusch war von 1462 bis 1467 Abt von Altenberg, kompromittierte aber seine Stellung offenbar von Beginn an durch schlechte Wirtschaftsführung, fragwürdige Reliquiengeschäfte und die Person seines Bursars, der in Köln mit einer Konkubine sowie mehreren Söhnen und Töchtern einen skandalösen Lebenswandel führte und schon seit der Amtszeit des Vorgängers Schlebuschs, Johann von Küdinghoven, der eigentliche Herr in Altenberg war. Vgl. Mosler, Cistercienserabtei (wie Anm. 3), S. 157f.

52 In zweiter Ehe (1449) verheiratet mit Christian I. von Dänemark, Herzog von Oldenburg.

die Bewertung eines solchen Mannes auch damals auf der Ebene der »Belegschaft« diametral von der auf der Ebene der »Geschäftsführung« unterschieden haben. Arnolds so höchst negative Bewertung in Lehnin liegt wohl vor allem darin begründet, daß er in Brandenburg als Reformer auftrat, als hier Reformen nicht erwünscht waren: So schlecht war es 1456 um das Kloster Lehnin eben nicht bestellt gewesen, daß man eine Einmischung von außen als Hilfe betrachtet hätte. In Altenberg war das zwölf Jahre später aber offenbar anders: Hier war der Niedergang unter Abt Johannes Schlebusch, der im übrigen 1453 ein Schüler Arnolds am Heidelberger St. Jakobs-Kolleg gewesen war[53], derart drastisch, daß ein Führungswechsel als Neuanfang empfunden wurde. Vermutlich kannten manche der Altenberger Mönche Arnold auch aus ihrer Zeit am Heidelberger Studienkolleg. Jedenfalls hatte sich der damalige Lehniner Abt schon 1463 – als ehemaliger Lehrer Schlebuschs – auf Bitten des Altenberger Konvents mit einem Mahnschreiben an diesen gewandt, das er als offenen Brief auch an den Herzog und den Konvent richtete. Der Herzog von Jülich-Berg und der Vaterabt in Morimond hatten schon seit längerem Schlebuschs Absetzung betrieben. Dies war aber, wie es scheint, nicht mit dem Generalkapitel abgestimmt gewesen, denn Schlebusch, der gegen seine Absetzung einen Prozeß anstrengte, fand in Cîteaux zunächst Unterstützung, doch Arnold hielt mit seiner nun schon bekannten Schnörkellosigkeit dagegen und scheute sich unter anderem nicht, den im Auftrag des Generalkapitels visitierenden Abt von Clairvaux brüsk aus seinem Kloster hinauszuexpedieren. Er wußte dabei das bergische Herrscherhaus hinter sich. Auf Vorentscheid des so düpierten Abtes von Clairvaux hin übergab das Generalkapitel die Sache nun den Äbten Peter von Heilsbronn und Richwin von Eberbach, die zu diesem Zeitpunkt bereits mit dem Streit zwischen Arnold und seinem ehemaligen Lehniner Konvent befaßt waren. In diesem Kontext kann es nicht verwundern, daß die Versammlung zu Cîteaux Arnold 1468 als *rebellis et inoboediens* bezeichnete und ihn nicht als Abt anerkannte.[54] Die Beauftragung des Eberbacher Abtes wirft aber ein interessantes Schlaglicht auf den Charakter der Untersuchungen, da jener ja noch zwei Jahre zuvor selbst an der Absetzung Schlebuschs und der

53 Mosler, Cistercienserabtei (wie Anm. 3), S. 159.

54 Der 1462 unter dem Vorsitz des Abtes von Morimond gewählte Schlebusch war 1463 durch das Generalkapitel ausdrücklich als Abt bestätigt worden. Das allein könnte bereits den Unwillen der Versammlung erklären, eine ohne ihre Konsultation erfolgte Absetzung hinzunehmen. Verschärfend aber kommt hinzu, daß es möglicherweise Abt Humbert von Cîteaux selbst gewesen war, 1462 nämlich seinerseits noch Abt von Morimond, der Johannes Schlebusch in Altenberg providiert hatte. Dies würde die besonders harsche Reaktion des Generalkapitels zusätzlich erklären.

darauffolgenden Wahl Arnolds beteiligt gewesen war! Ist unter diesen Umständen Parteilichkeit auszuschließen? Und wenn nicht, war dies dann vom Generalkapitel intendiert? 1469 entschieden die Ordenskommissare in der Altenberger Sache jedenfalls klar zugunsten Arnolds und bestätigten ihn als *verus et pacificus abbas* von Altenberg. Johannes Schlebusch wurde immerhin noch mit einer Jahrespension von 50 Rheinischen Gulden abgefunden, gleichzeitig aber auf den Posten eines Beichtvaters der Frauenzisterze Fröndenberg in Westfalen abgeschoben. Dort starb er wohl bald nach 1503.[55]

Doch Arnolds frühe Amtszeit in Altenberg blieb – neben den anhaltenden Rechtsstreitigkeiten um die Ansprüche seines Vorgängers – von dem fortdauernden Zerwürfnis mit seinem alten Konvent belastet. Nach seinem Weggang aus Lehnin hatte er einen offenen Brief an Kurfürst Friedrich II. von Brandenburg, Bischof Dietrich von Brandenburg, den Abt von Dobrilugk, den Magdeburger Bürgermeister Friedrich Brandt und dessen Mitbürger Heinrich Salomon geschickt.[56] Arnold sah darin ein Rechtfertigungsschreiben, der neue Lehniner Abt Gallus[57] – und nicht nur dieser – betrachtete es als eine Schmähschrift. Der Wortlaut des Briefes ist uns nicht überliefert, da die Lehniner Seite im nachfolgenden Rechtsstreit auf Austilgung der vermeintlich verleumderischen Schrift bestand, doch prangerte Arnold hier offenbar mit der bereits aus Heidelberg bekannten Unverblümtheit die Lehniner Mißstände und Widrigkeiten an, die ihm die dortige Reform unmöglich gemacht hatten. Und wie schon in Heidelberg hatte Arnold die harsche Reaktion der Brandenburger auf sein Vorgehen selbst provoziert. Die Bloßstellung durch einen offenen Brief mußte den Lehniner Konvent nachgerade zum Rechtsstreit zwingen. Im folgenden Prozeß sollten diese *libelli diffamatorii*[58] dann aber interessanterweise kaum eine Rolle spielen, da die Lehniner Seite eine größere Verbreitung der Arnoldschen Behauptungen wohl vermeiden wollte.[59] Allerdings wurde pauschal eine Ehrenerklärung von Arnold verlangt.

55 Vgl. Mosler, Cistercienserabtei (wie Anm. 3), S. 157. Die Äbtissin von Fröndenberg war Johannes Schlebusch durch gemeinsamen Reliquienhandel verbunden. Über dreißig Jahre war er der dortige Beichtvater. Er hinterließ hier bei seinem Tode so hohe Schulden, daß noch 1507 Ansprüche gegenüber dem Kloster Altenberg erhoben wurden (ebd., S. 158).

56 Lehniner Amtsbuch fol. 325 v.

57 Über Arnolds Ausscheiden aus Lehnin und über seine eigene Wahl in Anwesenheit der Äbte von Sittichenbach, Altzelle, Buch und Zinna sowie über Arnolds Schmähschrift informierte Gallus am 10. August 1468 das Generalkapitel in Cîteaux: Lehniner Amtsbuch fol. 334–336.

58 Lehniner Amtsbuch fol. 325 v: »*libellos famosos et diffamatorios dictis dominus Episcopo Abbate et alijs de suis confratribus confinxit, scripsit seu scribi fecit et procuravit*«.

59 Lehniner Amtsbuch fol. 323v.

Trotzdem sei noch ein weiterer kurzer Blick auf diesen Brief erlaubt, denn hochinteressant ist auch die Wahl der Adressaten seines Schreibens: Kurfürst und Bischof hatten ihn in seiner Lehniner Zeit nachhaltig unterstützt, ihnen wollte er nach seinem etwas dubiosen Abgang offenbar Rechenschaft ablegen; der Abt von Dobrilugk mag als Amtsbruder mehrfach in die Streitereien einbezogen worden sein, wenngleich uns hierüber dezidierte Nachricht fehlt; doch die Adressierung an zwei Magdeburger stellt eine echte Indiskretion dar, auch wenn der Bürgermeister Brandt hinsichtlich der Mühle in Gomenik ein Vertragspartner Arnolds gewesen war[60] und vielleicht auch Heinrich Salomon mit dem Loburger Verkauf vertraut gewesen sein mag, so daß sich Arnold ihnen gegenüber möglicherweise im Vorgriff auf eventuelle Klagen Lehnins rechtfertigen wollte. In jedem Falle aber bleibt Arnolds Vorgehen fragwürdig. Vor diesem Hintergrund ist es nicht verwunderlich, daß alle im Zuge des Prozesses aus der Mark erbrachten Zeugenerklärungen, darunter die des brandenburgischen Kurfürsten sowie der Äbte von Zinna, Chorin und Himmelpfort[61], einmütig die Position Lehnins bezogen – sachlich vielleicht sogar gerechtfertigt, in jedem Falle aber wohl auch gegen einen unliebsamen »Nestbeschmutzer« geeint. Auch der früher sehr wohlwollende Kurfürst Friedrich II. forderte nun von den Ordenskommissaren für Deutschland, Arnold müsse dem Kloster Lehnin für seine Verleumdungen genüge tun.[62] Am 14. September 1468 beauftragte das Generalkapitel unter dem Vorsitz Abt Humberts von Cîteaux die bereits erwähnten Äbte Peter von Heilsbronn und Richwin von Eberbach nach Vorentscheid Abt Philipps von Clairvaux mit der Untersuchung der Angelegenheit, wofür man den neugewählten Lehniner Abt Gallus oder einen bevollmächtigten Vertreter nach Köln zitierte.[63] Für den 12. April 1469 wurde im Eberbacher Hof zu Köln eine Anhörung anbe-

60 Lehniner Amtsbuch fol. 332v.

61 Lehniner Amtsbuch fol. 331–333 (22. März 1469): Abt Peter von Heilsbronn und Abt Reichwin von Eberbach urkunden, daß Abt Mathias von Zinna, Abt Johannes von Himmelpfort und Abt Zacharias von Chorin auf Bitten von Abt Gallus von Lehnin bezeugt hätten, daß der ehemalige Abt Arnold, mittlerweile Abt von Altenberg, ohne Wissen des Konvents und zum Teil unter zwangsweiser Verwendung des Konventssiegels Güterverkäufe unter Wert getätigt habe, die dann im einzelnen aufgeführt werden. Darüber hinaus bestätigen sie die Abfassung einer Schmähschrift durch Abt Arnold gegen das Kloster Lehnin. Vgl. hierzu auch CDB A X, S. 317f., Nr. 226.

62 CDB A X, S. 316f., Nr. 225 (19. März 1469) – CDB folgt schlechten Abschriften; besser im Lehniner Amtsbuch fol. 333–334.

63 Lehniner Amtsbuch fol. 316r–v (14. September 1468): Bericht der Ordenskommissare über die diesbezügliche Entscheidung Abt Philipps von Clairvaux und ihm folgend Abt Humberts von Cîteaux und des Generalkapitels.

Abb. zum Beitrag: Zisterzienserforschung in Rumänien..., S. 233-239
oben: Kerz, Dorf und Klosteranlage
unten: Kloster Kerz *(Fotos: Georg Gerster)*

Abb. zum Beitrag: Vom katholischen Frauenkloster zum evangelischen Damenstift, S. 119–131
oben: Klosterkirche Marienfließ in Stepenitz
unten links: Klosterruine Lindow
unten rechts: Klosterruine Zehdenick *(Fotos: P. Oehlmann)*

Abb. zum Beitrag: Vom katholischen Frauenkloster zum evangelischen Damenstift, S. 119–131
oben: Kloster Heiligengrabe, Deckendetail der Heiligblutkapelle
unten links: Kloster Heiligengrabe, Kreuzgang
unten rechts: Kloster Heiligengrabe, Zugang zur ehem. Nonnenempore *(Fotos: P. Oehlmann)*

Abb. zum Beitrag: Zisterzienserinnenkirchen als repräsentative Herrschaftsbauten, S. 100–118
oben: Trebnitz, Tympanon über dem nördlichen Querschiffportal, Anbetung der Madonna
unten: Tischnowitz, Tympanon über dem Westportal *(Fotos: F. Gleich)*

Abb. zum Beitrag: Zisterzienserinnenkirchen als repräsentative Herrschaftsbauten, S. 100–118
oben: Trebnitz, Klosterkirche von Osten
unten: Frauenroth b. Schweinfurth, Klosterkirche von Westen *(Fotos: F. Gleich)*

Abb. zum Beitrag: Das Zisterzienserkloster Dargun bis um 1300, S. 189–205
oben: Dargun, Kloster-Schloß-Anlage, Westfassade von Nordwesten
unten: Klosterkirche, Querhaussüdarm und Chor von Süden
folgende Seite links oben: Klosterkirche, Langhaussüdwand von Süden; links Mitte: Chor von Südosten; rechts oben: Blick durch das Langhaus nach Westen *(Fotos: C. Kratzke)*

untere Abb. zum Beitrag: Kloster Chorin auf dem Bildschirm, S. 301–309
links: Chorin, Baunaht zwischen Ost- und Westteil der Klosterkirche
rechts: Ansatzbogen des abgebrochenen nördlichen Kreuzgangsflügels *(Fotos: F. Sobik)*

Abb. zum Beitrag: Ein interdisziplinäres Forschungsprojekt zum Kloster Eldena, S. 206–222
oben links: Ostwand des Südquerhausarmes mit den Öffnungen zu den Seitenkapellen; oben rechts: Südwestliche Ecke des Südquerhausarmes: Kappenansatz und unregelmäßige Gewölbeanfänger; unten links: Ansatz des ersten Achteckpfeilers an der nördlichen Langhauswand; unten rechts: Westwand des Nordquerhauses mit Öffnung zum Gewölbe *(Fotos: T. Kunz)*

raumt[64], zu der beide Seiten aber erst am 26. Mai erschienen.[65] Die Äbte ließen sich vertreten, Gallus durch den Lehniner Cellerarius Bartholomeus, einer von Arnolds entschiedensten Gegenspielern[66], Arnold durch den Magister Petrus de Alcinada, in dem wir einen geschulten Kölner Juristen sehen dürfen.[67]

Im eigentlichen Prozeß am 29. Mai 1469[68] ging die Lehniner Seite, wie schon erwähnt, nicht weiter auf Arnolds Briefe ein, erging sich aber in ausführlichen Klagen über Arnolds Mißwirtschaft und Finanzgebaren, wobei neben der Veräußerung von Rechten und Besitzungen an den Rat der Neustadt Brandenburg, den Bischof von Brandenburg und den Magdeburger Bürgermeister Friedrich Brandt vor allem der Verkauf der Loburger Güter Gegenstand der ausführlichen Klageschrift war.[69] Für den ins Aufe gefaßten Rückkauf der Loburger Güter war von Hans von Barby fast das Dreifache des unter Arnold erzielten Preises gefordert worden[70], Indiz – so die Lehniner – für Arnolds ruinöse Mißwirtschaft. Der Magister Petrus auf seiten Altenbergs ließ sich auf all diese Anwürfe gar nicht erst lange ein, verwies statt dessen nur kurz auf Arnolds großes Ansehen in Altenberg, hob nachdrücklich die allen Geschäften erteilte Zustimmung des Lehniner Konventes hervor[71] und stellte schließlich in Frage, ob Köln für diese

64 Lehniner Amtsbuch fol. 317r–v (21. Januar 1469); eine weitere Abschrift – im Lehniner Amtsbuch fol. 320v–323r, die den Inhalt der an beide gerichteten Zitation wiedergibt und den öffentlichen Anschlag der Zitation an mehreren namentlich genannten Kirchen ankündigt, ist mit dem 19. *Mai* 1469 möglicherweise falsch datiert; sie könnte in den *März* 1469 zu verweisen sein, wenngleich Abt Gallus den Empfang einer Zitation bereits am 14. dieses Monats bestätigt (Lehniner Amtsbuch fol. 317/318); weshalb die Aufforderung vom 19. Mai wohl eher dem Altenberger Abt gegolten haben dürfte; denkbar ist jedenfalls, daß der am 19. Mai angekündigte Aushang des mit dem 12. April bereits verstrichenen Termins als Bloßstellung der dafür verantwortlichen Partei zur darauf folgend zügigen Anreise nach Köln führte: Am 26. Mai 1469 traf man jedenfalls nur eine Woche nach Ausstallungsdatum in Köln zusammen (vgl. auch Lehniner Amtsbuch fol. 316–317).

65 Lehniner Amtsbuch fol. 316–317.

66 Lehniner Amtsbuch fol. 318r–320r (30. März 1469): Abt Gallus von Lehnin benennt den Cellerarius Bartholomeus in Gegenwart des Klosterkonvents zu seinem Bevollmächtigten und stattet ihn mit entsprechenden Dokumenten und Vollmachten aus.

67 Lehniner Amtsbuch fol. 320v–322v.

68 Lehniner Amtsbuch fol. 320v–322r.

69 Lehniner Amtsbuch fol. 325v –327r.

70 Lehniner Amtsbuch fol. 326r.

71 Wenigstens in einem Fall ist diese Behauptung nachweislich falsch, denn am 30. Januar 1475 urkunden die Brüder Fahrenholz, daß das von ihrem Vater mit dem damaligen Abt Arnold abgeschlossene Kaufgeschäft über die wüste Feldmark Zumholz (Sumolt, Summt) ohne Zustimmung und Siegel des Konvents erfolgt sei, weshalb sie um die noch ausstehende Bestätigung ersuchen (CDB A X, S. 335–337 Nr. 238). Diese erteilte der Lehniner Konvent am 10. April 1475 erst nach entsprechenden Vertragsnachbesserungen (CDB A X, S. 337f. Nr. 239).

Sachverhalte überhaupt der richtige Rechtsort sei.[72] Der erfahrene Jurist blockte also die Sachdiskussion erst einmal durch Form- und Verfahrensfragen ab.

Und die Ordenskommissare scheinen dieser Argumentation gefolgt zu sein. Arnold wurde jedenfalls im gleichen Jahr in der Streitsache mit Johannes Schlebusch vollständig Recht gegeben[73], was auch ein Hinweis auf einen entsprechenden Ausgang der Lehniner Angelegenheit sein dürfte. Immerhin mag ein Vorgang vom 20. August 1469 eine Intervention höchster Stellen zugunsten einer gütlichen Schlichtung belegen: Da nämlich schloß der Lehniner Konvent über den aus Arnolds Transaktionen strittigen Borsebruch und andere Güter einen Vergleich mit den jeweiligen Vertragsnehmern – darunter die Neustadt Brandenburg –, dem nicht nur Kurfürst Friedrich II. von Brandenburg, sondern auch ausdrücklich – und das ist nicht eben üblich – Abt Humbert von Cîteaux zustimmten! Sein dies betreffender Brief stammte bereits vom Generalkapitel des vorangegangenen Jahres[74], demselben, bei welchem die Streitigkeiten an die Äbte von Heilsbronn und Eberbach verwiesen worden waren. Und obwohl letztere jenen Zwist im Mai in Köln behandelt hatten, war er wohl damit noch immer nicht ausgeräumt, denn interessanterweise wurden beim Generalkapitel 1469 – das hat man bisher immer entweder übersehen oder aber falsch gewichtet[75] – nochmals zwei *andere* Äbte, nämlich die von Altzelle und Walkenried, mit der Klärung beauftragt:[74] Offensichtlich waren trotz der Ermittlungen der Äbte von Heilsbronn und Eberbach sowie des persönlichen Engagements seitens des Abtes von Cîteaux die Streitigkeiten immer noch nicht überwunden. Man geht wohl kaum fehl in der Annahme, daß es der Lehniner Konvent gewesen sein wird, der in dieser Sache keine Ruhe geben wollte! Dies aber scheint den Unwillen der Ordensspitze hervorgerufen zu haben, weshalb nun entsprechender Nachdruck geübt wurde: Die schuldige Seite sollte die Verfahrenskosten tragen, und sogar der Kirchenbann wurde ins Instrumentarium der beiden Ordenskommissare gelegt – ein weiteres Indiz dafür, daß die Ordensführung dieses Streits endgültig überdrüssig war und vor allem Ruhe wünschte.[77] Nach der persönlichen Intervention Abt

72 Lehniner Amtsbuch fol. 331v–334v.
73 Canivez (wie Anm. 11), Bd. 5, S. 247f., Nr. 47.
74 CDB A X, S. 321–324, Nr. 229; Lehniner Amtsbuch fol. 226ff.
75 So z.B. Mosler, Cistercienserabtei (wie Anm. 3), S. 159.
76 Canivez (wie Anm. 11), Bd. 5, S. 246f., Nr. 45.
77 Am Rande sei auch kurz erwähnt, daß die Äbte von Altzelle und Walkenried angelegentlich der Untersuchungen im Streit zwischen dem Kloster Lehnin und seinem ehemaligen Abt Arnold, mit denen sie beauftragt worden waren, sich auch über die Umstände des Verlusts eines kostbaren und schönen Goldkelchs von großer Bedeutung und großem

Humberts scheint das anhaltende Greinen der Querulanten aus Brandenburg beim Generalkapitel 1469 für nachhaltige Verstimmung gesorgt zu haben, denn anders ist dies erstmals erwähnte Strafenarsenal wohl nicht zu deuten: eine ausdrückliche Warnung, wer den Streit wolle, müsse im Falle des Schuldspruchs schwerste Repressalien fürchten. Das Ergebnis ist, wie gesagt, nicht ausdrücklich belegt, doch spricht vieles dafür, daß Lehnin vor diesem Hintergrund schließlich einlenkte! Das brandenburgische Kloster erhielt jedenfalls weder eine Kompensation für die vermeintliche Verschwendung Arnolds noch die geforderte Ehrenerklärung des Altenberger Abtes.

Kloster Altenberg (1467–90)

Am 6. August 1467 war Arnold unter dem Vorsitz des Morimonder Vaterabtes Wilhelm vom Altenberger Konvent gewählt worden.[78] Er trat in Altenberg einen an sich schwierigeren Posten an, als er ihn in Lehnin vorgefunden hatte: Dort waren die Streitereien zwar groß gewesen, die Probleme des etwas heruntergekommenen, doch substantiell gesunden Konvents aber überschaubar geblieben. Altenberg dagegen stand wirtschaftlich und geistlich vor dem Aus: *»Alsus geyt uns dat wasser yn den munt, ind Aldenbergh so moitwillich verdorven neyt alleyn tzitlichen, dan ouch geystlichen«*. So Arnold 1470 in einem Brief an den bergischen Kanzler Wilhelm Lüninck.[79] Trotz einer gewissen Dramatisierung war diese Aussage nicht eigentlich übertrieben: 7000 Rheinische Gulden und jährlich 400 Rheinische Gulden Zinszahlungen betrug die schwere Schuldenlast des Klosters, das schon längst nicht einmal mehr die Eigenversorgung gewährleisten konnte und auf Gaben der Herzogin angewiesen war.[80] Angesichts dieser drängenden Probleme griff Arnold zum gleichen Konzept, daß er bereits in Lehnin verfolgt hatte: wirtschaftliche Sanierung durch Besitzverkauf und daraus finanzierter Schuldenabbau – »Gesundschrumpfung« würde man es heute wohl nennen. Anders als in Lehnin stand hier aber der

Wert informieren sollten, der dem Kloster Chorin gehört hatte und ihm von dessen Stiftern zum Almosen gegeben worden war: Sollte es sich herausstellen, daß der Choriner Abt selbst – offenbar gab es solcherlei Verdächtigungen – der Veruntreuung schuldig sei, sollten sie ihn umgehend seines Amtes entheben [Canivez (wie Anm. 11), Bd. 5, S. 247, Nr. 45]

78 Keussen, Hermann (Hg.): Cronicon monasterii Campensis ordinis Cisterciensis, in: Annalen des historischen Vereins für den Niederrhein 20 (1869), S. 328. Wilhelm de Mege war von 1466 bis zu seinem Tode im April 1471 Abt von Morimond. Wir dürfen in ihm den Hauptmotor für Arnolds Wechsel nach Altenberg sehen.

79 Mosler, Hans (Hg.): Urkundenbuch der Abtei Altenberg, Berlin 1965, Bd. 2, S. 210f., Nr. 207.

80 Ebd., S. 212f., Nr. 211.

Konvent hinter ihm und trug die Beschlüsse mit. Durch den Verkauf und die Verpachtung wertvoller, bisher jedoch ohne Gewinn selbst bewirtschafteter Güter sowie die Rückgewinnung entfremdeten Besitzes und vernachlässigter Rechtsansprüche gelang es Arnold tatsächlich, den ökonomischen Niedergang der Abtei aufzuhalten und eine gesicherte Basis für die Reform und Ungestörtheit des monastischen Lebens in Altenberg zu schaffen.[81] Bei seinen Reformbemühungen wurde er von zwei Mitbrüdern unterstützt, die ihm der Abt von Morimond[82] aus dem Kloster Kamp zugewiesen hatte, Heinrich von Kalkar, der in Altenberg Prior wurde, und Heinrich von Aldekerk.[83] Es zeigt sich an diesen Details sehr deutlich, wie die wirtschaftliche Rettung und geistliche Reform eines Klosters bei aller Eigenständigkeit des Konvents durchaus auch Filiationsangelegenheit war und auf überregionaler Ebene organisiert wurde: Pointiert formuliert, wurden Arnold und seine Mitstreiter vom »Stammhaus« gezielt als Krisenmanager in der »Filiale« eingesetzt! Daß er dabei die Erwartungen seiner Oberen offenbar auch in geistlicher Hinsicht erfüllte, ist daran abzulesen, daß er in der Folgezeit auch die Reform anderer Konvente beaufsichtigte, darunter das Kloster Haina (1470) und die Frauenzisterze Kentrop bei Hamm.[84] Um 1477 richtete Arnold ein persönliches Schreiben an Margaretha von Baden, die vor September 1476 25jährig Äbtissin von Lichtenthal geworden war: *»Ad illustrem virginem Margaretham de baden, abbatissam Monasterii lucidavallis. Also vorkundet uns die geschrifft, dv dother eines grossen und durchlüchtign huse* [...] *hoere und mercke, vernim mit flisß, als ob din ore heimlich solt vernemmen«*, womit er seine Ermahnungen einleitete, sie möge die »Höhe der Welt«, aus der sie komme, vergessen: *»Zu diser zyt zyment dir die demütigsten und die minsten werck,* [...] *Biß als eine usser den dinen,* [...] *Biß underdienstig in der jungfrowlichen reinigung. Mach gesunt, Erquicke, hilff den seligen krancken, di do also suerlich kranck sint«*. Denn aus dieser Niedrigkeit werde ihr himmlischer Bräutigam sie dereinst um so höher erheben.[85] In der

81 Elm (wie Anm. 4), S. 19f.

82 Elm (wie Anm. 4), S. 20, nennt ihn »Albert«. Dubois' Morimonder Abtsliste verzeichnet für den fraglichen Zeitraum keinen Abt dieses Namens, sondern bis 1471 den bereits erwähnten Wilhelm II. de Mege (Dubois, François Noël Alexandre: Geschichte der Abtei Morimond und der vornehmlichsten Ritterorden Spaniens und Portugals, Münster 1855, S. 371f.).

83 Keussen, Cronicon (wie Anm. 77), S. 328.

84 Elm (wie Anm. 4), S. 21f.

85 Siebenmorgen, Harald (Hg.): Faszination eines Klosters. 750 Jahre Zisterzienserinnen-Abtei Lichtenthal, Sigmaringen 1995, S. 294f., Nr. 138 (Exhorte an Margaretha von Baden: Baden-Baden, Cistercienserinnen-Abtei Lichtenthal, Hs. Kl. L 113, 2; hier fol. 1r und 4v–5r); vgl. auch: Roegele; Otto Bernhard: Bernhard von Baden und die Abtei

Tat hielt Margaretha in ihrer Amtszeit auf strenge klösterliche Zucht. Sie starb 1496.[86] 1477 benannte Arnold bei der Reform der Zisterze Marienstatt explizit seinen Ziel- und Maßnahmenkatalog[87]: strenge Beachtung der Klausur, rigide Beschränkung der Außenkontakte und größtes Pflichtbewußtsein der Amtsträger, daneben schwere Strafen für Vagabundieren, Teilnahme an Festen von Laien, unnützes Reden, ungebührliches Zechen sowie Unpünktlichkeit bei Arbeit und Gebet. Tatsächlich kam Altenberg durch Arnolds Wirken in den Ruf vorbildlichen Klosterlebens.[88]

Arnold als Ordensoffizieller – Reformer und Verteidiger

Schon als Abt von Lehnin hatte das Generalkapitel Arnold wiederholt Aufgaben übertragen, die über seine grundsätzlichen Amtspflichten hinausgingen, so z.B. bereits 1457 den Auftrag, die Reformatio der Klöster Scharnebeck, Reinfeld und anderer vorzunehmen sowie die Erhebung der Beitragszahlungen für die nächsten sechs Jahre durchzuführen.[89] 1458 schickte man ihn als ehemaligen Provisor des St. Jakob-Kollegs nach Heidelberg, um dort die aktuellen Entscheidungen und Beratungen des Generalkapitels dem Kolleg darzulegen.[90] Und auch im päpstlichen Auftrag wurde Arnold bereits als Lehniner Abt tätig: 1464 erhielt er zusammen mit dem Bischof von Lebus den Auftrag, den Pfarrer der Kirche zu Cölln, Peter Have, aufgrund dessen Appellation an den Heiligen Stuhl von der seitens des Bischofs Dietrich von Brandenburg über ihn verhängten Exkommunikation zu befreien.[91] Die hatte jener ausgesprochen, weil der Pfarrer eine ihm auferlegte Bußzahlung nicht fristgerecht entrichtet hatte. Und nachdem 1469 nach zweijährigem Streit auch die Rechtmäßigkeit seines Abbatiats in Altenberg geklärt war, kam das Generalkapitel bald wieder auf den begabten Holländer zurück, wenn es um Ordensaufträge ging. So übertrug man ihm 1471 die Aufgabe, als *principalis executor* gegen das im Rheinland und besonders in Köln zunehmende Vagabundentum von Zister-

Lichtenthal, Heidelberg 1948, S. 52–64 (mit Edition); Heinzer, Felix und Gerhard Stamm, Die Handschriften von Lichtenthal, Wiesbaden 1987, S. 341f.

86 Stratmann-Döhler, Rosemarie: Äbtissin Margarethe von Baden, in: Siebenmorgen (wie Anm. 84), S. 293, Nr. 136.

87 Elm (wie Anm. 4), S. 20f.

88 Mosler, Urkundenbuch (wie Anm. 76), S. 245, Nr. 280.

89 Canivez (wie Anm. 11), Bd. 5, S. 5, Nr. 26.

90 Ebd., S. 20, Nr. 25.

91 Wentz, Gottfried: Regesten aus den Vaticanischen Archiven I, in: Jahrbuch für Brandenburgische Kirchengeschichte 26(1931), S. 8–21; hier: S. 15, Nr. 25 (10. Dezember 1464: Auftrag Papst Pauls II.).

ziensern vorzugehen, also ohne Erlaubnis umherstreifende Mönche festzusetzen und in ihre Klöster zurückzubringen.[92] 1475 wies er als Ordenskommissar die Absetzung des als *intrusus* (»Bewerber, Aufdränger«) bezeichneten Abtes von Goldenkron in Böhmen an, die er den Äbten von Plaß, Wilhering und Hohenfurt auftrug.[93] 1477 übernahm er auf Anweisung des Abtes von Cîteaux und des Generalkapitels die Schlichtung eines langanhaltenden Streits zwischen den Mönchen von Marienstatt und ihrem Landesherren, dem Grafen von Sayn, der sich hier seit zwanzig Jahren um die Reform des Klosters bemühte und dem Arnold zum Abschluß der Visitation glaubte, den Erfolg dieses Bestrebens versichern zu können.[94] Überhaupt unternahm er im Auftrag des Ordens von Sommer 1477 bis Frühjahr 1478 mehrere Visitationsreisen zur Reform verschiedener Zisterzen zwischen Württemberg, der Pfalz, Bayern, der Schweiz und Baden.[95] Nur zwei Klöster – das bayerische Fürstenfeld und das schweizerische St. Urban – konnten seinen Ansprüchen genügen. In Disibodenberg, Eußerthal, Otterberg, Tennenbach, Herrenalb, Bebenhausen, Maulbronn, Kaisheim, Salem, Lützel, Wettingen und Kappel mußte er jeweils unterschiedlich umfangreiche Reformen einfordern.[96] Er engagierte sich daneben auch für die Bemühungen der Reformkolligation von Sibculo, Ijsselstein und Warmond, die sich aus z.T. aus Vereinigungen von Terziaren und Brüdern vom Gemeinsamen Leben hervorgegangenen Klöstern in den Niederlanden, am Niederrhein und in Westfalen zusammensetzte und um das Zisterziensertum im Nordwesten bemühte.[97] Geprägt war ihre Spiritualität von der *devotio moderna*, zu der Arnold möglicherweise seit seiner Heidelberger Zeit verstärkt Bezug gewonnen hatte.[98] Dieses Element der Kolligation störte das skeptische Generalkapitel aber weniger als die relativ starke Betonung ihrer Autonomie. Hier vermittelte Arnold zwischen der Ordensführung und den Klöstern, denen er unter anderem eine Reihe von Ermahnungen antrug.[99] 1483 nahm er als Ordenskommissar das neu gegründete Kloster Mariawald in den Orden auf, beherbergte den Abt von Cîteaux in Altenberg, begleitete diesen bei der Visitation des Klosters Kamp und hielt dort am 5. Oktober den

92 Canivez (wie Anm. 11), Bd. 5, S. 289–291, Nr. 42. Arnold dürfte dabei mit jener Härte vorgegangen sein, die er 1477 ja ausdrücklich anmahnte (vgl. Anm. 86).
93 Elm (wie Anm. 4), S. 22.
94 Ebd., S. 23.
95 Ebd., S. 23–25.
96 Ebd., S. 24f.
97 Ebd., S. 25f.
98 Ebd., S. 25 und S. 36.
99 Ebd., S. 25f.

Vorsitz bei der Wahl Heinrichs von Kalkar, seines ehemaligen Altenberger Mitstreiters, zum Abt des Klosters.[100] Im September 1487 bekam er vom Generalkapitel den Auftrag, zusammen mit den Äbten von Kamp (eben Heinrich von Kalkar) und Marienfeld die Männer- und Frauenzisterzen in den Diözesen Köln, Trier und Utrecht, in Westfalen, Friesland, Holland und Seeland zu visitieren, die Regelobservanz zu prüfen, nötige Reformen durchzuführen und daneben die vom Papst erhobene und auf alle Klöster umgelegte Ordenstaxe einzuziehen, die beim nächsten Generalkapitel in Cîteaux abzuliefern war.[101] 1489 trat Arnold vereint mit dem Abt von Kamp gegen die Abgabenforderungen des Kölner Erzbischofs Hermann an die Zisterzienserklöster seiner Diözese ein[102], indem er auf der noch 1488 von Innozenz VIII. bestätigten Exemtion und Abgabenfreiheit des Ordens bestand[103], den Altenberger Filiationen[104] sämtliche Zahlungen untersagte[105] und sich der Unterstützung der Kurie und des Generalkapitels versicherte, das ihn unter anderem von der Reise nach Cîteaux befreite und Mönche zum Rechtsstudium abordnete[106], während der Papst die Klöster von der Zahlung des *subsidium* freistellte und alle in dieser Sache seitens des Erzbischofs über sie verhängten Zensuren aufhob.[107]

Den Höhepunkt seiner Karriere erreichte er aber wohl bereits bald nach Beginn seines Engagements für die Gesamtreform des Ordens: 1471 schon wurde er als Vertreter *pro monasteriis totius Germaniae* in die *solemnis legatio et ambassiata* zum Stuhl Petri berufen[108], die bei Papst Sixtus IV. gegen das vor allem in Frankreich und Italien zu Ungunsten des Ordens um sich greifende Kommendenwesen intervenieren sollte. Damit stand er als deutscher Vertreter an der Seite der Äbte von Clairvaux für Frankreich[109], Theuley für Burgund

100 Ebd., S. 26f.

101 Canivez (wie Anm. 11), Bd. 5, S. 576–579, Nr. 23 und S. 583f., Nr. 35.

102 Mosler, Urkundenbuch (wie Anm. 78), S. 234, Nr. 257 (26. November 1489).

103 Ebd., S. 233, Nr. 253 (Transsumpt des Abtes von Cîteaux vom 14. September 1488).

104 Zu Arnolds Amtszeit gehörten der Altenberger Klosterfamilie sieben Männer- und vier Frauenzisterzen an; vgl. Hans Mosler, Die Altenberger Klosterfamilie. Begründung, Zerfall, Wiederaufbau, in: Hans Mosler, Altenberg, Neustadt a. d. Aisch 1959, S. 121–165.

105 Mosler, Urkundenbuch (wie Anm. 78), S. 234f., Nr. 257 II.

106 Ebd., S. 235, Nr. 258; Canivez (wie Anm. 11), Bd. 5, S. 699f., Nr. 71.

107 Mosler, Urkundenbuch (wie Anm. 78), S. 235, Nr. 257 II.

108 Canivez (wie Anm. 11), Bd. 5, S. 761–765, ohne Nr. (*De legatione ordinis ad Sixtum Papam IV.*; hier S. 762: *abbates vero de Claravalle pro Francia, de Veterimonte pro Alemannia, de Populeto pro Hispaniis, et de Theoloco pro partibus domini ducis Burgundiae*).

109 Nach Dubois soll es freilich Abt Jean de Cirey von Maizières gewesen sein [Dubois (wie Anm. 81), S. 293].

sowie Poblet für Spanien – und natürlich an der Seite des Abtes von Cîteaux, als Haupt des Ordens!

Hierzu sei ein kurzes Gedankenspiel erlaubt: Abt Humbert war Mönch in Morimond und zwischen 1460 und 1462 auch Abt dortselbst gewesen. Selber ein höchst gebildeter Mann und zweifellos eine der imposantesten Persönlichkeiten des Ordens seiner Zeit, mag er schon während jener Jahre in Morimond und im Zuge seiner umfassenden Studien auf den umtriebigen Arnold aufmerksam geworden sein. Möglicherweise könnte er als Amtsträger des Klosters ja sogar schon 1451 an der Intervention seines Vorgängers Johannes VII. von Morimond Anteil gehabt haben, der zu Arnolds Gunsten die Zahlung der ausstehenden Promotionsgebühren in Köln sicherstellte. Wenngleich im Kontext des Streits um die Nachfolge Johann Schlebuschs in Altenberg der Abt von Cîteaux nicht gleich für Arnold optierte, setzte er doch immerhin die für dessen Sache günstigsten Ordenskommissare ein und unterstützte in der Lehniner Frage jedenfalls nicht die Gegner des Holländers. Vielmehr betraute er diesen bereits zwei Jahre später mit einer der höchsten Positionen im Orden! – Trotz des durchaus etwas spekulativen Charakters dieser Betrachtungen, kann man sich des Eindrucks doch wohl kaum erwehren, daß Arnold in einigen entscheidenden Momenten seiner Ordenskarriere gezielt protegiert worden ist. Diese Vermutung sollte m.E. bei der Betrachtung seines Aufstiegs vom einfachen Mönch zum Vertreter der deutschen Ordensnation nicht unberücksichtigt bleiben.

Aus verschiedenen Gründen konnte die bereits 1471 zusammengestellte Delegation aber erst 1475 nach Rom reisen, wo sie nach langer Wartezeit und erheblichen Zahlungen vor den Papst treten durfte.[110] Dieser zeigte sich von ihrem Anliegen bewegt[111], auf einer der Audienzen – vermeintlich von Arnold – sogar zu Tränen gerührt[112], ließ späterhin aber jeden Einsatz für den Orden vermissen.[113] Die Delegation scheiterte Ende 1476. Da war Arnold bereits nach Deutschland zurückgereist, enttäuscht von der päpstlichen Kurie. Aber wie sich in den nächsten Jahren zeigte, verlor er dadurch nicht an Elan für die Reform des Ordens.

110 Canivez (wie Anm. 11), Bd. 5, S. 762f.

111 Zu den bei diesem Anlaß dem Orden und seinen Klöstern gewährten Ablässen und anderen Zugeständnissen vgl.: Bock, Colomban: Les Cisterciens et le Jubilé de 1475. Oraculum vivae vocis de Sixte IV, in: Cistercienser-Chronik 16/17(1951), S. 80–88.

112 Dubois schreibt diesen effektiven Auftritt allerdings Abt Humbert zu [Dubois (wie Anm. 81), S. 293].

113 Elm (wie Anm. 4), S. 28f.

Kaspar Elm hat 1992 in seinem grundlegenden Aufsatz zu Arnold von Monnikendam das bis dahin gerade in der Lehnin-Literatur allzu einseitig gezeichnete Charakterbild dieses Zisterziensers differenziert und ihm in seinen Stärken und Schwächen eine, wie ich glaube, gerechte Bewertung zuteil werden lassen: »Arnold, der an drei Universitäten studiert und die Würde eines Magister sacrae theologiae erlangt hatte, war in der Tat ein gelehrter Mann [...]. Daß er ein Intellektueller mit genialischen Zügen gewesen sei [...], entspricht jedoch nicht den Tatsachen.«[114] Dennoch müsse man »sich wundern, wie negativ diejenigen, die sich bisher mit Arnold von Monnickendam beschäftigt haben, seinen Charakter beurteilen. [...] Diese zur communis opinio gewordene Einschätzung geht auf das Urteil zurück, das die Lehniner Mönche über ihren ehemaligen Abt gefällt haben. [...] Wollte man Arnold als selbstherrlichen Lehniner Mönch und streitsüchtigen Abt [...] in Erinnerung behalten, hieße das, die Töne zu überhören, die darauf hinweisen, daß sich der [...] Holländer im Laufe seines langen Lebens geändert und seine Schroffheit gemäßigt hatte.«[115] Und weiter bemerkt Elm: »Hinzu kam, daß Arnold Zugang zu der Gedankenwelt fand, die seit dem 14. Jahrhundert das geistige Leben nicht nur der Niederlande, sondern auch des benachbarten Rheinlandes und Westfalens in starkem Maße prägte, nämlich der Devotio moderna. [...] Neben der persönlichen Einsicht in die eigenen Schwächen mag es ihr Vorbild gewesen sein, daß ihn die Humilitas als die Tugend der Mönche zu schätzen und sich selbst – wie er es 1483 in einem Schreiben an Graf Wilhelm III. von Jülich und Berg tat – als ein bescheidener abbatulus zu empfinden lehrte.«[116]

Mit der Vita Arnolds von Monnikendam tritt uns eine wenn schon nicht im eigentlichen Sinne typische, so doch exemplarische Zisterzienserkarriere entgegen: Der Aufstieg des Holländers aus armen Verhältnissen über durchaus wechselhafte Stationen als Gelehrter und Abt hin zu einer der führenden Persönlichkeiten der deutschen Ordensnation, die er auf dem Höhepunkt seiner Karriere sogar vor dem Heiligen Stuhl vertreten konnte – wenngleich seinem Anliegen bei dieser Gelegenheit der Erfolg versagt blieb –, ist in Verlauf und Charakter sicherlich ein Ausdruck der europäischen Dimension, die der Zisterzienserorden auch noch im 15. Jahrhundert hatte und die wir bei landesgeschichtlicher Betrachtung so oft aus den Augen zu verlieren drohen. Arnolds Lebensweg gibt ein gutes Beispiel für die geographisch und institutio-

114 Ebd., S. 30; ausführlichere Überlegungen hierzu auf S. 30–32.
115 Ebd., S. 34f.
116 Ebd., S. 36f.

nell weitgreifende Verflechtung des Zisterzienserordens mit der gesamteuropäischen Geschichte. Daß in dieser Vita gerade der brandenburgische Lebensabschnitt trotz überregionalen Wirkens eher provinziellen Charakter trägt, sollte uns nicht täuschen – er bleibt, und das ist entscheidend, selbstverständlicher Teil eines europäischen Zisterzienseritinerars.

Arnold von Monnikendam bemühte sich in der zweiten Hälfte seiner Laufbahn, nachdem er in Altenberg ein schnell unangefochtenes und erfolgreiches Abbatiat angetreten hatte, in dem er sich um Kloster und Filiation ebenso verdient machte wie um Wohl und Wehe des Ordens, tatsächlich ein *defensor et propugnator totius ordinis*[117] zu sein. Seinem Bemühen um die Einheit des Ordens blieb aber kein dauernder Erfolg beschieden: Die Tendenzen zu Kongregationen- und Observanzenbildung setzten sich letztlich durch. Kurz vor seinem Tod legte er den Abtsstab wohl aus Krankheitsgründen nieder.[118] Er starb am 7. März oder April des Jahres 1490.[119]

Ob man ihn nun als »querköpfigen Gelehrten« sehen will, wie Fontane ihn mit einiger Sympathie nannte[120], oder in ihm einen zwischen ignorantem Engagement und beredter Diplomatie pendelnden Ordensmanager, unnachsichtigen Reformer, engagierten Wirtschaftssanierer, mittelmäßigen Theologie-Theoretiker[121] oder aber »Verteidiger und Vorkämpfer des ganzen Ordens« zu erkennen glaubt – sein Lebensweg ist jenseits aller ideellen oder faktischen Wertung ein bemerkenswertes Beispiel für eine Zisterzienserkarriere.

117 So bezeichnet ihn die Altenberger Abts-Chronik anläßlich seines Widerstandes gegen das 1488 vom Erzbischof von Köln ausgeschriebene *subsidium charitativum*; vgl. Mosler, Urkundenbuch (wie Anm. 78), S. 161.

118 Mosler, Cistercienserabtei (wie Anm. 3), S. 161.

119 Ebd.

120 Theodor Fontane, Wanderungen durch die Mark Brandenburg, 5 Bde., hg. v. Edgar Gross unter Mitwirkung von Kurt Schreinert, München 1984; hier: Bd. 3, Havelland. Die Landschaft um Spandau, Potsdam, Brandenburg, S. 62.

121 Elm (wie Anm. 4), S. 30–32, vor allem S. 31.

»De abbatia de Cenna...«
Alte Fragen zur Geschichte des Klosters Zinna im Lichte der Statuten des Generalkapitels

Oliver H. Schmidt

Eines der offensichtlichsten Defizite der mittlerweile über 170 Jahre währenden Forschung zur magdeburgischen Zisterze Zinna ist die Darstellung ihrer Beziehung zum Orden. In der bis heute grundlegenden Arbeit Willy Hoppes über das Kloster umfaßt das entsprechende Kapitel gerade vier Seiten.[1] Spätere Arbeiten haben diese Thematik nicht aufgegriffen. Im folgenden soll versucht werden, aus der Betrachtung der in den Statuten des Generalkapitels beschriebenen Vorgänge, in denen Kloster Zinna erwähnt wird, Indizien zur Klärung zweier lange diskutierter Fragestellungen zu gewinnen. Hierbei wird eine von weiten Teilen der traditionellen Klostergeschichtsforschung abweichende, stärker komparative Perspektive angewandt. Gerade die Beschäftigung mit der Geschichte der ostelbischen Zisterzen litt in der Vergangenheit darunter, daß das Geschehen in den einzelnen Abteien überwiegend isoliert betrachtet wurde. Dieses Vorgehen ist für die Analyse einer so streng hierarchisch organisierten Struktur wie dem Zisterzienserorden natürlich nur bedingt geeignet, um Erkenntnisse zu vermitteln. Auch der bis heute häufig anzutreffende Ansatz, das wirtschaftliche oder territorialpolitische Handeln der Abteien zwar in ihrer Umwelt, aber ohne Bezug zu ihrem Orden oder den religiösen Grundlagen zu analysieren, scheint nicht geeignet, der Eigenart der zisterziensischen Lebensform Rechnung zu tragen.[2]

Textgrundlage der Untersuchung ist die Edition der zisterziensischen Generalkapitelbeschlüsse durch Joseph-M. Canivez.[3] Hierin wird Kloster Zinna

1 Willy Hoppe: Kloster Zinna. Ein Beitrag zur Geschichte des ostdeutschen Koloniallandes und des Cistercienserordens, München und Leipzig 1914. Das entsprechende Kapitel heißt knapp: »Zinna und der Orden.«, S. 108–111.

2 Die Forschung befindet sich derzeit insbesondere in dieser Hinsicht im Fluß. Vgl. als gelungenes Beispiel einer Einbeziehung dieser Voraussetzungen in die Analyse zisterziensischer Bauformen den Beitrag von Peter Pfister im vorliegenden Band. Das analytische Potential dieses Ansatzes demonstrierte jüngst umfassend Terryl N. Kinder: Die Welt der Zisterzienser, Würzburg 1997.

3 Statuta Capitulorum Generalium Ordinis Cisterciensis ab anno 1116 ad annum 1786, 8 Bde., hg. v. Joseph-M. Canivez, Louvain 1933–41 (= Bibliothèque de la Revue d'Histoire ecclésiastique, Fasc. 9–14B). Im folgenden zitiert als »Statuta«. Berücksichtigt

in zwanzig verschiedenen Jahren insgesamt sechsundzwanzigmal[4] erwähnt, eine im Durchschnitt der ostelbischen Klöster zwar geringe, aber nicht auffällige Zahl. Die behandelten Themen sind der Regestenliste im Anhang zu entnehmen. – Die (vermutlich) erste Erwähnung Kloster Zinnas fällt in das Jahr 1195, letztmalig begegnet es uns 1507. Auffällig ist das völlige Fehlen jeder Nennung zwischen 1267 und 1409. Elf Statuten liegen vor diesem Zeitraum, sechzehn in der Zeit danach. Das Jahr 1410 ist dadurch bemerkenswert, daß Kloster Zinna gleich in vier verschiedenen Beschlüssen auftaucht. Es war das erste Generalkapitel nach dem Ende des großen abendländischen Schismas, das auch den Orden geteilt hatte, und der Regelungsbedarf war offensichtlich besonders hoch. Ob der Abt von Zinna an einem der zwischen 1378 und 1409 von den Äbten Deutschlands, Böhmens, Schlesiens, Polens, Ungarns, Italiens und Englands veranstalteten Kapitel in Rom, Wien oder Heilsbronn teilgenommen hat, konnte bislang nicht ermittelt werden.[5]

Der Umfang dieses Aufsatzes verbietet es, eine Analyse und Einordnung aller Beschlüsse vorzunehmen, weswegen unsere Aufmerksamkeit auf zwei Problemfelder beschränkt bleiben muß. Zunächst soll die zuletzt von Helmut Assing gestellte Frage: Wer holte Kloster Zinna in den heutigen Barnim?[6]

wurde auch: Bruno Grießer: Unbekannte Generalkapitelstatuten. Ergänzung zu Canivez, in CChr. 64(1957), S. 1–20 u. 41–60.

4 Eine siebenundzwanzigste Erwähnung beruht auf einem Versehen Canivez', der aufgrund eines Quellenfehlers ein zum Jahr 1443 gehöriges Statut (Statuta, Bd. 4, S. 534, zu 1443 c36) fälschlich bereits 1434 druckte (Statuta, Bd. 4, S. 401, zu 1434 c26 – ist zu streichen). Vgl. seine Korrektur in Statuta, Bd. 4, S. 533, Fußnote d.
Die Erwähnung eines Abtes »Stephano de Connas« im Zusammenhang mit dem Kolleg von Rostock 1444 (Statuta, Bd. 4, S. 558, zu 1444 c52, im Register Zinna zugeschlagen) wird hier als unrichtig ausgeschieden: Es sind zu keiner Zeit Zinnaer Studenten in Rostock belegt, und für 1442,1445 sowie 1446 ist ein Zinnaer Abt mit Namen Dietrich urkundlich nachgewiesen, vgl. W. Hoppe: Kloster Zinna (wie Anm. 1), S. 85. Der geschilderte Zusammenhang läßt hier statt dessen an Kloster Kolbatz denken.

5 Vgl. zu diesem kaum untersuchten Komplex P. Bliemetzrieder: Der Zisterzienserorden im großen abendländischen Schisma, in: Studien und Mitteilungen aus dem Benedictiner- und Cistercienser-Orden 25(1904), S. 62–83; Bruno Grießer: Statuten von Generalkapiteln außerhalb Cîteaux: Wien 1393 und Heilsbronn 1398, in: CChr. 62(1955), S. 65–82; Edgar Krausen, Generalkapitel außerhalb Cîteaux während des großen Schismas, in: CChr. 63(1956), S. 7–11; H. Tüchle: Generalkapitel außerhalb Cîteaux im Großen Schisma. Neue Belege, in: CChr. 64(1957), S. 21–22.

6 Vgl. Helmut Assing: Wer holte Kloster Zinna in den heutigen Barnim?, in: Dieter Pötschke (Hg.): Geschichte und Recht der Zisterzienser, Berlin 1997 (= Studien zur Geschichte, Kunst und Kultur der Zisterzienser, Bd. 2), S. 64–77. Assing beleuchtet die territorialpolitischen Vorgänge jener Phase detailliert, sie können hier nicht wiederholt werden. Die Kenntnis dieses Aufsatzes sei für das Verständnis des Folgenden dringend empfohlen.

erneut gestellt werden. Daran anschließend soll die Aufmerksamkeit dem Problem der Filiation Zinnas gelten.

Es ist das Verdienst Rolf Barthels und Helmut Assings, die herrschende Forschungsmeinung von der Ansetzung Kloster Zinnas im Barnim durch die Askanier aufgrund neuer Quellenlesarten hinterfragt und verworfen zu haben. Während Barthel dabei jedoch zu dem Ergebnis kommt, daß das Kloster seine Barnimbesitzungen durch den Markgrafen Heinrich »den Erlauchten« von Meißen und der Lausitz erhielt,[7] votiert Assing klar für den Erzbischof Albrecht II. von Magdeburg.[8] In beider Argumentation spielt ein Generalkapitelbeschluß von 1229 eine Rolle. Er hat folgenden Wortlaut: *»De abbatia de Cuna quam mutari opportet, ut dicitur, patri abbati committitur qui diligenter inspiciat utrum inveniri possit locus idoneus ad quem possit transferri congrue dicta domus; et si non invenitur, qualiter possit de ipsa domo salubrius ordinari, et quae invenerit sequenti anno Capitulo generali renuntiet.«*[9] (Betr. der Abtei Zinna, von der gesagt wird, daß sie es nötig hat umzusiedeln, wird dem Vaterabt übertragen, daß er sorgfältig untersuchen möge, ob ein geeigneter Ort gefunden werden kann, zu dem das Haus umgesetzt werden kann. Wenn der Ort nicht gefunden wird, dann [soll der Abt sorgfältig untersuchen], wie über dieses Haus möglichst heilbringend Anordnungen getroffen werden können. Und was er herausgefunden hat, soll er im folgenden Jahr dem Generalkapitel mitteilen.)

Barthel schließt aus dieser Notiz, daß sich das Kloster offensichtlich in ökonomischen Schwierigkeiten befand, als es die Bitte um Verlegung äußerte. Da eine Verlegung nicht stattgefunden hat, sei »offenbar eine andere Lösung gefunden worden, und das scheint eben die ökonomische Stärkung durch den Besitz im Barnim gewesen zu sein. Daraus ergibt sich jedoch, daß die Dörfer des neuerworbenen Gebietes schon bestanden, denn eine Urbarmachung unbesiedelten Landes hätte dem Kloster nicht aus den Schwierigkeiten geholfen, sondern hätte es zunächst zusätzlich belastet.«[10] Dies weist Assing zurück. Zunächst sei die Datierung 1229 für den Besitzerwerb keineswegs belegt, sondern das Kloster könnte in dieser Region bereits seit einigen Jahren tätig gewesen sein und die Schwierigkeiten aus den Anstrengungen des Landesaus-

7 Erläutert in: Brandenburgisches Namenbuch, Teil 5: Die Ortsnamen des Barnim, bearb. von Gerhard Schlimpert, mit einem siedlungsgeschichtlichen Beitrag von Rolf Barthel, Weimar 1984 (= Berliner Beiträge zur Namenforschung, Bd. 6), hier S. 62–65.

8 H. Assing: Barnim (wie Anm. 6), S. 67f.

9 Statuta, Bd. 2, S. 80, zu 1229 c31, s. u. Regestenanhang Nr. 3. Ich danke Cornelia Oefelein und Angelika Lozar vom Seminar für mittellateinische Philologie der FU Berlin für die Prüfung und Korrektur meiner Übersetzung, auch zu 1230 c31.

10 R. Barthel: Siedlungsgeschichte (wie Anm. 7), S. 63.

baus dort herrühren. Zudem geht Assing davon aus, daß das Gebiet keineswegs bereits erschlossen war.[11]

Keine dieser Fragen kann hier abschließend geklärt werden. Doch scheint es wichtig, auf einige Begleitumstände der Anfrage Kloster Zinnas an den Orden näher einzugehen, bevor wir diese Thesen wichten. Gelten doch die 1220er Jahre allgemein als eine Phase der wirtschaftlichen Prosperität des Klosters.

Das 1170 oder 1171 gegründete Kloster war 1179 von aufständischen Wenden verwüstet worden. Der Fortgang der Entwicklung war offenbar zunächst ein schleppender, jedoch lag das Kloster keineswegs jahrzehntelang darnieder. Wolfgang Ribbe benutzt den Begriff von der zwischen 1221 und 1225 erfolgten »Neuausstattung«.[12] Er beruft sich dabei auf zwei Autoren: Willy Hoppe und Franz Winter.[13] Schlägt man die zitierten Stellen dort nach, so entdeckt man Erstaunliches: Hoppe prägt zwar den Begriff »Neuschöpfung«, aber er beschreibt damit die Zeit von etwa 1200 bis 1230![14] Winter hingegen sind solche Begrifflichkeiten völlig fremd. Er beschreibt vielmehr den Gang der Erwerbungen im elften und zwölften Jahrhundert. Hierbei entwikkelt sich, wohl nachdem die Konsolidierung der Erstausstattung gelungen war, das Bild eines langsamen, aber beständigen Wachstums. Zwischen 1192 und 1205 schenkte der Erzbischof Ludolf dem Kloster das Dorf Werder mit 44 Hufen. Bis 1210 kamen die 50 Hufen des Dorfes Ihlow in Zinnaer Besitz.[15] Als Papst Honorius III. 1221 die Besitzungen des Klosters bestätigte[16], war bereits eine stattliche Zahl an Dörfern und Einzelbesitzungen zusammengekommen, die vermutlich in der Mehrzahl zwischen 1210 und 1220 erworben wurden. Hierbei wurden auch bereits stattliche Summen Geldes gezahlt, so beim Erwerb des 72 Hufen zählenden Dorfes Schlenzer zusätzlich zum Abtreten eines »*Henrichdorp*« 150 Mark Silber.[17] 1225 wurde der Besitz, erneut gewachsen,

11 H. Assing: Barnim (wie Anm. 6), S. 74f., zu der Ordensquelle S. 75 Anm. 55.

12 So beispielsweise Wolfgang Ribbe: Sozialstruktur und Wirtschaftsverhältnisse in den Zinnaer Klosterdörfern auf dem Barnim, in: Zisterzienser-Studien III, Berlin 1976, S. 107–139, hier S. 109. Viele neuere Autoren haben diese Bezeichnung ungeprüft übernommen.

13 Ebd., Anm. 7. Die zitierten Stellen sind W. Hoppe: Kloster Zinna (wie Anm. 1), S. 18–22; sowie Franz Winter: Zur Geschichte des Klosters Zinna, in: Geschichts-Blätter für Stadt und Land Magdeburg 11 (1876), S. 290–306.

14 W. Hoppe: Kloster Zinna (wie Anm. 1), S. 18.

15 Datierung nach ebd., S. 21.

16 Gedruckt bei F. Winter: Zinna (wie Anm. 13), Nr. 1, S. 295–299.

17 Auf diesen Vorgang wird weiter unten in anderem Zusammenhang noch zurückzukommen sein.

auch vom Magdeburger Domkapitel verbrieft.[18] Zu diesem Zeitpunkt werden keine Besitzungen auf dem Barnim erwähnt, worin ein *terminus post quem* für den Erwerb zu sehen ist.

Auch die Bautätigkeiten ruhten nicht. Ob in der 1210er Jahren tatsächlich bereits die Ringmauer um die Klosteranlage gebaut wurde, muß unsicher bleiben.[19] Für 1226 ist mehrfach ein Weiheakt, möglicherweise der Kirche, überliefert.[20] Nichts deutet also bis zu diesem Zeitpunkt auf eine ökonomische Krise hin.

Fast fünfzig Jahre wurde an der Anlage gebaut, und doch wird 1229 protokolliert, daß eine Verlegung nötig sei. Aus dem Statut auf die Gründe zu schließen, muß Spekulation bleiben. Die Quelle selbst aber schließt mit einem Satz, der zu erneutem Hinsehen herausfordert: »Und was er herausgefunden hat, soll er im folgenden Jahr dem Generalkapitel mitteilen.«

Das folgende Statut von 1230 steht mit dem vorher zitierten in direktem Zusammenhang, ist aber in der Literatur bislang nicht rezipiert worden. Es lautet: »*De abbatia de Zena, de qua dicitur quod non possit remanere abbatia, committitur patri abbati qui conveniat dominum episcopum Mutinensem qui fundavit eam, et si voluerit eam ditare, ita quod conventus ibidem convenienter secondum formam Ordinis valeat permanere, permaneat abbatia sin alias disponat de ipsa cum consilio vicinorum abbatum prout viderit expedire.*«[21] (Betr. der Abtei von Zinna, von der gesagt wird, daß sie als Abtei nicht erhalten werden kann, wird dem Vaterabt übertragen, daß er den Herrn Bischof von Magdeburg aufsuchen möge, der diese gegründet hat, ob er diese vielleicht bereichern wolle, so daß der Konvent an der selben Stelle angemessen nach der Art des Ordens fortbestehen kann; dann soll sie Abtei bleiben. Wenn aber nicht, soll er über sie bestimmen, mit dem Rat der benachbarten Äbte, je nachdem wie er es sieht, daß es von Nutzen sei.)

Zunächst einige Worte zur Quellenkritik. Die Übersetzung von »*Mutinensem*« als »Magdeburg« wird durch den Nachsatz »*qui fundavit eam*« begründet. Zinna ist eine Stiftung des Erzbischofs Wichmann von Magdeburg. Die Schreibung der Ortsnamen innerhalb der Generalkapitelbeschlüsse bildet

18 Urkunde bei F. Winter: Zinna (wie Anm. 13), Nr. 3, S. 300–303.

19 So Karl H.S. Rödenbeck: Einige Nachrichten von dem alten ehemaligen Cisterzienser-Mönchskloster Zinna, in: Allgemeines Archiv für die Geschichtskunde des Preußischen Staates 11 (1833), S. 54–77, hier S. 67 ohne Angabe einer Quelle.

20 Die Angabe stützt sich allgemein auf die Annales Cistercienses bei Franz Winter: Die Zisterzienser des nordöstlichsten Deutschlands, Bd. 1, Gotha 1868, S. 313–364, hier S. 353, Nr. 715. Zu den Quellen vgl. ebd, S. 313–316.

21 Statuta, Bd. 2, S. 90, zu 1230 c31, s. u. Regestenanhang Nr. 4.

ein Forschungsfeld für sich. Selbst bei wiederholtem Auftauchen derselben Abtei in den Statuten eines Jahres finden sich verschiedene Schreibweisen. Insbesondere mit den deutschen Namen, die verschiedentlich an Stelle der lateinischen gebraucht wurden, hatten die wohl überwiegend französischen Schreiber ihre Probleme. Auch der Gebrauch des Begriffes »*episcopus*« anstelle des möglicherweise zu erwartenden »*archiepiscopus*« ist kein gegenteiliges Indiz. 1234 nämlich findet sich ein Statut, das den ganzen Orden auf Bitten des Papstes anweist, Memoria aus Anlaß des Todes des Erzbischofs Albrecht von Magdeburg zu feiern: »*Petitio Domini Papae [Gregor IX.] de celebranda una missa a singulis sacerdotibus Ordinis, et ab aliis monachis VII [p]salmis cum letania et conversis septies Pater noster dicendis pro bono memoriae A[lberto] quondam Magdeburgensi episcopo, exauditur.*«[22]

Hieran ist zweierlei bemerkenswert: Erstens der angesprochene Gebrauch des Begriffes »*episcopo*«, zweitens aber die Tatsache, daß es sich bei diesem Albrecht II. um den einzigen Erzbischof Magdeburgs handelt, von dem uns die Statuten solches Gedenken überliefern. Ist es möglich, daß der Orden ihm besonderes zu verdanken hatte? Albrecht war es, der einen zisterziensischen Baumeister an die Magdeburger Dombaustelle holte. War es auch Albrecht, der Kloster Zinna in den Barnim holte?

Kehren wir zu unserem Statut von 1230 zurück. Offensichtlich hatte sich der Vaterabt von der tatsächlichen Notwendigkeit zum Handeln überzeugt. Der Umstand, daß er den »Gründer« aufsuchen sollte, um das Kloster »bereichern« zu lassen, weist auf eine materielle Notlage des Konventes hin. Über das Warum erfahren wir auch hier nichts. Die sächsische Weltchronik berichtet uns jedoch für die Jahre 1225 und 1226 von Viehseuche und großer Hungersnot.[23] Diese Zeitangabe könnte begründen, warum wir bis 1226 nur Erfolgsmeldungen aus dem Kloster haben, die nächste überlieferte Quelle zu Zinna aber das Verlegungsansinnen von 1229 ist. Ist dem Konvent die ökonomische Basis etwa kurzfristig weggebrochen? Ist der Konvent vielleicht auch nur zu groß geworden für den begrenzten Besitz im Land Jüterbog? Zinna war die einzige Männerzisterze auf dem Gebiet des Erzstiftes, und die Zisterzienser waren in den 1220er Jahren noch der Modeorden für die Angehörigen des niederen Adels und des gehobenen Bürgertums, so daß ein stetiges Anwachsen des Konvents angenommen werden könnte. In beiden Fällen wäre dem Kloster vermutlich auch mit bislang unbebautem Land gedient gewesen, das der

22 Statuta, Bd. 2, S. 126, zu 1234 c69.
23 Sächsische Weltchronik, in: MGH, Deutsche Chroniken und andere Geschichtsbücher des Mittelalters, Bd. 2, hg. v. L. Weiland, Hannover 1877, S. 245.

Verbreiterung der ökonomischen Basis dienen konnte. Damit ist der Widerspruch in den Argumentationen Barthels und Assings zu lösen. Nicht problematisiert worden ist in diesem Zusammenhang übrigens die Frage, ob die damals noch an die Erdoberfläche tretenden Kalksteinvorkommen Rüdersdorfs nicht bereits der slawischen Bevölkerung bekannt waren, möglicherweise von ihr auch schon genutzt wurden? Sollte dies der Fall gewesen sein, so ist nicht auszuschließen, daß allein die Kenntnis vom Wert dieser Vorkommen dem Kloster die Ansiedlungsentscheidung leicht gemacht hat.

Folgendes könnte sich zugetragen haben: Das bis dato langsam prosperierende Kloster geriet nach 1225 in eine Krise, die seinen Bestand gefährdete. 1229 wurde das Generalkapitel um Lösung gebeten, die in einer Verlegung gesehen wurde. Der Vaterabt prüfte die Notwendigkeit und berichtete 1230 dem Generalkapitel darüber. Dabei können wir annehmen, daß er es gewesen sein wird, der den Besuch beim Erzbischof anregte.

Der Magdeburger Erzbischof war seit Anfang des dreizehnten Jahrhunderts um das Land Lebus bemüht, das zwischen der Löcknitz und Stobberow einerseits und der Oder andererseits lag. Er hatte sich die Rechte über dieses Land bereits durch König Philipp verbriefen lassen und ließ sie 1226 durch Kaiser Friedrich II. erneuern.[24] In diesem Raum trafen die Interessen Magdeburgs auf jene der schlesischen Herzöge, die 1224 den Zisterzen Leubus und Trebnitz Land an der Stobberow überlassen hatten, um die Westgrenze dieser Region zu befrieden.[25] Ferner waren der Markgraf von Meißen und die Markgrafen von Brandenburg in jenem Gebiet engagiert. Es kam verschiedentlich zu kriegerischen Verwicklungen zwischen den Beteiligten. Im Zuge dieser Aktionen war offensichtlich der Landstrich zwischen der Rüdersdorfer Seenkette im Westen und der Löcknitz-Stobberow-Linie im Osten kaum beachtet oder aber als Schutzstreifen bewußt brach gelassen worden.[26]

Sollte also der Anstoß für die Besitzübertragung vom Vaterabt Zinnas ausgegangen sein? Wenn wir unterstellen, daß dessen Mission in Magdeburg Erfolg gehabt hat, dann erscheint es wahrscheinlich, daß der Erzbischof in einer klugen Verbindung seiner territorialen Interessen mit seiner Vorliebe für die Zisterzienser Zinna in diesem Moment die Barnimländereien überlassen hat.

24 CDB, A XX, S. 178–180 (Nr. 2). Vgl. H. Assing: Barnim (wie Anm. 6), S. 67f.

25 CDB, A XX, S. 126 (Nr. 1). Den Grenzschutzaspekt darstellend Walter Kuhn: Kirchliche Siedlung als Grenzschutz 1200 bis 1250 (am Beispiel des mittleren Oderraums), zuletzt in: Ders.: Vergleichende Untersuchungen zur mittelalterlichen Ostsiedlung, Köln und Wien 1973, S. 369–418 mit Ergänzungen S. 428.

26 H. Assing: Barnim (wie Anm. 6), S. 74f.

Die gewählte Lage und Größe des Gebietes machten es bereits an sich zu einer bedeutenden Besitzinsel zwischen Havel und Oder. Es war aber durch die zentrale Lage ebensogut geeignet, je nach Notwendigkeit Interessensphären nach Westen oder nach Osten abzuschirmen. Darüber hinaus war es aus Sicht des Ordens interessant, da es direkt westlich an die Besitzungen von Leubus anschloß, östlich dessen sich zwei Dörfer im Besitz der Zisterzienserinnen von Trebnitz befanden, ebenso etwas südlich.[27] Für die Datierung der Ansiedlung bedeutet dieser Lesart entsprechend der Zeitpunkt des Generalkapitels im September 1230 einen neuen terminus post quem. Die bald darauf erfolgte Besetzung der neuen Grangie Kagel hat nicht nur den Ausbau des Barnimbesitzes ermöglicht, sondern muß auch geeignet gewesen sein, den ökonomischen Druck auf die eigentliche Klosterstelle zu mindern. Von der Verlegungsabsicht war jedenfalls nie mehr die Rede.

Als Nachsatz zu dieser These muß jedoch festgehalten werden, daß der Abt von Zinna sich seinem Magdeburger Stifter gegenüber nicht lange treu verhielt. 1239 brach nach einer gescheiterten Belagerung der Feste Lebus ein Zwist zwischen den verbündeten askanischen Markgrafen und dem Erzbischof aus. Dieser wuchs sich zu einem bis 1245 dauernden erbitterten Krieg aus, dessen Ausgang im dunkeln liegt. Dennoch finden wir den Abt Rodericus von Zinna in dieser Zeit nicht etwa in der Nähe seines eigentlichen Landesherrn, sondern in der Umgebung der Markgrafen, wo er 1241, 1242 und 1248 als Zeuge in Kloster Lehnin betreffenden Urkunden auftaucht.[28] Darüber hinaus ist er 1247 im Gefolge des Bischofs von Brandenburg nachweisbar.[29] Bemerkenswert erscheint immerhin der Umstand, daß der Abt ausschließlich in Ordenssachen zeugte. Im selben Jahr 1247 erfolgte auch die Bestätigung des Barnimbesitzes durch die Askanier[30], die bereits Herbert Ludat als Versuch deutete, »im Land Lebus erneut Fuß zu fassen und ihre Machtsphäre zu erweitern«.[31]

27 Vgl. die Karte ebd., S. 77.

28 CDB, A X, S. 199ff. (Nr. 34b, 35, 36) u. 205 (Nr. 45).

29 CDB, A XIII, S. 315f. (Nr. 9 u. 10), Zehntschenkung an die Zisterze Walkenried.

30 BLHA Potsdam, Pr.Br.Rep 10 B, Zisterzienserkloster Zinna, U 1. Gedruckt: Hermann Krabbo: Ungedruckte Urkunden der Markgrafen von Brandenburg aus askanischem Hause, in: FBPG 25(1913), S. 1–27, hier S. 3–5 (Nr. 4). Über das Schicksal des zeitweise als Bucheinband genutzten Stückes zuletzt Friedrich Beck: Pergamente als Einbände und Buchbindermaterial. Einzelschicksale brandenburgischer Urkunden, in: Brandenburgische Landesgeschichte und Archivwissenschaft. Festschrift für Lieselott Enders, hg. v. Friedrich Beck und Klaus Neitmann, Weimar 1997, S. 439–455, hier S. 442f. u. 454 (Abb. 3).

31 So Herbert Ludat: Bistum Lebus. Studien zur Gründungsfrage und zur Entstehung und Wirtschaftsgeschichte seiner schlesisch-polnischen Besitzungen, Weimar 1942, S. 300.

Aus dieser Überlieferung auf eine einseitige Parteinahme des Klosters zugunsten der Askanier zu schließen, wäre übertrieben, vielmehr bietet Abt Rodericus das Bild eines um die Sicherung und den Vorteil seiner Gemeinschaft bemühten Mannes, der an territorialpolitischen Entscheidungen nur Teil hat, wenn sie seinem Orden bzw. seinem Kloster von Nutzen sind. Offensichtlich war sich der Konvent seiner unsicheren Lage im Grenzgebiet der beiden Territorien wohl bewußt und wurde so aus Selbsterhaltungstrieb in jene Position gezwungen, die in der Forschung gerne als Vermittlerrolle dargestellt wird.[32]

Wer aber war nun jener Vaterabt, dem Kloster Zinna den Vorstoß in den Barnim und damit die Grundlagen seines späteren Reichtums verdankte? Er wird in keiner zeitgenössischen Quelle erwähnt. In der Forschung herrscht spätestens seit Winter[33] allgemeine Einigkeit, daß es sich bei Zinna um eine Tochter der Abtei Altenberg im Bergischen Land handelt. Als Quelle gelten die von Winter ausgewerteten Überlieferungen des Ordens.[34] Auch der österreichische Zisterzienser P. Leopold Janauschek kommt in seinem Katalog der Zisterzen auf ähnlicher Quellengrundlage zu gleichem Ergebnis.[35] Hoppe immerhin faßt die Überlieferungssituation wie folgt zusammen: »Altenberg als mater nennt fast die ganze Ordensliteratur, soweit sie mir bekannt wurde. [...] Urkundliche Angaben des Filiationsverhältnisses existieren nicht.«[36]

Diese Situation ist insofern verwunderlich, als zwar das Zinnaer Archiv verloren ist und wir auf Streuinformationen angewiesen sind, die eine Nennung des Vaterabtes nicht notwendig beinhalten müssen. Jedoch stellt sich die Situation in Altenberg anders dar. Hier sind bereits zu Klosterzeiten Aufzeichnungen über die Töchter angefertigt worden, insbesondere über jene in Polen gelegenen »kölnischen«[37] Klöster, zu denen stets ein enger Kontakt bestand. Gerade dieses Interesse an den über Jahrhunderten wohl ausschließlich deutschen Konventen belegt, daß Altenberg zu seinen Tochterklöstern unabhängig von

32 Als knappstes Beispiel der Darstellung jener aus dem Doppelbesitz erwachsenen politischen Probleme vgl. Gottfried Wentz: Das Zisterziensermönchskloster Zinna, in: Germania Sacra. Das Bistum Brandenburg, Zweiter Teil, bearb. v. Fritz Bünger u. Gottfried Wentz, Berlin 1941, S. 199–242, hier S. 208f.

33 F. Winter: Zisterzienser (wie Anm. 20), also seit spätestens 1868.

34 Vgl. Anm. 20.

35 P. Leopold Janauschek, Originum Cisterciensem, Bd. 1 (mehr nicht erschienen), Wien 1877, S. 163f.

36 W. Hoppe: Kloster Zinna (wie Anm. 1), S. 14 Anm. 10.

37 Lekno (1143, 1396 nach Wongorowitz verlegt), Lond (1144), beides Altenberger Töchter. In diese Reihe gehört noch Obra (1237), Tocher von Lekno. Die Konvente dieser Klöster bestanden wohl ausschließlich aus Deutschen.

der geographischen Entfernung ein enges Verhältnis unterhielt. Jedoch findet sich nicht nur in den Altenberger Urkunden kein Hinweis auf die Beziehung zu Zinna, auch in der 1517 entstandenen »Altenberger Abtschronik«, die eine bildliche Darstellung der Filiation enthält, fehlt Zinna, obwohl neben den vier direkten *filiae* Mariental, Lekno, Lond und Haina und den der Visitationspflicht des Abtes unterstellten Zisterzienserinnenkonventen Kentrop und St. Bartholomäus in Köln auch noch Platz für die inkorporierten Pfarrkirchen in Bechen und Solingen blieb.[38] Man erinnerte sich offensichtlich um diese Zeit nicht mehr an die *filia* in Ostelbien oder sah sie schlicht nicht als solche an.

Bei der straffen Organisationsform des Ordens, die stets auf eine gründliche Überlieferung Wert legte und schon früh Geschichtsschreiber wie Otto von Freising oder Cäsarius von Heisterbach hervorbrachte, verblüfft dieser Befund. Aus diesem Blickwinkel wird nun die Frage nach der Filiation Kloster Zinnas neu zu betrachten sein.

Hierbei gibt es in den Generalkapitelstatuten eine deutliche Spur. In den Jahren 1469 und 1487 finden wir in der Rubrik »Ernennungsbestätigungen« jene von zwei Zinnaer Äbten, die durch den jeweiligen Abt der Altenberger Tochter Mariental vorgenommen wurden, also eine Tätigkeit, die üblicherweise dem Vaterabt zufiele. 1469 wird der Auftrag zudem wie folgt formuliert: »*Ad idem, pro fratre Mathia Georgii, religioso professo monasterii de Czenna, ad dignitatem abbatialem eiusdem monasterii, per abbatem de Valle Sanctae Mariae, patrem abbatem immediatum eiusdem monasterii.*«[39] (Desweiteren, [Bestätigung] für Bruder Mathias Georgi, Profess des Klosters Zinna, zur Abtswürde genannten Klosters, durch den Abt von Mariental, unmittelbaren Vaterabt genannten Klosters.)

Damit ist uns eine Spur erster Güte an die Hand gegeben: Das höchste Organ des Ordens bezeichnet den Abt von Mariental 1469 als »*pater immediatus*« des Klosters Zinna. Ob diese Bezeichnung sich 1487 wiederholt, ist anhand der Edition von Canivez nicht zu klären, da dieser die formelhaften Bestandteile des Beschlusses nicht vollständig wiedergibt, im Analogieschluß von seinen Editionsprinzipien auf die konkrete Auslassung im Zusammenhang

38 Original im Düsseldorfer Hauptstaatsarchiv, Altenberg Rep. u. Hs 3 a. Hier dargestellt nach der Beschreibung und Abbildung in Kaspar Elm, Peter Joerißen, Hermann Josef Roth (Hg.): Die Zisterzienser. Ordensleben zwischen Ideal und Wirklichkeit, Ausstellungskatalog, Köln 1980, S. 524–526. Merkwürdig erscheint der Umstand, daß auf der Basis des 1640 erschienenen Werkes des Ordenshistorikers Caspar Jongelinus, der von Zinna als Altenberger Tochter berichtet, die fehlenden Namen Altenberger Äbte auf dem Stück ergänzt wurden, die fehlende filia aber nicht.

39 Statuta, Bd. 5, S. 261, zu 1469 c126, s. u. Regestenanhang Nr. 22.

mit dem vorhergehenden Statut ist es nicht auszuschließen.[40] Im vorangegangenen Statut nämlich wird die Bezeichnung gebraucht, jedoch weist sie auch gleich auf das Problem der Schlußfolgerung hin: Der Abt von Walkenried wird hier als »*pater immediatus*« des Klosters Dobrilugk bezeichnet, das jedoch als *filia* Volkenrodas belegt ist.

Damit ist festzuhalten, daß uns ein Hinweis gegeben ist, der jedoch trotz aller eigentlich vorhandenen begrifflichen Klarheit und der Autorität der Statuten als inhaltlicher Quellenfehler nicht ausgeschlossen werden kann. Zudem stammt er aus einer sehr späten Phase der Existenz beider Klöster, die möglicherweise bereits Überlieferungslücken im Orden aufweist oder seit geraumer Zeit Mythen tradiert. Er mag aber immerhin für die Anschauung des Verhältnisses der beiden Abteien zu dieser Zeit stehen und uns so das Fehlen Zinnas in der Altenberger Abtschronik von 1517 etwas plausibler machen.

Jedoch finden sich weitere auffällige Belege für die Besonderheit der Beziehung Kloster Zinnas zu Mariental, und zwar bereits aus der Frühzeit des Klosters. Es ist das Verdienst Christiane Raabes, diese bereits seit langem bekannten Fakten erstmals mit der Filiationsfrage verbunden zu haben.[41] So ist insbesondere auffällig, daß die päpstliche Besitzbestätigung Kloster Zinnas 1221 in einem Marientaler Kopiarbuch überliefert ist.[42] Die erste Beziehung zwischen beiden Klöstern ist noch früher belegt: 1191 bestätigt Erzbischof Wichmann von Magdeburg den Besitz des Kloster Mariental und überträgt der Zisterze bei dieser Gelegenheit auch das 30 Hufen umfassende Dorf »*Heinrekestorp*«[43] im Land Jüterbog.[44] Hierbei taucht in der Zeugenreihe ein »*Guntherus abbas ceonobii in Juterbok*« auf. Diese Bezeichnung deckt sich mit der 1195 im Generalkapitel verwandten[45], und in dem von Riedel gedruckten Fragment einer Zinnaischen Klosterchronik[46] taucht ein *Guntherus* als vierter

40 Statuta, Bd. 5, S. 573, zu 1487 c17, s. u. Regestenanhang Nr. 24.

41 Vgl. Christiane Raabe: Das Zisterzienserkloster Mariental bei Helmstedt von der Gründung 1138 bis 1337. Die Besitz- und Wirtschaftsgeschichte unter Einbeziehung der politischen und ordensgeschichtlichen Stellung, Berlin 1995 (= Berliner Historische Studien, 20), S. 70–72.

42 Heute im Niedersächsischen Staatsarchiv Wolfenbüttel, Sig. VII B Hs 340 S.25ff. Gedruckt bei F. Winter: Zinna (wie Anm. 13), Nr. 1, S. 295–299. Gleiches gilt für ein gleichzeitig erteiltes päpstliches Mandat für Zinna: VII B Hs 340 S.31f., F. Winter: Zinna (wie Anm. 13), Nr. 2, S. 299f.

43 Die Lokalisierung dieser Schenkung ist bisher nicht zweifelsfrei gelungen. Vgl. zu den möglichen Ortungen und dem Verbleib C. Raabe: Mariental (wie Anm. 41), S. 279ff.

44 UB Erzstift Magdeburg, I, S. 566–568 (Nr. 431).

45 Statuta, Bd. 1, S. 193f., zu 1195 c78; s. u. Regestenanhang Nr. 1.

46 CDB, D I, S. 296f. Die Liste ist jedoch keinesfalls zuverlässig.

Abt auf. Wir können also festhalten, daß bereits in der Phase des Landesausbaus Berührungspunkte zwischen den Klöstern vorlagen.

Ob das in der Besitzbestätigung Zinnas 1225 durch das Magdeburger Domkapitel[47] genannte »*Henrichdorp*«, das bereits vor diesem Zeitpunkt von Kloster Zinna neben 150 Mark in bar als Gegenleistung für das Dorf Schlenzer an den Erzbischof vertauscht wurde, jenes Marientaler »*Heinrekestorp*« gewesen ist, ist nicht sicher zu klären. Auffällig ist immerhin, daß dieser Besitz Marientals nach 1209 nicht mehr erwähnt wird, Zinna jedoch bereits 1221 Eigentümer Schlenzers ist. Eine Besitzverschiebung zwischen den Zisterzen ist nicht unmöglich.

Auch in der Folge reißt der Kontakt zwischen beiden Klöstern nicht ab: 1290 ist ein »*Giselerus quondam abbas in Cenna*« als Mönch in Mariental nachweisbar. Er wird von 1295 bis 1297 sogar wiederum Abt dieses Klosters.[48]

Abt Johannes von Mariental und Abt Johannes von Zinna führen 1335 die Zeugenreihe einer Zehntbestätigung Bischof Ludwigs von Brandenburg für das Kloster Chorin an[49]; zwei Jahre später befinden sich beide bei der Reform des Klosters Doberan.[50]

Weitere Belege für (auch räumlich bedingte) Kontakte beider Klöster finden wir in Generalkapitelstatuten der Jahre 1219, 1411 und 1422.[51]

Ein Vergleich von Architektur und Bautechnik beider Klosterkirchen ist ein Desiderat der kunsthistorischen Forschung, die Verwandtschaft der Feldsteinbauten ist aber für jedermann sichtbar, und der Innenraumeindruck der Marientaler Kirche mit ihrer erhaltenen Holzdecke kommt vermutlich dem ursprünglichen Aussehen Zinnas recht nahe. Hierbei soll jedoch ausdrücklich erwähnt werden, daß diese Vergleichbarkeit auch gut aus der Altenberger Filiation begründbar wäre.

Als Mitglied der Altenberger *familia* wird Zinna auch das durch Johnsen und King edierte Steuerbuch des Ordens belegt, dessen Daten zwischen 1250 und 1350 gesammelt wurden.[52] Die Rezeption dieser Quelle findet in der deutschen Forschung noch ungenügend statt. Es ist auffällig, daß, soweit das

47 Vgl. o. Anm. 18.

48 Vgl hierzu C. Raabe: Mariental (wie Anm. 41), S. 72, hier auch die urkundlichen Fundstellen. Auch: Reg. arch. Magd. III, S. 262 (Nr. 687).

49 CDB, A XIII, S. 246f. (Nr. 64). Vgl. C. Raabe: Mariental (wie Anm. 41), S. 82, mit falscher Schreibung Ludolf.

50 Meckl. UB 9, Nrn. 5768–5770. Vgl. W. Hoppe: Zinna (wie Anm. 1), S. 111; C. Raabe: Mariental (wie Anm. 41), S. 82.

51 Vgl. u. Regestenanhang Nrn. 2, 16 u. 18.

52 Arne Odd Johnsen und Peter King: The Tax Book of the Cistercian Order, Oslo, Bergen, Tromsø 1979.

disparate Material eine Aussage zuläßt, offenbar sämtliche Klöster der Altenberger Filiation ohne Ansehen ihrer Wirtschaftskraft identische Abgabenhöhen zu leisten hatten – die Höhe der Abgaben der einzelnen Klosterzweige wurde von den Primarabteien errechnet und ihren direkten Töchtern als Haupt einer familia die Bestimmung der Abgabenhöhe für das einzelne Kloster überlassen. In Altenberg entschied man sich offenbar für die einfache Division der Kosten durch die Zahl der Angehörigen der *familia*. Nur so ist das augenfällige Auftreten identischer Daten innerhalb dieser Filiation zu erklären.[53] In anderen Zweigen finden sich hingegen eindeutig nach der individuellen wirtschaftlichen Leistungskraft der Abteien errechnete Werte. Das angewandte Erhebungsverfahren hat den Nachteil, daß die Einzeldaten, wenn überhaupt, nur innerhalb einer familia vergleichbar sind.

Aus dem vorgehend dargestellten Material darauf zu schließen, daß es sich bei Zinna um eine *filia* des Klosters Mariental handelt, wäre wohl vermessen. Es erscheint jedoch ebenso gewagt, auf der Basis der verfügbaren zeitgenössischen Quellen die Altenberg-These uneingeschränkt aufrecht zu erhalten. Zehn Berührungen mit Mariental stehen keiner einzigen mit Altenberg gegenüber. Das Kloster Zinna ist mit Sicherheit ein Mitglied der Altenberger *familia*, ob aber Tochter oder Enkel ist hier nicht zu entscheiden. Auch darf der Gedanke des Übergangs der Paternitätsrechte und -pflichten von Altenberg auf Mariental nicht ausgeschlossen werden. Inwieweit und aus welchen Gründen ein solcher Vorgang denkbar wäre, bleibt anhand von Vergleichen in anderen Filiationszweigen zu untersuchen.

Abschließend bleibt zu hoffen, daß die gemachten Ausführungen dazu beitragen konnten, die in der jüngsten Zeit häufig festzustellende Skepsis gegenüber dem Aussagewert der Beschlüsse des Generalkapitels zu entkräften und erneut zu genauer Betrachtung dieser Quellengattung zu ermutigen. Trotz der ihr innewohnenden Formelhaftigkeit scheint es hierdurch möglich, neue Erkenntnisse über die Beziehung von Einzelklöstern untereinander bzw. zum Orden zu gewinnen.

53 Es ist hier nicht der Platz, die verschiedenen Abgabenarten und die Zahlen zu erläutern, vgl. dazu die Einführung in A.O. Johnsen und P. King: Tax Book (wie Anm. 53). Als Findmittel für die einzelnen Klöster eignet sich die Aufstellung bei Peter King: The finances of the Cistercian Order in the fourteenth century, Kalamazoo 1985 (Cistercian Studies, 85), S. 207–225. Zu ergänzen ist hier eine Zweiterwähnung Zinnas in TB, 28b, 3, die mit den Daten Altenbergs, Leknos und Londs übereinstimmt. Die nachgewiesene erste Erwähnung weicht leicht nach unten ab, findet aber ihre Entsprechung in den Daten für Haina. Ausreißer in dieser Datenreihe ist Mariental, für das isoliert etwa 20% höhere Abgaben nachgewiesen werden.

Anhang: Regesten der Generalkapitelstatuten mit Erwähnung Zinnas

Nr.	Jahr, caput	Regest
1.	1195 c78	Verurteilung des Abtes (»*Abbas de Iutreburch*«) wegen Bettelns eines Mönchs und eines Konversen: sechs Tage leichte Buße, darunter einen bei Wasser und Brot, sowie Ablieferung des Ertrags an das Generalkapitel.
2.	1219 c59	Die Äbte von Sittichenbach, Zinna und Mariental werden beauftragt, auf eine Anfrage des brandenburgischen Markgrafen einen Bauplatz für eine Abtei [Neuendorf b. Gardelegen?[54]] zu inspizieren.
3.	1229 c31	Auftrag an den Vaterabt, zu prüfen, ob eine wohl vom Zinnaer Konvent gewünschte Verlegung notwendig ist oder nicht. Wird im Folgejahr zur erneuten Beratung bestellt.
4.	1230 c31	Der Vaterabt wird beauftragt, den Erzbischof von Magdeburg aufzusuchen. Falls dieser verspricht, Zinna zu bereichern, sollte der Konvent den Standort sichern können. Der Vaterabt erhält Entscheidungsgewalt, soll aber den Rat der Äbte der benachbarten Abteien einholen.
5.	1232 c44	Die Äbte von Dobrilugk und Zinna werden beauftragt, einen Streit zwischen den Äbten von Pforta und Buch zu schlichten und dem Kapitel im folgenden Jahr zu berichten.
6.	1235 c44	Die Äbte von Sittichenbach, Kolbatz und Zinna berichten von ihrer erfolgreichen Besichtigung der geplanten Klosterstelle der Lehniner Tochter Paradies. Eine weitere Notwendigkeit zur Prüfung wird verneint.
7.	1255 c17	Die Äbte von Zinna und Dobrilugk werden mit der Inspektion des Bauplatzes für eine als Tochter Lehnins geplante Neugründung der Brandenburger Markgrafen [Mariensee/Chorin] beauftragt.
8.	1260 c39	Die Äbte von Lehnin und Pforta werden beauftragt, den Streit des Abtes von Zinna mit dem Abt von Dobrilugk mit der Gewalt des Ordensplenums zu befrieden.
9.	1263 c50	Die Äbte von Volkenroda und Zinna werden mit der Inspektion des Bauplatzes für eine von den Adligen Renaldus und Konrad »*de Strael*« intendierte Männerabtei [?[55]] beauftragt.

54 Dies wäre ein Beleg für die zuletzt von Berent Schwineköper angenommene Stiftung Kloster Neuendorfs durch die Landesherren. Vgl. Art. Kloster Neuendorf, in: Handbuch der hist. Stätten Deutschlands XI, Provinz Sachsen-Anhalt, hg. v. B. Schwineköper, Stuttgart ²1987, S. 244f. Die Patrozinien Neuendorfs (B.M.V., Benedikt, Bernhard) im Zusammenhang mit diesem Auftrag deuten auch auf eine beabsichtigte Inkorporation dieser Frauenzisterze.

55 Das Kloster ist nicht sicher zu ermitteln. Verf. schließt nicht aus, daß es sich um den Vorgang der Gründung des Klosters Blesen (Neu-Dobrilugk) nahe Semmeritz handelt, wofür neben dem Zeitpunkt die Beauftragung der Äbte des Dobrilugker Mutterklosters Volkenroda und des nächstgelegenen Zinna sprechen kann. Die Schreibweise der Namen des Brüderpaars weicht jedoch von allen gefundenen Erwähnungen deutlich ab.

10. 1265 c22 Die Äbte von Zinna und Dobrilugk haben bei ihrer persönlich vorgenommenen Inspektion des Bauplatzes der durch die Markgräfin von Meißen zu gründenden Männerabtei [Neuzelle] alles so vorgefunden, daß sie es für denkbar halten, dort zum Lobe Gottes und des Ordens zu leben. Wird zur Wiedervorlage bestellt.

11. 1266 c43 Die Äbte von Lehnin und Zinna werden beauftragt, den vom dortigen Abt geplanten Verlegungsort der Abtei Mariensee [Chorin] zu inspizieren.

12. 1410 c21 Die Äbte von Neuzelle, Altzella, Buch, Grünhain, Sittichenbach, Dobrilugk, Zinna, Leubus, Chorin, Paradies, Blesen und Priment erhalten für volle zehn Jahre die Erlaubnis, geistliche und weltliche Rechte (darunter »*poenitentibus locum et habitum, tum rehabilitationem restituendi*«) über ihre Untertanen (»*subditos*«), die bislang dem Generalkapitel zustanden, auszuüben.[56]

13. 1410 c28 Das Generalkapitel beauftragt den Abt von Neuzelle, dem Abt und Konvent des Klosters Zinna die Verzeihung des Ordens zu gewähren, die ungerechtfertigt den Konversen Nikolaus Bruger (»*Nicolao Brugen*«) am Abendmahl teilnehmen und ministrieren ließen. Die Milde des Ordens ist offenbar durch eine Selbstanzeige begründet.[57]

14. 1410 c29 Das Generalkapitel verzeiht dem Zinnaer Mönch Nikolaus (»*Nicolao*«) Victoris, der sich ohne Erlaubnis außerhalb des Klosters aufgehalten hatte, jedoch zurückgekehrt war, und nimmt ihn wieder in Ehren auf.

15. 1410 c37 Neben einer Vielzahl anderer Äbte wird auch dem Abt von Zinna seine lange Abwesenheit vom Generalkapitel als entschuldigt anerkannt.

16. 1411 c12 Den Äbten von Walkenried, Volkenroda, Pforta, Riddagshausen, Sittichenbach, Georgenthal, Michaelstein, Mariental, Scharnebeck, Altzella, Grünhain, Buch, Lehnin, Dobrilugk, Reifenstein, Marienrode, Zinna und Neuzelle wird gestattet, künftig nur einen gut informierten Vertreter aus ihrer Mitte zum Generalkapitel zu entsenden, während die anderen als entschuldigt gelten. Dem Abt von Walkenried wird als collector der Ordenskontribution in den genannten Klöstern gestattet, dem jeweils reisenden Abt die Überbringung der Gelder an das Generalkapitel zu übertragen.[58]

17. 1411 c52 Der Abt von Grünhain wird beauftragt, den Streit zwischen Lehnin und Zinna über den Zinnaer Konversen Nikolaus Bruger (»*Nicolai Brogerer*«), der in Lehnin vor kurzem die Profess erhalten hatte, mit der Gewalt des Generalkapitels und des Ordens zu beenden.[59]

56 Diese außergewöhnliche Quelle verdient es, zu einem späteren Zeitpunkt in Ihrer Tragweite genauer betrachtet zu werden, insbesondere scheint hier der Zeitpunkt (Ende des Schismas) und die Herkunft der Idee (Neuzelle) für eine Beurteilung der tatsächlichen Rechtslage von Bedeutung.

57 Vgl. dazu unten Nr. 17.

58 Die Aufzählung kann u. U. als Auflistung der Klöster einer provincia des Ordens gelten. Die Provinzbildung zu diesem Zeitpunkt ist ungenügend erforscht. Im Gegensatz zu der hier definierten Gruppe scheint bspw. die Einteilung der Ordensprovinzen 1422 (s. Nr. 18) strikt den Grenzen der Erzbistümer zu folgen.

18.	1422 c22	Der Abt von Zinna wird zum Reformator der Magdeburger Ordensprovinz bestimmt.[60]
19.	1426 c60	Das Generalkapitel entschuldigt nach einem Bericht des Morimonder Abtes den Abt von Altzella, gegen den der Zinnaer Abt eine Anklage vorgebracht hatte.
20.	1426 c62	Die Äbte von Pforta, Zinna und Dobrilugk werden mit der Gewalt des Ordens ausgestattet, um dem Kloster Altzella bei der Verteidigung seiner Rechte gegenüber dem Bischof von Meißen beizustehen.
21.	1443 c36	Das Generalkapitel stößt den einstigen Zinnaer Abt Balthasar, »aufsässig und dem Orden ungehorsam«, aus demselben aus und verbietet Ordensangehörigen den Umgang.[61]
22.	1469 c126	Der Abt von Mariental soll den Zinnaer Mönch Matthias zum Abt dortselbst einsetzen.
23.	1484 c29	Die Äbte von Zinna und Altzella werden beauftragt, sich sorgfältig über die Umstände eines Verkaufs von Dörfern zu informieren, den der kürzlich abgelöste Abt von Lehnin veranlaßt hatte, ohne jedoch bezahlt worden zu sein, und ihre Ergebnisse nebst der Höhe der Schulden in naher Zukunft dem Generalkapitel mitzuteilen.
24.	1487 c17	Der Abt von Mariental soll den Zinnaer Mönch Nikolaus zum Abt dortselbst einsetzen.
25.	1487 c44	Dem Abt von Zinna wird gestattet, einen seiner Konversen trotz des Makels seiner Geburt, die nicht ehelich legitimiert gewesen sei, jedes einem Konversen mögliche Amt ausüben zu lassen.
26.	1507 c15	Die Äbte von Lehnin, Zinna, Kolbatz, Neuzelle, Paradies, Marienwalde, Chorin, Himmelpfort und Himmelstädt bitten um Genehmigung eines Kollegiums in Frankfurt/Oder. Wird von den Äbten der thüringischen und meißnischen Klöster abgelehnt und insgesamt verworfen.[62]

59 Die Einordnung Brugers als Mönch Zinnas bei Wentz: Zinna (wie Anm. 32), S. 222 unter Berufung auf diese Quelle beruht auf einem Lesefehler und ist zu korrigieren.

60 Vgl. oben Nr. 16 u. Anm. 58.

61 Zu den Vorgängen um Abt Balthasar vgl. W. Hoppe: Kloster Zinna (wie Anm. 1), S. 97f. sowie Beilage 22, S. 223–226.

62 Der Vorgang beschäftigt das Generalkapitel noch mehrere Jahre. Vgl. Statuta, Bd. 6, S. 353f., zu 1508 c12; S. 362–364, zu 1508 c62; S. 386–388, zu 1510 c36 u.c37, hier auch das ausdrückliche Verbot des Weiterbaus. Trotzdem studieren 1512 drei Mönche des Klosters Lehnin in Frankfurt (mdl. Auskunft von Stephan Warnatsch).

Methodische Zugänge zu einer Geschichte der Ästhetik im Mittelalter am Beispiel monastischer Lebensformen

Jens Rüffer

Der Ausgangspunkt

Am Anfang einer jeden wissenschaftlichen Untersuchung steht die Klärung grundsätzlicher methodischer und methodologischer Probleme. Die Beantwortung derartiger Fragen hilft, den Untersuchungsgegenstand möglichst genau zu bestimmen, zugleich aber auch einen Weg zu seiner Erforschung aufzuzeigen. Ziel ist es, das methodische und begriffliche Instrumentarium zu dessen Beschreibung festzulegen. Dies gilt auch für eine Geschichte der Ästhetik, jedoch mit einer Besonderheit. Hier ist eine propädeutische Frage vorab zu klären: *Wie schreibt man eine Geschichte der Ästhetik vor ihrem Begriff?* Eine Frage, die übrigens ebenso aktuell für die Kunst- wie für die Musikgeschichtsschreibung ist.

Ästhetik, als eigenständige Disziplin innerhalb der Philosophie, ist eine recht junge Wissenschaft. Ihr Begründer in der Mitte des 18. Jahrhunderts, Alexander Gottlieb Baumgarten (1714–62), rückte die Sinne als Organe der Erkenntnis in deren Mittelpunkt.[1] Durch die Philosophen Immanuel Kant (1724–1804)[2] und Georg Friedrich Wilhelm Hegel (1770–1831)[3] wurden Überlegungen, die im Kern auf eine Theorie der sinnlichen Erkenntnis hinausliefen, zu einem integralen Bestandteil komplexer philosophischer Entwürfe. Ästhetischen Fragestellungen widmete Kant seine »Kritik der Urteilskraft« und Hegel eine Vorlesungsreihe. Im Zentrum dieser primär erkenntnistheoretischen Herangehensweisen standen Begriffe wie *Kunst* und *Schönheit*. Ästhetik avancierte zu einer *Philosophie der Schönen Künste.*

Paul Oskar Kristeller hat gezeigt, daß die grundlegenden Begriffe der Ästhetik wie z.B. *Kunst* oder das *Ensemble der Schönen Künste* (Malerei, Poesie, Bildhauerei, Architektur und Musik) wesentlich ein Ergebnis des 18. Jahrhunderts gewesen sind.[4]

1 Baumgarten, Alexander Gottlieb: Texte zur Grundlegung der Ästhetik, Hamburg 1983; Ders.: Theoretische Ästhetik, Hamburg 1988.

2 Kant, Immanuel: Kritik der Urteilskraft, Berlin 1968 (= Kants Werke, Akademie-Textausgabe Bd. 5), S. 165–486.

3 Hegel, Georg Friedrich Wilhelm: Ästhetik. Werke Bd. 13–14, Frankfurt/Main 1970.

4 Kristeller, Paul Oskar: Humanismus und Renaissance, 2 Bde., München 1976.

Setzt man den Begriff für einen historischen Zugriff als *conditio sine qua non* voraus, so sind die Mediävisten hinsichtlich der Ästhetik im Mittelalter diejenigen, die den wohl konsequentesten Schluß gezogen haben. Der entsprechende Artikel im »Lexikon des Mittelalters« ist für den Ästhetikhistoriker geradezu vernichtend. Dort heißt es: »Kunst war und ist nicht immer und überall ästhetische Kunst; sie war es auch nicht im Mittelalter; es gibt also keine Ästhetik im Mittelalter. Was demgegenüber die Kunst im Mittelalter war, muß aus anderen Kategorien begriffen werden als solchen der Ästhetik.«[5]

Der kurze Absatz macht das methodische, vor allem aber das begriffliche Dilemma besonders deutlich. Ganz in der Tradition Hegels wird Ästhetik kunstzentristisch aufgefaßt. Dies führt zu der etwas merkwürdigen Unterscheidung von *Kunst* und *ästhetischer Kunst*. Diese Unterscheidung, so vermute ich, ist wahrscheinlich eine Konzession an die moderne und heute nicht mehr haltbare Unterscheidung von hoher und niederer Kunst. Was jedoch den letzten Satz anbetrifft, so findet er eingeschränkt meine Zustimmung. Denn eine Geschichte der Ästhetik vor ihrem Begriff muß sich anderer oder modifizierter begrifflicher Kategorien bedienen. Diese werden aber immer ästhetische bleiben. Was sich jedoch grundlegend ändert, ist das Untersuchungsfeld. Der Kunstzentrismus ist aufzugeben. Bevor ich jedoch meinen Vorschlag dazu unterbreite, ist es angebracht, einen Blick auf bisherige Modelle einer Ästhetik im Mittelalter zu werfen.

Ansätze von Tatarkiewicz, Assunto, Perpeet, De Bruyne und Eco

Ungeachtet des im Lexikon des Mittelalters vorgetragenen methodischen Einwandes gibt es wichtige Beiträge zur Geschichte der Ästhetik, die auch oder ausschließlich dem Mittelalter gewidmet sind. Ich beschränke mich hier auf vier paradigmatische Entwürfe, die trotz ihrer jeweiligen Eigenheiten durchaus als repräsentativ für das, was ich eine klassische Ästhetik nenne, begriffen werden können. Umberto Eco bildet mit seinem Ansatz, das sei hier betont, in gewisser Weise einen Grenzfall.

Innerhalb seiner »Geschichte der Ästhetik« widmete Wladyslaw Tatarkiewicz dem Mittelalter einen eigenständigen Band.[6] Im Mittelpunkt seiner Darstellung, die einen zeitlichen Rahmen vom Alten Testament bis zu Dante umfaßt und chronologisch aufgebaut ist, stehen theoretische Reflexionen über *Schön-*

5 Probst, P.: Ästhetik, in: Lexikon des Mittelalters, Bd. 1, c. 1128f, Zitat c. 1128. Die abgekürzten Begriffe wurden ausgeschrieben.

6 Tatarkiewicz, Wladyslaw: Geschichte der Ästhetik. Bd. 2: Die Ästhetik des Mittelalters, Basel, Stuttgart 1980.

heit und *Kunst* sowie Aussagen zu ästhetischen Gegenständen und Erlebnissen in ihrem jeweiligen historischen Kontext. Geographisch konzentriert sich der Autor auf das lateinische Abendland.

Rosario Assunto machte es sich zur Aufgabe, die mittelalterlichen Vorstellungen von Kunst und Schönheit in Gegenüberstellung und Abgrenzung von modernen Inhalten der Ästhetik zu beschreiben.[7] Sein zeitlicher Rahmen reicht vom Hl. Augustinus (354–430) bis zu Dante (1265–1321). Er konzentriert sich wie Tatarkiewicz auf das lateinische Abendland. Seine Untersuchung gliedert sich in zwei Teile. Während im ersten mittelalterliche Theorien des Schönen in Auseinandersetzung mit modernen ästhetischen Begriffen methodisch-strukturell herausgearbeitet werden, wird im zweiten Teil ein historisch-chronologischer Überblick wichtiger ästhetischer Vorstellungen präsentiert.

Die »Ästhetik im Mittelalter« von Wilhelm Perpeet konzentriert sich auf ein theoretisches Problem ästhetischen Denkens.[8] Der Autor geht der Frage nach, wie es denn einem mittelalterlichen Denker möglich war, das Schöne schlüssig aus seinem Weltbild zu erklären. Wie also ist die vom Menschen, der ja unvollkommen ist, wahrnehmbare Schönheit zu denken, wenn sie in einen Schöpfer, der dem irdischen Individuum in seiner Vollkommenheit prinzipiell unvorstellbar bleibt, gründet? Perpeets theoretische Brücke bildet Gott, der sich den Menschen offenbart, der transzendiert, nicht jedoch im Sinne des Emanierens, sondern im Sinne eines »persönlichen Herablassens«. Im Mittelpunkt der Studie steht die Faszination des Lichtes für die Menschen. Diese Lichtmetaphysik wird an drei Beispielen exemplarisch abgehandelt: der trinitarischen Schönheitslehre des Hl. Augustinus, der lichtsymbolischen Schönheitslehre des Dionysius Aeropagita (um 500) und der scholastischen Schönheitslehre. Im Zentrum der letzteren stehen die Auffassungen von Thomas von Aquin (um 1225–74), Albertus Magnus (um 1193–1280) und von Bonaventura (1221–74). Ein bedeutsames Merkmal der Studie von Perpeet ist die Aufwertung des *Naturschönen* gegenüber dem *Kunstschönen*.

Umberto Eco[9], der dem Ansatz von Edgar De Bruyne's »L'Esthétique du moyen âge«[10] folgte, gliederte ästhetische Theorien nicht historisch-chronologisch, sondern strukturell. So untersucht er, beschreibend und ordnend, ohne

7 Assunto, Rosario: Die Theorie des Schönen im Mittelalter, Köln 1987.

8 Perpeet, Wilhelm: Ästhetik im Mittelalter, Freiburg, München 1977.

9 Eco, Umberto: Kunst und Schönheit im Mittelalter, München, Wien 1991.

10 De Bruyne, Edgar: Études d'esthétique médiévale, 3 Bde., Genève 1975; Ders.: L'Esthétique du moyen âge, Louvain 1947.

auf moderne Begrifflichkeit zurückzugreifen, eine Ästhetik des Lichtes sowie der Proportion, das Schöne als Transzendentalium etc.

Allen Entwürfen ist eine Ausrichtung auf ästhetisches Denken sowie Kunst und Schönheit im weitesten Sinne eigen. Die Zisterzienser werden, wenn überhaupt, nur unter dem Aspekt einer negativen Ästhetik (Tatarkiewicz)[11], ihrer Bauleistungen (Assunto)[12] oder ihrer theoretischen Überlegungen zur abstrakten, geistigen bzw. mystischen Schönheit (Eco)[13] rezipiert.

Grundsätzlich bleibt festzuhalten, daß die eben besprochenen Autoren ihre Themen so abgrenzen, daß die Alltagskultur und deren materielle Seite weitgehend ausgeschlossen bleiben, es sei denn, sie werden unter dem Stichwort der Kunst (Buchmalerei, Architektur etc.) – quasi durch die Hintertür – wieder hereingeholt.

Demgegenüber besteht mein Ziel auf dem Gebiet der Geschichte der Ästhetik darin, den Kunstzentrismus sowie die Fixierung auf ästhetische Theorien, d.h. deren Kopflastigkeit aufzuheben. Der Schwerpunkt meiner Arbeit liegt in der ästhetischen Kultur. Diese hat ihre Wurzeln in einer konkreten Alltagskultur. Kurzum, ich suche den Zugang zu einer Geschichte der Ästhetik über die ästhetische Kultur einer sozial abgrenzbaren Gruppe, Schicht oder Klasse, die nur aus ihrem spezifischen historischen Kontext verständlich wird. Das wissenschaftliche Instrumentarium leitet sich aus den Gegenständen selbst ab. Auch die traditionellen Ästhetikbegriffe sind historische und, wie Andreas Speer treffend bemerkt hat, begegnet dem Ästhetikhistoriker »im Ästhetikbegriff eine eigenständige Frage- und Problemstellung [...], die nicht identisch ist mit der historisch erst relativ spät entstandenen Ästhetik als eigener Wissenschaftsdisziplin und erst recht nicht auf eine bestimmte ästhetische Theorie einschließlich ihrer jeweiligen Begrifflichkeit reduziert werden kann.«[14]

Die der Geschichte der Ästhetik immanenten Problem- und Fragestellungen ruhen m.E. auf zwei Säulen. Die eine ergibt sich aus dem Begriff Ästhetik

11 Tatarkiewicz (wie Anm. 6), S. 176f. Tatarkiewicz vermag die Reformorden wie z.B. die Kartäuser oder die Zisterzienser aufgrund ihrer »Kunstfeindschaft« nur mit einer negativen Ästhetik zu charakterisieren, während sich die bejahenden Formen in Cluny, vor allem aber in St. Denis finden lassen.

12 Assunto (wie Anm. 8), S. 61, S. 98ff.; Assunto bezieht sich hier vor allem auf Maß, Proportion und den ihnen zugrunde liegenden Zahlenverhältnissen sowie auf die Qualität und Bedeutung des Lichtes.

13 Eco (wie Anm. 9), S. 19ff.

14 Speer, Andreas: Kunst und Schönheit. Kritische Überlegungen zur mittelalterlichen Ästhetik, in: Zimmermann, Albert (Hg.): Miscellanea Mediaevalia, 2. Halbbd., *Scientia* und *ars* im Hoch- und Spätmittelalter, Berlin, New York, S. 945–966; hier S. 962.

selbst, d.h. aus der ursprünglichen Bedeutung des griechischen Wortes *aisthesis*, die zweite aus dem Aufbrechen des Kunstbegriffes und der Konzentration auf eines seiner elementaren Charakteristika, die Gestaltung.

In seiner Grundbedeutung bezeichnet das griechische Wort *aisthesis* die Wahrnehmung und Empfindung durch die Sinne. *Aisthesis* ist in der Antike, angefangen von Parmenides (540–480 v.u.Z.) über Platon (427–347 v.u.Z.), Aristoteles (384–322 v.u.Z.) bis hin zu Plotin (204–270), immer unter erkenntnistheoretischen Aspekten thematisiert worden. Es scheint daher geboten, diese geistesgeschichtlichen Ansätze um ihre kulturgeschichtliche Dimension zu erweitern. Nur so ist eine Geschichte der Ästhetik anders zu schreiben. Gegenstand einer solchen Betrachtung werden dann auch Reflexionen über Sinne, Sinnlichkeit, Wahrnehmung, die primär weder zweck- noch erkenntnisorientiert sind, sondern aus zwischenmenschlichen Beziehungen wie Liebe und Freundschaft hervorgehen oder auch interesselosem Wohlgefallen entspringen.[15]

Unser allgemeiner Begriff von Kunst unterstellt eine besondere Form der Gestaltung (Kunstwerk) durch eine begabte Person (Künstler), die es in einzigartiger Weise vermag, transzendente Wirklichkeiten und gesellschaftliche Realitäten, bewußt oder unbewußt, darin abzubilden. Daß sich diese eher klassische Auffassung heute bereits selbst überlebt hat, ist hier nicht von Belang. Wichtig ist jedoch die allgemeine Struktur, die diesem Modell zugrunde liegt. Sie vereinigt Gestalter, Gestalten und Gestaltung bzw. Gestaltkonzeptionen.

Derjenige, der ein Objekt herstellt – und dies muß nicht notwendigerweise materiell sein – vereinigt handwerkliches Geschick, Ziel- und Zwecksetzungen, Wissen über Ver- bzw. Bearbeitung des Materials. Gestalten heißt auch kreativ sein, ganz gleich, ob diese Schöpferkraft aus individuellen oder kollektiven Entscheidungsfindungsprozessen hervorgegangen ist. Dem Gegenstand ist nicht nur die Geschichte seiner Herstellung eingeschrieben, sondern auch Bedeutungen, Funktionen bzw. die Patina seines Gebrauchs. Dies gilt auch und im Mittelalter in erster Linie für Alltagsgegenstände. Das, was heute in unseren Museen lagert, sind Gegenstände des Alltags, und aus meiner bisherigen Beschäftigung mit dem Ordensleben der Zisterzienser kann ich sagen, daß die weißen Mönche auf die Herstellung und Gestaltung dieser Gegenstände besondere Aufmerksamkeit und Sorgfalt verwandten.

15 Aelred von Rievaulx' Konzeption von *caritas*, seine Freundschaftslehre, insbesondere jedoch seine Lehre von den *affectus* sind aus ästhetischer Perspektive dankbare Untersuchungsgegenstände.

Das Modell einer monastischen Ästhetik

Lebenskreise waren im Hochmittelalter relativ gut voneinander unterscheidbar. Das Mönchtum bildete innerhalb des Klerus, je nach *Consuetudines*, eine modifizierte Alltagspraxis aus, die zeitlich, aber auch geographisch-räumlich variierte und sich natürlich veränderte.

Mit Pierre Bourdieus Theorie der symbolischen Formen[16] und des sozialen Raumes[17] läßt sich auch die mittelalterliche Gesellschaft als ein Kraftfeld auffassen, in dem sich die sozialen Akteure in einer relativen Stellung, und zwar dynamisch zueinander, befinden. Auf der abstrakten Ebene definiert sich ihre Stellung über die jeweils spezifische Verfügbarkeit von ökonomischem, sozialem und kulturellem Kapital bzw. dessen Zusammensetzung.[18] Was Reformorden für die Ästhetik interessant macht, ist nicht allein die Tatsache, daß sie sich von anderen Mönchsgemeinschaften unterschieden, sondern vor allem die Art und Weise, wie sie dies taten bzw. tun wollten. Die Unterschiede in der alltäglichen Praxis, in Sprache, Gesten, Kleidung, Nahrung bzw. in der Gestaltung von Objekten, angefangen von den kleinen Gegenständen des Alltags bis hin zur Architektur ihrer Gebäude, werden zu einem symbolischen Ausdruck ihrer eigenen Identität. Auf der personalen Ebene bilden sich, entsprechend der Zugehörigkeit zu sozialen Gruppen, jeweils spezifische Verhaltensschemata heraus. Die gruppenspezifische Disposition, die sowohl selbst Praxis strukturiert als auch von dieser strukturiert wird, bezeichnete Pierre Bourdieu als Habitus. Im Habitus bilden sich kollektive Denk-, Verhaltens- und Wahrnehmungsschemata ab. Diese müssen eingeübt und verinnerlicht werden. Als inkorporierte Struktur funktionieren sie dann meist unbewußt, so daß die Genesis ihrer Regeln später kaum noch bekannt ist.

Die monastische Ästhetik ist eine moralische Ästhetik.

Die ästhetische Kultur der Zisterzienser gründet in den Werten der monastischen Kultur benediktinischer Prägung wie in ihren Reformideen, d.h. in der ihnen eigenen Spiritualität. Beide Quellen sind ideologischer Natur und lassen sich über normative Texte erschließen. Die Regel des Hl. Benedikt sowie die verschiedenen zisterziensischen Dokumente, angefangen von der *Carta caritatis*, über die Statuten und Generalkapitelbeschlüsse bis hin zu den *Ecclesiastica*

16 Bourdieu, Pierre: Zur Soziologie der symbolischen Formen, Frankfurt/Main 1991.
17 Bourdieu, Pierre: Sozialer Raum und »Klassen«. Leçon sur la leçon, Frankfurt/Main 1985.
18 Bourdieu, Pierre: Ökonomisches Kapital, kulturelles Kapital, soziales Kapital, in: Kreckel, R. (Hg.): Soziale Ungleichheiten, Göttingen 1983 (= Sonderband 2 der sozialen Welt), S. 183–198.

officia, formulieren nicht mehr als einen Anspruch. Sie bilden jedoch den Rahmen für die ästhetische Kultur. Es ist hinlänglich bekannt, daß die Motive, Mönch zu werden, nicht immer spirituelle gewesen sind und daß oft Wasser gepredigt und Wein getrunken wurde. Dies spricht jedoch keineswegs dagegen, das Mönchtum als sozial-religöse Bewegung von deren spirituellen Zielen aus – Gott zu suchen, zu finden und mit ihm eins zu werden – ernst zu nehmen und zu begreifen. Die Lebensweise der Mönche folgte primär ethischen Maximen. An ihnen wurde der Klosteralltag ausgerichtet. Auf der Basis dieser sollten sich die Beziehungen der Mönche untereinander formen. Zwei Punkte, die diese Kultur bestimmen, sind für die Ästhetik besonders wichtig: zum einen die Idee vom Seelenheil, zum anderen die Beziehung des inneren zum äußeren Menschen.

Die Idee vom Seelenheil wurde mit einer bestimmten asketischen Lebensführung verknüpft. Wenn auch der Seele immer das Primat zugesprochen wurde, so war sie doch, zumindest für das menschliche Dasein auf Erden, ohne den Körper nicht vorstellbar. Damit mußte dem Körper und dem Umgang mit den Sinnen ein Minimum an Aufmerksamkeit gewidmet werden. Bedeutsam ist, daß die Formierung der Sinne aus heilsgeschichtlicher Sicht, d.h. ihre Bejahung oder Negierung, das ganze Leben andauerte. Wer Gott einmal gefunden hatte, besaß ihn nicht für immer, sondern mußte sich täglich neu um seine Gunst bemühen. So schrieb Wilhelm von St. Thierry (1085–1148) im »Goldenen Brief«: »Niemand ist es nämlich gewährt, lange im selben Zustand zu verweilen (Ijob 14,2). Der Diener Gottes muß entweder voranschreiten oder Rückschritte machen. Entweder strebt er nach oben, oder er wird nach unten gedrängt.«[19]

Dieses dynamische Prinzip hatte gewaltige Konsequenzen. Denn trotz des starren Rahmens einer scheinbar felsenfesten Tradition mußten die Mönche auf die zeitgenössischen Fragen auch zeitgenössische Antworten finden.

Der zweite Punkt bezieht sich auf die Vorstellung im Christentum, daß sich der Zustand der Seele im Äußeren des Menschen ausdrückt und ausdrücken sollte. Gesten, Körperhaltung, Kleidung, aber auch das gesprochene Wort wurden zum Indikator des inneren Zustandes. So forderte der Hl. Benedikt: »der Mönch sei nicht nur im Herzen demütig, sondern seine ganze

19 *Nulli enim in eodem statu diu esse conceditur. Servo Dei ut semper proficiendum, aut deficiendum est: aut sursum nititur, aut inferiora urgentur.* Epistola seu tractatus ad fratres de Monte Dei, PL 184, c. 307–354, Zitat c. 315 A/B; Wilhelm von St. Thierry: Goldener Brief, hg. von der Zisterzienserinnen-Abtei Eschenbach 1992 (= Texte der Zisterzienser-Väter 5), S. 31.

Körperhaltung werde zum ständigen Ausdruck seiner Demut für alle, die ihn sehen.«[20]

In dieser Hinsicht entsprach dem Mikrokosmos des Mönches der Makrokosmos der Gemeinschaft. Denn das, was eine Mönchsgemeinschaft ideell sein wollte, sollte sich auch in den zu Gestalten geronnenen äußeren Formen wie Kleidung, Gesten, Liturgie oder Architektur manifestieren. Dies galt insbesondere für das Reformmönchtum.

Die zentrale ästhetische Frage ergibt sich aus dem moralischen Anspruch und der Forderung, diesen auch sichtbar zu gestalten. Sie lautet: Wie stellten die Zisterzienser als Reformmönchtum ihren inneren Anspruch äußerlich dar? Im Austausch mit der Welt einerseits und in dem Sich-verändern-Müssen andererseits, d.h. im Spannungsfeld von Ideal und Wirklichkeit bzw. Tradition und Weiterentwicklung liegen die Widersprüche, aber auch die produktiven Momente dieser ästhetischen Kultur.

Der Ausblick

Ein Beitrag zur Geschichte der Ästhetik, der in der ästhetischen Kultur gründet, kann per se kein Element des Alltags ausschließen. Gleichwohl können gemäß dem Untersuchungsgegenstand Gewichtungen vorgenommen werden. Die Ästhetik liefert nur den Rahmen. Ein solcher Ansatz wird, da er auf interdisziplinärer Arbeit beruht, d.h. Forschungsergebnisse anderer Wissenschaftsdisziplinen auf einer neuen Ebene zusammenfügt, immer fragmentarisch bleiben. Wie solche interdisziplinären Verknüpfungen aussehen können, möchte ich abschließend als Problemaufriß am Beispiel von Essen und Trinken im Kloster kurz darstellen.

Die zentrale Frage in diesem Zusammenhang lautet: *Wann* wurde *was warum wo wie* gegessen? Abgesehen von normativen Quellen wie Klosterregel, *Consuetudines*, Traktaten oder Apologien sind zeitgenössische Kritiken, Visitationsberichte, Rechnungsbücher, Buchilluminationen, die Architektur der entsprechenden Gebäude sowie die Ergebnisse der Umweltarchäologie von besonderem Interesse.

Über das *Wann* geben die *Consuetudines* Auskunft. Dies ist eher ein formaler Aspekt. Interessanter wird es bei den Fragen, *was* und *warum* etwas gegessen oder getrunken wurde bzw. nicht gegessen und getrunken werden durfte. Die Ernährungsvorschriften sind Teil eines asketischen Programms.

20 *si non solum corde monachus, sed etiam ipso corpore humilitatem videntibus se semper indicit,* Regula Sancti Benedicti, VII,2.

Dabei gilt es zu berücksichtigen, daß die Adaption asketischer Vorschriften hinsichtlich Essen und Trinken einen regelrechten Umbruch bedeuten kann. So waren die mediterranen Eß- und Trinkgewohnheiten völlig andere als jene in Nord- und Mitteleuropa. Des weiteren läßt sich, abgesehen von Verstößen gegen die eigenen Grundsätze, ein durchaus interessantes Spektrum an Speisevorschriften aufzeigen. Argumentativ wird nicht selten auf ein und dieselben Traditionen zurückgegriffen, jedoch eine völlig andere Forderung aufgestellt. So stand Abaelard, indem er den Nonnen von Paraklet den Genuß von Bier und Fleisch gestattete, allein auf weiter Flur.

Die Frage nach dem Ort zielt auf die räumliche Organisation von Essen und Trinken, d.h. auf die Architektur von Refektorium und Küche. Architektur hat Zeichencharakter und transportiert Bedeutungen. Die Raumgestalt und deren Bedeutung gründen in der christlichen Mahlgemeinschaft und den hieraus resultierenden liturgischen Implikationen. Wer einmal Rievaulx oder Fountains Abbey besucht hat, wird über der Größe der Refektorien sicher erstaunt sein. Aber nicht nur die Größe spielt eine Rolle, sondern auch deren Zweigeschossigkeit (wie in Rievaulx oder auch in Byland), die Drehung des Refektoriums um 90° sowie dessen Anschluß an die Klausur.

Die Frage nach dem *Wie* ist eine doppelte. Sie bezieht sich einerseits auf die Weise, wie gegessen wurde, andererseits auf die besondere Art der Zubereitung bzw. die Präsentation der Gerichte. Die Mönche aßen in einer zeremoniellen Form. Essen wurde begleitet von Lesungen, verschiedenen Ehrbezeigungen und Gebeten. Es gab aber auch feste Tischsitten und allgemeine Grundregeln für das Verhalten bei Tisch. Die Frage der Zubereitung von Speisen bzw. Getränken betrifft Fragen des Geschmacks par excellence, und hier gingen die Meinungen bereits im Mittelalter weit auseinander. Dabei geht es nicht darum herauszufinden, wie die Speisen geschmeckt haben könnten, sondern die Rahmenbedingungen zu beschreiben, also beispielsweise folgende Fragen zu stellen: Wie stand es um den Koch, seine Ausbildung und seinen Status? Welche technischen Möglichkeiten hatte er in der damaligen Zeit? Welchen Prinzipien folgte die architektonische Gestaltung der Küche, und welche Ausstattung besaß sie? Was sagen uns alte Rezeptsammlungen? Welche Gewürze wurden zu welchem Zweck verwendet und wo kamen sie her? Letzteres ist besonders interessant, denn Gewürze waren nicht nur ein Zeichen von Wohlstand, sondern wurden auch therapeutisch eingesetzt. Hier besteht also eine Querverbindung zur Klostermedizin. Mit den Gewürzen läßt sich außerdem eine Brücke zur Gestaltung von Kräuter-, Obst- und Gemüsegarten schlagen. Schließlich sei noch die besondere Präsentation der Speisen in der Fastenzeit und ihre künstliche Einfärbung erwähnt.

Das Interessanteste an einem solchen Ansatz ist das Netz von Querverbindungen, und je dichter die Maschen geknüpft werden, desto farbiger und lebendiger wird das Bild. Derartig verzweigte Fragestellungen erlauben es, Perspektiven aufzuzeigen, die aus einzelwissenschaftlicher Sicht nur selten thematisiert werden.

Das Zisterzienserkloster Dargun bis um 1300 – eine interdisziplinäre Studie

Christine Kratzke / Heike Reimann

Das Zisterzienserkloster zu Dargun steht im Mittelpunkt eines interdisziplinären Forschungsprojektes, das sich am Geisteswissenschaftlichen Zentrum Geschichte und Kultur Ostmitteleuropas in Leipzig (GWZO) im Arbeitsgebiet »Germania Slavica« mit der Entwicklung des Stammesgebietes der slawischen Zirzipanen beschäftigt. Der folgende Beitrag bietet einen Überblick über Hintergrund und Fragestellung dieses Vorhabens und stellt die historischen und kunsthistorischen Forschungsansätze sowie einige Teilergebnisse unter Berücksichtigung aller beteiligten Fachdisziplinen exemplarisch vor.

Im Arbeitsgebiet »Germania Slavica« werden unter der Leitung des Osteuropahistorikers und Mediävisten Christian Lübke mehr als zehn Wissenschaftlerinnen und Wissenschaftler verschiedener Fachrichtungen (Archäologie, Geschichte, Kunstgeschichte und Namenkunde) vereint. Die in diesem weiten Forschungsfeld betriebenen Untersuchungen sind zur Zeit regional auf ehemalige slawische Siedlungsgebiete in Mecklenburg und Sachsen und sachlich auf den hochmittelalterlichen Landesausbau nach slawischen Rechtsgewohnheiten und zu deutschem Recht konzentriert. Hierin liegt der Kern des im Umkreis von Walter Schlesinger geprägten Begriffes »Germania Slavica«. Er bezeichnet, so jüngst Lübke: »[...] einen historischen Prozeß, der jene slawisch besiedelten Gebiete umfaßt, die als Folge der wechselseitigen Durchdringung von slawischem und deutschem Ethnikum sprachlich germanisiert wurden.«[1]

Unter den Schlagworten »Siedlung – Herrschaft – Wirtschaft in der Germania Slavica« erforscht die aus dem Archäologen Hansjürgen Brachmann, der Namenkundlerin Elżbieta Foster, der Historikerin Heike Reimann und der Kunsthistorikerin Christine Kratzke bestehende Arbeitsgruppe das binnenländische Gebiet des slawischen Stammes der Zirzipanen, die dem lange Zeit

1 Lübke, Christian: Arbeitsgebiet I: Die »Germania Slavica« als westlicher Rand Ostmitteleuropas und der mittelalterliche Landesausbau zu deutschem Recht in Ostmitteleuropa, in: Geisteswissenschaftliches Zentrum Geschichte und Kultur Ostmitteleuropas e.V. (Hg.): Geisteswissenschaftliches Zentrum Geschichte und Kultur Ostmitteleuropas e.V. Eröffnung am 3. Juni 1996, Kolloquium am 3./4. Juni 1996, Projekte 1995/96, Leipzig 1996, S. 114–120, hier S. 114.

fürstenlosen Lutizenbund angehörten. Das von den Flüssen Recknitz, Peene, Nebel und Trebel begrenzte Stammesgebiet wurde nach dem Ende der lutizischen Selbständigkeit in der 2. Hälfte des 12. Jahrhunderts ein Kerngebiet innerhalb der slawisch-deutsch geprägten Siedlungs- und Kulturtransferzone östlich der Elbe. Besonders wichtig für die Erforschung der damit verbundenen Prozesse sind nicht nur die Komponenten Handelsplatz, Herrschaftszentrum, Burg und Stadt, sondern auch die Kontinuität und der Wandel des sozialen, wirtschaftlichen und politischen Geflechtes der ethnisch verschiedenen Bevölkerungsschichten, die seit den letzten Jahrzehnten des 12. Jahrhunderts am Ausbau des Landes beteiligt waren. In diesem Zusammenhang ist auch das wechselseitige Verhältnis der weltlichen und kirchlichen Grundherren und Institutionen von Bedeutung. In diesem Rahmen ist das Kloster Dargun für das Gebiet der Zirzipanen von zentralem Interesse.

Die Idee, in einer interdisziplinären Arbeitsgruppe die Geschichte des Klosters Dargun zu untersuchen, entstand also nicht unter dem Vorzeichen der Zisterzienserforschung, sondern im Rahmen von Überlegungen zur effektiven Untersuchung slawischer und deutscher Siedlung in einem Gebiet des hochmittelalterlichen Landesausbaues. Erste Ansätze zu einer interdisziplinären Arbeitsweise – damals mit Blick auf das Havelland – hatte es ab 1978 unter der Leitung von Wolfgang H. Fritze an der Freien Universität Berlin gegeben.[2] Für die hier vorgestellte Studie wurde das im Jahre 1172 gegründete Zisterzienserkloster Dargun als Fallbeispiel ausgewählt, weil der Kern der mittelalterlichen Klosterbesitzungen einen historisch und geographisch abgrenzbaren Raum innerhalb des zirzipanischen Stammesterritoriums bildet und so eine günstige Ausgangssituation für die Untersuchungen bietet.

Hinzu kommt, daß für alle beteiligten Wissenschaften eine sehr gute Quellenlage zu verzeichnen ist: Die Archäologie kann sich auf eine hohe Funddichte stützen, wenn auch aufgrund des weitgehenden Fehlens systematischer Grabungen der überwiegende Teil des Materials aus Einzelfunden, zumeist Keramik, besteht. Das Klostergelände selbst ist archäologisch ebenfalls noch nicht ausreichend untersucht. Im Jahre 1956 wurde unter der Leitung von Hans-Wolfgang Benkendorf eine Suchgrabung in der Klosterkirche durchgeführt, die jedoch im Hinblick auf die slawische Vorbesiedlung des Klosterareals

2 Zur Geschichte der Forschungsrichtung vgl. Brachmann, Hansjürgen: Germania Slavica – Zur Geschichte der Forschung und den Aufgaben eines im Rahmen interdisziplinär ausgerichteter Ostmitteleuropa-Studien neu eingerichteten Forschungsbereiches, in: Siedlungsforschung, Bonn 1994 (= Archäologie – Geschichte – Geographie 12), S. 301–316.

kaum neue Erkenntnisse erbrachte.[3] Die Bausubstanz des inzwischen ruinösen Kloster-Schloß-Komplexes bietet aber noch heute eine interessante und aufschlußreiche Arbeitsgrundlage für kunsthistorische Forschungen.

Die schriftlichen Quellen beschränken sich zum größten Teil auf Urkunden des Klosters Dargun, die sehr zahlreich und für das 13. Jahrhundert erstaunlich vollständig überliefert sind. Das Urteil »fast vollständig überliefert« ergibt sich aus folgender Tatsache: Für das Jahr 1266 ist uns eine Bestätigungsurkunde des Pommernherzogs Barnim I. für das Kloster Dargun bekannt, in der 56 Klosterbesitzungen genannt sind.[4] Diejenigen Güter, die nicht aus ganzen Dörfern bestanden, sind mit konkreten Hufenzahlen verzeichnet. Nur für zwei von den 56 Klostergütern fehlen uns jegliche Vorurkunden, die über die Form der ursprünglichen Verleihung Auskunft geben. Selbst die Hufenangaben sind in jedem Fall exakt, wie die hierfür ebenfalls erhaltenen Vorurkunden belegen.

Die Urkunden, und dabei besonders die frühesten Urkunden des Klosters, enthalten aufgrund umfangreicher Grenzbeschreibungen zu den jeweils verliehenen Gütern eine Vielzahl von Orts- und Flurnamen, die wiederum eine hervorragende Arbeitsgrundlage für namenkundliche Untersuchungen bilden. Besonders interessant ist dabei, daß mehrere der um 1200 ausgestellten Urkunden noch im Gange befindliche Prozesse der Ortsnamengebung widerspiegeln, d.h. etliche der Bezeichnungen für Siedlungen waren noch keine ausgebildeten Ortsnamen. Dem entsprechen Beschreibungen des Siedlungsbildes in den Urkunden: Vieles deutet auf noch unvollendete Prozesse der Siedlungsentwicklung hin. Ein Beispiel hierfür ist die *villa* Malach – »das Haus, die Siedlung eines Mannes namens Malach«, die später unter den zirzipanischen Ortsnamen nicht mehr unter einer auf Malach zurückgehenden Bezeichnung zu finden ist.[5] Ein ähnliches Bild offenbaren als *solitudines* bezeichnete Siedlungskomplexe, die mehrere *villae* enthalten konnten und die dem Kloster

3 Benkendorf, Hans Wolfgang: [Grabungsbericht Klosterkirche Dargun], in: Bestand des Archives des Landesamtes für Denkmalpflege Mecklenburg-Vorpommern in Schwerin (unveröffentlichtes Manuskript), Herbst 1956.

4 Mecklenburgisches Urkundenbuch (im folgenden: MUB), Bd. II, Nr. 1071 = Pommersches Urkundenbuch (im Folgenden: PUB), Bd. II, Nr. 796.

5 Genannt in den ältesten Urkunden des Klosters Dargun: MUB I, 111, 114 und 247 (= PUB I, 61, 62 und 193). Auch wenn die Echtheit der ältesten Urkunden des Klosters Dargun nicht völlig außer Zweifel steht, so entstanden sie im Fall der Fälschung zumindest auf der Grundlage verlorener echter Urkunden noch Ende des 12. bis Anfang des 13. Jahrhunderts. Folglich können sie für die hier durchgeführten Untersuchungen herangezogen werden.

Dargun zur Aufsiedlung übergeben worden waren. Später entstand aus einer *solitudo* immer nur ein einziges deutschrechtliches Dorf. Diese *solitudines* trugen manchmal bereits den Ortsnamen, der später zum Namen des jeweiligen aus der *solitudo* hervorgegangenen Dorfes wurde.[6]

Sehr schnell zeigte sich der herausragende Einfluß des Klosters Dargun auf die besonders im 13. Jahrhundert stattfindenden Veränderungen in Zirzipanien. So konzentrierte sich die interdisziplinäre Arbeit bald auf das Kloster selbst. Das Ziel der Forschungen ist jedoch keine Klostergeschichte im traditionellen Sinne, sondern vielmehr eine Antwort auf die gemeinsam formulierte Frage nach der Rolle des Klosters im Verlauf wirtschaftlicher, politischer, ethnischer und kultureller Veränderungen in Zirzipanien während des hochmittelalterlichen Landesausbaues, der östlich der Elbe vorrangig von Deutschen bzw. vom deutschen Recht geprägt wurde.

Die gemeinsame Arbeit wird demnächst eine auf diese Schwerpunkte der Geschichte des Klosters Dargun konzentrierte Monographie hervorbringen. Diese wird im Gegensatz zu üblichen einzeldisziplinären Darstellungen auch die Jahrhunderte vor der Klostergründung und damit die Ausgangssituation für das junge Kloster in breitem Maße berücksichtigen, so daß interessante neue Erkenntnisse zur Rolle Darguns bei der Gestaltung und Umgestaltung von Siedlung und Wirtschaft in Zirzipanien erwartet werden dürfen. Darüber hinaus können der Einfluß der Dänen auf die von ihnen in den letzten Jahrzehnten des 12. Jahrhunderts eroberten Gebiete an der südlichen Ostseeküste wie auch spätere deutsche Einflüsse sowohl durch die historischen als auch durch die kunsthistorischen Forschungen analysiert werden.

Zur Geschichte des Klosters

Die Darguner Klosteranlage befindet sich heute im östlichen Teil Mecklenburgs nahe der (vor)pommerschen Grenze. Zum Zeitpunkt der Klostergründung im Jahre 1172 gehörte Zirzipanien jedoch zum pomoranischen Fürstentum, dessen Grenze im zirzipanischen Raum sich erst im 13. Jahrhundert weiter nach Osten verschob. Die Geschichte des Ortes führt bis in die altslawische Zeit zurück und spiegelt somit Nutzungskontinuität und Herrschaftssicherung in einem begrenzten Territorium wider.[7]

6 Dies betraf die *solitudines* und späteren Dörfer Gülzow und Scharpzow südlich von Malchin. Vgl. MUB I, 330 und 373 (= PUB I, 235 und 259).

7 Vgl. Kratzke, Christine: Dargun. Burg, Kloster, Schloß – Nutzungskontinuität und Herrschaftssicherung, in: Castella Maris Baltici 3, Red.: Kasimierz Pospieszny, Malbork [im Druck].

Die Zisterzienserabtei wurde am 25. Juni 1172 von dem dänischen Mutterkloster zu Esrom im Norden von Seeland gegründet, nachdem Zirzipanien im Zuge des Feldzuges des dänischen Königs Waldemar I. im Jahr 1171 erobert worden war.[8] Das Stiftungsgut der Abtei ging aus dem Besitz einiger slawischer Edler und des pomoranischen Fürsten (*princeps*) Kasimir I. hervor. Die Bewidmungsurkunde vom 30. November 1173 nennt einen slawischen Adeligen namens Miregrav, der zusammen mit seinen Brüdern Monic und Chotimar einen Teil des Landes für die Ansiedlung der Zisterze stiftete; den Rest des Landes stellte Fürst Kasimir I. bereit. Den in dieser Urkunde erwähnten Chotimar nennt auch Saxo Grammaticus in der Beschreibung von König Waldemars Eroberungszug in Zirzipanien im Jahr 1171. Chotimar residierte nach den Erkenntnissen von Unverzagt und Schuldt auf der Burg Behren-Lübchin nordwestlich von Dargun.[9] Außerdem stiftete er – so die Lehrmeinung – zusammen mit seinen Brüdern Miregrav und Monic den Ort Dargun mit der dortigen jungslawischen Burg, deren Standort bisher nicht beweiskräftig lokalisiert werden konnte, und den dazugehörenden Dörfern.[10] Miregrav wird, da er in den Urkunden stets an erster Stelle erwähnt wird, als der potentielle Herr des Darguner Burgbezirkes angesprochen. Die Gründung der neuen Zisterze muß als ein gezieltes politisches Manöver der Dänen gewertet werden, die nach der Eroberung von Arkona im Jahr 1168 bis in das erste Viertel des 13. Jahrhunderts versuchten, ihren Einflußbereich im südlichen Ostseeraum auszuweiten und zu festigen.[11]

Das Kloster wurde jedoch spätestens gegen Ende des 12. Jahrhunderts vom Zisterzienserorden zunächst wieder aufgegeben. Die Mönche aus Dargun siedelten sich daraufhin in Hilda, dem später Eldena genannten Zisterzienserkloster am Fluß Ryck, an. Von dieser »Klostertranslation« berichten sowohl die Kolbatzer Annalen als auch eine dänische Chronik, wobei die Gründe für die neue Ortswahl anhand der Schriftquellen nicht eindeutig zu bestimmen

8 MUB I, 111 (= PUB I, 61). Zum Einfluß Dänemarks vgl. Szacherska, Stella Maria: The political role of the Danish monasteries in Pomerania 1171–1223, in: Medieval Scandinavia 10(1977), S. 122–155, hier: S. 129f.

9 Unverzagt, Wilhelm und Schuldt, Ewald: Teterow. Ein slawischer Burgwall in Mecklenburg, Berlin 1963, S. 135 zur Identifikation der Burg »Otimars« mit der Burg Behren-Lübchin.

10 MUB I, 111 (= PUB I, 61). Nach den jüngsten Untersuchungen von H. Brachmann im Rahmen des Forschungsprojektes »Germania Slavica« am GWZO lag die jungslawische Burg wahrscheinlich auf dem heutigen Klosterareal. Die im Gelände nördlich des Klostersees liegende Burg mit Wallgrabenanlage stammt aus altslawischer Zeit.

11 Szacherska, S. 154f. (wie Anm. 8).

Grundbesitz des Klosters Dargun 1172–1199 (Erstausstattung)
Karte nach Schlegel, Gerhard: Das Zisterzienserkloster Dargun 1172–1552, Leipzig 1980, S. 8; mit freundlicher Genehmigung des St. Benno Verlags

sind.[12] Denkbar als Ursache für den Weggang der Darguner Mönche sind auf der einen Seite die kriegerischen Wirren zwischen den Brandenburgern, Slawen und Dänen im ausgehenden 12. Jahrhundert. Auf der anderen Seite kommen sowohl strategische Gesichtspunkte von Seiten der Dänen als auch die für sie handelspolitisch günstigeren Faktoren als Ursachen in Frage.[13] Eine Ortsverlegung aufgrund der topographischen Gegebenheiten, wie dies für verschiedene andere Zisterzen nachweisbar ist, scheidet für das Darguner Kloster aus, da die dortigen Verhältnisse günstig waren.[14]

Der binnenländische Standort Dargun hatte aber offensichtlich für den Zisterzienserorden nicht auf Dauer an Attraktivität verloren, denn es kam im Jahr 1209 – so die dänischen Annales Ryenses – zu der Wiederbesetzung des Klosters mit Mönchen aus dem Amelungsborner Tochterkloster Doberan.[15] Mit dieser Neubesetzung erfolgte zugleich ein Wechsel der Filiationslinien von Clairvaux zu Morimond.

Einer der ersten Forschungsansätze für das hier vorgestellte Projekt ist die alte Frage nach der Gründung einer Zisterze in der Einöde. Die ältesten Darguner Urkunden geben darüber Auskunft, daß Dargun in der Zeit vor der ersten Klostergründung der Mittelpunkt eines Burgbezirkes gewesen war, dem neben dem Burgort Dargun 26 weitere Siedlungen unterstanden hatten.[16] Elf dieser Siedlungen verschwanden sehr schnell nach der Klostergründung, wobei die Ursachen hierfür nicht unbedingt in der Ansiedlung der Zisterzienser zu suchen sind, sondern auch mit kriegerischen Auseinandersetzungen unter der Beteiligung von Pomoranen, Dänen oder Deutschen, oder einfach mit vom Kloster unabhängigen Umstrukturierungen des Siedlungswesens zusammenhängen können.[17] Die archäologischen Funde untermauern, daß die nähere Umge-

12 MUB IV, 2655. Vgl. Wiese, Albert: Die Cistercienser in Dargun von 1172 bis 1300. Ein Beitrag zur meklenburg-pommerschen Colonisationsgeschichte, Diss. Rostock, Güstrow 1888, S. 21–24.

13 Vgl. McGuire, Brian Patrick: The Cistercians in Denmark. Their Attitudes, Roles, and Functions in Medieval Society, Kalamazoo (Michigan) 1982 (= Cistercian Studies Series, No. 35), S. 82; Schich, Winfried: Zur Rolle des Handels in der Wirtschaft der Zisterzienserklöster im nordöstlichen Mitteleuropa während der zweiten Hälfte des 12. und der ersten Hälfte des 13. Jahrhunderts, in: Zisterzienser-Studien 4(1979), S. 133–168, S. 148; Szacherska, S. 150f. (wie Anm. 8).

14 Diesbezügliche Forschungen zu anderen Klöstern führte u.a. R. A. Donkin durch (siehe: Donkin, R. A.: The Site Changes of Medieval Monasteries, in: Geography, Vol. XVIV, Part 4 (= No. 206), November 1959, S. 251–258.

15 MUB I, 186 (= PUB I, 149).

16 MUB I, 125, vermutlich zum Jahre 1178 (= PUB I, 77).

17 Dabei handelt es sich um die Siedlungen, die in MUB I, 125 (= PUB I, 77) mit folgenden

bung des späteren Klosters in den Jahrhunderten vor der Klostergründung durchaus, und zwar zunächst ausschließlich von Slawen, besiedelt gewesen sein muß. Dennoch erreichten die Mönche eine gewisse Abgeschiedenheit des Ortes, an dem sie ihre Klausur errichteten, indem sie für die notwendigen Kontakte zur Außenwelt den schon zur Zeit der Klostergründung bestehenden und nicht unbedeutenden Ort Röcknitz (zwei Kilometer nördlich vom Kloster) auswählten. Hier, und nicht beim Kloster, verlief der in den Quellen *via regia* genannte bedeutende Fernhandelsweg, der die Räume westlich der Elbe mit den Handelszentren an der Odermündung verband und die Peene offenbar bei Demmin überquerte.[18] Röcknitz hatte außerdem einen Krug und war so ein potentieller Markt- und Verwaltungsort, der den Klosterbetrieb nicht störte.[19] Hier entstand auch sehr schnell nach der Klostergründung eine erste Pfarrkirche, die unter klösterlichem Patronat stand und in der Kleriker Missions- und Seelsorgeaufgaben wahrnehmen konnten und nach Aussage der Urkunden auch sollten.[20]

Wie sich die mittelalterliche Siedlungsstruktur in der unmittelbaren Umgebung des Klosters im 13. Jahrhundert veränderte, läßt sich anhand der Quellen nicht eindeutig sagen, da nach der Verleihung und Bestätigung der Stiftungsgüter keine Notwendigkeit mehr für urkundliche Erwähnungen dieses Besitzes bestand. Auch die Quellen der anderen Disziplinen erlauben in dieser Frage keine Aussagen. Doch aus der detaillierten Aufzählung der unter Darguner Grundherrschaft stehenden Dörfer in der Urkunde Barnims I. von Pommern aus dem Jahre 1266 wissen wir, daß innerhalb der Grenzen des ursprünglichen Stiftungsgutes keine neuen Bauerndörfer entstanden waren.[21] Der dem Kloster in den ersten Jahren seines Bestehens übertragene Raum von Finkenthal im Norden über Alt-Kalen in Westen, Kützerhof im Süden und Levin im Osten wurde also vom Kloster weitgehend in Eigenwirtschaft

Bezeichnungen benannt sind: Gneutine, Domagnewa, Necroz, Wouita, Putdargoniz, Szobedarg, Szobisi, Szizelubiz, Suacouiz, Nezul und Bischa.

18 Vgl. Herrmann, Joachim: Siedlung, Wirtschaft und gesellschaftliche Verhältnisse der slawischen Stämme zwischen Oder/Neiße und Elbe, Berlin 1968 (= Schriften der Sektion für Vor- und Frühgeschichte 23), S. 126.

19 Zur Funktion von Krügen in den slawischen Siedlungsgebieten vgl. Menzel, Josef Joachim: Die schlesischen Lokationsurkunden des 13. Jahrhunderts, Würzburg 1977 (= Quellen und Darstellungen zur schlesischen Geschichte, Bd. 19), S. 264.; und Górecki, Piotr: Economy, Society, and Lordship in Medieval Poland. 1100–1250, New York 1992, S. 45–62.

20 MUB I, 125 (= PUB I, 77).

21 MUB II, 1071 (= PUB II 796).

genutzt.[22] Glaubt man den Schriftquellen, finden sich inmitten dieses Raumes neben dem Klosterareal und Röcknitz nur einzelne bäuerliche Kleinsiedlungen, von denen sich eine – Glasow – recht schnell zu einem vollwertigen Dorf entwickelte.

Die Veränderungen des sich an das Stiftungsgut anschließenden Gebietes dagegen sind vielfältig faßbar und geben einen interessanten Einblick in das Wechselspiel geistlicher und weltlicher Gewalten bei der Umgestaltung des Siedlungsbildes. Südlich vom Stiftungsgut richtete das Kloster Dargun zwei Grangien – Wagun und Kützerhof – ein, die etwa drei bzw. vier Kilometer vom Kloster entfernt waren und über deren Wirtschaftsweise im 13. Jahrhundert nur wenig bekannt ist.[23] Auf jeden Fall spielten sie eine Rolle für die Agrarwirtschaft und sicher auch für die Bewirtschaftung und Verwaltung südlicher Teile des Stiftungsgutes sowie für Kontakte zu nahegelegenen Dörfern, die unter Darguner Grundherrschaft standen.

Die Grangie Wagun war aus den *villae* Wagun und Clobutsew entstanden, die dem Kloster nach 1200 übertragen worden waren.[24] Clobutsew wurde vor 1278 vom Kloster gelegt, um die zugehörigen Felder in Eigenwirtschaft bebauen zu können. Diese Maßnahme wurde beurkundet, weil der Landesherr, Fürst Nikolaus von Werle, wegen der ihm dadurch entgehenden Abgaben der Bauern seine Zustimmung zur Legung des Ortes erteilen mußte.[25]

Die zweite Grangie, Kützerhof, war aus den zwei *villae* Kuzize entstanden, die schon zum Stiftungsgut gehört hatten. Diese Zusammenlegungen von Siedlungen – der Begriff *villa* ist hier nicht einfach zu übersetzen – ist eines der charakteristischen Ergebnisse des Darguner Einwirkens auf die Struktur seines Grundbesitzes in den ersten Jahrzehnten nach der Klostergründung. Offenbar handelte es sich bei den vorhandenen slawischen *villae* um sehr kleine Siedlungen, vielleicht sogar in einigen Fällen um die Wohn- und Wirtschaftsgebäude nur einer Großfamilie bzw. Sippe. Deren Größe mußte für eine deutschrechtliche Wirtschaftsweise deutlich erhöht werden, was in diesem

22 Zur Ausdehnung des Stiftungsgutes vgl. die Karte auf S. 194.

23 Stellvertretend für vielfältige Untersuchungen zu zisterziensischen Grangien sei an dieser Stelle eine etwas allgemeinere Abhandlung genannt: Ribbe, Wolfgang: Die Wirtschaftstätigkeit der Zisterzienser im Mittelalter: Agrarwirtschaft, in: Elm, Kaspar (Hg.): Die Zisterzienser. Ordensleben zwischen Ideal und Wirklichkeit, Köln 1980, S. 203–215, besonders S. 206–208.

24 MUB I, 285 (= PUB I, 201). Der Vorbesitzer war der Demminer Kastellan Rochillus. (Zu dessen Bedeutung siehe unten.)

25 MUB II, 1460.

dichtbesiedelten Raum häufig durch Zusammenlegungen mehrerer slawischer Siedlungen geschah. Dies wird nicht nur deutlich durch archäologische Funde, die auf mehrere jungslawische Siedlungen in jeweils einer deutschrechtlichen Gemarkung hinweisen, sondern auch durch die ausdrückliche landesherrliche Festlegung zur Zusammenlegung von Dörfern in Darguner Urkunden.[26]

Besonders deutlich werden Prozesse der Umgestaltung des Siedlungsbildes im Bereich der östlich von Dargun gelegenen Pfarrkirche Levin. Die Leviner Pfarrkirche war nur etwa drei Kilometer vom Kloster entfernt und wurde um 1200, also noch in der Zeit der Christianisierung der dortigen Bevölkerung, von dem slawischen Edlen Rochillus gegründet. Dieser Rochillus war als Kastellan der nahen pomoranischen Fürstenburg Demmin von Bedeutung. Interessant ist er aber auch, weil er offenbar mit den Stiftern der Darguner Gründungsausstattung verwandt war. Seine Familie verfügte also über umfangreichen Grundbesitz in der Nähe des Klosters.[27] Zu diesen Besitzungen gehörte das Territorium des Pfarrsprengels Levin östlich vom Kloster, der zehn Orte umfaßte.[28] Der größte Teil dieser Orte war schon 1178 als der alten Burg Dargun unterstehend genannt worden.[29] Einige der Dörfer gehörten bereits sehr früh dem Kloster Dargun, andere konnte es unter Ausnutzung kriegerischer Auseinandersetzungen zwischen den mecklenburgischen und den pommerschen Fürsten in den 1230er Jahren erwerben.

Gemeinsam ist dem gesamten Raum eine Umstrukturierung des Siedlungswesens. Selbst Hinweise auf Rodungsvorgänge fehlen nicht – den Ortsnamen Upost kann man aufgrund seiner bereits zu 1178 überlieferten Form Tuporiste[30] vermutlich als »geschlagener Ort« erklären. Das deutet an, daß in der Nähe des Klosters schon in den Zeiten vor dessen Gründung Landesausbau, und zwar in Form der Ausweitung der slawischen Siedlung, stattgefunden hatte. Der Ortsname Cantim könnte ein aus dem nordfranzösischen Raum (Cantin im Département Douai) übertragener Name sein. Er ist nicht aus dem Slawischen oder dem Deutschen zu erklären. Das ist möglicherweise ein Hinweis, daß vielleicht schon sehr früh vereinzelt fremde Siedler in die

26 So wurde z.B. im Jahre 1216 durch Herzog Kasimir II. von Pommern bestimmt, daß die an Alt-Pannekow angrenzende Siedlung Techesowe mit Pannekow zu einem Dorf vereinigt werden sollte (MUB I, 225 = PUB I, 174).

27 Vgl. Benl, Rudolf: Die ersten Jahrzehnte der Pfarrei Levin, in: Baltische Studien, Neue Folge 70(1984), S. 22–30.

28 MUB I, 613 (= PUB I, 474).

29 Es fehlten nur Barlin, Darbein und Cantim (heute Lehnenhof).

30 MUB I, 125 (= PUB I, 77).

Darguner Gegend gekommen waren.[31] Diese Fremdsiedlung hätte dann unter der Leitung oder zumindest mit Billigung des einheimischen Adels stattfinden müssen.

Nach der Gründung Darguns beteiligte sich das Kloster seinerseits an den Umstrukturierungen des Gebietes. Diese Vorgänge sind direkt aus den Urkunden erschließbar. So war eines der zum Leviner Pfarrbezirk gehörenden Dörfer, Barlin, zu Beginn des 13. Jahrhunderts wüst. Das Kloster kaufte es dem Erben des erwähnten Rochillus ab und besiedelte es neu.[32] Dabei erfolgte offenbar gleich eine deutschrechtliche Umsetzung, d.h. Verhufung, des Ortes.[33] Eine andere Siedlung, Gneutine, verschwand dagegen sehr schnell aus den Urkunden und aus dem Siedlungsbild – sie ist heute nicht mehr lokalisierbar. Für eine weitere Siedlung aus dem Leviner Pfarrsprengel – Warrenzin – ist die älteste Erwähnung von Hufen im zirzipanischen Besitz Darguns überliefert, und zwar zum Jahre 1248.[34] Auch dies ist wohl wieder ein Hinweis auf das Wirken des Darguner Klosters.

Diese Strukturveränderungen, verbunden mit Siedlungsausweitungen, waren eine typische Form des Darguner Einflusses auf die dem Kloster geschenkten Güter bis zur Mitte des 13. Jahrhunderts. Zu dieser Zeit gibt es die ersten Erwähnungen von Hufen für die Darguner Besitzungen; es hatten also deutschrechtliche Umsetzungen bzw. Erweiterungen von Dörfern stattgefunden.

Die Ortsnamen der zirzipanischen Besitzungen Darguns waren und blieben bis dahin – sieht man von Cantim ab – durchweg slawisch, obwohl bereits die ältesten Urkunde des pomoranischen Fürsten Kasimir I. der Abtei gestattet hatte, auf den Klostergütern Leute beliebiger Herkunft und beliebiger Handfertigkeit anzusiedeln. Als mögliche Siedler wurden Deutsche, Dänen und Slawen genannt, und zwar in genau dieser Reihenfolge[35], was gewisse Rückschlüsse auf die von den Zeitgenossen erwarteten Anteile der Siedler in ethnischer Hinsicht zuläßt: In erster Linie wurden offensichtlich deutsche Siedler erwartet. Auf der Grundlage des heutigen Forschungsstandes sind uns jedoch nur äußerst begrenzte Aussagen über das Ethnikum der bäuerlichen Bevölkerung, die an den Siedlungsvorgängen tatsächlich Anteil hatte, möglich.

31 Auf diese Möglichkeit der Deutung des Ortsnamens Cantim verwies freundlichst Frau Dr. Foster.
32 MUB I, 335 (= PUB I, 237).
33 Hufen werden zum Jahre 1251 erwähnt (MUB II, 677 = PUB I, 539).
34 MUB I, 604 (= PUB I, 467).
35 MUB I, 114 (= PUB I, 62).

Sicher ist, daß um die Mitte des 13. Jahrhunderts erste deutschrechtliche Veränderungen auf dem Klosterterritorium erfolgt waren. Landesausbau in der Form umfassender Rodung läßt sich für das Kloster Dargun nicht im Umfeld des Stiftungsgutes, sondern nur südlich des Kummerower Sees im Raum um Stavenhagen nachweisen, in einem Gebiet also, in dem auch weltliche Kräfte umfangreiche Rodungen vornehmen ließen, wie z.B. die auf die eingewanderten Ritter Stove und Voß zurückgehenden Ortsnamen Stavenhagen und Voßhagen zeigen.[36]

In der Frühzeit des Klosters konzentrierten sich die Aktivitäten der Mönche jedoch auf die Nutzung und Ausweitung des vorhandenen Potentials der Siedlungen und deren slawischer Bevölkerung nahe beim Kloster sowie auf den Aufbau und die Ausgestaltung des Klosterareals, das vor allem kunsthistorisch zu untersuchen ist.

Zur Baugeschichte des Klosters

Es handelt sich bei der Kloster-Schloß-Anlage zu Dargun um einen Gebäudekomplex, der heute in ruinösem Zustand Bauteile vom 13. bis zum 20. Jahrhundert birgt. Die noch erhaltenen klösterlichen Gebäude, die Klosterkirche mit den Resten der Klausur sowie drei Nebengebäude, stammen aus dem 13., 14. und 15. Jahrhundert.

Von der gesamten zisterziensischen Klosteranlage stehen heute neben der Klosterkirche noch verschiedene Gebäude aufrecht: ein mittelalterlicher Speicher, das Gästehaus und die Reste des Torhauses mit anschließender Kapelle. An das Kerngelände mit den klösterlichen Gebäuden schließt der Klosterdamm mit dem Klostersee an, der wahrscheinlich in der ersten Hälfte des 13. Jahrhunderts von den Darguner Mönchen aus dem Röcknitz-Bach aufgestaut wurde.

Die Auswahl des Klosterstandortes im ehemaligen Darguner Burgbezirk wurde von den Zisterziensern unter der Beachtung der topographischen Gegebenheiten vorgenommen. So ermöglichte die Situierung des klösterlichen Kernbereiches (Klausur) auf einer Erhebung im Gelände die Einrichtung eines für die tägliche Versorgung mit Trink- und Brauchwasser sowie für die Entsorgung von Abwasser notwendigen hydrologischen Systems, zu dem der Klostersee gehörte. Zugleich konnte trotz der Ansiedlung in einem seit der altslawischen Zeit kontinuierlich besiedelten Gebiet durch die etwas abseits des

36 Zu diesen Rittern und zur *terra* Stavenhagen vgl. Kuhn, Walter: Die deutschen Stadtgründungen des 13. Jahrhunderts im westlichen Pommern, in: Zeitschrift für Ostforschung 23(1974), S. 1–58, hier S. 39–41.

Marktortes Röcknitz gelegene Klausur eine kleine räumliche Distanz zum weltlichen Leben erreicht werden, wie oben bereits ausgeführt wurde.

Die weitere Historie und Baugeschichte des Klosters Dargun läßt sich anhand der mittelalterlichen Urkunden und eines Konvoluts von neuzeitlichen Schriftquellen sowie anhand der erhaltenen Bausubstanz erhellen. Hinsichtlich der Genese des Gebäudekomplexes muß noch darauf hingewiesen werden, daß die Klosteranlage nach der Säkularisierung im Jahr 1552 ab dem Ende des 16. Jahrhunderts zu einer Nebenresidenz und zum Jagdschloß der Herzöge zu Mecklenburg-Güstrow umgebaut wurde.[37] In dieser Funktion verblieb die neu entstandene Anlage dann bis zum ausgehenden 17. Jahrhundert, und sie diente noch bis in die zweite Hälfte des 18. Jahrhunderts als Witwensitz. Anschließend fiel der Besitz dem Domanialamt Dargun unter den Herzögen von Mecklenburg-Schwerin zu und diente bis zu seiner Zerstörung durch ein Feuer im Jahr 1945 verschiedenen Zwecken. Seit 1991 wird die Anlage mit Mitteln des Landes Mecklenburg-Vorpommern und des Bundes gesichert und zum Teil wieder aufgebaut.

Wie die voranstehenden Ausführungen schon gezeigt haben, ist die Quellenlage günstig. Trotz dieser Tatsache und der höchst interessanten Bausubstanz ist der kunsthistorische Forschungsstand zur Kloster-Schloß-Anlage jedoch veraltet, und bislang konnte nicht auf eine Baumonographie zurückgegriffen werden. Grundlegende Beiträge zum Thema stammen hauptsächlich aus der zweiten Hälfte des 19. Jahrhunderts.

Bei dem kunsthistorischen Ansatz, der im Rahmen des Dissertationsvorhabens am Kunsthistorischen Institut der Christian-Albrechts-Universität zu Kiel (CAU) von C. Kratzke gewählt wurde, wird zunächst der Baukörper der Klosteranlage mit der Methode der Bauforschung mit den zur Verfügung stehenden Mitteln erfaßt und analysiert. Darauf aufbauend ermöglicht die kunsthistorische Gegenstandsinterpretation weitere Erkenntnisse hinsichtlich der Struktur, der Form und des Stils der Architektur sowie der Funktion der einzelnen Bauteile. Der Vergleich dieser Kriterien mit Bauten aus Mecklenburg, Pommern, Brandenburg, Schleswig-Holstein und Dänemark sowie nicht zuletzt aus dem Mutterland der Zisterzienser, aus Frankreich, erlaubt es, weitere Aussagen zum Transfer von architektonischen Grundstrukturen und Formen zu formulieren. Schließlich kann die Heranziehung der überlieferten

37 Für einen kurzen Überblick zur Entwicklung der Anlage siehe: Kratzke, Christine: Kloster und Schloß zu Dargun in Mecklenburg-Vorpommern. Baugeschichte der Kloster-Schloßanlage unter besonderer Berücksichtigung der mittelalterlichen Bauteile, Dargun 1995, hier S. 4 f. sowie S. 20–26.

mittelalterlichen Urkunden des Klosters und der bekannten Statuten des Zisterzienserordens das Bild der Baugenese der Darguner Klosteranlage vervollständigen.

Im Rahmen des Dargun-Projektes am GWZO ist die Klosterkirche von zentralem Interesse, wobei besonders Bau I aus der Zeit nach der Klostergründung 1172 sowie Bau II A/B aus der ersten bzw. zweiten Hälfte des 13. Jahrhunderts von Bedeutung sind. Die Weihe der in der Bestätigungsurkunde aus dem Jahr 1173 erwähnten »*prima capellula in tota Circipen*«, Bau I, ist der erste Hinweis auf ein Gebäude des Klosters.[38] Die Positionierung dieses ersten Baues auf dem Darguner Klosterareal – sowie sein Erscheinungsbild – läßt sich heute, trotz der 1956 erfolgten Suchgrabung von Hans Wolfgang Benkendorf sowie der im März 1995 durch ein Team des Instituts für Geophysik der CAU durchgeführten geophysikalischen Prospektionsuntersuchungen im Querhaus und im Chor der rezenten Klosterkirche, nicht mehr eindeutig nachweisen.[39] Es handelte sich wahrscheinlich um eine kleine steinerne Kapelle, die gemäß den Statuten der Zisterzienser bereits vor dem Einzug des Konventes vorhanden gewesen sein muß.[40] Trotz des Fehlens eindeutiger Befunde kann vorausgesetzt werden, daß nicht nur dieses kleine Oratorium, sondern auch noch weitere Gebäude vorhanden waren, wie es die zisterziensischen Statuten ebenfalls vorschreiben, und die für ein geregeltes Klosterleben notwendig waren.[41]

Bis in das zweite Jahrzehnt des 13. Jahrhunderts ist kein weiterer schriftlicher Hinweis auf klösterliche Gebäude in Dargun erhalten. Im Jahr 1216 wird das bereits wiederbesetzte Kloster als ein Ort bezeichnet, der lange Zeit verlassen war, und der Ort, wo einst Gottesdienst gehalten wurde, soll derzeit ein Ort für wilde Tiere und eine Höhle von Räubern gewesen sein.[42] Obwohl diese metaphorischen Begriffspaare offensichtlich gezielt zur Erhöhung der zisterziensischen Missionsleistungen gewählt wurden, kann davon ausgegan-

38 MUB I, 111 (= PUB I, 61).

39 Vgl.: Kratzke, Christine: Dargun – ein kolonisationszeitliches Kloster aus kunsthistorischer Sicht, in: Lübke, Christian (Hg.): Struktur und Wandel im Früh- und Hochmittelalter, Stuttgart 1998, S. 289–299 (= Forschungen zur Geschichte und Kultur Ostmitteleuropas, Bd. 5). Benkendorf hält entgegen der hier vertretenen Meinung den ersten Bau für eine kleine hölzerne Kirche mit den Ausmaßen einer kleinen Dorfkirche, so die ungenaue Angabe; vgl. Benkendorf (wie Anm. 3), S. 14.

40 Schreiber, Rupert und Köhler, Mathias: Die »Baugesetze« der Zisterzienser. Studien zur Bau- und Kunstgeschichte des Ordens, Meßkirch 1987, S. 9.

41 Ebd.

42 MUB I, 226 (= PUB I, 175).

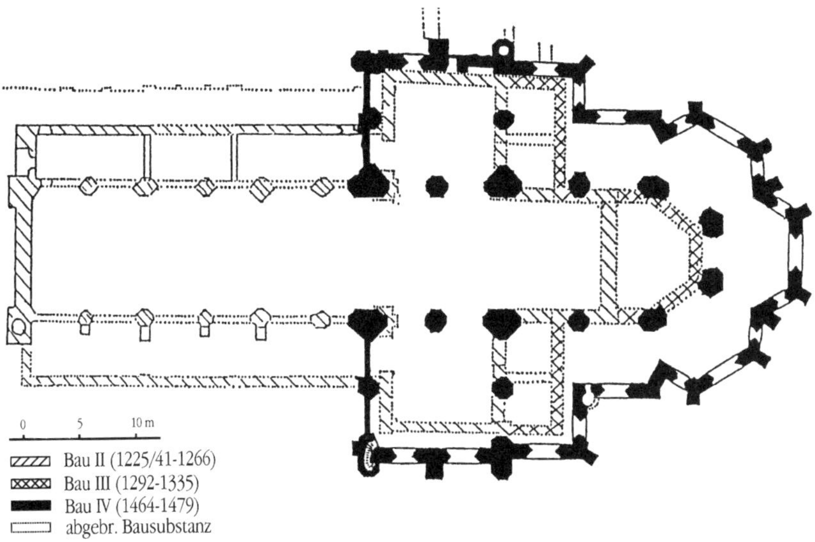

Dargun, Klosterkirche, Umzeichnung von Gerhard Schlegel, S. 29, nach A.F. Lorenz; mit freundlicher Genehmigung des St. Benno Verlags

gen werden, daß die klösterlichen Bauten, die in der zweiten Hälfte des 12. Jahrhunderts errichtet wurden, in der ersten Hälfte des 13. Jahrhunderts – zumindest zum Teil – noch vorhanden waren.

Nach der Wiederbesetzung des Klosters wurde ab spätestens der Mitte der 1220er Jahre damit begonnen, neue Klostergebäude zu errichten. Das Mittelschiff der heutigen Kirche, Bau II A genannt, stammt noch aus dieser Zeit.[43] Es handelt sich um eine Pfeilerbasilika des Gebundenen Systems mit drei Jochen im Langhaus und leicht spitzbogigen Arkaden. Der Ostabschluß war wahrscheinlich wie viele der frühen Zisterzienserklosterkirchen im südlichen Ostseeraum flach gestaltet und mit Kapellenanbauten an den Querhausarmen versehen.

Das Langhaus wurde wahrscheinlich gegen Ende des 13. Jahrhunderts bis in etwa in die Mitte des 14. Jahrhunderts erweitert, indem zumindest das südliche Seitenschiff umgebaut wurde. Anschlagspuren von Satteldächern, die noch heute als Mauerbefund erkennbar sind, legen die Errichtung von neuen Kapellen nahe. Schriftliche Nennungen von Altarstiftungen und Memorienstiftungen aus dieser Zeit untermauern diese Rekonstruktion von Bau II B.

43 Zur genauen Begründung der Datierung des Langhauses der Darguner Klosterkirche wird auf die Dissertationsschrift von C. Kratzke verwiesen, die voraussichtlich im Laufe des Jahres 1998 zugänglich sein wird.

Die letzte signifikante Bauphase der Klosterkirche wurde in den Jahren 1464–79 mit dem Bauabschluß des spätgotischen Chores und des Querhauses beendet, wie eine noch im 19. Jahrhundert erhaltene, heute aber leider nur photographisch überlieferte Inschriftentafel bezeugt.[44] Da dieser Bau III genannte Teil der Klosterkirche aus dem für unsere Untersuchungen gesteckten Rahmen fällt, soll hier nicht näher auf ihn eingegangen werden.

Die Architektur des Darguner Langhauses vereint spätromanische und frühgotische Formen, wobei hier besonders die mit Ecksporen und Riffelungen versehenen Backsteinbasen, die Halbsäulenvorlagen und die Trapezkapitelle kennzeichnend sind. Gerade diese Merkmale sind es, die uns Hinweise auf einen Formentransfer aus Dänemark geben, der nicht nur am Beispiel des Darguner Klosters, sondern auch an anderen Bauten in Dänemark und weiteren Klöstern der Filiationslinie Clairvaux–Esrom nachgewiesen werden kann. Hinweise auf die künstlerischen Verbindungen von Dänemark nach Norddeutschland wurden erstmals von Jacob Kornerup im letzten Viertel des 19. Jahrhunderts thematisiert, anschließend jedoch nur selten rezipiert und ausgewertet.[45]

Dargun, Langhaus der Klosterkirche, Pfeilerbasis mit Ecksporn und Riffelungen
Foto: C. Kratzke

Die unterschiedliche Kombination der folgenden architektonischen Elemente: Eckspornung der Pfeilerbasen, Halbsäulenvorlagen mit Trapezkapitellen, wulstige Schaftringe an diesen Vorlagen, Riffelungen der Backsteinoberfläche, Rundbogenfriese bzw. durchsteckte Rundbogenfriese, *Opus spicatum* im Backsteinverband sowie Bodenfliesen und Friese mit ornamentalen und figuralen Mustern, ist das wichtigste Kriterium, um den postulierten Transfer von architektonischen Formen im südlichen Ostseeraum zu verfolgen und die verschiedenen Linien einer regionalen oder überregionalen Weitergabe von Formen festzulegen.

44 Tafeltext siehe: Schlie, Friedrich: Die Amtsgerichtsbezirke Rostock, Ribnitz, Sülze-Marlow, Tessin, Laage, Gnoien, Dargun, Neukalen, Schwerin ^{2}1898 (= Die Kunst- und Geschichts-Denkmäler des Grossherzogthums Mecklenburg-Schwerin, Bd. 1), S. 554, S. 570–572.

45 Kornerup, Jacob: Die Verbindungen des Klosters Esrum mit den wendischen Ländern und deren architektonischen Spuren, in: Baltische Studien 3 (1883), S. 65–103.

Anhand der folgenden Beispiele ist die rein formale Übereinstimmung von verschiedenen Architekturteilen in oder an den diversen Kirchen im Betrachtungsgebiet zu erkennen. So sind zum Beispiel im Langhaus des Domes zu Roskilde auf Seeland und im Kloster Oliva in der Nähe von Danzig Basen mit Eckspornen zu finden, die den Darguner Basen in ihrer Ausgestaltung und Formgebung nahestehen. Auch die für Dargun signifikanten Riffelungen lassen sich hier nachweisen. Trapezkapitelle wurden ebenfalls in Polen und Dänemark als architektonische Elemente verwendet. Sie sind beispielsweise in den Lang- und Querhäusern der Zisterzienserklöster zu Sorø und Kolbatz zu finden. Ein direkter Einfluß der Architektur des Darguner Klosters auf die umliegenden Pfarrkirchen und besonders die Patronatskirchen des Klosters konnte bislang nicht nachgewiesen werden. Auch an anderen nicht zisterziensischen Bauten im südlichen Ostseegebiet konnte die in Dargun vorhandene Kombination von Formen, die ihren Ursprung in Dänemark haben, nicht nachgewiesen werden.

Insgesamt ist der Schluß zu ziehen, daß hinsichtlich der erwähnten Formenkombination der Einfluß der Architektur in Dänemark auf die Gestaltung der Zisterzienserklöster der Linie Clairvaux–Esrom an der südlichen Ostseeküste als ordensimmanenter Formentransfer angesehen werden muß. Der Einfluß dieser in Dänemark besonders kultivierten Formensprache der Architektur wurde offensichtlich trotz des sich nach der Niederlage der Dänen bei Bornhöved im Jahr 1227 abschwächenden politischen Einflusses im südlichen Ostseeraum innerhalb des Ordens weitergegeben.

Ein interdisziplinäres Forschungsprojekt zum Kloster Eldena

Nicole Kiesewetter / Tobias Kunz / Felix Schönrock

Ein Forschungsbericht (Nicole Kiesewetter)

»Südlich von der Insel Rügen, an dem Meerbusen der Dänischen Wyk, wo sich der Fluß Ryck, oder Hildafluß, eine Stunde abwärts von der Stadt Greifswald, in die Ostsee ergießt, liegen die Trümmer des Cisterzienser-Klosters Eldena, dessen unter grünem Laubdache emporragende Hallen, am Gestade eines anmuthigen, Hain und Flur durchfließenden Mühlenbaches, der heutigen Umgebung einen ebenso bedeutsamen Schmuck gewähren, wie sie, seit ihrer Gründung vor sieben Jahrhunderten bis zur Reformation, den Mittelpunkt für die geistige und sittliche Entwicklung des Vorpommerschen Küstenlandes bildeten.« Diese Standortbeschreibung für das vorpommersche Kloster Eldena stammt von dem Greifswalder Geschichtsprofessor Theodor Pyl, und man findet sie einleitend in seinem 1880/81 erschienen Werk »Die Geschichte des Cistertienserklosters Eldena«.[1]

Abgesehen davon, daß man heute keine Stunde mehr braucht, sondern nur noch wenige Autominuten, um die vor allem durch Caspar David Friedrich berühmt gewordene Ruine des Klosters zu besichtigen, sind seit dem Erscheinen dieses Werkes weitere hundert Jahre vergangen. Damit jährt sich das Gründungsjubiläum dieses Klosters im Jahre 1999 nunmehr zum 800. Mal, was Anlaß genug für Forschung und interessierte Öffentlichkeit bietet, sich der Geschichte des Klosters erneut zuzuwenden. So gibt es seit einiger Zeit ein von der Deutschen Forschungsgemeinschaft (DFG) gefördertes interdisziplinäres Forschungsprojekt, an dem Vor- und Frühgeschichtler, Kunsthistoriker, Bauforscher und Historiker zu gleichen Teilen beteiligt sind und das sich die Untersuchung von bisher unzureichend oder noch kaum geklärten Fragestellungen zum Ziel gesetzt hat.

An dieser Stelle soll kurz auf die bisherige wissenschaftliche Beschäftigung mit dem Kloster, soweit sie sich auf historische Fragestellungen bezieht[2],

1 Pyl, Theodor: Geschichte des Cistertienserklosters Eldena im Zusammenhange mit der Stadt und Universität, Greifswald 1880–81.

2 Die Literaturübersicht versteht sich nur als Überblick und beschränkt sich auf die aus heutiger Sicht bedeutsamsten Arbeiten, die für eine aktuelle Beschäftigung mit dem Kloster als wichtig erachtet werden.

zurückgeblickt und abschließend ein Ausblick auf einige Inhalte des Forschungsprojektes von dieser Seite gegeben werden.[3] Dabei geht es weniger um die Präsentation neuer Forschungsergebnisse – dies ist derzeit erst in Ansätzen möglich –, sondern um die Skizzierung der zu bearbeitenden Problemfelder.

Geschichte und Bauwerk des Zisterzienserklosters Eldena haben über die Jahrhunderte hinweg stetes Interesse erfahren. Eine der wohl ältesten geschichtlichen Darstellungen, in der Bezug auf das Kloster Eldena und seine Geschichte genommen wird, ist das von Daniel Cramer verfaßte »Pomrische Kirchenchronicon« in vier Bänden von 1628.[4] Für die Beschäftigung mit dem Kloster ist die Chronik besonders deshalb von Interesse, weil darin Teile eines angeblichen Tagebuchs des Eldenaer Novizen Anton Remmelding abgedruckt sind. Die Aufzeichnungen betreffen Ereignisse des Klosterlebens während der 1520er Jahre, also kurz vor der Aufhebung 1534, eine Zeit, in der bereits reformatorische Einflüsse spürbar wurden. Auf diese Tagebuchnotizen wird in der Literatur wegen ihrer Anschaulichkeit stets gern zurück gegriffen.[5] Allerdings gibt es bisher keinen Hinweis auf ihre tatsächliche Existenz, denn alle Forscher verweisen als Quelle immer nur auf Cramers Kirchenchronik, d.h. ihnen hat auch schon zu Beginn des 19. Jahrhunderts das Original nicht (mehr) vorgelegen.[6]

Aus dem Jahr 1756 stammt die von August v. Balthasar verfaßte »Historie des Klosters Eldena und des Hafens Wyk« in zwei Teilen, welche in J.C. Dähnerts Pommerscher Bibliothek[7] überliefert ist. In chronologischer Reihenfolge übermittelt von Balthasar Nachrichten über die Geschichte des Klosters für den Zeitraum von 1204 bis 1744, weitestgehend ohne eine Interpretation der Fakten zu geben. Einige Quellen finden sich im Anhang seiner Abhandlung abgedruckt. Von Balthasars Abhandlung fußt auf dem ihm damals zur Ver-

3 Die Projektmitarbeiter Felix Schönrock und Tobias Kunz nehmen im Anschluß zu den Forschungsschwerpunkten der kunst- bzw. bauhistorischen Seite Stellung.

4 Cramer, Daniel: Das große Pomrische Kirchen Chronicon [...] Das ist Beschreibung Vnd Ausführlicher Bericht, was sich fürnemblich in Religions Sachen, von Enderung der Heydenschafft her, im Land zu Pomren, vnd zugehörigem Fürstentumb Rügen [...] bis auff gegenwertige Zeit, zugetragen hat, Buch 1–4, Alt Stettin 1628.

5 So z.B. zu finden bei Biesner, J.H.: Geschichte von Pommern und Rügen, nebst anhängender Spezialgeschichte des Klosters Eldena, Greifswald 1839, S. 240f.; bei Uckeley, A.: Die letzten Jahre des Klosters Eldena, in: Pommersche Jahrbücher 7(1906), S. 29f. und bei Pyl (wie Anm. 1), S. 524f.

6 Dieser Sachverhalt gibt Anlaß, die Existenz des Tagebuchs grundsätzlich in Frage zu stellen. Solange aber noch nicht das gesamte zur Verfügung stehende Handschriftenmaterial gesichtet wurde, möchte ich mich dazu noch nicht abschließend äußern.

7 Dähnert, J.C.: Pommersche Bibliothek, 5 Bde., Greifswald 1756, S. 241–352.

fügung stehenden Material und ist damit im Hinblick auf eine Reihe von Vermutungen und Urteilsfindungen in weiten Teilen überholt.[8]

Im 19. Jahrhundert beschäftigte man sich dann intensiver mit dem Kloster und seiner Geschichte, und so liegen aus dieser Zeit eine Reihe von vor allem kleineren Abhandlungen vor, die zu nennen den Rahmen hier sprengen würde[9] und auch gar nicht nötig ist, weil fast alles bis dahin erforschte und geschriebene Eingang oder zumindest Erwähnung findet in der bereits zu Beginn erwähnten 1880/81 erschienen »Geschichte des Cistertienserkloster Eldena« von Theodor Pyl.[10] Pyl zeichnet sich besonders durch seine fundierte Quellenkenntnis aus, der auch heute kaum etwas hinzuzufügen ist, und bietet mit seinem Werk vor allem eine detaillierte Besitz- und Ereignisgeschichte des Klosters.

Dennoch bleiben einige Fragen offen, Urteile und Wertungen müssen überdacht werden. Genau an diesem Punkt soll die gegenwärtige Beschäftigung mit dem Kloster ansetzen.

Zu den grundlegenden Problemen, die von historischer Seite für Kloster Eldena neu zu diskutieren sind, gehört für die Frühphase seiner Entstehung u.a. die Frage nach der Rolle der Zisterzienser im Zusammenhang mit der Ostsiedlung und ihrem Anteil am hochmittelalterlichen Landesausbau. Während die ältere Forschung, darin vor allem Franz Winter[11], diesen Anteil als sehr hoch einschätzte und dessen Mustergültigkeit vor allem für das ostelbische Kolonisationsgebiet hervorhob, stellte die jüngere Forschung diese These zunehmend in Frage und verwies auf den mittlerweile viel diskutierten Gegensatz vom zisterziensischen Ideal der abgeschiedenen Klostergründung und des eremitischen Lebens einerseits und den realen topographischen Gegebenheiten andererseits. Winfried Schich hat in seinem Aufsatz »Zum Wirken der Zisterzienser im östlichen Mitteleuropa im 12. und 13. Jahrhun-

8 So ist von Balthasar der irrigen Annahme, daß das Kloster direkt vom dänischen Kloster Esrom aus besiedelt wurde. Dies war aber bekanntermaßen nicht der Fall. Der Konvent aus Esrom ließ sich 1172 erst in Dargun nieder, bevor vermutlich 1198/99 eine Umsiedlung und Niederlassung in Eldena stattfand. Balthasar dagegen nimmt als Gründungsjahr des Klosters erst das Jahr 1204 an. Vgl. zum Problem des Gründungsdatums auch Pyl (wie Anm. 1), S.10f. und die Verweise des PUB, Nr. 136.

9 Vgl. hierzu die umfangreichen Angaben in Creutz, U.: Bibliographie der ehemaligen Klöster und Stifte im Bereich des Bistums Berlin, des Bischöflichen Amtes Schwerin und angrenzender Gebiete, Leipzig 1983 (= Studien zur katholischen Bistums- und Klostergeschichte 26), S. 75–80, Abschnitt Kloster Eldena.

10 vgl. Anm. 1.

11 Winter, Franz: Die Zisterzienser des nordöstlichen Deutschlands. Ein Beitrag zur Kirchen- und Kulturgeschichte des deutschen Mittelalters, T. 1–3, Gotha 1868–71 (Nachdruck Aalen 1966).

dert«[12] die Frage nach dem Anteil des Ordens an diesem Prozeß in wesentlichen Grundzügen diskutiert, aber ausdrücklich darauf hingewiesen, daß »die Frage der Kolonisationstätigkeit [...] für jedes Territorium und sogar für jedes einzelne Kloster gesondert und differenziert untersucht werden« muß. Dies steht für Eldena weitestgehend noch aus. Einer der wenigen, der sich mit Teilaspekten dieser Problematik beschäftigt hat, ist Klaus Conrad, der sich in einem Aufsatz von 1969 herzoglichen Städtegründungen in Pommern auf geistlichem Boden[13] zuwandte und dabei die Siedlungstätigkeit der Eldenaer Mönche in der ersten Hälfte des 13. Jahrhunderts bis zur Stadtrechtsverleihung 1250 genauer untersuchte.

Der gesamte Bereich der Wirtschaftsgeschichte des Klosters stellt ebenso ein kaum bearbeitetes Feld dar. Hier erhebt sich vor allem die Frage nach Lage und Bedeutung der für die Zisterzienser allgemein typischen Grangienwirtschaft. Die Ausführungen zur Grangien-Problematik von Wolfgang Ribbe in seinem Aufsatz zur Wirtschaftstätigkeit der Zisterzienser im Mittelalter[14] zeigen deutlich, wie unterschiedlich historische Angaben zu Größe und Anzahl sein können. Bis auf wenige Ausnahmen beziehen sich seine Beispiele auf das Altsiedelgebiet bzw. auf Westeuropa (Frankreich, England). Eine detaillierte Untersuchung zur Grangienwirtschaft, wie sie z.B. Martina Schattkowsky für das Kloster Altzella in der Mark Meißen[15] vorgelegt hat, ist für Kloster Eldena noch nicht geleistet worden.

Eine ganze Reihe weiterer Probleme bedürfen darüber hinaus noch der Untersuchung. So konnte bisher nicht geklärt werden, in welchem Umfang die Anbindung an die Ostsee von den Mönchen für »weitreichende merkantile Aktivitäten«[16] genutzt wurde und welche Rolle in diesem Zusammenhang die

12 Schich, Winfried: Zum Wirken der Zisterzienser im östlichen Mitteleuropa im 12. und 13. Jahrhundert, in: Studien und Mitteilungen zur Geschichte des Benediktinerordens und seiner Zweige, Ergänzungsband 34 (1994), S. 269–294.

13 Conrad, Klaus: Herzogliche Städtegründungen auf geistlichem Boden, in: Schmidt, Roderich (Hg.): Pommern und Mecklenburg. Beiträge zur mittelalterlichen Städtegeschichte, Köln/Wien 1981 (= Veröffentlichungen der Historischen Kommission für Pommern, Reihe 5: Forschungen zur pommerschen Geschichte 19), S. 43–73.

14 Ribbe, W.: Die Wirtschaftstätigkeit der Zisterzienser im Mittelalter: Agrarwirtschaft, in: Elm, Kaspar (Hg.): Die Zisterzienser. Ordensleben zwischen Ideal und Wirklichkeit, Köln 1980, S. 203f.

15 Schattkowsky, M., Zur Bedeutung der Grangienwirtschaft für das Zisterzienserkloster Altzella in der Mark Meißen (1162–1540), in: Jahrbuch für Geschichte des Feudalismus 10(1986), S. 75–97.

16 Auf dieses Problem weist der Kunsthistoriker Michael Lissok in dem von ihm verfaßten Heft »Klosterruine Eldena« hin, erschienen in der Reihe »Kleine Kunstführer«, Nr. 2282, Regensburg 1997.

Salzpfannenstelle am Fluß Ryck spielte, die sich in ihrem Besitz befand.[17] Bereits jetzt zeigt sich jedoch, daß sich die Quellen in vielen Punkten den genannten Problemfeldern verschließen, besonders was die Zeit bis ca. 1400 betrifft. Dagegen geben die Urkunden, und ab Ende des 15. Jahrhunderts auch die Akten, Einsicht in einen anderen Bereich, die Geldwirtschaft. Pacht- und Leibrentenverträge sind in größerer Zahl vorhanden, was darauf schließen lassen könnte, daß dieser Zweig vermutlich eine erheblich wirtschaftliche Grundlage für das Kloster in der Zeit nach 1400 bildete.

Dazu kommen Quellen, die Auskunft geben über das Verhältnis des Klosters zur Stadt Greifswald, an deren Gründung im Jahr 1250 Eldena in erheblichem Maße beteiligt war. Diese anfänglich gute und für beide Seiten vorteilhafte Beziehung war in späterer Zeit von ständigen, oft Jahre lang währenden Streitigkeiten belastet, bei denen es u.a. um verschiedene Dörfer, vor allem aber um die Gerichtsbarkeit und Fischerei im Hafen von Wieck ging. Besonders zu diesem Problemfeld gibt es eine Reihe von bisher nahezu unbearbeitetem Aktenmaterial.[18]

Neben der Aufarbeitung und Bereitstellung des archivischen Materials für die Projektteilnehmer der anderen Disziplinen wird also vermutlich ein weiterer Schwerpunkt der Arbeit darin liegen, die Spätphase der Klostergeschichte aufzuhellen, ein Abschnitt, der häufig vorschnell als die Phase des Niedergangs und des Verfalls abgetan wurde und dem bisher in wissenschaftlichen Untersuchungen zu wenig Beachtung geschenkt wurde.

Zur frühen Baugeschichte der Klosterkirche (Tobias Kunz)

Eldena ist eine Tochtergründung des dänischen Klosters Esrom. Das Kloster unterscheidet sich darin vom unweit gelegenen Doberan, das wie die brandenburgischen Zisterziensergründungen der Morimondschen Filiationslinie angehört. Ein wesentliches Ziel der kunsthistorischen Betrachtung der Klosterruine Eldena wird es sein, anhand baulicher Analogien die Abhängigkeiten von jener Architekturlandschaft zu beleuchten, in der das Mutterkloster Esrom

17 Die Salzpfannenstelle war bereits im Besitz des Konvents, als dieser noch in Dargun ansässig war; die Schenkungsurkunde wird auf den Zeitraum zwischen 1193 und 1199 datiert; vgl. PUB, Nr. 124.

18 Vgl. dazu im Landesarchiv Greifswald den Bestand Rep. 5, Herzoglich-Wolgaster Archiv, u.a. die Titel Nr. 18, 70 und 73. Darüber hinaus weist Jürgen Petersohn in seinem Aufsatz »Die pommersche Geschichtsforschung und das Vatikanische Archiv«, in: Baltische Studien NF 50(1964), S. 13–27, darauf hin, daß sich zu den Prozessen der Jahre 1515–18 zwischen Kloster und Stadt Quellenmaterial auch im Vatikanischen Archiv befindet.

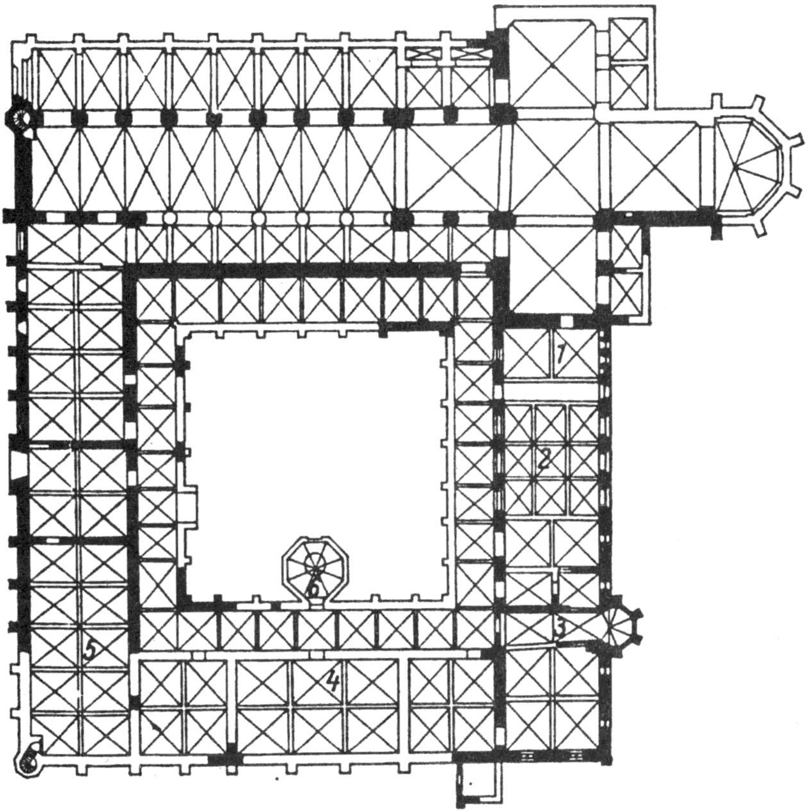

Eldena, Klosterkirche, Grundriß nach Kloer

entstand und als deren Zentrum die Mitte des damaligen dänischen Herrschaftsgebietes – Seeland – anzusprechen ist. Gerade weil die Abhängigkeiten der Bauformen in Eldena von dänischen Backsteinbauten keineswegs eindeutig und zweifellos nicht die einzig greifbaren sind, erbrachten die stets auf die genannten Analogien verweisenden Untersuchungen noch keine zufriedenstellende Bewertung des Geflechts der Beziehungen.[19]

Die Gründung Esroms erfolgte bereits 1153 – im Todesjahr des Heiligen Bernhard –, und zwar von Clairvaux aus. Der Einflußnahme der Roskilder Bischöfe Eskild (†1181) und Absalon (†1201) ist im wesentlichen die rasche Konsolidierung des Ordens in ihrer Diözese zu verdanken. Ersterer hatte bei den Gründungsvorbereitungen der nach Herresvad in Westschonen zweiten, aber bedeutenderen dänischen Zisterze eng mit Bernhard zusammengearbeitet.[20]

Während der Errichtung des heute bis auf die rekonstruierten Grundmauern vollkommen zerstörten Klosters Esrom, über dessen bauliche Gestalt infolgedessen nichts Sicheres gesagt werden kann, entstanden in unmittelbarer Nachbarschaft weitere Backsteinbauten von hohem architektonischen Rang. Diese lassen in ihrer überkommenen Gestalt direkte Vergleiche mit der Ruine in Eldena zu.

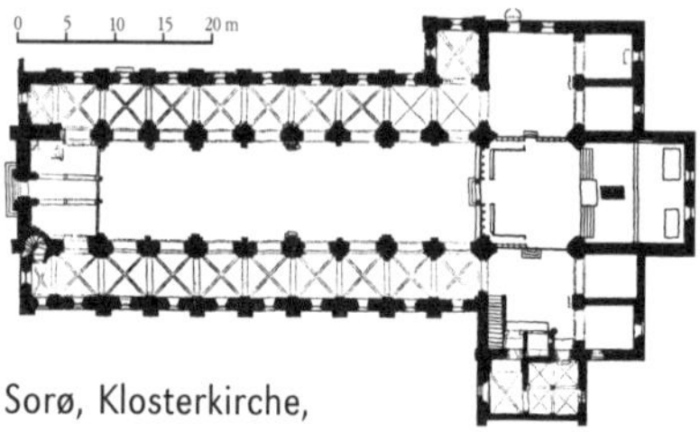

Sorø, Klosterkirche, Grundriß nach Hoffmann

Die Ostteile der Kirche des 1161 von Esrom aus gegründeten Klosters Sorø auf Seeland besitzen – wie in Eldena – jene Erscheinungsform, die umstrittenerweise als »Bernhardinischer Plan«[21] bezeichnet wurde: Es handelt sich um eine kreuzförmige Basilika mit rechteckigem Chor, nahezu quadratischen Querhausarmen und jeweils zwei ebenfalls gerade abschließenden Seitenkapellen. Eldena ist also, selbst wenn man den Baubeginn so nah wie möglich an das wahrscheinliche Gründungsdatum 1199 heranrückt, ein sehr spätes Beispiel für diesen Typ, der schon bald nach dem Tode Bernhards besonders an den Primarklöstern aus der Mode kam. Im Norden wurde aber offenbar länger als andernorts daran festgehalten: Der Plan von Clairvaux II läßt sich an den schwedischen Gründungen Alvastra und Nydala (beide 1143 von Clairvaux

19 Von der an Zahl zwar nicht geringen, doch größtenteils sehr alten Literatur seien als wichtigste Forschungen genannt: Rosen, Karl von: Dänemarks Einfluß auf die frühe christliche Architektur des Fürstenthums Rügen, Stralsund, Greifswald 1872, S. 31f.; Kornerup, J.: Die Verbindung des Klosters Esrum mit den wendischen Ländern und deren architektonische Spuren, in: Baltische Studien 33 (1883), S. 79; Reifferscheid, Heinrich: Der Kirchenbau in Mecklenburg und Neuvorpommern zur Zeit der deutschen Kolonisation, Diss. Straßburg, Greifswald 1910, S. 20ff.; Hoffmann, Paul: Nordische Cisterzienserkirchen unter besonderer Berücksichtigung der Backsteinbaukunst, Essen 1912; Curman, Sigurd: Cistercienserordens Byggningskonst, Stockholm 1912.

20 Zur Entstehungsgeschichte Esroms ausführlich: Rugaard, D.E.: Af Esrums Klosters Historie, Kopenhagen 1907; zur Beziehung Eskills zu dem von ihm verehrten Bernhard siehe: Winter, Franz: Die Cistercienser des nordöstlichen Deutschlands bis zum Auftreten der Bettelorden, Gotha 1868, Bd. 1, S. 28.

21 Keineswegs abwegig erscheinen etwa die Argumente Ingrid Swartlings (Cistercian Abbey Churches in Sweden and the Bernhardine Plan, in: Nordisk medeltid. Kunsthistoriska studier tillangnade Armin Tuulse, Stockholm Studies in the History of Art 13(1967), S. 193–198) gegen das verbindliche Bestehen eines solchen Planes. Zu Recht betont sie das Vorhandensein recht verschiedenartiger Ausführungen der Ostteile selbst an Bauten, für die »Architekten Bernhards« verantwortlich waren.

aus gegründet), der Filia Alvastras – Roma auf Gotland (1164) – und besonders beharrlich bei den Tochtergründungen Esroms finden.[22] So liegt es nahe, die fast veraltet zu nennenden Bauformen in Eldena als Zeichen einer engen Bindung an das Mutterkloster und somit an den dänischen Kunstkreis zu werten.

Eine wichtige, nicht eindeutig beantwortbare Frage ist die nach der ursprünglich vorhandenen Wölbungsart der Klosterkirche in Eldena. Geplant war von Beginn an ein Rippengewölbe, wie die bereits im Fundament aufgeführten Vorlagen zeigen (vgl. Abb. im Farbteil). Die noch erhaltenen Kappenansätze im südlichen Querarm beweisen, daß diese Wölbung auch ausgeführt wurde (vgl. Abb. im Farbteil). Doch sind eindeutige Unregelmäßigkeiten im Kämpferbereich der Vierungspfeiler an der Stelle zu erkennen, an der die Dienste in die eigentlichen Gewölberippen übergehen. Als mögliche und wahrscheinlichste Erklärung böte sich eine vorläufige Holzdecke an, die trotz vorbereiteter Wölbung – vielleicht aus Kostengründen – zunächst die Querhausflügel abschloß.

Auch das Langhaus und die Transeptarme der nach einem Brand im Jahre 1247 rippengewölbten Klosterkirche von Sorø waren ursprünglich – also noch zur Zeit der Errichtung der Ostteile von Eldena – flachgedeckt. Paul Hoffmann sah darin zu Recht mehr als nur ein Provisorium[23]: Die flachgedeckten Hauptschiffe der Kirchen in Sorø und Nydala/Småland nennt er eine Weiterentwicklung der Tonnengewölbe der »ersten Generation«, für die die bestehende Kirche in Fontenay ein vielzitiertes Beispiel ist und die auch im Norden rezipiert wurde – in Alvastra/Östergötland. Die flache Decke ermöglicht eine direkte Belichtung des Mittelschiffes mit der »konstruktiv einfachsten« Lösung. Die nächste, »konsequent gotische« Stufe der ordensarchitektonischen Evolutionstheorie seien die Kreuzgewölbe, die eine Belichtung auf wesentlich elegantere Weise ermöglichen. Dieser Phase gehört schließlich die Klosterkirche in Eldena an – zumindest in der Planung und der zweiten Ausführung.

Einen wichtigen Anhaltspunkt für die Verbindungen gen Norden bieten die in Eldena noch erhaltenen Bauschmuckformen, deren Herleitung stets als eine der wichtigsten Forschungsaufgaben betrachtet wurde. Eine auffällige Gestaltung erfuhr die westliche Vorlage am südöstlichen Vierungspfeiler, wo

22 Die polnischen Gründungen Kolbatz (nach 1172) und Oliva (nach 1175/86) folgen gleichwohl diesem Plan.

23 Im folgenden siehe: Hoffmann (wie Anm. 19), S. 13f.

24 Die jüngsten, im Rahmen des hier vorgestellten Projekts von Jens Holst und André Lutze durchgeführten Grabungen ergaben den von Hoffmanns Ergebnissen abweichenden Befund eines Fundamentes für drei kleine Halbsäulen auch in den Arkaden zu den südlichen Seitenkapellen.

Eldena, Klosterkirche, Blick durch das südliche Seitenschiff in den Südquerhausarm

Eldena, Ansatz des Gurtbogens zwischen dem zweiten und dritten Seitenschiffsjoch

Ringsted, Klosterkirche. Eingestellte Halbsäulen an der Langhauswand

der zu erwartende, und an der gegenüberliegenden Ostseite des westlichen Vierungspfeilers auch ausgeführte, halbrunde Dienst durch drei kleinere Säulchen ersetzt wird. Dieses Motiv findet sich variiert in den beiden östlichen Jochen des südlichen Seitenschiffes wieder: Hier sind es zwei in den Langhausarkaden sowie vier Säulchen im Gurtbogen zwischen zweitem und drittem Seitenschiffsjoch.[24]

Auch wenn die Herkunft und Funktion dieses so markanten Motivs ornamentalen Backsteinbaus nicht eindeutig geklärt werden kann – so muß zumindest konstatiert werden, daß dieses im dänischen Herrschaftsgebiet nicht selten vorkommt. Ein eindrucksvolles Beispiel findet sich neben Sorø in der 1160, also nahezu zeitgleich begonnenen Benediktinerkirche in Ringsted auf Seeland. Im Langhaus sind zwischen den Arkaden in regelmäßiger Abfolge eben diese Bündelungen kleiner Säulchen anzutreffen. Die Verwendung des Motivs, sowie die Tatsache, daß die Säulchen keine Funktion besitzen und zudem in die Wand eingelassen sind, deuten in Ringsted eher auf einen rein ornamentalen Charakter.[25]

In Eldena hingegen sind vielleicht genauere Aussagen über die Funktion jenes Motivs möglich. An dieser Stelle muß erwähnt werden, daß zumindest *ein* klarer und folgenschwerer Planwechsel im Langhaus noch heute erkennbar ist: Nach dem ersten Langhausjoch wurden die Pfeiler auf achteckigem Grundriß nach Westen fortgeführt, was erst bedeutend später erfolgt sein muß – wohl erst in der zweiten Hälfte des 14. Jahrhunderts (vgl. Abb. im Farbteil). Mehr als ein Saeculum also – eine Vollendung dieses ersten großen Bauabschnittes ist von Hans Kloer glaubhaft mit der urkundlich überlieferten Belehnung des pommerschen Herzogs Wartisław III. mit der Stadt Greifswald »vor dem hohen Altar der heiligen Jungfrau zu Hilda [Eldena]« von 1249 in Verbindung gebracht worden[26] – hatte das Langhaus nur die Länge eines Mittelschiffsjoches besessen.

Dort hat sich also die provisorische Westwand der Kirche befunden, welche durch das kurze Langhaus im Außenbau ein für unser heutiges Verständnis ungewöhnliches Aussehen hatte. Es stellt sich nun die Frage nach der Lokalisierung der Eingänge der Mönche, Konversen und Laien. Archäologische Untersuchungen der 1920er Jahre erbrachten den Befund einer schmalen Grundmauer der Abschlußwand nach dem zweiten nördlichen Seitenschiffsjoch sowie an entsprechender Stelle im Mittelschiff.[27] Ein Portal im Mittelschiff wäre in dieser frühen Phase der Ordensarchitektur ohnehin kaum zu erwarten, womit also das südliche Seitenschiff als Stelle eines Portals bleibt: des Konversenportals, wie an gleicher Stelle am romanischen Bau in Doberan, oder vielleicht als Laienportal?

25 Das Motiv, für das ein normannischer Ursprung der wahrscheinlichste scheint, hat sich – so weit wir sehen – aus einem reinen Schmuckelement entwickelt. Als ein solches erscheint es früh an den Kathedralen zu Norwich und Peterborough. Erst in Roskilde, Wiaskild und Eldena treten die Säulchen erstmals aus den Nischen hervor. Hoffmann, dessen Bemerkungen zu dem Phänomen leider allgemeiner Natur bleiben, betrachtet folglich auch Wiaskild als das direkte Vorbild Eldenas (Ebd., S. 55).

26 Pommersches Urkundenbuch, Bd. 1, Nr. 492; Siehe Kloer, Hans: Das Zisterzienserkloster Eldena in Pommern, Berlin 1929, S. 88.

27 Ebd., S. 36. Die jüngeren, noch unpublizierten und auszuwertenden Ergebnisse der 1996/97 unter Prof. Dr. Mangelsdorf durchgeführten Grabungen scheinen diese Überlegungen entscheidend zu erhärten.

Jedenfalls bekommen somit die beschriebenen Bauornamente einen Sinn als Akzentuierung eines Portals – fast in Form eines Gewändeportals, wie es an *den* Kirchenbauten zu beobachten ist, deren Pracht von Bernhard von Clairvaux in seinen Apologien getadelt wurde und die zu der Reduzierung der Formen nach dem Schema des »Bernhardinischen Planes« führte. Der Blick durch das vermeintliche Portal zeigt noch die raffinierte, fast illusionistische Raumstaffelung durch jene Ornamentform.[28]

Ein ungewöhnliches, Rätsel aufgebendes Motiv befindet sich an der Westwand des nördlichen Querhauses: Der Zugang zum Gewölbe des Nordseitenschiffes ist hier auffällig akzentuiert durch je eine flankierende, spitzbogige Blende, sowie einem überfangenden Bogen (vgl. Abb. im Farbteil). Eine so aufwendige Gestaltung rechtfertigt der funktionale Rang dieser Öffnung an sich nicht – zumal an entsprechender Stelle über dem südlichen Seitenschiff der Gewölbezugang weit weniger hervorgehoben ist.[29] Auch an liturgische Gründe ist schwerlich zu denken. Interessant wird dieses Motiv aber als Reminiszenz an eine Emporenöffnung. Gewagt, doch in dem Stadium der Forschung durchaus zulässig, ist der Gedanke an das Zitat einer Westempore, die vor allem die räumliche Vergegenwärtigung eines weltlichen Stifters oder Protektors suggerieren soll. Auch hierfür lassen sich prominente Beispiele aus nicht-monastischen Kirchenbauten Seelands nennen: Tveje Merløse etwa, ein Bau der ersten Hälfte des 12. Jahrhunderts, die Hauskirche der Hvide – des Geschlechtes, dem Bischof Absalon entstammt, dessen Bemühungen um die Konsolidierung der Zisterzienser in der Diözese Roskilde schon erwähnt wurden. Noch naheliegender ist in diesem Zusammenhang der Hinweis auf die Westempore der Marienkirche zu Bergen auf Rügen, die wohl ursprünglich als Herrscherempore für Jaromar I. konzipiert wurde.[30] Der vermutlich schon um

28 Diese Beobachtungen sollen im Laufe des hier auszugsweise vorgestellten Forschungsprojektes vertieft werden. Dabei müssen Bauten wie die Klosterkirche zu Vitskøl in Jütland, insbesondere aber die Stadtkirche zu Gadebusch in Mecklenburg herangezogen werden. Gerade der letzte, wohl gegen 1220 begonnene Backsteinbau – eine Herleitung des Hallentyps aus Westfalen ist keineswegs selbstverständlich – stellt hinsichtlich der Verwendung der Halbsäulen an den Langhauspfeilern einen interessanten Parallelfall zu Eldena dar; allerdings ohne daß sich dänische Einflüsse klar manifestieren ließen.

29 Die unterschiedliche Gestaltung der nördlichen und südlichen Öffnungen bleibt auch dann noch evident, wenn man einen zeitlichen Abstand von mehreren Jahren in Rechnung stellt: Es handelt sich nicht um eine stilistische Weiterentwicklung, sondern um eine bewußte Betonung der nördlichen Öffnung mit einem Bauformenvokabular, das in jedem Fall bereits bei der Errichtung der südwestlichen Querhauswand zur Verfügung stand.

30 Reygers, L.: Die Marienkirche in Bergen auf Rügen und ihre Bezüge zur dänischen Backsteinarchitektur, Diss. Greifswald 1934; und: Zaske, Nikolaus: Die St. Marien-

1170 begonnene Backsteinbau zeigt sich in nahezu jeder Hinsicht dem seeländischen Kunstkreis verpflichtet – von der Disposition des Grundrisses der Ostteile bis hin zu Ornamentformen. Auch durch die Tatsache, daß es sich bei Eldena um die nach Bergen zweite große Kirchengründung des Rügenfürsten handelt, muß dem nördlicheren Bau als möglicher Vermittler von Formengut oder gar Handwerkern von Seeland nach Eldena Aufmerksamkeit gewidmet werden. Allerdings bedarf es einer genaueren Untersuchung der Rekonstruktion des ursprünglichen Aussehens der Westempore in Bergen, um über einen möglichen Nachklang in Eldena urteilen zu können.[31]

Eine der Hauptfragen bei der bauhistorischen Untersuchung Eldenas wird also die sein, inwieweit trotz »konservativer« Anlage im Grundriß – nach »bernhardinischem« Muster – nicht nur im Detail Einflüsse aufgenommen wurden, die von ordensunabhängigen Bauten stammen und deren Lokalisierung im seeländischen Kunstkreis präzisiert werden muß.

Auf der Grundlage einer sorgfältigen Erfassung besonders auch der neuzeitlichen Quellen sollte ein möglichst genaues Bild des Zustandes der Kirche um 1249 vor dem Hintergrund der Kunstlandschaft des nordeuropäischen Backsteinbaus skizziert werden. Die weiteren architekturhistorischen Fragen – zu den Klausurgebäuden oder der Kirchenwestfassade – mußten aufgrund der zeitlichen Kürze an dieser Stelle ausbleiben.

Die Baugeschichte des Klosters Eldena aus der Sicht der Schriftquellen – Bearbeitungsstand und Möglichkeiten (Felix Schönrock)

Eine wichtige Zielstellung des kunsthistorischen Teilprojektes innerhalb des Gesamtvorhabens »Klosterruine Eldena – Geschichte und Rezeption« besteht in der Rekonstruktion der Baugeschichte des Klosters. Dabei bilden der Bauablauf bzw. die verschiedenen Phasen des Ausbaus im Mittelalter sowie die Gestalt der Anlage zur Zeit der Säkularisation einen besonderen Schwerpunkt. Durch eine Beschreibung der Veränderungen und Zerstörungen im Kloster seit dem 16. Jahrhundert soll weiterhin erklärt werden, wie die umfangreiche, zur Zeit der Klosteraufhebung um 1535 wahrscheinlich im wesentlichen intakte Anlage zu *der* Ruine wurde, die man im Zeitalter der Romantik als

kirche zu Bergen auf Rügen, in: Wissenschaftliche Zeitschrift der Ernst-Moritz-Arndt-Universität Greifswald, Gesellschafts- und sprachwissenschaftliche Reihe 12(1963), S. 83–94; ausführlich zur These der Herrscherempore: Baier, Gerd: Marienkirche Bergen, München 1991 (= Das Christliche Denkmal 34), S. 4ff.

31 Siehe die Rekonstruktionszeichnung des Bauzustandes der Bergener Marienkirche »Anfang des 13. Jahrhunderts« von Baier, ebd., S. 5.

wichtiges Denkmal wiederentdeckte und die durch die Zeichnungen und Gemälde Caspar David Friedrichs weit über die Grenzen der Region hinaus bekannt werden sollte. In diesem Zusammenhang ist der umfangreich überlieferte Streit um Erhalt oder endgültigen Abbruch der verbliebenen Bauteile in den Jahrzehnten nach 1800 zu erwähnen, durch dessen systematische Aufarbeitung ein Beitrag zur Geschichte der frühen Denkmalpflege im Norden geleistet werden könnte.

Es ist vorgesehen, auch die seit jener Zeit am Ruinenbestand und dessen Umfeld eingetretenen Veränderungen in die Darstellung einzubeziehen, um zu verdeutlichen, in welchem Maße die letztendlich getroffene Entscheidung für den Erhalt der Anlage tatsächlich umgesetzt wurde.

Für die Lösung dieser Aufgaben besitzt neben den archäologischen und bauarchäologischen Untersuchungen die Aufarbeitung der vorhandenen Schriftquellen entscheidende Bedeutung.

Seit dem 18. Jahrhundert ist eine beachtliche Anzahl wichtiger Publikationen zur Geschichte des Klosters Eldena erschienen, deren Aussagen zum großen Teil nach wie vor gültig sind.[32] In der Regel haben sich die Autoren jedoch auf die Darstellung der Geschichte des Klosters bis zur Reformation konzentriert und die Ereignisse der nachfolgenden Zeit nur teilweise mitgeteilt. Auch das umfangreich erhaltene schriftliche Quellenmaterial des 16. bis 20. Jahrhunderts wurde bisher nur teilweise ausgewertet. – Ein großer Teil des für Eldena wichtigen Schriftgutes befindet sich in Greifswald und wird im Vorpommerschen Landesarchiv, dem Universitätsarchiv und dem Stadtarchiv aufbewahrt. Bezüglich der Geschichte der Klosterruine erscheinen außer den in den Greifswalder Archiven vorhandenen Unterlagen auch die Bestände der in Stettin verbliebenen Teile des ehemaligen Stettiner Staatsarchivs sowie die der Stralsunder und Berliner Archive interessant.[33]

Bisher wurde damit begonnen, die für die Bearbeitung interessanten Titel des in Greifswald vorhandenen Schriftgutes aufzunehmen. Dabei ist das Ende

32 Neben anderen sind vor allem zu nennen: Balthasar, Augustin v.: Historie des Klosters Eldena und des Hafens Wyk, nebst sämtlichen dahin gehörigen Urkunden, in: Johann Carl Dähnerts Pommersche Bibliothek, Bd. 5, Greifswald 1756, S. 241–352; Biesner, Julius Heinrich: Abriß der Geschichte Pommerns und Rügens, nebst angehängter Specialgeschichte des Klosters Eldena, Stralsund 1834; Pyl, Theodor: Geschichte des Cistertienserklosters Eldena im Zusammenhange mit der Stadt und Universität Greifswald, Th 1. 2; Greifswald 1880–82; Kloer, Hans: Das Zisterzienserkloster Eldena in Pommern, Berlin 1929.

33 Beispielsweise sollen sich die auf Vorpommern beziehenden Aktenbestände des ehemaligen pommerschen Provinzialkonservators in Stralsund befinden.

noch nicht erreicht; der Verfasser konnte vorerst nur den kleinsten Teil des Materials sichten. Erste Aussagen zu den Quellenbeständen und wesentlichen Problemen sind jedoch bereits jetzt möglich.

Die mittelalterlichen Urkunden des Klosters, die bereits von Hoogeweg erfaßt und registriert wurden und die nun im historischen Teil des Gesamtprojektes Frau Nicole Kiesewetter unter wirtschafts-, religions- und verwaltungsgeschichtlichen Fragestellungen erneut bearbeitet, lassen offensichtlich nur äußerst selten Rückschlüsse auf die Baulichkeiten und ihre Veränderung sowie auf die Ausstattung von Kirche und Kloster zu. Diesbezüglich ergiebiger stellt sich dagegen die Quellenlage für das 16. Jahrhundert dar. So befinden sich bei den Unterlagen über einen Streit, der zwischen Stadt und Kloster um den Besitz mehrerer Dörfer seit dem zweiten Jahrzehnt des 16. Jahrhunderts entbrannte, zwei mit Tinte gezeichnete Karten, auf denen mit wenigen Strichen auch Greifswald und Eldena dargestellt sind.[34] Mit sehr starken Einschränkungen könnte man darin vielleicht auch das älteste Abbild der Klosteranlage erkennen, wobei natürlich die Frage ist, ob die kleine Skizze nicht eher als Zeichen denn als Zeichnung angesprochen werden muß. Inwieweit sie tatsächlich reale Gegebenheiten widerspiegelt, ist noch zu entscheiden.

Sehr wichtig sind die Inventare, die im Zusammenhang mit dem Übergang des Klosters in das Eigentum des pommerschen Herzogs und in den Jahren danach angefertigt wurden. Solche Beschreibungen, die einen Einblick in Anordnung, wichtige Charakteristika sowie den Zustand von Baulichkeiten und Innenräumen geben und über die Ausstattung informieren, liegen für Eldena aus den Jahren 1533, 1544 und 1546 vor.[35] Sie enthalten auch Beschreibungen des Wirtschaftshofes, aus denen vielleicht Rückschlüsse über die Lage der Baulichkeiten bzw. deren ursprüngliche Funktion möglich sind. So wäre zu prüfen, ob die heute so genannte Klosterscheune schon im 16. Jahrhundert diese Bezeichnung führte oder welchem anderen Zweck das Gebäude zu dieser Zeit diente.[36]

In den Jahrzehnten nach der Reformation bildete die Klosteranlage den Mittelpunkt eines herzoglichen Amtes. In diese Zeit gehört ein Rechnungs-

34 Acta des König. Provinzialarchives von Pommern zu Stettin enthaltend allerlei Streitsachen zwischen der Stadt Greifswald und dem Abt und Kloster auch dem Amte zu Eldena. 1514–1636 Vorpommersches Landesarchiv Greifswald (im folgenden VpLA Gr.), Rep. 5, Tit. 71, Nr. 33, fol. sine.

35 Inventarien pommerscher Klöster. 1533–1560, VpLA Gr., Rep. 40 II Nr. 36.

36 Die »Klosterscheune« ist ein langgestrecktes, eingeschossiges Gebäude, das im Bereich des ehemaligen Wirtschaftshofes des Klosters an der Wolgaster Landstraße steht. Die zur Straße und wahrscheinlich auch die zum Hof gerichtete Fassade stammt noch aus mittelalterlicher Zeit. Die ursprüngliche Funktion dieses Gebäudes ist bislang ungeklärt.

buch von 1544, welches Biesner 1834 teilweise veröffentlichte. Außerdem sind – wenngleich nicht lückenlos – die Amtsregister ab 1578 erhalten, in denen detaillierte Aufzeichnungen über die für Instandhaltungsmaßnahmen und Neubauten verausgabten Gelder enthalten sind.[37]

Das 17. Jahrhundert brachte für das pommersche Herzogtum und damit auch für Eldena entscheidende Veränderungen. Seit den 1620er Jahren wurde das Land in die Wirren des Dreißigjährigen Krieges hineingezogen, 1630 landete der schwedische König Gustav Adolf in Peenemünde auf Usedom. Der letzte pommersche Herzog Bogisław XIV. schenkte im Jahre 1634 das Amt Eldena der Greifswalder Universität. Drei Jahre später starb er, und mit seinem Tode erlosch das einheimische Herzoghaus. Im Ergebnis des Friedens von Münster und Osnabrück kam der westliche Teil Pommerns an Schweden. Neuvorpommern und damit auch Eldena blieben bis 1815 schwedisch.

Die erheblichen Beschädigungen, die Kirche und Konventsgebäude erlitten, werden bisher in der Regel auf den Brand bzw. die Ausplünderung in den Jahren 1637/38 sowie auf die in den Jahren 1665 und 1684 durch schwedisches Militär vorgenommenen Abbrüche zurückgeführt. Es ist jedoch die Frage, ob nicht schon vorher bzw. noch zu anderen Zeiten Beschädigungen vorgekommen sind. Für diesen Sachverhalt wichtige Informationen sind z. B. in den im Landesarchiv vorhandenen Akten über den *»greiffswaldischen tätlichen Einfall ins Kloster Eldena«*, der im Jahre 1610 oder 1611 erfolgte, zu erwarten.[38]

Weiterhin gibt es Hinweise darauf, daß die zwecks Materialgewinnung erfolgten Abbrüche wesentlich mehr umfaßten, als die in einigen Quellen angegebene Zahl der herausgebrochenen Mauersteine zunächst vermuten läßt. So wurden beispielsweise im Jahre 1684 die Steine mit völlig ungeeignetem Werkzeug aus den Mauern gelöst, so daß wohl wesentlich mehr beseitigt wurde, als zunächst beabsichtigt war. Die in den Jahren 1633 und 1646 aufgenommenen Inventare spiegeln zudem den Zustand der Klosterbaulichkeiten kurz vor diesen Zerstörungen wider.

Für die Zeit nach der Schenkung des Amtes Eldena an die Greifswalder Hochschule existieren im Kuratorbestand des Universitätsarchivs mehrere Akten, die sowohl die Ruine selbst betreffen, als auch solche, deren Inhalte sich mit hoher Wahrscheinlichkeit auf Gebäude des ehemaligen Wirtschaftshofes und weitere Baulichkeiten im unmittelbaren Umfeld der Ruine beziehen.[39]

37 Universitätsarchiv Greifswald (im folgenden UAG), K 5625. Seit der ersten Hälfte des 17. Jahrhunderts sind die Register in relativ dichter Folge vorhanden.

38 VpLA Gr., Rep. 5, Tit. 70, Nr. 1.

39 Acta betreffend die Klosterruine, 4 Bde. 1637–1938, UAG, K 2561-2564; Acta betreffend

Eldena, Klosterkirche, nordwestlicher Vierungspfeiler und Westwand des nördlichen Querschiffarms, Meßbildaufnahme 2. Hälfte 19. Jahrhundert

Eldena, Klosterkirche, nordwestlicher Vierungspfeiler und Westwand des nördlichen Querschiffarms, um 1960

Im 18. Jahrhundert ging die Zerstörung des Klosters weiter. Die Abbrüche erfolgten nunmehr im Auftrag der Universität, die mit dem gewonnenen Material ihre in Verfall geratenen Professorenhäuser reparieren oder neu bauen ließ. In diesem Zusammenhang kam es im Jahre 1728 zu dem Beschluß, in Eldena größere Abbrucharbeiten vornehmen zu lassen, woraufhin der nordöstliche Teil der Umfassungsmauern des Chores abgetragen wurde. Ob die Entscheidung für die Beseitigung wesentlicher Teile der Klosterkirche in den Jahren um 1728 nur durch Gedankenlosigkeit und Gleichgültigkeit zustande kam oder vorrangig im Zusammenhang mit der extrem schlechten wirtschaftlichen Situation der Universität in der Zeit nach dem Nordischen Krieg gesehen werden muß, kann wahrscheinlich ebenfalls aus den Schriftquellen ermittelt werden.

Die Aufzählung aller Quellen und Probleme für das 19. und 20. Jahrhundert würde den Rahmen dieser Ausführungen sprengen. Neben dem Streit um Erhaltung oder völligen Abbruch der Ruine in der ersten Hälfte des 19. Jahr-

die vormalige Ziegelscheune. 1683–1707, UAG, K 2551; Acta betreffend das Amtsgefängnis. 1697–1802; UAG, K 2553; Acta betreffend die Schneidemühle. 1674–1773, UAG, K 2602.

hunderts muß die Einrichtung einer Staats- und landwirtschaftlichen Akademie in Eldena um 1835 erwähnt werden, in deren Folge wiederum Veränderungen an den mittelalterlichen Gebäuden vorgenommen wurden.[40] Im Jahre 1837 brannte die im Ostflügel der ehemaligen Konventsgebäude eingerichtete Scheune nieder, erst sechs Jahre später kam es zur Beräumung des Schuttes und wahrscheinlich auch zu Sicherungsmaßnahmen an den erhalten gebliebenen Umfassungsmauern. Weitere Arbeiten zur Sicherung des Ruinenbestandes wurden um 1880/90 vorgenommen.

Weiterhin sind umfangreiche Unterlagen über die durch Kloer in den 1920er Jahren durchgeführten Ausgrabungen vorhanden. Neben den zahlreichen durch den Ausgräber angefertigten Zeichnungen und fotografischen Aufnahmen, durch deren systematische Verzeichnung und Auswertung wahrscheinlich noch wichtige Details erschlossen werden können, die in seiner 1929 erschienenen Publikation nicht enthalten sind, existiert über die Hintergründe der Grabung im Kuratorbestand des Universitätsarchivs wiederum eine umfangreiche Akte.[41]

Wünschenswert wäre schließlich die Untersuchung der Hintergründe der jüngsten, *nach* Kloers Ausgrabungen erfolgten Zerstörungen. An erster Stelle ist dabei der Abbruch großer Teile der Westwand des nördlichen Querhauses der Klosterkirche zu nennen, der 1945 oder 1946 erfolgte.

Für den Bearbeitungszeitraum ist geplant, die wesentlichen, das Kloster Eldena betreffenden Archivalien in den genannten Archiven zu sichten und die sich auf die Gebäude bzw. deren Veränderung beziehenden Vorgänge in einem Regestenwerk zu verzeichnen. Besonders wichtige Quellen, wie z.B. Inventare und Baubesichtigungsprotokolle, sollen transkribiert und die Ergebnisse anderen, vor allem den mit den bauarchäologischen Untersuchungen beauftragten Mitarbeitern des Projektes zugänglich gemacht werden, so daß die von ihnen festgestellten Veränderungen in den historischen Kontext eingeordnet werden können. Besonders bezüglich der mittelalterlichen Urkunden ergibt sich die Möglichkeit und Notwendigkeit einer engen Zusammenarbeit mit der Bearbeiterin des historischen Teils des Gesamtprojektes.

40 Auf die in diesem Zusammenhang erfolgte Neuaufführung der Schmalseiten der Klosterscheune, wahrscheinlich unter Leitung des Architekten Menzel, hat bereits Dr. Michael Lissok/Greifswald hingewiesen.

41 Acta betreffend Vermessungen und Ausgrabungen der Klosterruine Eldena. 1925–1930, UAG, K 2644.

Die Zisterzienser im östlichen Mitteleuropa am Beispiel des Klosters Kolbatz – Forschungsprobleme

Krzysztof Guzikowski

In Pommern sind die ersten Zisterzienserkonvente in den 1170er Jahren gegründet worden. Die monastische Tradition war hier, ähnlich wie in den anderen östlich der Elbe gelegenen Gebieten, spärlich. Noch 1147 hatte der sogenannte Wendenkreuzzug gegen Elb- und Ostseeslawen unter der Führung von Heinrich dem Löwen und Albrecht dem Bären, an dem sich auch Dänen, Polen und Böhmen beteiligten, bis nach Stettin geführt.[1]

Erst einige Jahre später kamen die ersten Mönche nach Pommern, unter ihnen die Zisterzienser. Sie begannen ihre Tätigkeit in einer ihnen unbekannten Gesellschaft, die fremdartige Sitten und Gesetze hatte. Die lokalen Wirtschaftsweisen und sozialen Strukturen waren häufig nicht mit jenen identisch, die sie aus ihren Heimatländern kannten. Es war für die Zisterzienser außerdem ein Problem, sich mit der örtlichen Bevölkerung zu verständigen. Dies alles verursachte unter den Mönchen ein Gefühl von Fremdheit, um so mehr als die Konvente über Jahre keine Vertreter der einheimischen Bevölkerung in ihre Reihen aufnahmen.[2]

Eine Folge dieser Situation war die enge Verbindung der Zisterzienser mit ihren Stiftern: entweder mit den Herzögen oder mit den Adligen. Im Falle des Kolbatzer Klosters fungierte als Stifter der Stettiner Burgmann Wartislaw Swantoboritz, ein Verwandter des Greifenhauses.[3] Er und seine Nachkommen schenkten dem aus dem dänischen Esrom eintreffenden Konvent eine Reihe von Dörfern.[4] Die Beziehungen zwischen dem Stifter

1 Zu diesen Thema Kahl, Heinz-Dietrich: Wie kam es 1147 zum »Wendenkreuzzug«?, in: Europa Slavica – Europa Orientalis. Festschrift für Herbert Ludat, Berlin 1980, S. 286ff.

2 Die fremde Nationalität der Zisterzienserkonvente in Polen hielt ein polnischer Chronist des 15. Jahrhunderts, Jan Długosz, für eine positive Erscheinung. Ders.: Annales seu Cronicae incliti Regni Poloniae, ks. V, S. 33ff. Vgl. Chłopocka, Helena: Fundacje cysterskie w Polsce średniowiecznej w poglądach historiografii polskiej (Zisterzienserstiftungen im Mittelalter in Polen in Anschauungen poinischer Geschichtsschreiber), in: Historia i kultura cystersów w dawnej Polsce i ich europejskie związki, Poznań 1987, S. 13.

3 Saxonis Gramattici Gesta Danorum, hg. von J. Olrik und H. Raeder, Hauniae 1931, S. 489.

4 Pommersches Urkundenbuch (weiter PUB), Köln-Wien 1970, Bd. I, Nr. 63, S. 202f. Vgl. Hoogeweg, Heinrich: Die Grundbesitzerwerbung des Klosters Kolbatz, in: Bal-

und der Abtei stellten eines von vielen Problemen dar, die mit dem Hineinwachsen in die soziale Umwelt verbunden waren. Die Kolbatzer Abtei kann als ein gutes Beispiel dienen, diesen Prozeß zu betrachten.

Die Ansichten über die Rolle der Zisterzienser von Kolbatz bei der Bewirtschaftung Pommerns wie überhaupt über die Bedeutung der Zisterzienser im östlichen Mitteleuropa haben sich in den letzten Jahrzehnten gewandelt. Zunächst soll an dieser Stelle die traditionelle Forschungsmeinung, wie sie mindestens seit den Zeiten des evangelischen Pfarrers Franz Winter aus Schönebeck an der Elbe verbreitet ist, betrachtet werden. Ihm zufolge hatten die Leistungen der Grauen Mönche für die Bewirtschaftung vieler slawischer Gebiete eine große Bedeutung. Er stellte fest, daß »das Hauptstreben des Klosters im dreizehnten Jahrhundert nicht blos zu cultiviren, sondern auch zu colonisieren«[5] sei. Darin stimmte er mit den seinerzeit üblichen Vorstellungen überein. Man hat die Zisterzienser als Mönche betrachtet, die sich fernab menschlicher Siedlungen, also fernab von Städten, Burgen, Dörfern oder Märkten, angesiedelt hatten und nach weitgehender Autarkie, ermöglicht durch ihrer eigenen Hände Arbeit, strebten. Bewußt hätten sie auf weltliches Leben und auf nicht selbständig verdientes Einkommen, beispielsweise Einkünfte aus Mühlen oder bäuerlichen Pachtzinsen, verzichtet. Ihre Besitzungen existierten als eigene Einzelhöfe, sog. Grangien, in denen Konversen und Lohnarbeiter arbeiteten. Außerdem maßen die Historiker den Zisterziensern im östlichen Mitteleuropa in der Regel große Leistungen auf dem Gebiet der ethnischen Homogenisierung und des Zivilisierens der »kulturell niederstehenden« autochthonen Bevölkerung zu. In Bezug auf den Kolbatzer Konvent kann als Beispiel dafür ein Aufsatz von Peter Wehrmann dienen.[6]

tische Studien NF 19(1916), S. 3ff.; Chłopocka, Helena: Powstanie i rozwój wielkiej własności ziemskiej opactwa cystersów w Kołbaczu w XII–XIVw. (Entstehung und Entwicklung des Großgrundbesitzes der Zisterzienserabtei in Kolbatz im 12.–14. Jahrhundert), Poznań 1953, S. 32ff.

5 Winter, Franz: Die Cistercienser des nordöstlichen Deutschlands bis zum Auftreten der Bettelorden, Gotha 1871, Bd. II, S. 249.

6 Wehrmann, Peter: Kloster Kolbatz und die Germanisierung Pommerns. Königliches Bismarck-Gymnasium zu Pyritz. Programm Nr. 170, Pyritz 1905, S. 1–25. Vgl. auch Thoma, Walter: Die kolonisatorische Tätigkeit des Klosters Leubus im 12. und 13. Jahrhundert, Leipzig 1894, S. 1. Der nach 1945 arbeitende polnische Historiker Tadeusz Manteuffel: Rola cystersów w Polsce w wieku XII (Die Rolle der Zisterzienser in Polen im 12. Jahrhundert), in: Przegląd Historyczny 41(1950), S. 180ff. hat angenommen, daß mindestens einige Zisterzienserkonvente in Klein- und Großpolen gegründet wurden, um eine Mission in Preußen und Rußland durchzuführen. Diese

Gegenüber der These von der wichtigen Rolle der Zisterzienser sind jedoch bald auch kritische Stimmen aufgetaucht. So hieß es 1925 bei Albert Hauck: »Daß der Satz geschrieben werden konnte: Die Germanisierung Schlesiens ist das Werk des Klosters Leubus, zeigt, daß wir an dem Punkte angelangt sind, wo die Anerkennung einer Wahrheit in die Behauptung eines Unsinns umschlägt«.[7] Nach 1945 wurde dieser Standpunkt von polnischen Forschern fortgedacht, die entschlossen die wesentlichen Leistungen der Zisterzienser im Bereich der Ansiedlung und der wirtschaftlichen Entwicklung der östlich der Elbe gelegenen Gebiete bezweifelten.[8]

In den folgenden Jahrzehnten wurden die traditionellen Vorstellungen von der Geschichte der Zisterzienser in Europa weiter revidiert. Beispielsweise stellte Louis Lekai im Jahr 1977 fest, daß sich die traditionellen Vorstellungen von den Anfängen der Ordensgeschichte unter dem Einfluß neuer Forschungen geändert hätten.[9] In diesem Prozeß sind insbesondere die Diskrepanzen zwischen den Statuten des Ordens und dem Leben der einzelnen Zisterzienserabteien betont worden. Das war auch in den Aufsätzen polnischer und deutscher Historiker, die in den beiden Bänden zur Ausstellung »Die Zisterzienser. Ordensleben zwischen Ideal und Wirklichkeit« enthalten sind, der Fall.[10] Dieses Werk war von großer Bedeutung für die weiteren Forschungen. In seinen Kontext gehört auch, daß in enger Zusammenarbeit deutscher und polnischer Historiker und in Anlehnung an drei von der Universität Posen in der zweiten Hälfte der achtziger Jahre organisierte Tagun-

Forschungsmeinung wurde in westeuropäischen Werken über die Zisterzienser vertreten. Die Ereignisse des 19. Jahrhunderts in der sogenannten Neuen Welt hatten zur Folge, daß Siedler in den großen amerikanischen Prärien mit den mittelalterlichen Zisterziensern verglichen wurden. Genauer darüber Berman, Constance: Medieval Agriculture, the Southern French Countryside and the Early Cistercians: A Study of Forty-Three Monasteries, Philadelphia 1986.

7 Hauck, Albert: Kirchengeschichte Deutschlands, Bd. 4, Leipzig 1925, S. 352.

8 Krasoń, Józef: Uposazenie klasztoru cystersów w Obrze w wiekach średnich (Die Ausstattung des Zisterzienserklosters Obra im Mittelalter), Poznań 1950; Chłopocka (wie Anm. 4); Trawkowski, Stanisław: Gospodarka wielkiej własności klasztornej na Dolnym Śląsku w XIIIw. (Die Wirtschaft des Großgrundbesitzes der Zisterzienser in Niederschlesien im 13. Jahrhundert), Warszawa 1959; Wielgosz, Zbigniew: Wielka własność cysterska w osadnictwie pogranicza Śląska i Wielkopolski (Der Großgrundbesitz der Zisterzienser und die Kolonisation an der schlesisch-großpolnischen Grenze), Poznań 1964.

9 Lekai, Louis: The Cistercians: Ideals and Reality, Kent 1977, S. 9.

10 Die Zisterzienser. Ordensleben zwischen Ideal und Wirklichkeit, Katalog, Köln 1980; Die Zisterzienser. Ordensleben zwischen Ideal und Wirklichkeit, Ergänzungsband, Köln 1982.

gen weitere Veröffentlichungen entstanden sind. Die Vielfalt der dort von den Historikern untersuchten Aspekte der Tätigkeit der Grauen Mönche hat deutlich gemacht, wie umfangreich die besprochene Problematik ist. Dadurch wurde die Notwendigkeit von regionalen Forschungen belegt, auf deren Basis man den Werdegang einzelner Zisterzienserabteien besser untersuchen kann als aufgrund von Aussagen in der *Carta Caritas* oder den Beschlüssen des Generalkapitels. Die oben erwähnten Werke haben auch bewiesen, daß es große Diskrepanzen zwischen den rechtlichen Grundlagen und dem tatsächlichen Ordensleben gegeben hat. Außerdem wurden im Laufe der Zeit die ursprünglichen Anschauungen der Grauen Mönche, besonders in wirtschaftlichen Belangen, wesentlich abgemildert.[11]

An dieser Stelle gilt es jedoch zu fragen, ob nicht diese jüngere Forschungsrichtung dazu geführt hat, einseitig allein nach den Diskrepanzen zwischen Ideal und Realität zu suchen. Vielleicht waren ja die zahlreichen, jetzt so sehr hervorgehobenen Beispiele für den Abfall der Mönche von den ursprünglichen Regeln im Grunde genommen nur Ausnahmen? Man kann dieses Problem u.a. anhand der Forschungen von Siegfried Epperlein näher erklären, der Gründungen von Klöstern und Grangien beschrieben hat. Wie am Beispiel des der Abtei Reinfeld gehörenden Dorfes Pogeez zu belegen ist, hatte man den Bauern ihre Ackerländer entzogen. Die Slawen mußten dieses Dorf im Laufe eines Jahres »friedlich und freundlich« verlassen. Eine ähnlicher Vorgang hat, ebenfalls nach Epperlein, im Zusammenhang von Kloster Chorin stattgefunden. 1274 ließen die dortigen Mönche die im Dorf Ragösen wohnenden Slawen von Haus und Hof jagen.[12] Solche Fälle waren aber wohl doch eher Ausnahmen, denn sonst wäre der Anpassungsprozeß der Abteien an die jeweiligen lokalen Bedingungen in Mitteleuropa äußerst problematisch verlaufen. Gleiches gilt für die dank ihrer starken ökonomischen Position wachsende Unabhängigkeit der Mönche von ihren Stiftern. Bemerkenswert ist auch, daß einige schriftliche Quellen das Bemühen der Zisterzienser um eine Rückkehr der Bauern nach ihren Landbesitzen behaupten, so auch im Falle des Klosters Kolbatz in Pommern. Zuerst be-

11 Manteuffel, Tadeusz: Ewolucja poglądów gospodarczych cystersów do połowy XIII wieku w świetle uchwał Kapituły Generalnej (Die Entwicklung der wirtschaftlichen Anschauungen der Zisterzienser bis zum 13. Jahrhundert im Licht der Beschlüsse des Generalkapitels), in: Przegląd Historyczny 43(1952), S. 492ff.

12 Epperlein, Siegfried: Zur Wirtschaftspolitik von Zisterzienserklöstern östlich und westlich der Elbe im 12. und 13. Jahrhundert, in: Historia i kultura cystersów w dawnej Polsce i ich europejskie związki, Poznań 1987, S. 25ff.

kamen sie von Herzog Barnim I. 1247 das Recht »Slavis eorum ius Theutonicum in perpetuum dare«, doch 1272 erlaubte derselbe Herzog den Slawen, die auf seinem Besitz oder dem seiner Vasallen wohnten, in die Kolbatzer Dörfer umzuziehen, wenn ein Bürge belegte, daß sie keine Schulden bei dem Grundherren hatten, den sie verlassen wollten.[13] – Es ist also notwendig, nicht nur die Unterschiede zwischen dem Ideal und dem wirklichen Ordensleben zu zeigen, sondern auch die tatsächliche Funktion und Bedeutung der Grauen Mönche in der mittelalterlichen Gesellschaft genauer zu beschreiben.

Bei dem Versuch, die Rolle der Zisterzienser bei der Entwicklung des östlichen Mitteleuropa zu definieren, ist die Frage nach dem Anteil der Zisterzienser am hochmittelalterlichen Landesausbau besonders umstritten. Obwohl sich die Aussagen zu dieser Problematik dank der Veröffentlichungen von Stanisław Trawkowski und Benedykt Zientara in den 70er Jahren zu ändern begannen, gibt es in der Literatur keinen Konsens.[14] Vielfach werden weiter die Ergebnisse der 50er und 60er Jahre rezipiert. Als bewiesene Tatsache gilt, daß die Zisterzienser keine wichtige Rolle hinsichtlich der Ansiedlung und der wirtschaftlichen Entwicklung der slawischen Gebiete gespielt hätten. Kennzeichnend ist die Reaktion auf das 1986 erschienene Werk »Die deutsche Ostsiedlung im Mittelalter« von Charles Higounet.[15] Higounet hat dort den Anteil der Zisterzienser an der hochmittelalterlichen Siedlung als sehr hoch eingeschätzt. Dem widersprach Marek Barański in seiner 1990 veröffentlichten Rezension.[16] Obwohl Higounet sich nicht auf eigene Forschungen, sondern auf literarische Quellen stützte, gab es Befürworter seiner These, darunter Joseph Gottschalk oder Heinrich Grüger mit seinem in den Materialien der Posener Konferenz von 1985 veröffentlichten Artikel und mit früheren Arbeiten, oder Brygida Kürbis und Felix

13 PUB I, Nr. 454, PUB II, Nr. 963. Vgl. Piskorski, Jan: Kolonizacja wiejska Pomorza Zachodniego w XIII i w początkach XIV wieku na tle procesów osadniczych w średniowiecznej Europie (Die ländliche Kolonisation Pommerns im 13. und im frühen 14. Jahrhundert vor dem Hintergrund der Siedlungsvorgänge im mittelalterlichen Europa), Poznań 1990, S. 114.

14 Trawkowski, Stanisław: Die Rolle der deutschen Dorfkolonisation und des deutschen Rechts in Polen im 13. Jahrhundert, in: Die deutsche Ostsiedlung des Mittelalters als Problem der europäischen Geschichte, hg. v. Walter Schlesinger, Sigmaringen 1975, S. 349–368; Zientara, Benedykt: Die deutschen Einwanderer in Polen vom 12. bis zum 14. Jahrhundert, in: ebd., S. 333–348.

15 Higounet, Charles: Die deutsche Ostsiedlung im Mittelalter, Berlin 1986.

16 Barański, Marek: Nowa praca francuska o osadnictwie niemieckim, in: Kwartalnik Historyczny 97(1990), S. 123–131.

Escher.[17] Letztgenannte Autoren haben festgestellt, daß die Zisterzienser zwar keine Wegbereiter gewesen, aber wegen ihrer großen Finanzkraft an der Ansiedlung zweifellos beteiligt waren.

Wie wichtig also waren die Zisterzienser bei der Ansiedlung von Bevölkerung tatsächlich? Um auf diese Frage antworten zu können, sind neue Untersuchungen erforderlich, die Rückschlüsse ermöglichen, ob die angenommen Voraussetzungen mit den meßbaren Ergebnissen in Übereinstimmung zu bringen sind. Hierzu sind insbesondere Inventare brauchbar. Für die Kolbatzer Besitzungen ist ein Inventar aus dem Jahre 1348 vorhanden.[18] Es ist nicht lückenlos, aber es ermöglicht eine Einschätzung der zu den Dörfern gehörenden Hufenzahlen, Pfarrhufen, Schultzenhufen und der Höhe der bäuerlichen Abgabenlasten. Dank dieses Inventars ist es möglich, versuchsweise den Umfang der Ostsiedlung zu schätzen. Weitaus schwieriger ist es, als Ausgangsgröße den Siedlungsstand der frühmittelalterlichen Epoche zu erfassen. Erst damit aber wäre es möglich, die Siedlungsveränderungen, die dann im Hochmittelalter auf zisterziensischem Gebiet an der Plöne stattfanden, zu quantifizieren. Die schriftlichen Quellen ermöglichen derartige Untersuchungen kaum. Deshalb gilt es, ergänzend andere Quellengattungen zu erschließen.

Zu den in dieser Hinsicht interessantesten Initiativen der 80er Jahre gehört zweifellos die Entstehung der interdisziplinären Forschungsgruppe »Germania Slavica« an der Freien Universität Berlin. Auch deren Begründer Wolfgang H. Fritze hat die genauere Untersuchung der zisterziensischen Rolle in der hochmittelalterlichen Ostsiedlung gefordert.[19] Die Gruppe setzt auf eine Verknüpfung der verschiedenen Quellengattungen und der ihnen entsprechenden Wissenschaften. Da die schriftlichen Quellen meist nur eine einseitige Interpretation ermöglichen, muß man weitere Gattungen in Betracht ziehen. Natürlich bedeutet das nicht, daß es dank der interdis-

17 Gottschalk, Joseph: Die Bedeutung der Zisterzienser für die Ostsiedlung, besonders in Schlesien, in: ZfO 1966, S. 67–106; Grüger, Heinrich: Die Beobachtung der Statuten von Citeaux bei den Zisterziensern in Schlesien, in: Historia i kultura cystersów w dawnej Polsce i ich europejskie zwiazki, Poznan 1987, S. 163–179; Kürbis, Brygida / Escher, Felix: Zisterzienser und Landesherren östlich von Elbe und Saale, in: Die Zisterzienser. Ordensleben zwischen Ideal und Wirklichkeit, Köln 1980, S. 105–115.

18 Piskorski, Jan: Inwentarz posiadłości klasztoru kołbackiego z 1348 r., in: Roczniki Historyczne 53(1987), S. 141–165.

19 Fritze, Wolfgang H.: Germania Slavica. Zielsetzung und Arbeitsprogramm einer interdisziplinären Arbeitsgruppe, in: Ders. (Hg.), Germania Slavica I, Berlin 1980, S. 11–40, hier S. 16.

ziplinären Forschungen nun möglich ist, sämtliche Probleme der hochmittelalterlichen Kolonisation aufzulösen. Die verschiedenen Quellen weisen jeweils ihnen eigene Beschränkungen auf.

Die in der Siedlungsforschung am häufigsten beachteten Urkunden bereiten den Interpreten große Schwierigkeiten. Die Tatsache, daß die Urkunde als Beweismittel in vielen Teilen Mitteleuropas durch die Zisterzienser verbreitet wurde, hat zur Folge, daß der Mediävist die Tätigkeit der Grauen Mönche ausgerechnet auf der Basis der von ihnen selbst ausgestellten Dokumente untersuchen muß. Das ist beispielsweise in Pommern der Fall. Alle pommerschen Urkunden vor 1230 sind Empfängerausfertigungen, d.h. sie sind nicht nur *für* die Kirchen und Klöster ausgestellt, sondern auch *von* ihnen formuliert und geschrieben.[20] Die oben beschriebene sehr formalisierte Art der schriftlichen Quellen führt dazu, daß es für uns schwierig ist zu unterscheiden, was bloße Rhetorik, ein angenommenes Muster oder eine gezielte Aufnahme von falschen Inhalten ist. Um so wichtiger ist deren äußerst genaue Untersuchung, um die mittelalterliche Wirklichkeit widergespiegelt zu bekommen. Wenn z.B. von »Wildnis« die Rede ist, muß man sorgfältig unterscheiden, ob es um wirklich menschenleeres Ödland oder um die von geistlichen Organisationen freien Gebiete geht.[21] Sehr oft auch haben die mittelalterlichen Mönche in den Texten Bibelfragmente zitiert, was zwar ihre Vertrautheit mit der Bibel beweist, aber kaum Substantielles über die Lebensbedingungen in der Nähe der einzelnen Klöster mitteilt. – Durch die Einbeziehung anderer Quellen wird man vielleicht nicht objektiver, aber es besteht doch immerhin die Möglichkeit, die Ergebnisse zu verifizieren, was zweifellos ein großer Fortschritt ist. Die meisten Untersuchungen freilich, die sich bislang dem Anteil der Zisterzienser an der mittelalterlichen Siedlungsbewegung widmen, erfassen die Rolle der Mönche in Mitteleuropa nicht in ihrem vollem Umfang.

20 Conrad, Klaus: Urkundliche Grundlagen einer Siedlungsgeschichte Pommerns bis 1250, in: ZfO 1982, S. 338ff. Vgl. Nowakowski, Tomasz: Wpływy kultury monastycznej w polskiej dyplomatyce książęcej XII–XIII wieku (Die Einflüsse der monastischen Kultur im Urkundenwesen der polnischen Herzöge im 12. und 13. Jahrhundert), in: Klasztor w kulturze średniowiecznej Polski, Opole 1995, S. 215–224.

21 Nahmer, Dieter: Die Klostergründung »in solitudine« – ein unbrauchbarer hagiographischer Topos?, in: Hessisches Jahrbuch für Landesgeschichte, Marburg 1972, S. 90–112; Moldenhauer, Rüdiger: Terra deserta, locus horroris et vastae solitudinis als siedlungsgeschichtliche Terminanten in Wagrien und Mecklenburg, in: Zeitschrift der Savigny-Stiftung für Rechtsgeschichte. Germanistische Abteilung 104(1987), S. 190–215.

Neben der Siedlungsfrage erregt die Wirtschaftsweise der Zisterzienser die Aufmerksamkeit der Historiker. Vorrangig gilt hier das Interesse neuartigen Wirtschaftsformen und ob sie Modellcharakter getragen haben. Häufig wurde die Bedeutung der sogenannten Grangien im östlichen Mitteleuropa diskutiert. Theoretisch boten die wenig besiedelten Gebiete östlich von Saale und Elbe den Zisterziensern offenbar günstigste Bedingungen, da die Klöster die Möglichkeit hatten, durch Rodung Land für ihre Grangien zu erschließen.[22] Dem bisherigen Forschungsstand zufolge scheinen die Abteien im östlichen Deutschland (zum Beispiel in Brandenburg oder Pommern) jedoch besonders von der Grangienzahl her einen beträchtlichen Rückstand zu Klöstern im westdeutschen Altsiedelland aufzuweisen. Das Kloster Kolbatz dagegen besaß 17 Grangien, eine auch ohne diese Hypothese überraschend große Anzahl.[23] Allerdings war die Konversenzahl klein. Konversen finden sich östlich der Oder sehr oft als Grangienmeister, die den Betrieb auf den einzelnen Höfen zu verwalten hatten.[24] Die Ausführung der Arbeiten hingegen oblag Lohnarbeitern oder sogenannten Tagelöhnern, deren Anstellung für die Zisterzienser notwendig war. Zu diesem Thema fehlen Urkunden völlig, obwohl diese Arbeitskräfte ein wichtiges Standbein der wirtschaftlichen Tätigkeit des Ordens darstellten.

Man kann konstatieren, daß sich die Ansichten zur Grangienwirtschaft unter den westeuropäischen Historikern heute verändern. Wichtige Aussagen traf hier Isabel Alfonso in ihrem Aufsatz von 1991.[25] Ihre Kritik an der derzeitigen Forschung betrifft die ungeprüfte Übernahme von strukturellen Aussagen, die aus der oben erwähnten traditionellen Literatur stammen. Es geht darum, daß die Zisterzienser bis zum Ende des 12. Jahrhunderts die

22 Schattkowsky, Martina: Das Zisterzienserkloster Altzella – Bemerkungen zur Organisation und Verwaltung des klösterlichen Grundbesitzes, in: Historia i kultura cystersów w dawnej Polsce i ich europejskie związki, Poznań 1987, S. 62.

23 Chłopocka (wie Anm.4), S. 108; Schich, Winfried: Zum Wirken der Zisterzienser im östlichen Mitteleuropa im 12. und 13. Jahrhundert, in: Faust, Ulrich (Hg.): Zisterziensische Spiritualität. Theologische Grundlagen, funktionale Voraussetzungen und bildhafte Ausprägungen im Mittelalter, St. Ottilien 1994 (= Studien und Mitteilungen zur Geschichte des Benediktinerordens und seiner Zweige 34), S. 284.

24 Zur Rolle der Konversen vgl. Toepfer, Michael: Die Konversen der Zisterzienser. Untersuchungen über ihren Beitrag zur mittelalterlichen Blüte des Ordens, Berlin 1983. Nach Wąsowicz, Teresa: Rola cystersów w rozwoju kultury materialnej w Polsce wczesnośredniowiecznej (Die Rolle der Zisterzienser bei der Entwicklung der polnischen materiellen Kultur im Mittelalter), in: Cystersi w kulturze średniowiecznej Europy, Poznań 1992, S. 22, übten die Konversen in Spanien eine ähnliche Rolle aus.

25 Alfonso, Isabel: Cistercians and Feudalism, in: Past and Present 133(1991), S. 3–30.

Arbeit auf ihren Höfen nach anderen Regeln organisierten, als sie auf den späteren Besitzungen geherrscht haben. Deshalb ist die Kernfrage beim Nachdenken über die wirtschaftliche Seite des Zisterziensernlebens folgende: War die körperliche Arbeit ein Bestandteil zisterziensischer Geistigkeit, um die körperlichen Regungen abzutöten, oder war sie unentbehrlich, um den Lebensunterhalt zu sichern? Darüber hat Dietrich Kurze geschrieben, aber es ist dringend notwendig, diese Problematik weiter zu verfolgen.[26] Ähnliche Schwierigkeiten bereitet das Verständnis des Wortes »Gewinn«, das mit seiner heutigen Bedeutung nicht übereinstimmt. Ohne Antworten auf diese Fragen geraten Überlegungen zur Bedeutung der Zisterzienser ahistorisch.

Paradoxerweise muß man, um die Bedeutung der Grauen Mönche zu bewerten, auch die anderen Grundbesitzformen, d.h. die ritterlichen, fürstlichen oder bischöflichen Besitzungen untersuchen. Infolge solcher Erhebungen bekommen wir Daten, auf die wir unsere die Zisterzienserwirtschaft betreffenden Analyseergebnisse beziehen können. Die Frage nach der tatsächlichen Beschaffenheit der anderen Grundbesitzformen ist um so wesentlicher, als die Grundherrschaften der Zisterzienser nur einen geringen Prozentsatz aller Besitzungen in den mitteleuropäischen Ländern ausmachten.[27]

Einen sehr bedeutenden Forschungsschwerpunkt stellen die Beziehungen der Zisterzienser zu ihrer sozialen Umgebung dar. Man kann ihm auf vielen Ebenen nachgehen. Die erste Ebene sind die Beziehungen zu Abteien und Herzögen. Am Beispiel des Kolbatzer Klosters scheint es, daß die Mönche oft Streitigkeiten mit ihrem Herzog hatten. Um die Mitte des 13. Jahrhunderts fand beispielsweise ein heftiger Streit zwischen Barnim I. und der Abtei an der Plöne statt, der dann durch das Eingreifen des Kamminer Bischofs ausgeglichen wurde.[28] Der Hintergrund ist nicht genau bekannt, aber diese Auseinandersetzung beweist, daß die Zisterzienser durchaus fähig waren, sich dem Landesfürsten entgegenzustellen. Weitere Forschungen können den Grad der Unabhängigkeit der Zisterzienser vom Herzog aufzeigen, was Rückschlüsse auf die feste Position der Abtei in ihrer Umwelt zuließe.

26 Kurze, Dietrich: Die Bedeutung der Arbeit im zisterziensischen Denken, in: Die Zisterzienser. Ordensleben zwischen Ideal und Wirklichkeit, Köln 1980, S. 179–202.

27 Grüger (wie Anm.17), S. 173, schätzte, daß alle Zisterzienserbesitzungen in Schlesien im Vergleich mit der damaligen Gesamtfläche nicht viel mehr als 2–3% ausmachten.

28 PUB I, Nr. 454.

Sehr interessant sind auch die Verbindungen der Zisterzienserkonvente zu den örtlichen Rittern, die die einzelnen Landbesitzungen von der Kolbatzer Abtei in Pacht nahmen. Die Daten zu diesen Thema enthält das obengenannte Inventar der Kolbatzer Güter.

Weiter bei den ökonomischen Momenten zisterziensischer Tätigkeit bleibend, darf die Verbindung mit den Städten nicht außer Betracht gelassen werden. Bemerkenswert sind hier die Arbeiten von Reinhard Schneider, Wolfgang Bender und Winfried Schich, die ihre Aufmerksamkeit vor allem auf die mit der Verwaltung der städtischen Zisterzienserhöfe zusammenhängenden Probleme konzentrierten.[29] Die Kolbatzer Abtei besaß Höfe in Stettin und Greifenhagen.[30] Sie dienten dem Stapel und dem Absatz der für den Verkauf bestimmten Überschüsse der klösterlichen Produktion. Dabei müssen nicht nur die Organisation der Stadthöfe, sondern auch die gegenseitigen Abhängigkeiten zwischen den Städten und den Grauen Mönchen betrachtet werden, zum Beispiel der Konflikt zwischen den städtischen und den auf den Zisterzienserbesitzungen gelegenen Märkten. Der Kolbatzer Konvent hatte einen schweren Streit mit den Greifenhagener Bürgern. Letztere bewirkten ein Verbot Herzog Barnims I., Märkte auf dem Gebiet der Kolbatzer Güter abzuhalten. Wenig später aber etablierten sich die Mönche dort ungestört aufs neue.[31]

Und schließlich muß man auch die Beziehungen zwischen der Abtei und ihren Bauern betrachten. Ein sehr wichtiger Bestandteil dieser Abhängigkeit war die Hochgerichtsbarkeit über die ländliche Bevölkerung in den Zisterzienserdörfern.[32] Hier finden sich ähnliche Beziehungen zwischen den Mönchen und ihren Bauern wie auf den Güter der weltlichen Grundherren.

29 Schneider, Reinhard: Stadthöfe der Zisterzienser: Zu ihrer Funktion und Bedeutung, in: Zisterzienser-Studien 4(1979), S. 11–28; Bender, Wolfgang: Zisterzienser und Städte. Studien zu den Beziehungen zwischen den Zisterzienserklöstern und den großen urbanen Zentren des mittleren Moselraumes (12.–14. Jahrhundert), Trier 1992; Schich, Winfried: Topographische Lage und Funktion zisterziensischer Stadthöfe im Mittelalter, in: Der Adel in der Stadt des Mittelalters und der Frühen Neuzeit, Marburg 1996, S. 279–294.

30 PUB IV, Nr. 2051, 2257, Wojewódzkie Archiwum Państwowe w Szczecinie, Regesty klasztoru cystersów z Kołbacza, bearb. v. H. Hoogeweg, Nr. 192.

31 PUB II, Nr. 1264, PUB III, Nr. 1712. Vgl. zu diesem Thema Guzikowski, Krzysztof: Miasto-rywal czy sprzymierzeniec cysterów? Na przykładzie opactwa w Kołbaczu (Die Stadt – Ein Mitbewerber oder ein Verbündeter der Zisterzienser? Am Beispiel der Abtei von Kolbatz), in: Klasztor w społeczeństwie średniowiecznym i nowożytnym, Opole-Wrocław 1996, S. 463–470.

32 PUB I, Nr.373. Vgl. Piskorski (wie Anm.13), S. 181.

Zisterzienserforschung in Rumänien am Beispiel der Abtei von Kerz

Lidia Gross

Im heutigen Sinn des Wortes existiert Rumänien seit dem Jahr 1918, als sich Siebenbürgen mit dem rumänischen Königreich vereinigte. Dementsprechend müßte unser Versuch, die Historiographie des Zisterzienserordens in Rumänien zu beschreiben, für die Zeitspanne von 1918 bis heute gelten. Da leider viel zu wenig darüber zu sagen wäre, werden wir sowohl den behandelten Zeitraum, das 19. Jahrhundert einschließend, als auch den geographischen Raum erweitern, indem wir Ungarn mit einbeziehen, denn natürlich war die Geschichte Siebenbürgens und des Banats jahrhundertelang mit derjenigen von Ungarn verbunden. Das Fürstentum Siebenbürgen hat bis 1541 zum ungarischen Königreich gehört, als es infolge der Niederlage von Mohács (1526) und des Zerfalls Ungarns ein autonomes Fürstentum unter türkischer Oberhoheit wurde.

Von vornherein muß folgende Feststellung gemacht werden: die Forschung zu den Klöstern und geistlichen Orden des Mittelalters ist sowohl in Ungarn als auch in Rumänien zahlreichen Schwierigkeiten begegnet. In erster Linie litt und leidet sie unter dem Mangel an Quellen, die größtenteils entweder bereits 1241 während des Tatareneinfalls oder im 16. und 17. Jahrhunderts, d.h. während der Türkenherrschaft, zerstört wurden. Überdies entwikkelten die Klöster aus dem Königreich Ungarn im Unterschied zu denen aus Westeuropa keine intensive literarische Tätigkeit. Wenige von ihnen haben eine eigene Klosterchronik hinterlassen. Zwar existiert zu fast jedem geistlichen Orden eine Monographie, die meist im 19. Jahrhundert entstanden ist, es fehlt jedoch eine moderne, kritische Syntheseforschung darüber. Zweitens dürfen wir auch das ideologische Hindernis der dem II. Weltkrieg nachfolgenden Jahre nicht unterschätzen, als in beiden Ländern innerhalb der Geschichtsauffassung des historischen Materialismus die wirtschaftlichen, gesellschaftlichen und politischen Aspekte den Vorrang hatten und die Kirchengeschichte im allgemeinen beiseite gelassen wurde.

Auch was die Geschichte des Zisterzienserordens betrifft, datieren die meisten Beiträge aus dem 19. Jahrhundert und aus der Zwischenkriegszeit. Nennenswerte Ausnahmen sind die 1984 in Rom erschienene Arbeit von Ferenc L. Hervay »Repertorium historicum Ordinis Cisterciensis in Hunga-

Kerz (Rumänien), Ruinen der Westfassade (oben) und der Klosteranlage mit dem Chor von Osten (unten) *Fotos: Siebenbürgen-Institut Gundelsheim/N.*

ria«[1] sowie weitere Aufsätze desselben Verfassers, die jedoch in den Bibliotheken Rumäniens nicht greifbar sind.

Im folgenden werden wir einige Arbeiten erwähnen, die sich teilweise oder ausschließlich mit der Geschichte der Zisterzienser in Rumänien beschäftigen. Es handelt sich insbesondere um die Geschichtssynthesen des mittelalterlichen Ungarn und jene Werke zur Kirchengeschichte, die Daten über die im Königreich Ungarn begründeten Zisterzen enthalten.[2]

Es gibt wenige Urkunden, welche die Wirksamkeit von Zisterzienserabteien im Banat und in Siebenbürgen belegen. Die Urkunden über die Kerzer Abtei in Siebenbürgen wurden in der wertvollen, im vorigen Jahrhundert von Friedrich Zimmermann, Carl Werner und Georg Müller begonnenen Sammlung »Urkundenbuch zur Geschichte der Deutschen in Siebenbürgen«[3] veröffentlicht.

Ebenfalls im 19. Jahrhundert ist Ludwig Reissenbergers zweiteilig strukturierte Monographie »Die Kerzer Abtei«[4] erschienen. Während der erste Teil die Geschichte der Abtei von ihrer Gründung bis zur Auflösung während der Herrschaft des Königs Matthias Corvinus enthält, versucht der zweite Teil mittels technischer Daten über die Architektur der Klosteranlage und vieler Abbildungen eine Rekonstruktion der Baulichkeiten. Daneben sind die in der Zeitschrift »Acta Historiae Artium« erschienenen neueren bauhistorischen Studien von Géza Entz »Le chantier cistercien de Kerz«[5] und die von Martin Rill in den Jahren 1981–85 zusammen mit Thomas Naegler gemachten archäologischen Entdeckungen, die in den »Südostdeutschen Vierteljahresblättern«[6] veröffentlicht wurden, zu erwähnen. Aus der dem Thema gewidmeten rumänischen Historiographie erwähnenswert ist die 1928 in der Zeitschrift »Cercetări istorice« erschienene Studie von Gheorghe Duzinchevici »Die Zisterzienser-

1 Hervay, Ferenc L.: Repertorium historicum Ordinis Cisterciensis in Hungaria, Rom 1984 (=Biblioteca Cisterciensis 7).

2 Adrianyi, Gabriel: Beiträge zur Kirchengeschichte Ungarns, München 1986 (=Studia Hungarica 30); Zimmermann, Harald: Siebenbürgen und seine hospites Theutonici. Vorträge und Forschungen zur südostdeutschen Geschichte, Köln, Weimar, Wien 1996; Teutsch, Friedrich: Geschichte der evangelischen Kirche in Siebenbürgen, Hermannstadt 1921.

3 Urkundenbuch zur Geschichte der Deutschen in Siebenbürgen, bearb. v. Franz Zimmermann, Carl Werner (et. al.), Bd. 1, Hermannstadt 1892, Bd. 7, Bukarest 1981.

4 Reissenberger, Ludwig: Die Kerzer Abtei, Hermannstadt 1894.

5 Entz, Géza: Le chantier cistercien de Kerc (Cîrţa), in: Acta Historiae Artium Academiae Scientiarum Hungaricae 9(1963), S. 3–38.

6 Rill, Martin: Die Zisterzienserabtei in Kerz am Alt im Lichte neuer Grabungen, in: Südostdeutsche Vierteljahresblätter 39(1990), S. 148–152.

Kerz, Chor der Klosterkirche von Osten *Foto: Siebenbürgen-Institut Gundelsheim/N.*

propaganda unter den Rumänen«[7], welche sich der in der Chronik von Albricus Trium Fontium gebotenen Information bedient. Die jüngste zusammenfassende Monographie ist der 1990 unter dem Titel »Die Zisterzienser von Kerz« von Michael Thalgott in München veröffentlichte Band.[8]

In den letzten Jahren arbeiten Historiker, Archäologen und Kunsthistoriker an der Rekuperation sämtlicher Unterlagen, Daten und Spuren der historischen Denkmäler, die eine umfassende »Denkmaltopographie Siebenbürgen« zum Ziel hat und deren erster, dem Kreis Kronstadt gewidmeter Band 1995 erschienen ist. Hoffentlich werden wir bald ein solches Dossier auch für die Kerzer Abtei besitzen.

Für die Banater Zisterzienserabteien grundlegend bleibt die Arbeit von Koloman Juhász »Die Stifte der Tschanader Diözese im Mittelalter. Ein Beitrag zur Frühgeschichte und Kulturgeschichte des Banats«, die 1927 erschien.[9]

7 Duzinchevici, Gheorghe: Propaganda cistercită printre români, in: Cercetări istorice 4(1928), Nr. 2, S. 126–138.

8 Thalgott, Michael: Die Zisterzienser von Kerz, München 1990. Vgl. ders.: Die Zisterzienser von Kerz in ihrer Zeit, in: Südostdeutsche Vierteljahresblätter 39(1990), S. 143–147.

9 Juhasz, Kolomán: Die Stifte der Tschanader Diözese im Mittelalter, Münster i. Westf. 1927.

Ausgehend von dieser kurzen Bibliographie soll im folgenden die Geschichte der Zisterzienser in Siebenbürgen und dem Banat kurz betrachtet werden.

Das erste Zisterzienserkloster im ungarischen Königreich wurde 1142 in Czikador, im Tolnauer Komitat, vom König Géza II. begründet. Nach Czikador kamen Mönche aus Heiligenkreuz nahe Wien, und diese stammten ihrerseits aus einer der vier Primarabteien, und zwar aus Morimond. Unter der Herrschaft des Königs Béla III. (1172–96) fand dank der den Zisterziensern gebotenen großen Freiheiten die schnelle Ausbreitung des Ordens in Ungarn statt. Die Begünstigung des Ordens kann auch durch die Hochzeit des Königs Béla III. mit Anna von Châtillon erklärt werden, welche die ungarisch-französischen Verhältnisse befestigte und die Kontakte mit dem Ursprungszentrum des Ordens erleichterte.

1179 wurde die Abtei Egresch in der Tschanader Diözese im Banat gegründet. Sie wurde von Mönchen aus Czikador und aus einer anderen Primarabtei aus Frankreich, Pontigny, besetzt und zählt unter die Filiation von Pontigny. Die Urkunden nennen folgende Namensformen: *Egres*, *Egrus*, *Egrws*, *Egresiensis*. Die Schutzpatronin der Abtei war die Heilige Jungfrau Maria. Als erster Abt ist überliefert Hugo, ehemaliger Mönch in Pontigny. Die Egrescher Abtei überlebte bis in das 15. Jahrhundert. Aus den Urkunden kennen wir die Namen einiger Äbte: Egydius (1299–1304), Alardus (1367), Johannes (1368–1402), Michael (1432), Georgius (1437), Ladislaus Wodski (1439–40 und 1450–51), Martin (1488). Ein einziges Dokument, und zwar das 1239 erstellte Testament von Nicolaus Chaak, des jüngeren Bruders des Erzbischofes von Gran, Ugrinus, beweist, daß diese Abtei auch als Beurkundungsort diente. Für die Bibliothek der Abtei wurden aus Frankreich einige Codices gebracht, darunter jene von Gregor dem Großen (Homilien und *Libri Quatri dialogorum*), Gregor von Nazianz (*Apologeticus de fuga*), Augustinus (*De vera religione*), Ivo von Chartres (*Orationes*) und Anselm von Canterbury (*Cur deus homo*).

Eine andere Abtei der Zisterzienser in der Diözese Tschanad war möglicherweise jene von Rahontz, am linken Ufer der Mieresch. Ebenfalls in der Herrschaftszeit von Béla III. gegründet, hatte diese ein äußerst kurzes Dasein, da sie 1241 von den Tataren vernichtet wurde. Schutzpatron war der Heilige Michael. Andreas II. schenkte das Kloster Nicolaus Chaak. Nach der Zerstörung des Klosters durch die Tataren wurde eine von der Kathedrale des Tschanader Erzdiakonats abhängige Pfarrei errichtet.

Der nächste Schritt war die Gründung der Abtei Kerz bei Hermannstadt, am Fuße der Fogarascher Berge – das einzige Zisterzienserkloster in Siebenbürgen. Das Gründungsdatum dieses Klosters ist umstritten, allgemein wird das Jahr 1202 angenommen. Die Urkunden erwähnen es unter dem Namen *Kerch*, *Kirch*, *Kyrch* oder *Candelis*. Als Schutzpatron erscheint die Heilige Jungfrau Maria, so wie auch bei dem Mutterkloster Egresch. Der Kerzer Abt wurde vom Konvent gewählt und vom Egrescher Vaterabt bestätigt. Die erste urkundliche Erwähnung stammt aus dem Jahr 1223. Es handelt sich um einen Akt des Königs Andreas II., der die Vorrechte des Klosters bestätigte. Aus den Urkunden geht hervor, daß das Kloster Patronatsrecht über einige Kirchen hatte und in den Klosterdörfern Gewinne erwirtschaftet wurden. Auch die Kerzer Abtei litt unter dem Tatareneinfall von 1241/42. Deshalb nahm Stephan, als junger König von Ungarn und Herzog von Siebenbürgen, im Jahr 1264 das Kloster in seine Fürsorge, indem er dessen Besitzungen gegen die Usurpationsversuche des siebenbürgischen Woiwoden oder anderer Adeliger verteidigte. Dieselbe Haltung bekräftigte er später, im Jahr 1272, durch eine als vollkommener König von Ungarn erlassene Urkunde. Später übernahm auch König Karl Robert von Anjou die Schirmherschaft der Abtei und ihres Besitzes durch das Vorrecht von 1322 (»in nostram protectionem specialem [...] recepimus«), nachdem der Prior des Kerzer Klosters Henricus um diesen Schutz ersucht hatte. Unter den zehn Ortschaften, die in dieser Urkunde genannt werden, befinden sich: Kerz, Walachisch Kerz, Meschendorf, Klosdorf, Michelsberg und Abtsdorf. Karl Roberts Vorrecht wurde 1418 durch König Sigismund von Luxemburg bekräftigt, der der Kerzer Abtei auch ein weiteres Recht gewährte. Aus diesem Dokument geht hervor, daß das Kloster den vierten Teil des von diesen Ortschaften zu leistenden Zehnten bekam. Wahrscheinlich kamen die anderen drei Viertel des Zehnten den jeweiligen Gemeindepfarrern zu. Zwischen dem Kloster und seinen Dörfern entstand eine Reihe von Konflikten bezüglich des Patronatsrechts, die nach und nach zum Verfall des Klosters beitrugen. Dazu kam die Türkengefahr, die seit dem Jahr 1420 in Siebenbürgen ständig zunahm. In den nächsten Jahren zerstörten die türkischen Angriffe im Burzenland auch Teile der Kerzer Abtei, so daß sich König Sigismund von Luxemburg 1427 genötigt sah, die Hermannstädter beim Wiederaufbau des Klosters um Hilfe zu bitten. 1440 beschrieb Ladislaus Wodski, der Abt der Egrescher Abtei, als »visitator und pater abbas« die Lage der Kerzer Abtei als »valde desolatum« und äußerte die Hoffnung, daß es dem neuen Abt Johannes gelingen werde, die Abtei wiederherzustellen. Der wirtschaftliche Verfall des Klosters veranlaßte König Matthias Corvinus, es 1474 aufzulösen, da es unfähig war, sich selbst zu erneuern. Das geringe übriggebliebene Vermögen der Abtei wurde der Stadt Hermannstadt übertragen. Trotz aller im Laufe der Zeit gemachten Wiederherstellungs- und Konservierungsversuche war der Verfall der Abtei endgültig. Schon 1495 erscheint in den Dokumenten ein Steinmetzmeister namens Andreas Lapicida, der die Westfassade der Abtei wiederherstellte. Das heutige Aussehen des Denkmals mit seinem kleinen Westturm ist den Wiederherstellungsaktionen aus den Jahren 1913/14 unter Leitung des Architekten Oskar Fritz-Laczay sowie den Konservierungsaktionen der Rumänischen Kommission für die Bewahrung der Denkmäler (1965–67) zu danken.

Kerz, Fenster im Kapitelsaal
Foto: Siebenbürgen-Institut Gundelsheim/N.

Die Urkunden haben die Namen mehrerer Äbte des Kerzer Klosters erhalten: Bertholdus (1272), Johannes (1306), Johannes (1329), Marsilius (1350), Johannes (1359), Johannes (1382), Paulus (1411, 1416), Michael (1416–39), Johannes von Bornequelle (1439, 1448), Nicolaus (1454), Ladislaus (1461), Raymundus Bärenfuß (1463); der letztere trug auch den Titel des Bischofs von Argisch.

Der Zisterzienserorden gilt als typischer Kolonisationsorden und wirkte als solcher wohl auch in Ungarn. Die Rolle der Zisterzienser im Rahmen der Kolonisation durch deutsche Siedler in Siebenbürgen und in der Slowakei während des 12. und 13. Jahrhunderts bedarf jedoch ebenso wie das Phänomen der Kolonisation neuer Analyse und Bewertung.

Notwendig erscheint heute eine auf Basis der Urkunden und der archäologischen Spuren fußende neue monographische Untersuchung der Klostergeschichte. Sie hat neben den Fragen nach dem inneren Leben des Konventes insbesondere ihre Aufmerksamkeit auf die Einflüsse und Beziehungen des Klosters zu seiner Umwelt zu lenken. Hierbei ist auch die Frage nach den Beziehungen der Zisterzienser mit anderen geistlichen Institutionen und monastischen Gemeinschaften in der behandelten Region zu stellen, um die so oft postulierte Sonderrolle dieses Ordens zu hinterfragen und neben seinen unterscheidenden Eigentümlichkeiten auch die den Orden gemeinsamen Aspekte, die das Leben der mittelalterlichen Menschen prägten, einordnen zu können.

Zisterziensermönche im mittelalterlichen Siebenbürgen – Einflüsse, Hinterlassenschaft und Ausstrahlung*

Heidrun König

Nach etwa halbstündiger Fahrt von Hermannstadt in Richtung Kronstadt entlang der Südkarpatenkette, dort wo die Landstraße auf der gebirgszugewandten Uferseite des Flusses Alt verläuft, empfiehlt sich allen (kunst-)historisch Interessierten ein Abstecher in die Ortschaft Kerz, wo sie von den Ruinen einer ehemaligen Zisterzienserabtei überrascht werden. Ist man so weit ins geographische Zentrum des heutigen Rumänien vorgestoßen, mögen sich Laien wie Kenner bei dem anrührenden Anblick oft genug gefragt haben, wie es kam, daß dieses noch in seinen Resten so imposante Bauwerk weit weg von seinesgleichen in Zentraleuropa Eingang in diese südosteuropäische Landschaft gefunden hat. Seine Entstehungsgeschichte reicht bis an den Anfang des 13. Jahrhunderts zurück. Damals warben sich die hier Arpadenkönige Ungarns bereits in dritter Generation ihre Gattinnen aus französischen Landen, was von entscheidender Bedeutung für die Kirchenorganisation und den Orden sein sollte.

Die Gründung von Czikador als dem ersten Zisterzienserkloster im Königreich des Heiligen Stephan fiel in die Regierungszeit König Géza II. (1141–62). Auf Betreiben von Anne de Châtillon, der ersten Gattin seines in Byzanz erzogenen Nachfolgers Béla III. (1173–1204), war dann 1179 direkt von Pontigny aus am unteren Mieresch das Kloster Egresch gegründet worden[1], als um das Jahr 1202[2] dessen Tochterstiftung die »*Abbatia beatae Mariae Virginis*

* Erweiterter und mit Anmerkungen versehener Text eines Videofilms gleichen Namens von Dorin Doroftei (Bukarest), der im Herbst 1997 entstand. Die Rechte für die Verwendung des Filmmaterials liegen beim Förderverein Kloster Zinna e.V.

1 Klein, Karl Kurt: *Latini* in Siebenbürgen, in: Ders.: Transsylvanica. Gesammelte Abhandlungen und Aufsätze zur Sprach- und Siedlungsforschung der Deutschen in Siebenbürgen, München 1963 (= Buchreihe der Südostdeutschen Historischen Kommission 12), S. 226–255; hier S. 235. Klein widmet sich in diesem Aufsatz dem romanischen Element innerhalb der siebenbürgisch-sächsischen Siedlungsgeschichte und dessen Stellenwert im Kontext der mittelalterlichen Bewegungen. Vgl. dazu allgemein: Amman, Hektor: Die französische Südostwanderung im Rahmen der mittelalterlichen französischen Wanderungen, in: Festgabe dargebracht Harold Steinacker zur Vollendung des 80. Lebensjahres, München 1955, S. 259–281.

2 Das Jahr 1202 wird allgemein als das Jahr der Gründung angenommen, vgl. Reissenberger, Ludwig: Die Kerzer Abtei, Hermannstadt 1894, S. 7; Busuioc, Dan-Nicolaea,

Kerz, ehemaliger Ostflügel der Klosteranlage, Kapitelsaal und Dormitorium von innen
Foto: Siebenbürgen-Institut Gundelsheim/N.

de Candelis« entstand. Eine zweite Ehe jenes Béla III. mit Margarethe, Tochter des französischen Königs Ludwig VII., brachte für Ungarn eine regelrechte Expansion des Zisterzienserordens. Schon 1183 hatte der sonst eher nach Byzanz blickende König unter dem Einfluß seiner Frauen dem Orden in Ungarn alle Rechte verliehen, derer er sich im Stammland erfreute.[3]

Die nur wenig später erfolgende Berufung der Deutschordensritter ins südsiebenbürgische Burzenland dagegen ging auf die Initiative Bertholds von Andechs-Meran zurück, eines Bruders der Königin Gertrud, der deutschen Gemahlin Andreas II. (1205–35). Sie hatte den jungen Berthold als Erzbischof von Kalócza und Ban von Kroatien vermittelt. Ein weiterer Bruder der Königin, Eckbert, Bischof von Bamberg, arrangierte im gleichen Jahr 1211 die Verlobung der Tochter Andreas II., der 1235 heiliggesprochenen Elisabeth, mit Ludwig, Sohn des Landgrafen Hermann von Thüringen.[4]

Consideraţii privind datarea mănăstirii cisterciene de la Cîrta (Überlegungen zur Datierung des Zisterzienserklosters Kerz), in: Studii şi cercetări de istoria artei, Seria artă plastică 23(1976), S. 3–20, hier S. 4; Tataru, Marius, Abbatia beatae Mariae Virginis de candelis, Ms. o.O. o.J.; Klima, Hellmuth: Gemeindearchiv Kerz [1982], Ms. im Landeskonsistorium der Evangelischen Kirche A.B. in Rumänien.

3 Busuioc (wie Anm. 2), S. 18: »*Catalogus et nomina 28 monasteriorum quae olim in Hungaria floruerunt, extracta ex libro contributionum capituli generalis Cistercii, 1520, sub domino Guillelmo abbate generali celebrati [...].*«

4 Fabritius-Dancu, Juliana: Sächsische Kirchenburgen aus Siebenbürgen, Sibiu 1980, S. 2.

Eine zweite Ehe Andreas II. bedeutete hingegen wieder eine Erstarkung des französischen Elements in der arpadischen Dynastiepolitik: Jolanthe de Courtenay war die Tochter Pierre II. de Courtenay, des Grafen von Auxerre, Tonnerre und Namur, der 1216, dem Jahr nach ihrer Eheschließung, »lateinischer« Kaiser von Konstantinopel wurde. Königin Jolanthe war in Auxerre, d.h. in nächster Nähe von Pontigny aufgewachsen. Über sie nahmen Persönlichkeiten vom Format eines Villard de Honnecourt Einfluß auf das ungarische Staats- und Kirchenwesen. Durch ihre Protektion etwa kamen aus der Normandie der Fünfkirchener Bischof Berthold und der im siebenbürgischen Weißenburg residierende Bischof Raynaldus in ihre Ämter. Einer seiner namhaften Weißenburger Vorgänger, der Franzose Adrianus (1181–1202), war schon vorher Propst in Ofen gewesen und hat als Protonotar der königlichen Kanzlei die Schriftsprache im Rechtsverfahren eingeführt. Überhaupt haben in der Folge fast ein ganzes Jahrhundert Romanen, Wallonen und Franzosen (zum Teil aus der Lütticher Diözese) den zum Erzbistum Gran gehörenden Weißenburger Bischofsthron innegehabt.[5] Zu dieser »dünne[n], politisch herrschende[n] und kulturell einflußreiche[n] Oberschicht der Franzosen«[6] zählte schließlich auch der für unsere Region wesentliche Magister Gocelinus. Er gehörte zu den Familiaren des Königshauses, war ein Förderer der Zisterzienser aus Pontigny gewesen und hatte sich über die Mutterabtei Egresch in Kerz niedergelassen. Dieser Umstand führte zur ersten urkundlichen Erwähnung des Kerzer Klosters. Mit der Urkunde vom 30. November 1223 bestätigte König Andreas II. die Schenkung von Michelsberg an die Kerzer Abtei durch jenen Geistlichen Gocelinus. László Gáldi äußerte 1940 den Gedanken, daß der Erbauer und erste Besitzer der Bergkirche bei Michelsberg ein Franzose gewesen sein muß.[7]

Die Narratio berichtet: Vor Zeiten habe der König (Andreas II.) seinem getreuen und geliebten Kleriker Gocelinus den St. Michelsberg in Siebenbürgen mit dazugehöriger Kirche und Land, das der König von der Hermannstädter Propsteikirche im Tausch gegen die *terra Borothnik* (Probstdorf) erhalten habe, zu dauerndem Besitz geschenkt. Alt geworden, habe der Magister aus Sorge um das Heil seiner Seele, dessen wir alle bedürftig seien, die Schenkung (den Berg mit der Kirche und das Land mit seinem Zubehör, d.h. mit der dazugehörenden Siedlung Michelsberg und den Abgaben ihrer Bewohner) dem vorerwähnten Kloster zu festem Besitz vermacht.[8]

5 Klein (wie Anm. 1), S. 248.
6 Amman (wie Anm. 1), S. 281.
7 Zitiert bei Klein (wie Anm. 1), S. 235.
8 Klein (wie Anm. 1), S. 233f.

Kerz, ehemaliges Langhaus mit Blick zum Chor. Im Langhaus befindet sich heute ein Soldatenfriedhof, der Chor fungiert als evang.-luth. Kirchengebäude.
Foto: Siebenbürgen-Institut Gundelsheim/N.

Kerz, ehemaliges Langhaus nach Westen
Foto: Siebenbürgen-Institut Gundelsheim/N.

Über innerfranzösische Verbindungen und in Gestalt des Zisterzienserordens fand damit die burgundische Frühgotik genau hundert Jahre, nachdem sie sich in ihrer Heimat durchgesetzt hatte, auch im südöstlichen Grenzland Ungarns Eingang: In Kerz am Alt, in der *terra blachorum et bissenorum*, war von der Abtei in Egresch aus ein Filialkloster gegründet. Nachdem ein erster Bau im Mongolensturm von 1241 unterging, bauten die Zisterziensermönche um 1250 ihre Abtei in Kerz in den frühgotischen Formen wieder auf, die für eine Reihe transsylvanischer Kultbauten Konstruktions- und Schmuckformen bestimmen sollten.[9]

Von der ehemaligen Abteikirche sind nur der Chor, die Vierung und ein Teil des Querschiffes (seit 1721 als liturgischer Raum eingerichtet) als geschlossener Raum stehengeblieben. Im Areal des ehemaligen dreischiffigen Langhauses finden sich ein Heldenfriedhof des I. Weltkriegs und ein Lapidarium.

9 Fabritius-Dancu (wie Anm. 4), S. 5.

Der Dreieckgiebel der um 1300 entstandenen Westfassade ist über dem Portal von einem vier Meter großen Radfenster durchbrochen. Die von stab- und birnförmigen Profilen und zwischenliegenden Hohlkehlen vierfach gegliederte Archivolte des Portals ist spitzbogig geschlossen. Das verwitterte Kapitellfries war ursprünglich mit üppigem Rebenblattwerk, mit Blütenformen und figürlicher Ornamentik verziert.

Das backsteinerne Türmchen, das auf der nördlichen Hälfte die fialengekrönte Profilatur verdeckt, mag als Modeerscheinung des 15. Jahrhunderts zu werten sein, wodurch der Giebel mehrachsig werden sollte. (Analogien gibt es u.a. in Brandenburg.) Diese giebelangelehnten Türmchen ersetzten auch die kleinen Vierungstürmchen, die das ehemalige Ordensverbot auf Verwendung größerer Glocken gezeitigt hatte.[10]

Vom Ordenshaus existiert noch die innere Mauer des Flügels, der in Verlängerung des südlichen Querschiffarmes lag, während ein Teil der Klausur, die den Hof nach Süden hin abschloß, um 1495 ins Pfarrhaus einbezogen wurde.

Die dreischiffige Basilika von Kerz ist auf der Basis des gebundenen Systems angelegt, dessen Maßeinheit für alle Grundrißteile das Vierungsquadrat bildet. Es setzt sich nach Süden und Norden in den Kreuzarmen des Querhauses fort, nach Westen in vier quadratischen Jochen des Mittelschiffs, denen je acht halb so große Quadratjoche in den beiden Seitenschiffen entsprechen.

Die Ostwand des Chores öffnet sich in je zwei hohen Spitzbögen in die an den Chor anschließenden zweigeschossigen Zwillingskapellen.[11] Eine Lockerung dieses gebundenen Systems durch das Abweichen von der streng quadratischen Grundrißeinheit – wie in den Kerzer Seitenkapellen – kennzeichnet die Zisterziensergotik der zweiten Hälfte des 13. Jahrhunderts. Auch der dreiseitige Ostabschluß des Chores mit den schmalen spitzbogigen Zwillingsfenstern in der Ostwand, den Rundfenstern mit Vier- oder Sechspaßdurchbruch, bestimmte Konsoltypen und Schlußsteine, der trapezförmige Rippenquerschnitt, die in drei Halbsäulen gebündelten Dienste mit Knollenblattkapitellen, die sechsteiligen Gewölbejoche sind übliche Merkmale von Zisterzienserbauten.[12]

Die einzige Spur eines sechsteiligen Gewölbejochs[13] ist noch im an den Westgiebel grenzenden Joch sichtbar: Eine Konsole an der Südwand weist

10 Reissenberger (wie Anm. 2), S. 51.

11 An dieser Stelle sei auf die zweigeschossigen Kapellen von Lehnin und Chorin aus der 2. Hälfte des 13. Jahrhunderts hingewiesen.

12 Fabritius-Dancu (wie Anm. 4), S. 5.

13 Vătăşianu, Virgil: Istoria artei feudale în ţarile române (Geschichte der feudalen Kunst in den rumänischen Ländern), Bucureşti 1959, S. 100; Busuioc (wie Anm. 2), S. 4.

durch ihre Position darauf hin. Die bis 1420 intakt gebliebenen letzten beiden Joche sind danach häufiger zerstört und zwischendurch nur mangelhaft ausgebessert worden, so daß nach 1430 die Pfeiler mit Gußmauerwerk verfüllt, die Seitenwände ab vier Meter Höhe und ihre Gewölbe ganz aus Backstein aufgeführt worden sind.[14]

Die verschiedenen Zäsuren und Ungereimtheiten der aufgeführten Bauteile lassen die jeweiligen Bauabschnitte und Bauhütten hervortreten. – Der ersten Bauzeit zu Beginn des 13. Jahrhunderts entstammt das sehr verwitterte kubische Kapitell mit archaisch anmutenden Eckmasken. Zeitlich als nächstes einzuordnen ist das Palmettenkapitell der romanisch gefaßten Türgewandung aus dem Chor zur Sakristei, einer ehemaligen Seitenkapelle. Es folgen die Variationen des Knollenblattkapitells: von der schlichten Knospe über Knollenblatt, Zweiregisterknollenblatt, zusätzlichen Weinrebenblättern, üppigem Weinrebendekor am verwitterten westlichsten Kapitell (Lapidarium) bis zum üppigen doppelstufigen Knollenblattkapitell mit modifiziertem Abakus: Die gekehlte Platte von bisher wird nun von zwei Rundstäben mit zwischenliegender Hohlkehle gesäumt.[15]

Die Rosetten der Schlußsteine haben auch in ihren reiferen Ausgaben die Hagebuttenrose zum Motiv, das Mariensymbolik verbürgt. Der Schlußstein des Altarquadrats zeigt nach Ordensgepflogenheit die gekrönte Maria als Himmelskönigin.

Die Abschlußmauer mit Kleeblattbogenöffnung zwischen Mittelschiff und Vierung ist erst als Folge der Aufhebung des Klosters entstanden, als es galt, die Laiengemeinde vom Klerus zu trennen. Sakristei und Pfarrhaus stammen ebenfalls von Ende des 15. Jahrhunderts.[16]

Süd- und Nordwand haben verschiedene Breiten. Im Norden sind Stützpfeiler vorhanden, im Süden fehlen sie. Stilistisch wirkt die Nordseite jünger. Analogien zu solcher Seitenungleichheit finden sich auch an der Kirche von Otterberg, aber auch von Halmagen und Bartholomä.[17]

Der Kreuzgang bestand nicht wie herkömmlich aus quadratisch um den Klosterhof gelegten Bogenhallen, sondern hatte nur einen östlichen und einen südlichen Flügel von jeweils acht Traveen, war aber doppelschiffig, wie das auch in Königslutter bei Braunschweig und in Pforta bei Naumburg der Fall ist. Mehrere Quermauern im östlichen Flügel weisen auf gesonderte Nutzung hin.

14 Reissenberger (wie Anm. 2), S. 27, 43; Busuioc (wie Anm. 2), S. 4.
15 Busuioc (wie Anm. 2), S. 10f.
16 Reissenberger (wie Anm. 2), S. 44f.
17 Ebd., S. 48.

Was die Lage der jeweiligen Räume betrifft, ist man auf Vermutungen angewiesen: Der Kapitelsaal lag wohl im Erdgeschoß des Osttraktes, Refektorium und Remter waren wohl im ersten Stock des südlichen Traktes untergebracht. Bezüglich der Lage des gemeinsamen Dormitoriums im einschiffigen Obergeschoß des östlichen Flügels gibt es außer den engen rechteckigen Fenstern noch einen Hinweis durch eine Rechnung von 1506 über hier durchgeführte Reparaturen.

Ob die Abtswohnung in Pfortennähe war und wo Kranken- bzw. Gästeräume gewesen sein mögen, ist bisher nicht erwiesen worden.

Die stehengebliebene Mauer des Osttraktes zeigt Spuren mehrerer aufeinanderfolgender Strukturintentionen, ja eine Unstimmigkeit übereinander befindlicher Strukturelemente, die auf Zäsuren in der Ausführung hinweisen.[18]

Die zierliche Gliederung der gebündelten Rippen und Konsolen zeigt Analogien zu Lilienfeld.[19] – Erinnern wir uns, daß zur Streitschlichtung zwischen König Andreas II. und dem thüringischen Ritterordensmeister Hermann von Salza mit dem Kerzer Abt zusammen noch die Äbte von Egresch und Lilienfeld vom Papst nominiert worden waren, somit zwischen den Klöstern Beziehungen bestanden haben mögen.

Um das Jahr 1495 sind Reparaturen im Auftrag des Hermannstädter Stadtrates verzeichnet, worunter auch Steinmetzarbeiten des namhaften Andreas Lapicida erwähnt sind. Wie schon erwähnt, ist das Pfarrhaus auch ein Resultat dieser Bauphase.

Die Regentschaft König Andreas II. wirkte prägend für ganz Siebenbürgen vor allem durch das bereits erwähnte Heranziehen des Deutschritterordens und die erfolgreich betriebene »deutsche« Siedlungspolitik: Nachdem der Deutsche Ritterorden 1211 von Andreas das exponiert im inneren Karpatenknie gelegene Burzenland zugewiesen bekommen hatte, begann er, diesen Machtbereich gegen das südöstlich gelegene heidnische Kumanengebiet abzusichern und hatte sehr bald 13 Ortschaften, darunter die erste »Marienburg«, gegründet. Die Bestrebungen des Ritterordens, das Burzenland mit päpstlicher Unterstützung zu einem vom König unabhängigen Ordensstaat auszugestalten, bewirkten allerdings schon im Jahre 1225, daß König Andreas ihn des Landes verwies.[20]

Im Vorjahr dagegen, 1224, hatte Andreas II. den neuen »zivilen« Siedlern – den seit Géza II. zum Grenzschutz gerufenen *Teutonici* und *hospites*

18 Busuioc (wie Anm. 2), S. 7, 15.
19 Thalgott, Michael: Die Zisterzienser von Kerz. München 1990, Abb. 39.
20 Reissenberger (wie Anm. 2), S. 28.

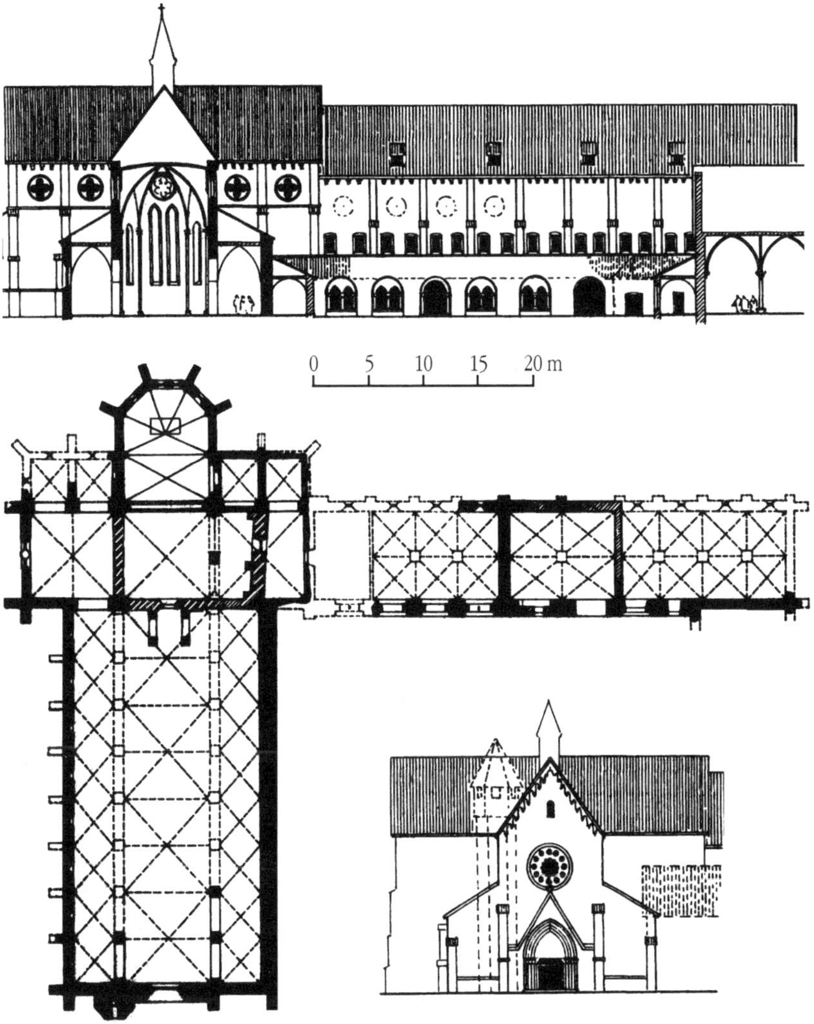

Kerz, Auf- und Grundriß der Kirche und des Ostflügels der Klosteranlage sowie Aufriß der Westansicht *Abb. nach Thalgott, Michael: Die Zisterzienser von Kerz, München 1990*

Flandrenses – durch den sogenannten Goldenen Freibrief das »Alte Land« (von Broos im Westen bis Draas im Osten) als »Königsboden« verliehen und ihre Rechte verbrieft. Dieses nachmalige »sächsische Eigenlandrecht« und die damit verbundenen Privilegien wie etwa freie Pfarrerwahl, eigene Gesetzgebung und Gerichtsbarkeit im Gegenzug für Heeresgefolge und direkte Steuerzahlung bildeten dann für die folgenden 700 Jahre die – noch 21mal bestätigte – Rechtsgrundlage der deutschen Siedler.

Dieser im ökonomischen und strategischen Sinne entscheidende Schritt, dazu die Einwände seines Sohnes Béla (nachmals IV.), des *rex junior*, gegen ein Zurückholen des Deutschritterordens, bewogen Andreas II., 1240 die bedeutendsten Ortsgründungen des Ritterordens – Marienburg, Tartlau, Petersberg und Honigberg[21] – dem Patronat der Kerzer Abtei zu unterstellen. Dies sollte auch für die dort jeweils bereits begonnenen Kirchenbauten Folgen haben.

Der unmittelbar darauf folgende Tatareneinfall von 1241 bedeutete für alles Lebende und Bauliche eine schwere Herausforderung. Der Mönch Rogerius beschrieb in seinem *Carmen miserabile*[22] das Ausmaß der verübten Greuel und hinterlassener Verwüstung. Für so gut wie alle der älteren Kirchenbauten Siebenbürgens bedeutet dieses Jahr – sei es durch das immense Ausmaß der Zerstörung, oder sei es durch die große Verzögerung in der Bauausführung und die häufig damit verbundene stilistische Neuorientierung – eine kenntliche Zäsur.[23]

Das Ordenszentrum des Ritterordens, die Marienburg, lag an einem Knotenpunkt der römischen Poststraße und war das im Osten der Gemeinde gelegene, auf einem 20 m hohen befestigten Bergplateau gelegene Vorwerk mit 2–4 m starkem Mauergürtel und vier vorspringenden Türmen. Das Kastell lag da, wo heute die Basilika steht, deren Chor – damals mit halbrunder Apsis, Flachdecke und romanischen Fenstern – ihre Kapelle bildete, an die sich das Konventsgebäude anschloß, ein dreigeschossiger Bau, dessen Erdgeschoß den Remter und das Refektorium umfaßte; im zweiten Geschoß lagen Kapitelsaal und Speicher und im obersten das Dormitorium.[24]

Südwestlich von der ehemaligen Kapelle stand ein im Ansatz noch vorhandener Turm, dessen Erdgeschoß mit Kreuzgewölbe die Eingangshalle in den Chor bildete. Einen seitlichen Südturm besitzt auch das Ordenskastell der Deutschordensritter in Marienburg in Westpreußen[25], wohin der Orden nach

21 Urkundenbuch zur Geschichte der Deutschen in Siebenbürgen, bearb. v. Franz Zimmermann, Carl Werner (et. al.), Bd. 1, Hermannstadt 1892, S. 68.

22 Popa-Lisseanu, Gheorghe (Hg. u. Übers.): Rogerii Carmen Miserabile, Bucureşti 1935 (= Izvoarele istoriei românilor 5).

23 Heitel, Radu: Archäologische Beiträge zu den romanischen Baudenkmälern aus Südsiebenbürgen, in: Revue Roumain d'histoire de l'art, sér. beaux-arts 9(1972), S. 139–160, hier S. 150, 153.

24 Vgl. Fabritius-Dancu (wie Anm. 4) und Vătăşianu (wie Anm. 12). Vătăşianu hält aufgrund der späten Gewölbe dafür, daß von Anfang an eine Parochialkirche gebaut worden ist.

25 Fabritius-Dancu (wie Anm. 4), Blatt 39.

der Vertreibung aus Ungarn mit der gleichen militärischen bzw. religiösen Mission und ähnlichem Selbständigkeitsdrang gelenkt und diesmal langfristig erfolgreich eingesetzt wurde.

Das Ordenshaus wurde nach 1241 zur heutigen Langhausbasilika umgebaut, deren Chor an der Stelle der ehemals halbrund geschlossenen Kapelle steht. – Der Chor erhielt Merkmale der frühen Gotik der Zisterzienser: Er wurde polygonal abgeschlossen und mit hohen Spitzbogenfenstern und Rundfenstern versehen. Auf die Konsolen der Dienste und die Kapitelle aus dem 14. Jahrhundert wurde besondere Sorgfalt verwendet.[26] Zum Thema werden neben Szenen des Christuslebens auch solche der Heiligenviten mit Bezug zum Ritterleben: die Legende vom Hl. Georg, dessen Grabstätte in Palästina dem 1190 dort gegründeten und 1211 von dort her berufenen Ritterorden vertraut gewesen sein muß.

Die um 1218 begonnene Heiligkreuzkirche in Tartlau hat nach orientalischem Modell als Grundriß ein griechisches Kreuz, dessen Arme einen Sechseckabschluß erhielten. Nach Herrschaftswechsel und Mongolensturm um 1240/41 erfolgte der Wiederaufbau ebenfalls mit Merkmalen der Zisterziensergotik.[27] Die Apsidenquadrate haben noch das typische sechsteilige Gewölbe, Konsolen und Kapitelle weisen jedoch die bekannten Formen der Zisterzienser auf: durch Arkadenbögen zugängliche Seitenkapellen, Altarkredenz, die Spitzbogenfenster der Apsiden, Spitzbogen-Zwillingsfenster im Osten, Radfenster unter dem Gesimse aus Hohlkehle und Blattknospen. Die massiven Eckpfeiler der um 1461 neu eingewölbten Vierung tragen seither auch den Vierungsturm. An ihnen sind noch edle »Pfropfen« aus dauerhafterem Sandstein kenntlich. Um 1512 wurde der westliche Kreuzarm aus praktischen Gründen verlängert und mit dem Netzgewölbe überzogen, Empore und Westportal kamen hinzu. Der Standort der Kreuzkirche an der östlichen Grenze des sächsischen Siedlungsgebietes, dazu die dringende Notwendigkeit, die folgenden (über fünfzig!) Tataren- und Türkeneinfälle abzuwehren, bewirkten die Entstehung der am stärksten befestigten Kirchenburg Siebenbürgens. Unter den als Formation auftretenden Befestigungs-Kirchenbauten unserer Landschaft genießt sie darum heute UNESCO-Schutz.

26 Die Datierung der Marienburger Kapitelle ist umstritten. Drăguţ hält sie für Mitte 15. Jahrhundert, wobei die französische Hochgotik schon 1190–1270 anzusetzen ist und demzufolge ab 1240 (bzw. ab 1264 – nach dem Mongolensturm) durchaus zisterziensische Produkte im Burzenland vorhanden sein konnten. Über die deutsche Linie hätten sie frühestens ab 1235/50 ankommen können.

27 Fabini, Hermann: Die Kirchenburg in Tartlau, Hermannstadt 1996 (= Baudenkmäler in Siebenbürgen 17), S. 13f.

Die Kirche von St. Bartholomä in Kronstadt ist der wohl am sorgfältigsten durchgebildete Bau, der zu den bedeutendsten Ablegern der Zisterzienser-Bauhütte zählt. Die Grundrißanlage mit Querschiff hat zisterziensisches Gepräge, ebenso der Chor mit den spitzbogigen Zwillingsfenstern im Osten und den Rundfenstern, die typischen quadratischen Joche mit sechsteiligem Gewölbe, deren (figurative) Gewölbekonsolen in den Armen des Querschiffes die Rippen bündeln.

Zum Unterschied von Kerz, wo das Dachgesims von jenen kleinen trapezförmigen Konsölchen getragen wird wie auch am Herrenrefektorium und im Kreuzgang in Maulbronn oder der St. Saturninkirche in Toulouse, ist hier schon deren Auflösung und der Ansatz zum Rundbogenfries zu erkennen, wie das dann bei der Schloßkirche von Mönchsdorf in Nordsiebenbürgen oder der Bischofskirche von Weißenburg zu erkennen ist.

Das Vorhandensein von Querschiffen ist – außer an Stadtkirchen des Übergangsstils – ein wesentliches Merkmal des Einflusses der Kerzer Zisterzienserbauhütte.

Die paarweisen rechteckigen, kreuzgewölbten Seitenkapellen von Weidenbach sind Zisterzienser-Lizenz. Weiterhin bezeugt das Westportal von Neustadt durch seine Knollenblattkapitelle einen Einfluß der Zisterzienserbauten, ebenso das Portal von Heldsdorf, dessen Kapitellfries dem von Kerz sehr getreu nachempfunden ist.

Ein 1157 im Generalkonvent des Zisterzienserordens formuliertes Verbot bezüglich des Einsatzes eigener Meister an ordensfremden Baustellen[28] erwies sich offenbar als unverbindlich: Auch die Benediktinerkirchen in Pannonhalma und Trebic sowie die um 1100[29] begonnene Bischofskirche von Weißenburg – die nach dem Mongolensturm frisch angesetzt werden mußte –, werden etwa 1259–77 durch die Bauhütten der Zisterzienser maßgeblich mitgestaltet.[30] Entsprechende Einflüsse sind ferner an der Mühlbacher Stadtkirche wahrzunehmen.

28 Busuioc (wie Anm. 2), S. 19; Entz, Géza: A kerci (cîrtai) cisztercita építömühely (Die Zisterzienserbauwerkstatt von Kerz), in: Müvészettörténeti Értesítö 12(1963), S. 121–147, hier S. 123.

29 Kurze Geschichte Siebenbürgens, im Auftrag der Ungarischen Akademie der Wissenschaften hg. v. Béla Köpeczi, Budapest 1990, S. 158: Die erste Rotunde stammt aus dem letzten Drittel des 10. Jahrhunderts; die erste Bischofskirche wurde um 1009 erbaut, die zweite von Ladislaus I. und Koloman um 1100.

30 Busuioc (wie Anm. 2), S. 19, vgl. auch Drăguţ, Vasile: Artă gotică în România (Gotische Kunst in Rumänien), Bucureşti 1979, S. 49.

31 Vătăşianu (wie Anm. 13), S. 114–116

In Nordensiebenbürgen erreichte der zisterziensische Einfluß den Chor der Kirche von Seck und die Minoritenkirche in Bistritz.[31] Auch die Knollenblattkapitelle der in Dreiergruppen gebündelten Gewölbedienste in den Seitenschiffen der Draaser Basilika und im Chor von Halmagen, ebenso die Kleeblattbögen ihrer Portale sind Zeugen der Ausstrahlung der Kerzer Abteikirche.[32]

Die ehemals sächsische Gemeinde Halmagen war im 15. Jahrhundert durch die Türkenkriege entvölkert worden. Danach wurden Ungarn als freie Bauern auf Königsboden angesiedelt. Die romanische basilikale Anlage sah zwei Westtürme (und eine Empore?) vor, die nur eine Geschoßhöhe erreichten. Der östliche Teil ist bewegter gestaltet: Rechteckige Kapellen flankieren den dreiseitig geschlossenen Chor mit Rundfenstern. Im Süden gibt es auch eine Priesterpforte mit Kleeblattbogen, und die Kapellen haben aufwendige Rundbogennischen und dreiteilige Fenster mit Kleeblattbögen und gotischem Ziergiebel; die südlich gelegene Kapelle hatte einen romanisch überwölbten Zugang in den Altarraum, der leider von der Orgelempore verstellt ist. Das Chorquadrat blieb als exemplarisches sechsteiliges Gewölbejoch erhalten, dessen Schlußstein den Schutzheiligen (Nikolaus?) der Kirche darstellt. Das ehemals sechsteilige Gewölbe des Mittelschiffs ist nach einem Erdbebenschaden mit einer Tonne ersetzt worden, deren ergänzte Stichkappen zusammen mit den Konsolen und Halbsäulenbündeln von der ursprünglichen Form zeugen. Die beiden kreuzgewölbten Turmräume waren zeitweilig von den Seitenschiffen abgetrennt und dienten als Krypta. Im Chorquadrat werden die gebündelten Säulen mit Knollenblattkapitell und attischer Basis von figurativ ausgestalteten Konsolen getragen.

Die Geschichte der Abtei am Alt verzeichnet zwischen 1264[33] und 1464[34] noch zwölf urkundliche Bestätigungen bzw. Erweiterungen der immer wieder verblassenden Rechte. Vermehrt wurden als expansiv zu deutende Rechtsübergriffe von Seiten der Abtei registriert.[35] Um 1418 weist der König den Abt an, die Siedler auf Königsboden nicht wieder zu belästigen. Drei Dörfer wählten sich Sachwalter zur Führung ihres Rechtsstreits gegen das Kloster. Immer deutlicher erwies sich der Widerspruch zwischen dem gewährten Patronatsrecht und der *libertas Cibiniensis* nach Andreas II., die auch von den Bewohnern der Abteidörfer (Klosdorf, Meschendorf, Abtsdorf, Kerz, Földvar, Kolun,

32 alle Hinweise bei Fabritius-Dancu (wie Anm. 4), S. 5; Busuioc (wie Anm. 2), S. 16f.
33 Reissenberger (wie Anm. 2), S. 9.
34 Ebd., S. 29.
35 Ebd., S. 43.

Walachisch Kerz, Harrbach, Michelsberg)[36] erworben – und durch dieselben Ungarnkönige immer neu bestätigt – wird.

Egresch, das Mutterkloster von Kerz, hatte auf der Einfallsroute der Türken gelegen und ist höchstwahrscheinlich bald nach der letzten urkundlichen Erwähnung um 1440 dem Erdboden gleichgemacht worden.[37]

Als in den späten 1460er Jahren durch Abt Raymund Bärenfuß (einem Wiener Lebemann, der auch das Amt des Titularbischofs von Argisch innehatte) die Abtei und ihre Dörfer allzusehr in Unordnung gerieten[38] und verheerende Verwüstungen durch die Türken – sogar im Bündnis mit den Walachen (»Schismatikern«)[39] – dazukamen, stellte 1469 König Matthias Corvinus das Kloster unter die Verwaltung der siebenbürgisch-sächsischen Rechtshoheit der »Sieben Stühle«. Nachdem sich diese Maßnahme als zu schwach erwies, löste er 1474 kurzerhand die Abtei auf[40] und vergab alle ihre Besitzungen an die Hermannstädter Kirche zur Heiligen Jungfrau Maria. Diese nahm seit 1427 diejenigen Aufgaben wahr, für welche die 1424 von König Sigismund aufgelöste Hermannstädter Propstei der Königsbodensiedler zuständig gewesen war.[41]

Nachdem durch die Schlacht bei Mohács 1526 Ungarns Zerfall und Siebenbürgens Türkenvasallität besiegelt war, vollzog die Hermannstädter Propstei zusammen mit der ganzen »Nations-Universität« unter direktem Einfluß des Kronstädter Reformators Honterus 1543/47 den Schritt der Reformation. 1572 nahm die siebenbürgisch-sächsische Synode das Augsburger Glaubensbekenntnis an.

Der rasche Verfall und die darauf folgende Auflösung der Abtei mag in den inneren und äußeren Krisen ihren direkten Auslöser gehabt haben, ihr Niedergang ist aber nicht außerhalb des rechtlichen Widerspruchs zwischen Patronatsrecht und *libertas Cibiniensis* zu verstehen.

36 Ebd., S. 14.
37 Thalgott (wie Anm. 19), S. 39.
38 Reissenberger (wie Anm. 2), S. 28f.
39 Vgl. Reissenberger (wie Anm. 2), S. 26; Thalgott (wie Anm. 19), S. 38; Busuioc (wie Anm. 2), S. 4.
40 Vgl. ebd.
41 Thalgott (wie Anm. 19), S. 40.

Die Glosse zum Sachsenspiegel im Zisterzienserkloster Loccum und Probleme einer computerunterstützten kritischen Edition

Dieter Pötschke

In der Bibliothek des ehemaligen Zisterzienserklosters Loccum – westlich von Hannover – befindet sich eine bisher nicht edierte Rechtshandschrift aus dem 15. Jahrhundert.[1] Dabei handelt es sich um das sächsische Landrecht mit Glosse (Handschrift 1). Sie wird von der Forschung dem Inhalt, nicht dem Zeitpunkt der Niederschrift nach zu den ältesten Glossenhandschriften gezählt.

Nach einer kurzen Darstellung der Geschichte des Klosters und seiner Bibliothek, einer Beschreibung der Handschrift 1 und ihrer Einordnung in die überlieferten Glossen des Landrechts im Abschnitt 1 soll im Abschnitt 2 zunächst der Frage nachgegangen werden, wieso Zisterzienserklöster wie Loccum ein Interesse am Besitz einer Glossenhandschrift hatten. Insgesamt sind uns bisher 107 vollständig überlieferte Glossenhandschriften bekannt.[2] Da gegenwärtig keine wissenschaftlich zuverlässige Klassifizierung der überlieferten

Dank schulde ich Herrn Prof. Dr. Wolfgang Milde für die Möglichkeit der ausgiebigen Nutzung der Braunschweiger Glosse aus dem Jahre 1367, die sich heute in der Herzog August Bibliothek Wolfenbüttel befindet, Frau Prof. Schmidt-Wiegand (Münster) und Herrn Prof. Dr. Gero Dolezalek (University of Cape Town, Dept. of Roman and Comparative Law, jetzt Universität Leipzig) für die Diskussion zu den Glossenschichten und der Überlassung seiner »Repertorien zur Frühzeit der gelehrten Rechte«. Danken möchte ich ferner den Herren Dr. Dr. Gerhard Günther (Bollstedt), Hans-Peter Freytag (Berlin), Dr. Wolfgang Peters (Universität Münster) und Dr. Friedrich Scheele (Oldenburg), aber auch Frau Dr. Dietlinde Munzel (Taunusstein) für fachlichen Rat und Hilfe bei der Literaturbeschaffung.

1 Loccum Klosterbibliothek Mscr. Nr. III. Beschreibung bei Steffenhagen, Emil: Die Entwicklung der Landrechtsglosse des Sachsenspiegels. Einfluss der Buchschen Glosse auf die späteren Denkmäler, hg. v. Karl August Eckhardt, Aalen 1977 (= Bibliotheca Rerum Historicarum, ed. Karl August Eckhardt, Neudrucke Bd. 9: Die Landrechtsglosse des Sachsenspiegels), hier S. 393 als Nr. 73 (aus dem Jahre 1887). Aber auch bei Borchling, Conrad: Mittelniederdeutsche Handschriften I, 1898, S. 183.

2 Die überlieferten Glossenhandschriften sind neu beschrieben von Oppitz, Ulrich-Dieter: Deutsche Rechtsbücher des Mittelalters, 4 Bde., Köln, Wien 1990. Vgl. auch: Ders.: Ergänzungen zu »Deutsche Rechtsbücher des Mittelalters«, in: ZRG GA 113(1996), S. 345–361. Ders.: Fragmente deutscher Rechtsbücher des Mittelalters in der Univer sitätsbibliothek zu Utrecht, in: Tijdschrift voor Rechtsgeschiedenis 64(1996), S. 191–199.

vollständigen Handschriften und Fragmente vorliegt[3], müssen wir uns im Abschnitt 3 mit der Überlieferung der Glossen insgesamt und den Problemen einer kritischen Edition überhaupt befassen. Der unbefriedigende Forschungsstand wurde mir sehr deutlich vor Augen geführt bei dem Versuch, ein neues Berliner Glossenfragment in eine der Homeyerschen Klassen einzuordnen.[4] Im Berliner Archiv der Monumenta fand ich auf Hinweis meines Lehrers Prof. Dr. Eckhard Müller-Mertens dazu im Jahre 1987 ca. 32 Kartons mit weitgehend ungeordnetem, aber dennoch interessantem Glossenmaterial, das sich heute in Leipzig befindet. Sie machten auf mich den Eindruck, daß nur zehn tüchtige Mitarbeiter eines neu zu gründenden Glossenforschungsinstitutes wieder Ordnung und System hineinbringen könnten.[5] Insofern muß die vorliegende Arbeit über die Loccumer Glosse wesentlich hinausgehen, will sie die Problematik einer kritischen Edition und Datierung auch nur annähernd erfassen. Dies liegt auch darin begründet, daß die Loccumer Glosse nachweislich erst über 130 Jahre später als die erste Glosse des Sachsenspiegels, die im wesentlichen Johann von Buch zugeschrieben wird, entstanden ist.

Im Abschnitt 4 wird der Aufbau und die innere Struktur der Glosse untersucht, um im Abschnitt 5 die Intentionen der Glossen zu erläutern.

Abschnitt 6 ist der schwierigen und ungelösten Frage der Datierung der Urschrift und Klassifizierung gewidmet, um im folgenden Abschnitt die Aufmerksamkeit auf das Glossenproblem innerhalb der deutschen Rechtsge-

3 Aussagen zur Hinfälligkeit der Klassifizierung der Glossenhandschriften (nach Homeyer/Borchling), zur Kritik am *terminus post quem 1325*, zu den Textschichten und zu einer neuen, computergestützten Methodik habe ich 1990 veröffentlicht: Pötschke, Dieter: Sachsenspiegel und Glosse als Quellen des brandenburg-berlinischen Schöffenrechts, in: Jahrbuch für brandenburgische Landesgeschichte 41(1990), S. 76–107, hier S. 96ff. Die wissenschaftliche Kritik an der Klassifizierung der Glossen geht m. W. auf eine unveröffentlichte Arbeit des Claudius Frhr. von Schwerin (1942) zurück (heute im Archiv der MGH).

4 Fundankündigung bei Pötschke, Dieter und Heike Schroll: Fragment einer Glosse zum Sachsenspiegel Landrecht aufgefunden, in: Archivmitteilungrn 38(1988), Nr. 4, S. 122–127. Vgl. die Beschreibung des Fragmentes in Oppitz (wie Anm. 2), hier Bd. 1, S. 396, Abbildung des Fragmentes Bd. 4, S. 1132–1134. Auf S. 396 muß es dort heißen »215a. Berlin StadtA Fragm.-Sammlung Hs. 144, fol. 1r+v, 2r+v«, da zwei Blätter überliefert sind, die auch im Abbildungsteil enthalten sind.

5 Für eine verstärkte Forschung zur deutschen Rechtsgeschichte an den wiederzueröffnenden juristischen Fakultäten in den neuen Bundesländern setzte ich mich in der Arbeitsgruppe »Juristische Fakultäten« des Wissenschaftsrates der Bundesrepublik 1990/1991 ein, in die Prof. Dieter Simon, der Direktor des Max-Planck-Institutes für Europäische Rechtsgeschichte und damalige Vorsitzende des Wissenschaftsrates, Prof. Rolf Lieberwirth aus Halle und mich aus dem östlichen Deutschland berufen hatte.

schichte zu lenken. Überlegungen zur Weiterführung der computergestützten Glossenforschung bietet Abschnitt 8, um in Abschnitt 9 auf unser Ausgangsproblem – eine kritische Edition der Loccumer Glosse – zurückzukommen.

1. Zur Geschichte des Kloster Loccum und seiner Bibliothek. Beschreibung und Einordnung der Handschrift

Loccum gehört zu den besterhaltenen Klosteranlagen Norddeutschlands, da Kirche und Gebäude ununterbrochen genutzt wurden.[6] Es wurde als Zisterzienserkloster zwischen 1153 und 1170, als Werner Bischof von Minden war, begründet. Es besaß gute Beziehungen zum Bischof von Hildesheim.[7] Auch König Wilhelm von Holland nahm 1252 Loccum in seinen Schutz, der allerdings in dem königsfernen Raum belanglos blieb. Von der ungebrochenen Wirtschaftskraft des Klosters zeugt der Bau von Klosteranlage und Kirche, der nach 1240 begonnen haben muß.[8] Ende des 14. Jahrhunderts verschlechterte sich die wirtschaftliche Lage des Klosters. Wie ernst die Lage noch Mitte des 15. Jahrhunderts war, zeigt die Verpfändung von Büchern aus dem von Loccum übernommenen Zisterzienserinnenkloster Segestal bei Vlotho an die Abtei Wöltingerode. Mit dem Erlös von 80 Gulden sollte ein Meierhof im schaumburgischen Beckedorf eingelöst werden. Diese Transaktion erfolgte mit Zustimmung des Vaterabtes in Volkenroda.[9] Im Jahre 1422 ordnete das Generalkapitel in Cîteaux an, daß der Vaterabt in Volkenroda mit zwei oder drei benachbarten Äbten eine gründliche Visitation und Reformation des Klosters durchführen sollte. Offenbar war das Klosterleben in der ersten Hälfte des 15. Jahrhunderts erheblich gestört.[10] Nach einem wirtschaftlichen Aufschwung des Klosters gegen Mitte des 15. Jahrhunderts – der Stadthof in Hannover wurde eingelöst und der in Minden erweitert[11] – erlebte die Abtei nach dem Klosterbrand von 1482 einen neuen Tiefpunkt. Erst 1585 wurde das Kloster in die Landsässigkeit geführt.

6 Diese Ausführungen zur Geschichte Loccums beruhen im wesentlichen auf: Faust, Ulrich (Hg.): Die Männer- und Frauenklöster der Zisterzienser in Niedersachsen, Schleswig-Holstein und Hamburg, St. Ottilien 1994 (= Germania Benedictina 12), hier: Art. Loccum, S. 308–360. Vgl. auch Müller, G. H.: Zum Jubiläum des Klosters Loccum, 1913, S. 36f.

7 Ebd., S. 312.

8 Ebd., S. 315.

9 Hodenberg, W. (Hg.): Archiv des Stiftes Loccum, Hannover 1858 (im folgenden: UB Loccum), Nr. 842.

10 Faust (wie Anm. 6), S. 324.

11 Faust (wie Anm. 6), S. 324.

Die erste Erwähnung des Skriptoriums ist nach der in nicht allen Stellen zuverlässigen Chronik von Stracke auf das Jahr 1258 zu datieren.[12] Fast alle Nachrichten über die Bibliothek im Mittelalter und im 16. Jahrhundert stammen aus Strackes Chronik. Erwähnenswert ist die Schenkung von 38 Handschriften durch den Priester Dietrich Ovenstedt aus Hannover, der selbst in den Loccumer Konvent eintrat. Damit kam die oben genannte Handschrift 1 und die sog. »Loccumer Historienbibel« in die Klosterbibliothek. Heute umfaßt die Bibliothek nahezu 50 000 Bände.

Aus der Klosterbibliothek Loccum sind uns nur zwei Rechtshandschriften aus dem Mittelalter überliefert. Zunächst handelt es sich um ein Sächsisches Landrecht mit Glosse (Handschrift 1) und um das Fragment eines Sächsischen Landrechts mit Glosse (Handschrift 2).

Wenden wir uns zunächst der Beschreibung von Handschrift 1 zu. Bei dieser Handschrift handelt es sich um ein zweispaltig geschriebenes Papiermanuskript von 279 Blättern im Format 286x210 mm von je 36 Zeilen. Als Vor- und Nachsatzblatt wurden Urkunden aus dem 15. Jahrhundert und aus dem Jahre 1392 verwendet.[13] Als Buchschmuck wurden Bl. 61v. und 63r. Zierleisten verwendet. Die in mittelniederdeutscher Mundart verfaßte Rechtshandschrift wurde laut Inschrift von Theoderich Ovenstedt verfaßt und der Bibliothek des Klosters geschenkt.

Auf fol. 1–260v. finden wir ein Sächsisches Landrecht mit Glosse und Büchereinteilung. Der Anfang ist defekt, so daß der Text mit dem Artikel 7 des 1. Buches beginnt: »*myt tween maimen* [...]« Am Rande finden wir: »*Deo gracias. Completum per manus Theoderici ouenstedes Anno domini MCCCCLIIII, Sabbato post festum luce ewangeliste*« (= 1454 Okt. 26). Auf fol. 261–277v. folgt ein Register zum Landrecht und auf fol. 278–279v. von Gregor XI. die lateinische Bulle *Salvator humani generis* wider den Sachsenspiegel, an die Bischöfe der Prager Diözese gerichtet. Die Handschrift war Homeyer offensichtlich nicht bekannt, erst Emil Steffenhagen beschreibt »zwei noch unbekannte Handschriften in der Klosterbibliothek zu Loccum vom Jahre 1454 (Ordnung I, Familie 2)«.[14]

12 Vgl. Schoener, G. A.: Beschreibung der Loccumer Klosterbibliothek, die demnächst im Bd. Norddeutschland des Handbuchs der historischen Buchbestände in der Bundesrepublik Deutschland erscheint.

13 Zur Beschreibung vgl. Oppitz (wie Anm. 2), Bd. 2, Nr. 991.

14 Steffenhagen (wie Anm. 1), hier S. 12f., Anm. 6 (aus dem Jahre 1881). Oppitz dagegen ordnet sie richtig der Ordnung Ia zu, vgl. Oppitz (wie Anm. 2), Bd. 1, S. 73.

Insgesamt sind uns eine ganze Reihe von Handschriften überlieferten, die Glossen des Sachsenspiegel-Landrechts enthalten.

a. Sachsenspiegelhandschriften

Landrecht	112
Landrecht (Auszüge)	7
Landrecht (Fragmente)	73
Landrecht mit Glosse	84
Landrecht mit Glosse (Fragmente)	56
gesamt	330

Somit sind 330 Landrechtstexte überliefert, davon 201 vollständige Texte und 129 Fragmente.

Landrecht mit Glosse	84
Landrecht mit Glosse (Fragment)	59 (vorher 57)
Glossen (ohne Landrechtstext)	23
Glossen (ohne Landrechtstext, Fragment)	19 (vorher 17)
gesamt	185

Somit sind 107 vollständige Glossentexte zum Landrecht überliefert, davon 84 Glossen mit Sachsenspiegel-Landrecht und 23 Glossen ohne Sachsenspiegel-Landrecht- und 78 Glossenfragmente. Soviel zur vorläufigen Einordnung der Loccumer Handschrift1 in die Überlieferung.

Handschrift 2 ist nur ein Fragment vom Ende des 14. Jahrhunderts.[15]

2. Rechtsbücher in Zisterzienserklöstern – insbesondere in Loccum

Im Mittelalter gab es für Klöster verschiedene Gründe, sich mit dem jeweils geltenden weltlichen Recht ihrer Region und darüber hinaus zu beschäftigen.[16] Interessant ist die rechtsbelehrende Auskunft, die sich das Kloster Loccum im Jahre 1320 von Herzog Erich von Sachsen über die Anfechtbarkeit der von Vätern getroffenen Entscheidungen durch erst später die Volljährigkeit erreichende Söhne einholte. Auf dieses Problem geht der in den 1220er Jahren verfaßte Sachsenspiegel bereits ein (Landrecht I 24,2): »*Moneket man en kint binnen sinen iaren, dat mot wol binnen sinen iaren ut varen unde be halt lenrecht unde lantrecht.*« Um die Zeit der Loccumer Anfrage verfaßt Johann von Buch

15 Vgl. Oppitz Nr. 952.

16 Vgl. Pötschke, Dieter: Rechtsbücher in Klöstern – Rechtsbücher über Klöster, in: Schmidt, Oliver H. und Dirk Schumann (Hg.): Zisterzienser in Brandenburg, Berlin 1996 (= Studien zur Geschichte, Kunst und Kultur der Zisterzienser 1), S. 157–172.

auch dazu eine Erläuterung. Nun sind – wie wir heute wissen – Rechtsbelehrungen auch aus dem Magdeburger Rechtsraum für niedersächsische Orte so selten nicht[17] – selbst am Niederrhein war das Sachsenspiegelrecht verbreitet.[18] Jedenfalls entschied der Herzog nach Beratung durch seine Vasallen, »*quod ea que pater sana mente donaverit, vendiderit aut quolibet alio modo alienaverit aut ordinaverit filiis in minori etate constitutis nullo umquam debebunt aut poterunt retractare*«.[19] »Die Ausschließung nachträglich vorgebrachter Ansprüche war ein enormes Problem auch für die Loccumer Mönche. Auf konkreter Ebene waren Konflikte dieser Art langfristig nur mit den lokalen Mächten lösbar – und dies gelang den Loccumern weitgehend, wenn sie auch nicht umhin kamen, mit Geldabfindungen die Aufgabe der Ansprüche zugunsten des Klosters zu versüßen.«[20]

Ein anderer Grund für das Rechtsinteresse der Loccumer Mönche waren bestimmte diplomatische Aufgaben. So wurde der resignierte Abt Heinrich von Reval, ein promovierter Theologe, 1365 zum Schiedsrichter im Streit zwischen dem Godehardikloster und dem Pfarrer der Nicolaikirche in Hildesheim bestellt.[21] Im Jahre 1368 war Abt Lippold zusammen mit seinem Amelungsborner Ordensbruder mit der Aufsicht über Güterverkäufe der Zisterze Marienrode beteiligt.[22]

Rechtshandschriften kamen aber nicht nur durch Schenkungen in Klöster, sondern wurden auch dort oftmals abgeschrieben bzw. sogar erstmals verfaßt.[23]

Die Glosse selbst bringt zahlreiche Ausführungen über die Zisterzienser, ja man unterstellt Eike von Repgow selbst sogar eine sehr gute Kenntnis insbesondere der Zisterzienser. So heißt es in der Glosse zum Text des Sachsenspiegel-Landrechts, I. Buch Art. 24[24]:

17 Vgl. Ebel, Friedrich: Magdeburger Recht, Bd. 1: Sprüche für Niedersachsen, Köln, Wien 1978.

18 Vgl. Peters, Werner: Die Sachsenspiegelhandschrift von Kalkar. Vortrag auf dem 4. Wissenschaftlichen Kolloquium »Roland und Recht im Mittelalter und früher Neuzeit«, Quedlinburg 1996.

19 HstA Hannover, Urkundenbestand Cal. Br. 21, Nr. 801.

20 UB Loccum Nr. 541.

21 Janicke, K. (Hg.): Urkundenbuch des Hochstiftes Hildesheim, Bd. 1, Leipzig 1896; Hoogeweg, V.H. (Hg.): Urkundenbuch des Hochstiftes Hildesheim, Bd. 2–5, Hannover, Leipzig 1901–07 (im folgenden: UB Hochstift Hildesheim); hier Bd. 5, Nr. 1107.

22 UB Hochstift Hildesheim 5, Nr. 1263.

23 Pötschke, Dieter: Zisterzienserklöster und Rechtsbücher im Bereich des sächsischen Rechts. Das Beispiel des Schlüssels zum Landrecht aus dem Kloster Lehnin, in: Ders. (Hg.): Geschichte und Recht der Zisterzienser, Berlin 1997 (= Studien zur Geschichte, Kunst und Kultur der Zisterzienser 2), S. 140–153.

24 Zitat aus der ältesten datierten Glosse Braunschweig 1367, nicht ediert.

»*De pape delet mit deme brodere unde nicht de monik. Glosa: ... Unde nicht de monik. War umme nimpt de monik nen erve? Dat men ome to der werlde wart vor dot heft./ut mant. de monachis in p'u, coll. i. ut phendor n de un milite q'bellica arma de posuit. l. miles & xiiii.q.i.c.placuit & c. de epis. & clericis c. ultima/ Dit ne segke nicht van allen moniken. Wenne monike werden dryerleyge wis: Van den ersten seght he hir, dat sint* [dy], *de sik mit willen moniket hebben, de hebben vorloren alle len und erve, dor dat se dut der werlde und dor se eghendum vor sworen hebben. De anderen sint kindere, de me dar to doret, disse moghen ut komen und den hindert de monik nicht to landrechte noch to lenrechte.*
/ut xx.q.i.c. illud./ Desse iartale steyt to xv. iaren./ut xx. q.iii.c illud. aut. constituit/ De dridden moniket sik [am Rande ergänzt durch: *ide dvank. Dess dorven ok nich dar inne bliven, des*] *de dwank vrochlik si./ut ex. lib. iii. quod metus et cum dilectus/ Me schal* [eingeschoben: *se*] *aver dwinghen to blivende, de dar mit willen in ghekomen sin. /ut xx. q. ii. c. propositum et c. proclinus autem / Nu hestu, dat me den, de den orden mit willen untfanghen heft, dwinghen mach tom orden. Nu vraghet, ob men mochte dwinghen enen man, ok de paves sinen orden verghan lete, den ghelovet hedde, dat he in enen anderen varen moste.*«

Insofern waren Sachsenspiegel- und Glossenhandschriften für Zisterzienserklöster wie Loccum schon von Interesse, da hier Regeln des Erbrechtes und des Erbrechtes bei Austritt aus dem Kloster enthalten waren.

Aus den oben zitierten Texten des Sachsenspiegels und der Glosse geht also auch hervor, warum die Loccumer Mönche ihr Rechtsersuchen 1320 an den Sachsenherzog richteten: Es ging offensichtlich um das Erbe von Mönchen, die vor Volljährigkeit ins Kloster eingetreten waren.

3. Zur Überlieferung der Glossen und allgemeine Probleme der Edition

Anfang des 14. Jahrhunderts unternahm der gelehrte märkische Richter Johann von Buch[25], der seinen Sitz in Buch bei Tangermünde in der Altmark hatte, den Versuch, den Text des Sachsenspiegels nach dem Vorbild italienischer Glossatoren zu kommentieren. Leider ist die Originalhandschrift verschollen. Insgesamt sind also 185 Glossenhandschriften des Landrechts über-

25 Zu Johann von Buch vgl. Klöden, K.F.: Über den Verfasser der niedersächsischen Glosse zum Sachsenspiegel und des Richtsteiges, in: MF 2 (1843), S. 242–296. Buchholz-Johanek, Ingeborg: Johannes v. Buch, in: Ruh, Kurt (et al.) (Hg.): Die deutsche Literatur des Mittelalters. Verfasserlexikon, 2. Aufl., Berlin, New York 1986. Die Stellung des märkischen Hofrichters J. v. Buch in der brandenburgischen Landesgeschichte wird dargestellt bei Pötschke, Dieter: Zur Rezeption des Sachsenspiegels in der Mark Brandenburg, in: Schmidt-Wiegand, Ruth (Hg.): Der Sachsenspiegel als Buch, Frankfurt/Main u.a. 1991, S. 359–390.

liefert, davon 107 vollständige Texte und 78 Fragmente.[26] Bis heute gibt es keine kritische und zuverlässige Edition – alle bisherigen Versuche in diese Richtung müssen als gescheitert angesehen werden. Dabei nehmen zwar die Glossenhandschriften unter den deutschen Rechtsbüchern des Mittelalters anerkanntermaßen eine bedeutsame Stellung ein, ja, Johann von Buch wird gelegentlich als der bedeutendste deutsche Rechtsgelehrte nach Eike von Repgow bezeichnet. »Mit Johann von Buch hat die wissenschaftliche Bearbeitung von Rechtsquellen ihren Anfang genommen«, schreibt der Bearbeiter des Liegnitzer Rechtsbuches, Hans-Jörg Leuchte.[27] Aber allein die überlieferten Textmassen stellen bisher ein unbewältigtes methodisches Problem dar. Im Gegensatz zu den Forschungen über bedeutende Rechtsbücher wie den Sachsenspiegel[28] und neuerdings zu dessen Bilderhandschriften[29], aber auch z.B. zum Kleinen Kaiserrecht[30] und dem Rügenschen Landrecht des Matthäus Normann[31], sind die Forschungen zu den Glossen zum Sachsenspiegel seit Steffenhagen, Sinauer, Bindewald[32] und v. Schwerin bisher nur punktuell aufgenommen worden.[33]

26 Vgl. Oppitz (wie Anm. 2).

27 Leuchte, Hans-Jörg: Das Liegnitzer Stadtrechtsbuch des Nikolaus Wurm. Hintergrund, Überlieferung und Edition eines schlesischen Rechtsdenkmals, Sigmaringen 1990 (= Quellen und Darstellungen zur schlesischen Geschichte 25).

28 Kisch, Guido: Sachsenspiegel-Bibliographie, in: Zeitschrift der Savigny-Stiftung für Rechtsgeschichte GA 90(1973), S. 73–100; Schmidt-Wiegand, Der Sachsenspiegel als Buch (wie Anm. 25). Neuere Literatur bei Lieberwirth, Rolf: Entstehung des Sachsenspiegels und Landesgeschichte, in: Schmidt-Wiegand, Ruth Hg.): Die Wolfenbütteler Bilderhandschrift des Sachsenspiegels. Kommentarband zur Faksimile-Ausgabe, Berlin 1993, S. 43–63, hier Fußnote 2.

29 Vgl. Schmidt-Wiegand, Ruth (Hg.): Text-Bild-Interpretation. Untersuchungen zu den Bilderhandschriften des Sachsenspiegels, Bd. 1, München 1986 (= Münstersche Mittelalter-Schriften, Bd. 55/1: Text). Schmidt-Wiegand, Ruth (Hg.): Eike von Repgow. Sachsenspiegel: die Wolfenbütteler Bilderhandschrift, Faksimileband, Textband, Kommentarband, Berlin 1993.

30 Vgl. Munzel, Dietlinde und Jürgen Feuerstake: Computergestützte Erschließung deutscher Rechtsbücher des späten Mittelalters und Nachweis von Quellen in mittelalterlichen Rechten – dargestellt am Beispiel des Kleines Kaiserrechtes und des Klever Stadtrechtes, in: Computer und Geschichte 1(1994), S. 63–71.

31 Matuszewski, Jozef: Studia nad prawem rugijskim, Poznan 1947 (= Studia nad historia prawa polskiego 18,1). Pötschke, Dieter: Neue rechtshistorische Erkenntnisse zum Rügischen Landrecht aufgrund der wiederaufgefundenen Originalhandschrift des Matthäus Normann aus dem Jahre 1522, in: Baltische Studien – Pommersche Jahrbücher für Landesgeschichte NF 82(1996), S. 63–78.

32 Erste Resultate, die aber im allgemeineren Teil vollständig auf den unveröffentlichten Arbeiten Cl. v. Schwerins beruhen, hat sie publiziert, vgl. Bindewald, Helene: Studien zur Entstehung der Sachsenspiegelglosse, in: DA 15(1959), S. 464–515.

33 Vgl. Pötschke, Dieter: Die Glossen zum Sachsenspiegel, in: Höfinghoff, Hans (et. al.) (Hg.): Alles was Recht war. Rechtsliteratur und literarisches Recht. Festschrift für Ruth

Seit der Abfassung der ursprünglichen Glosse des Sachsenspiegels Anfang des 14. Jahrhunderts[34] ist diese mehrfach abgeschrieben, umgearbeitet und vermehrt worden. Seit 1474 kamen die ersten Drucke hinzu, die teilweise Primärdrucke nach verlorenen Handschriften darstellen und insofern die Anzahl der zur Auswertung zur Verfügung stehenden Texte vermehren.[35]

Grupen hat sich im 18. Jahrhundert als erster systematisch mit dem Vergleich der verschiedenen Handschriften der Glossen befaßt. Insofern könnte man die Erforschung der Glossen zwanglos in folgende drei Phasen unterteilen:

1. Weiterentwicklung der ursprünglichen Glosse Johann von Buchs im 14. und 15. Jahrhundert, in deren Verlauf die Stendaler Glosse (zwischen 1374 und 1410[36]), Wurmsche Umarbeitung (1374/87)[37], Petrinische Glosse (vor 1434), Tzerstedische Glosse (1442), Bockdorfsche Vulgata (1454) und die Fuldaer Glosse entstanden. Die kritische Überarbeitung und Mehrung der Glosse stand dabei häufig im Vordergrund. Für diese Phase ist die Grenze zu den von den Glossen beeinflußten Rechtsbüchern noch klarer zu definieren. Einen solchen Grenzfall bietet die Fuldaer Handschrift aus der ersten Hälfte des 15. Jahrhundert, die noch zu den kompilierten Glossenhandschriften zählt.[38]
2. Erarbeitung der Druckvorlagen, die dann zwischen 1474 (Basel) und 1614 (Heidelberg) erschienen sind. Hierbei sind oft mehrere, z.T. nicht mehr erhaltene Handschriften herangezogen worden. Auch sind oft bei fremdrechtlichen Zitaten am Rande Parallelstellen aufgesucht und angegeben worden.
3. Die wissenschaftliche Neuzeit ist durch die sammelnde Tätigkeit von Grupen im 18. Jahrhundert, die sammelnde und teilweise kritische Tätigkeit von Böhlau und Homeyer im 18. Jahrhundert und von Steffenhagen, Sinauer, v. Schwerin, Bindewald und Eckhardt im 20. Jahrhundert und den Neubeginn mit der computergestützten Glossenforschung charakterisiert.

Schmidt-Wiegand, Essen 1995, S. 161–178. Derzeit werden die Edition der Glosse aus der Hechtschen Sammlung von Kaufmann und Lieberwirth in Leipzig und die der frühesten datierten Braunschweiger Glosse von 1367 durch Günther (Bollstedt) vorbereitet, vgl. Lieberwirth, Rolf und Frank-Michael Kaufmann: Zu grundlegenden Problemen bei der Erarbeitung einer Edition der Glosse(n) zum Sachsenspiegel-Landrecht, in: Computer und Geschichte 3(1997), S. 427–431, und Günther, Gerhard: Überlegungen zur digitalen dynamischen Edition der Sachsenspiegelglosse, in: Computer und Geschichte 3(1997), S. 438–443.

34 Zur Datierung weiter unten.
35 Vgl. Steffenhagen (wie Anm. 1), S. 428ff.
36 Datierung nach Steffenhagen (wie Anm. 1), S. 65.
37 Datierung nach Steffenhagen (wie Anm. 1), S. 438.
38 Vgl. Steffenhagen (wie Anm. 1), S. 308.

Zur Analyse und Geschichte der ersten beiden Phasen hat vor allem Emil Steffenhagen wertvolle Beiträge geliefert. Zur ersten ist vor allem eine Arbeit aus dem Jahre 1887[39] zu nennen. Mit den etwa 30 Drucken der zweiten Phase (1474–1614) und speziell mit den Primärdrucken hat Steffenhagen sich ebenfalls beschäftigt.[40] Die in den genannten Arbeiten gewonnenen Erkenntnisse, insbesondere zu den Abhängigkeiten der vorhandenen Drucke von den überlieferten Handschriften und besonders zu den Fragmenten der Glossen zum Sachsenspiegel sind mit Hilfe noch zu entwickelnder Computer-Glossenarbeitsplätze zu überprüfen und zu vertiefen (vgl. Abschnitt 8).

Das Glossenproblem wird im Gegensatz zur Sachsenspiegelforschung wesentlich komplexer dadurch, daß Rückgriffe u.a. auf das römische und kanonische Recht als offene, halboffene und verdeckte Quellen mit verschiedenen Zielen in sehr zahlreichen Zitaten erfolgen. Diese sind zudem häufig noch sehr verkürzt und teilweise auch »verderbt« (Steffenhagen). Daß die Glosse zum Teil fehlerhafte Zitate der römischen Rechtsquellen enthält, wurde in neueren Untersuchungen durch Günter Frohne und Gerhard Günther bestätigt.[41]

Insofern umfaßt Glossenforschung nicht nur wegen der fremdrechtlichen Zitate, sondern auch wegen der methodischen Anlage des Werkes einen um ca. 1000 Jahre Rechtsgeschichte längeren Zeitraum als die Sachsenspiegelforschung. Daher erfordert eine Neubearbeitung des vorliegenden Glossenmaterials ausgedehnte Erfahrungen und Kenntnisse in der Sachsenspiegelforschung, Kenntnisse der mittelnieder-, mittelhochdeutschen und lateinischen Sprache, der mittelalterlichen deutschen Rechtsgeschichte, des römischen und kanonischen Rechtes, der Auflösung von Abbreviaturen. Dies wird ein Einzelner – wie etwa Emil Steffenhagen – kaum leisten können. Grundkenntnisse in der fortgeschrittenen Textverarbeitung (z.B. WORD) auf dem Computer, in der schnellen Textverarbeitung, im Vergleich von ähnlichen Wörtern und Phrasen und der Entwicklung und Nutzung von probleman-

39 »Die Überlieferung der Buchschen Glosse«, vgl. Steffenhagen (wie Anm. 1), S. 423–474.

40 In den Arbeiten »Verzeichnis der Handschriften und Drucke« 1887; Steffenhagen (wie Anm. 1), S. 410ff.; und speziell zu den Primärdrucken in »Die Überlieferung der Buchschen Glosse«, Steffenhagen (wie Anm. 1), hier S. 428ff. Vgl. aber auch ebd., S. 188–191 und zum Augsburger Druck ebd., S. 45.

41 Vgl. Frohne, Günter: Computergestütztes Verfahren zur Auflösung lateinischer Abbreviaturen in historischen Texten, in: Computer und Geschichte 1(1994), S. 151–158. Das Verfahren wurde unter wesentlicher Mitarbeit von Gerhard Günther vor allem anhand der unveröffentlichten Wolfenbütteler Glossenhandschrift aus dem Jahre 1367 und der im Augsburger Druck enthaltenen Fassungen entwickelt.

gepaßten Expertensystemen[42] sind erforderlich, um geschickt mit den Textmassen manipulieren zu können.

Zusammenfassend können wenigstens drei Gründe angeführt werden, die die bisherigen Ansätze für eine wirklich umfassende, kritische Edition der Glossen zum Sachsenspiegel – insbesondere der Loccumer Glosse – wenn nicht unmöglich gemacht, so doch wesentlich erschwert haben:

a. die Masse der fremdrechtlichen Zitate vor allem aus dem römischen und kanonischen Recht,
b. die Schwierigkeit für Glossenforscher, auch nur 10 Texte gleichzeitig zu vergleichen,
c. Selbst bei einer Abspeicherung von fünf Texten auf dem Computer reichen heutige Textverarbeitungssysteme (WORD, WORDPERFECT usw.) nicht für den Vergleich der Texte und zur Erstellung einer »digitalen dynamischen Edition«[43] der Loccumer Glosse aus. Es fehlt also an bequemen Verfahren (*convenient adequate procedures, algorithms, and programs*) zum Arbeiten in entsprechenden Volltextdatenbanken.

4. Aufbau und innere Struktur der Glossen: Quellen und Textschichten

Grundsätzlich haben wir den *äußeren* und den *inneren* Aufbau der Glossen zu unterscheiden. Im äußeren Aufbau folgt die Glosse dem Sachsenspiegeltext in der Einteilung in Artikel und Paragraphen. Der Verweis erfolgt oft durch farbige Anfangsbuchstaben – wie z.B. auch in den vergleichsweise älteren Bilderhandschriften des Sachsenspiegels üblich – oder durch Wiederholung der ersten Worte des Artikels (Titelrubrik).

In der Form können wir beim äußeren Aufbau der Glossen Randglossen, die manchmal sogar den Text umrahmen, und Interlinearglossen unterschei-

42 Rechtstexte können zum Vergleich zweckmäßig in der Form von »Wenn...So«-Regeln, die auch dem Wissen von Expertensystemen zugrunde liegen, abgespeichert werden, vgl. die Regeln für das Erbrecht der Mönche nach dem Sachsenspiegel bei Pötschke, Dieter: Computer und Geschichte, in: Computer und Geschichte 1(1994), S. 13–42.

43 Der Begriff »digitale dynamische Edition« wurde von Manfred Thaller (Max-Planck-Institut für Geschichte in Göttingen) im Rahmen der Arbeiten an dem Projekt des historischen Arbeitsplatzrechners (*Historical Workstation*) KLEIO geprägt und meint die digitale Abspeicherung auf dem Computer, die jederzeit den neuesten Erkenntnissen angepaßt werden kann. Neuerdings dazu Pötschke, Dieter: Warum computergestützte Methoden für die digitale dynamische Edition historischer Texte? in: Computer und Geschichte 2(1995), S. 68–72. Ders. mit Jürgen Feuerstake und Dietlinde Munzel-Everling: Überlegungen zu künftigen Standards der digitalen dynamischen Edition von mittelalterlichen deutschen Rechtsbüchern, in: Computer und Geschichte 2(1995) S. 107–117. Herrn Dr. Manfred Thaller danke ich für die fruchtbare Diskussion zu »dynamischen Editionen«.

den. Oft sind in den Glossenhandschriften oder im Druck noch Randbemerkungen hinzugefügt.

Nachdem an anderer Stelle die Bedeutung der Glosse für die Verbreitung der Idee vom Kaiserrecht im 14. und 15. Jahrhundert, aber auch für die weitere Entwicklung des Sachsenspiegels selbst dargelegt wurde[44], wollen wir uns nun dem inneren Aufbau und dem allgemeinen Inhalt der Glosse zuwenden, zumal beides in der allgemeinen rechtsgeschichtlichen Literatur kaum behandelt wird. Dabei spielen zwei zentrale Begriffe eine Rolle, die schwer voneinander abzugrenzen sind: *Quellen* und *Textschichten*. Auf die Abgrenzung beider Begriffe soll hier nicht näher eingegangen werden.[45]

Eine genauere Analyse der Glossenstruktur wird dann zwangsläufig zu einer Kritik der bisherigen Auffassungen zur Verfasserschaft, aber auch an der von der Forschung bisher nicht angezweifelten Datierung »nach 1325«[46] führen. Außerdem ergibt sich daraus auch eine grundlegende methodische Kritik an den von Homeyer u.a. benutzten Merkmalen für die bisherige Klassifizierung von Glossenhandschriften. Bei den Textbeispielen gehen wir meist von der bekannten, leider bisher nicht veröffentlichten Braunschweiger Handschrift W aus dem Jahre 1367 aus, die sich heute in der Herzog August Bibliothek Wolfenbüttel befindet (Nr. 1601 Oppitz), da sie weitgehend abgeschrieben ist. Für die Loccumer Handschrift steht diese Arbeit von etwa ein bis zwei Jahren noch aus. Sie wird wie die Loccumer Handschrift zur Klasse Ia der Glossenhandschriften gezählt, die nach Homeyer die älteste Handschriftenklasse darstellt. Außerdem ist die Braunschweiger die älteste datierte Glosse. Diese mittelniederdeutsche Handschrift enthält sowohl das Landrecht des Sachsenspiegels mit der Glosse vollständig als auch das Lehnrecht des Sachsenspiegels (bis Art. 67) mit Glosse und beides – Landrecht und Lehnrecht – mit Remissionen zum Kaiserrecht (rot am Rande).

Der Aufbau der Glosse[47] schließt sich dem des Sachsenspiegels an; dies trifft auch auf die Glossenhandschriften zu, die allein ohne den Text des Sachsen-

44 Pötschke, Sachsenspiegel und Glosse (wie Anm. 3).

45 Statt dessen möchte ich auf die einschlägige Literatur verweisen, z. B. Dolezalek, Gero unter Mitarb. v. Laurent Mayali: Repertorien zur Frühzeit der gelehrten Rechte, Repertorium manuscriptorum veterum Codices Iustiniani, 2 Halbbde., Frankfurt/Main 1985, hier Bd. 1, S. 23 ff.

46 Z.B. Conrad, Hermann: Deutsche Rechtsgeschichte. Bd. 1 u. 2; Karlsruhe 1962 u. 1966, hier Bd. 1, S. 352. So auch z. B. Johanek, Peter: Rechtsschrifttum, in: Die deutsche Literatur im späten Mittelalter. 1250–1370, Bd. 3, Tl. 2, München 1987, S. 422. Auch Leuchte hat diese Datierung unkritisch übernommen, vgl. Leuchte (wie Anm. 27), S. XX.

47 Die nachfolgenden Ausführungen lehnen sich weitgehend an einen bisher unveröffent-

spiegels geschrieben sind. Wenn Glosse und Text des Sachsenspiegels in einer Handschrift auftreten, so in verschiedener Form. Meist folgt dem Text die dazugehörige Glosse, so daß Text und Glosse hintereinander stehen (Typ a). Seltener steht der Text in ein oder zwei Spalten auf dem Blatt und wird auf den zwei bis vier Seiten mit der ebenfalls nach Artikeln eingeteilten Glosse umrahmt (Typ b). Einem bisher weniger bekannten Mischtyp (Typ c) gehört das im Berliner Stadtarchiv aufgefundene Fragment B an.[48] Hier wird in einer schmalen Spalte ein Text des Landrechts geboten und daneben in breiterer Spalte sowohl ein – nicht unwesentlich verschiedener – Text des Landrechts als auch die dazugehörige Glosse. Der Zusammenhang zwischen Text und Glosse ergibt sich stets, indem der jeweiligen Glossenstelle die (z.B. in W andersfarbige) entsprechende Textstelle aus dem Landrecht des Sachsenspiegels vorangesetzt wird. Oft wird diese Textstelle nur abgekürzt, sozusagen nur als entsprechendes Stichwort genannt, z.B. »*Unde nicht de monik*« oder »*Na deme herwede*« (Landrecht I 23 bzw. I 24, Bl. 37v W).

Es soll nun noch kurz auf die in den Handschriften vorkommenden lateinischen Abkürzungen eingegangen werden, da sie einerseits zur Identifizierung von Handschriftenfragmenten als Glosse des Sachsenspiegels und andererseits in ihrer Bedeutung als Hinweis auf fremdrechtliche Quellen zur Einordnung in eine der Handschriftenklassen oder -ordnungen benutzt werden können. Die meisten mir bekannten Handschriften – bis auf die Stendaler Glosse, deren Belesenheit und Zitierfreudigkeit bekannt ist – weisen folgende Zitatgruppen auf:

1. Stellen aus dem *Corpus iuris*[49]
   Diese Zitate finden sich nach dem Schema »*ut ff. iuris c.*«, manchmal auch als »*ut ff. de regula iuris c*«. Während z.B. die Handschriften B, W und M nur lateinische Zitate verwenden, treten in der Klasse I der Glossen-

lichten Artikel des Claudius Frhr. von Schwerin (1942) an, auf dem auch wesentlich Bindewald aufgebaut hat, vgl. Bindewald (wie Anm. 32).

48 Als Fragment B, Oppitz (wie Anm. 2), Nr. 215a, bezeichnen wir die im Berliner Stadtarchiv aufgefundene mitteldeutsche Handschrift aus dem 14./15. Jahrhundert, die aus einer bisher unbekannten Glosse des Sachsenspiegels stammt, vgl. Pötschke/Schroll (wie Anm. 4) und Oppitz (wie Anm. 2), Nr. 215a. M: Codex Moguntinus II 1421, Abschrift 18. Jahrhundert im Archiv der MGH, Berlin, jetzt wohl München; Ldr. vollst.; mnd., Homeyer/Borchling Nr. 759, Ordnung IIIb. M ist Oppitz (wie Anm. 2) Nr. 991, die als verbrannt gilt; wobei zu ergänzen ist, daß sich die Grupensche Abschrift aus dem 18. Jahrhundert nicht in Celle, sondern im Archiv der MGH befindet. Ich habe sie jedenfalls dort 1987–89 in Berlin benutzt, jetzt wohl Leipzig.

49 Die an sich (z.B. schon für die Zwölf Tafeln übliche) echt römische Bezeichnung *corpus iuris* findet sich für die Gesamtheit der Rechtsbücher des römischen Kaisers Justinian erst bei den Glossatoren des 12. Jahrhunderts, vgl. Mayr, Robert v.: Römische Rechtsge-

handschriften auch Zitate unter Verwendung der deutschen Sprache und zwar sowohl aus römischen als auch kanonischen Quellen auf, z.B. *»In ff. in der anderen sattinghe dar he sprekt von naturlikem rechte ius autem«*. Die Zahl der Zitate schwankt – wie wir schon an der kleinen Textauswahl der Anlage erkennen – indem in den Handschriften der Klasse I die Zahl geringer als in der Klasse III ist. Verwendet werden alle Teile des Corpus iuris. Die Digesten werden in der Regel als solche bezeichnet. Die Novellen werden durchgehend als Autenticum zitiert, z.B. in B (Bl. 1r.): *»ut in autem de Sanctissimis episcopis et* [...]«.

2. Stellen aus dem *Corpus iuris canonici*
   Die Zitierweise ist die noch heute übliche.[50] Die Zahl der Zitate schwankt ebenfalls, wenn auch nicht so stark wie unter 1. Besonders häufig vorkommende kanonische Zitate weist der *Codex Petrinus* auf (Ordnung IIIc nach Homeyer/Borchling[51]). Verwandt werden das *Decretum*, der *Liber extra* und der *Liber sextus*, nur selten die *Clementinen*.
3. Stellen aus dem Landrecht des Sachsenspiegels
   Dies erfolgt meist in der Art *»ut infra li III ar. Xxx«* oder unter Angabe des Textes, z.B. *»ut infra drierhande recht«* etc.
4. Stellen aus dem Lehnrecht des Sachsenspiegels
   Nur selten erscheint das Lehnrecht. Zumeist sind es die *Libri Feudorum*[52], auch diese nicht häufig.
5. Sonstige Zitate
   Es werden außerdem die Glosse zum Sachsenspiegel selbst zitiert, die Glossen zum *Liber extra* und zum *Liber sextus*, kaiserliche Konstitutionen, die Bibel, sehr selten Juristenschriften.

Den Inhalt des Glossentextes kann man grundsätzlich unterscheiden nach Erklärungen des Textes und in sich geschlossenen Abhandlungen zu speziellen

schichte, Bd. 4, Berlin, Leipzig 1913, S. 22. Das *ius civile* oder älter *ius Quiritium* (von Quirites, röm. Bürger) war das Zivilrecht, das die Lebensverhältnisse des römischen Bürgers gegenüber seiner Stadt und gegenüber seinen Mitbürgern ordnete, vgl. Härtel, Gottfried und Elmer Pólay: Römisches Recht und Römische Rechtsgeschichte, Weimar 1987, S. 48ff. Die erste Gesamtausgabe unter dem Titel *corpus iuris civilis* erfolgte erst 1583 durch Dionysios Gothofredus, vgl. ders.: Corpus Iuris Civilis, 3. Aufl., Frankfurt/Main 1602.

50 Angaben zur Zitierweise findet man z.B. bei Sohm, Rudolf: Institutionen, Berlin 1949. Vgl. Günther (wie Anm. 33).

51 Homeyer, Gustav: Die deutschen Rechtsbücher des Mittelalters und ihre Handschriften, Neubearbeitung durch C. Borchling, K.A. Eckhardt und J.V. Gierke, Weimar 1931–34. Neubearbeitung durch Oppitz (wie Anm. 2).

52 Vgl. Dilcher, Gerhard: Art. Libri Feudorum, in: HRG, 16. Lief. (1978), Sp. 1995–2002.

juristischen Fragen. Als Bestandteile der Glosse (sog. Textschichten) können wir also unter formaljuristischen Gesichtspunkten unterscheiden:

a. Worterklärungen. So erklärt z.B. die Glosse zu Landrecht I 30 das Stichwort *»ruker«* (W Bl. 41va): *»den me kinderen ghift, dat het ein vormunderen; den me junghen luden ghift und vrouwen, de hethen rukere, alse de enes dinges ruke schole hebben«.* Ein *»ruker«* (Zobel 1582: Versorger oder Curator, *ruchere* B, *ruker* M) soll ein Ding in Versorgung oder Schutz haben (*rucke* = mhd. bildl. Schutz, Schirm, Rückhalt). Dabei gibt es zwischen den Handschriften Abweichungen. Während B richtig alten Leuten und Frauen den *»rucher«* gibt, ordnen W und M *»junghen luden«* und *»vrouwen«* einen *»ruker«* zu.
b. Eine andere Art der Erklärung sind Sacherklärungen, die den Rechtssatz verständlich machen wollen. Landrecht I 30 legt z.B. fest: *»Swen en man en wif nimt, he nimt in sine were al ere ghut to rechter vormunschap«.* (Wenn ein Mann eine Frau zur Ehe nimmt, so nimmt er all ihr Gut in seinen Besitz zu rechter Vormundschaft.) Nun erklärt der Glossator ausführlich verschiedene Arten der Vormundschaft und hebt scheinbare Widersprüche zum Begriff der Vormundschaft in den *Leges* auf.
c. Ganz wesentlich erhöht wird der Umfang der Glosse durch (manchmal seitenlange) Abhandlungen. So wird z.B. in Landrecht I 25 des Weltgeistlichen und des Mönches Rechts auf Erbe abgehandelt. Der Glossator nimmt das Stichwort *»pfaffe«* (Weltgeistlicher) zum Anlaß, diese Lehre auf dreierlei Weise zu erklären. So sei es z.B. ein Rat, *»daß iz sy bequemlich, das sy kein eygen besiczen«.* Aber auf das Stichwort *»monich«* folgt nun eine ausfuhrliche Erörterung über Ordensrecht im Mittelalter. So kann man auf dreierlei Weise Mönch werden: *» Von den ersten sagit her hir, das sint dy,* [de] *sich mit willen monchen* [...] *Dy anderen sint kindere, dy man darczu toret* [zwingt] [...] *Dy dritte monchen sich durch getwang* [Zwang] [...]*«* Erscheint bei der Abhandlung zum *»pfaffen«* der Umfang der unmittelbaren Erklärung noch erträglich, so wächst der Umfang der Abhandlung zu den Mönchen zum Mißverhältnis. Die ausführlich abgehandelte Frage, ob man einen Mönch, dessen Orden vom Papst aufgehoben wurde, zwingen kann, in einen anderen Orden einzutreten, hat mit dem Inhalt von Landrecht I 25 nichts mehr zu tun.

Die Glosse zu Landrecht I 20 bringt eine Abhandlung nicht nur über Erwerb und Verlust der Ritterschaft, sondern auch über die Frage ihrer Sündhaftigkeit. Dies aber ungeachtet dessen, was schon zu Landrecht I 3,2 über die Ritterschaft gesagt wurde. Dort scheint es gewaltsam eingeschoben, hier ist es angebracht.

Ein anderes Beispiel liefert die Glosse zu Landrecht I 60, die eine ungewöhnlich lange Abhandlung über den Vorsprecher bietet.

Die Absicht derartiger Abhandlungen kann nicht die der Erklärung des entsprechenden Textes des Sachsenspiegels sein. Sie sprechen nicht mehr von dem Inhalt des Artikels, sondern knüpfen nur an ihn an. Man kann selbst die häufig in der Literatur anzutreffende Auffassung, daß hier eine Übereinstimmung der Rechtssätze des Sachsenspiegels und fremdem Recht bewiesen werden soll, an vielen Stellen, wo derartige Abhandlungen zu finden sind, nicht aufrechterhalten. Denn vom Inhalt des Sachsenspiegeltextes ist, wenn die Anknüpfung – oft nur durch ein Stichwort, z.B. *»Unde nicht de monich«* – einmal vollzogen ist, keine Rede mehr. Wenn dennoch danach eine erneute Anknüpfung erfolgt, so ergibt sich die Frage, ob die Abhandlung (z.B. über das Ordensrecht) nicht eine Erklärung verdrängt hat.

Bei genauerem Hinsehen erkennt man Stellen, an denen die Erklärung unterbrochen wurde. Von der Absicht einer Texterklärung sind diese oft anzutreffenden Abhandlungen verschieden weit entfernt. Oft mochte der (frühere oder spätere) Glossator wohl nur seine ungemeine Belesenheit unter Beweis stellen. Wie anders soll man die Kommentare verstehen, die der Stendaler Glossator aus den zahlreichen Juristenschriften, aus der Lombarda, der Bibel, den Kirchenvätern, klassischen Autoren, aus der Buchschen Glosse (wenn es überhaupt berechtigt ist, von einer solchen zu sprechen), Magdeburger Schöffensprüchen und schließlich märkischen Rechtsgewohnheiten teilweise an den Rand und teilweise zwischen die Zeilen schrieb? Auszüge aus der Stendaler Glosse finden sich übrigens im Augsburger Druck von 1516. Diese Abhandlungen beziehen sich aber fast ausschließlich auf das römische und kanonische Recht.

Davon unterschieden werden können die Übersichten über die jeweiligen Glossenartikel und Überleitungen. Wir gehen hier nur auf letztere ein. Es handelt sich um formelmäßige Wortgruppen wie: *»Warumme seczet her hir* [...]«; *»Hir antwert her alsus* [...]«; *»Iz sagen eczliche* [...]«; *»Sage, dysse decretales sprechin, ab* [...]«; *»Unde von den seczt her hir* [...]«; *»Her hat vorgesayt von* [...]«; *»Nu wil her sagen* [...]«; (Q[53]: *»Nu machstu prouen* [...]«; *»Als du vinst in* [...]«; *»Hijr seght her aff* [...]«; *»Nu hefft he ghezeght van deme, dat* [...]«; *»Dir is dor twyerleye sake* [...]«).

Durch diese Formeln will die Glosse die Verbindung zwischen Text und Erklärung, aber auch zwischen verschiedenen Erklärungen herstellen. Allein

53 Hoene, Otto zu (Hg.): Codex Quakenbrugensis (1422), San Francisco 1969, S. 124ff.

die systematische Analyse und ein Vergleich dieser formelhaften Ausdrücke wäre eine Untersuchung wert, insbesondere zwischen den verschiedenen Handschriften (und Glossatoren), aber auch innerhalb eines Glossentextes, um feststellen zu können, wo verschiedene Hände tätig waren. Diese Übersichten und Überleitungen weisen mehr als die z.T. fragwürdigen Erklärungen und den im wesentlichen nur aus fremdrechtlichen Zitaten bestehenden Abhandlungen einen individuellen Charakter auf.

Übrigens können stilistische Vergleiche auch helfen, Glossenzitate in anderen Rechtsbüchern aufzufinden. So scheint die Abhandlung über den Totschlag (Berliner Stadtbuch, S. 151, § 23) – dem Stil nach – der Glosse entnommen zu sein, da weder das Stadtbuch § 18 nach Landrecht II 14 und noch Landrecht III 48 diesen Text bieten. Auf diese Weise kann auch indirekt der Einfluß der Glosse nachgewiesen werden.

Noch deutlicher tritt uns der individuelle Charakter der Glosse bei den kritischen Abhandlungen entgegen, die teilweise historischen Charakter besitzen. So wird eben von der Glosse unterschieden, ob ein Artikel den alten Privilegien der Sachsen entnommen oder von Eike von Repgow oder aus einer späteren Satzung stammt. In Landrecht I 64 wird der Text des Sachsenspiegels als *»verwandelet myt me nygen rechte, dat margreve Otto gab«* bezeichnet.

An anderen Stellen wird der Versuch einer materiellen Kritik unternommen, auf die wir hier aus Platzgründen nicht näher eingehen können. Als instruktives Beispiel sei nur auf die scheinbar widersprüchlichen Angaben zum Mündigkeitstermin in der Glosse zu Landrecht I 23,1 hingewiesen, die durch eine auf römische Quellen zurückgehende Erklärung gelöst werden.

5. Intentionen der Glossen

Häufig wird in den Glossen ein Vergleich zwischen sächsischem und fremdem Recht angestellt. Handelt es sich um eine tatsächliche oder vermeintliche Gleichheit, so wird dem Stichwort einfach ein Zitat hinzugefügt, z.B. in der Glosse zu Landrecht I 25, 1–3: *»Dy dritte monchen sich durch getwang. Dysse durffen nicht dar yn bliben, ab der getwang vorworchlicht ist, ut extra l*[ib.] *iii quod metus et c*[orpus] *cum dilectus.«* Diese Vergleiche werden sehr häufig angestellt und haben zu der gängigen Auffassung geführt, daß der Glossator die Absicht habe, die Übereinstimmung zwischen dem Sachsenspiegel und dem römischen Recht zu beweisen. Es gibt aber Stellen in der Glosse, die dieser Absicht überhaupt nicht entsprechen. So wird z.B. in der Glosse zu Landrecht I 17 bei der Frage des Einflusses des Freiheitsverlustes der schwangeren Mutter auf die Stellung des Kindes dem *keyser recht* das der Sachsen gegenübergestellt.

Auch in bezug auf den Erbschaftsanfall stellt sich die Glosse zu Landrecht I 22,1 auf den sächsischen Standpunkt. An anderen Stellen wird wieder gegen das sächsische Recht polemisiert.[54] Hier wären nun durch eine tiefergehende Analyse Einschübe und Wiederholungen nachzuweisen, insbesondere das Ineinanderschieben von Glossentypen, die sich stilistisch unterscheiden. Ein Beispiel für den Glossenstil ist der des Dialoges in Frage-und-Antwort-Form[55], der sich deutlich vom Abhandlungsstil unterscheidet. So heißt es in der Glosse zu Landrecht I 25 (B): »[...] *wor sal hers vorderen wedir czu geystlichem rechte adir czu wertlichem rechte? Iz sagen eczliche her sal* [...]« In der Glosse zu Landrecht: »*Warume der monich nympt keyn erbe? Daz man in czu der werlde wert vor tot hat.*« Oder zu Landrecht I 31 (B): »*Nu muchstu sagen, ich sagete, wen* [...]«

Jedenfalls zeigen diese Überlegungen. daß eine ganze Reihe von verschiedenartigen Indizien darauf hinweisen, daß es sich bei *der* Glosse um kein homogenes Werk handelt. Da die verschiedenen Textschichten verschiedene wissenschaftliche Intentionen vertreten und nicht miteinander harmonieren, muß bezweifelt werden, daß die Glosse insgesamt aus der Hand Johann von Buchs stammt[56] – auch in der bisher ihm zugeschriebenen kürzeren Form. Zu der bisherigen Auffassung vom Verfasser ist festzustellen, daß zunächst der Autor in den verschiedenen überlieferten Handschriften der Glosse zum Sachsenspiegel nicht genannt wird. Seit Grupen[57] wird in der Forschung aus dem Prolog zum Richtsteig, wo es heißt: »*in deme apparate der glosen, de we darover gesat hebben*«, und aus den Erwähnungen von Konrad und Siegfried v. Buch als Verwandten geschlossen, daß Johann von Buch allein der Autor der Glosse und des Richtsteiges wäre.[58]

54 Ähnliche Beobachtungen finden sich in Wurms Liegnitzer Rechtsbuch, vgl. Leuchte (wie Anm. 27).

55 Leuchte (wie Anm. 27), S. XXV, nennt zwar mit Bezug auf Hugo Böhlau den Johannes de Lignano als Vorbild für die auch dort vorkommende Dialogform, diese ist aber sicherlich älter. Das Vorbild für die Frage-Antwort-Form bei Johann von Buch ist bisher auch noch nicht ermittelt.

56 So auch Sinauer und Bindewald allein auf Grund textkritischer Analysen der Glosse zu einzelnen Artikeln (Bindewald zu LdR I 6/7 bis 17), vgl. Sinauer, Erika: Studien zur Entstehung der Sachsenspiegelglosse, in: NA 50(1935), S. 475–581, und Bindewald (wie Anm. 32).

57 Christian Daniel Grupen: Traktat von den sächsischen Rechtsbüchern, gedr. bei Spangenberg, E.: Beiträge zu den Teutschen Rechten des Mittelalters, Halle 1822 (Nachdruck 1970), S. 30ff., S.66ff.; zustimmend und mit weiteren Belegen Homeyer, Gustav: Richtsteig Landrechts, Berlin 1857, S. 28ff.

58 So z.B. auch Buchholz-Johanek, Ingeborg: Johannes v. Buch, in: Ruh, Kurt (et al.) (Hg.): Die deutsche Literatur des Mittelalters. Verfasserlexikon, 2. Aufl., Berlin, New York 1986, Bd. 4, Sp. 552. Dagegen ist Ebel der Auffassung, daß die textkritischen Untersuchungen

6. Datierung und Klassifizierung der Glossenhandschriften – insbesondere der ältesten Texte

Wenn wir aber in den Glossen von verschiedenen Textschichten mit unterschiedlichen wissenschaftlichen Intentionen ausgehen müssen[59], wird aber auch die bisherige Datierung »bald nach 1325« zweifelhaft und ist kritisch zu überdenken, da diese Datierung nur auf eine Textschicht bezogen werden kann. Außerdem ergibt sich damit eine grundlegende Kritik an der bisherigen Einteilung der überlieferten Handschriften der Glosse zum Sachsenspiegel in

Sinauers und Bindewalds (wie Anm. 56 und 32), »die Zuschreibung an nur einen Verfasser als unsicher erscheinen lassen«, s. Ebel, Friedrich: Sachsenspiegel, in: HRG 29, Lief. 1988, Sp. 1231.

59 Derartige Textschichtungen kommen bei umfangreicheren mittelalterlichen Rechtsbüchern vor. So konnte Hans Patze in dem ältesten Mühlhäuser Rechtsbuch (MRB) ebenfalls eine Textschichtung nachweisen, vgl. ders.: Zum ältesten Rechtsbuch der Reichsstadt Mühlhausen/Th. aus dem Anfang des 13. Jahrhundert, in: JGMOD 10/11 (1961/62), S. 59–126, hier S. 93ff.: »Landfriedensrecht, Recht der Landgemeinde und Recht der Kaufmannsbürger stehen nahezu unverbunden nebeneinander. So darf es als wichtige Quelle zum Problem der ›Stadtgemeinde‹ und ›Landgemeinde‹ gelten«. Seit Herbert Meyers verdienstvoller Ausgabe wird das MRB als »Mühlhäuser Reichsrechtsbuch« bezeichnet, ders.: Das Mühlhäuser Reichsrechtsbuch, Weimar 1923, Neudruck der 3. Aufl., Leipzig 1969. Es handelt sich aber um ein altes Stadtrechtsbuch (Eckhardt, Patze). Insofern ist das Rubrum *Incipit liber iuris secundum ius imperii* der bald nach 1270 geschriebenen, aber dem Inhalt nach früher zu datierenden Nordhäuser Handschrift treffender als »Das Rechtsbuch beginnt gemäß dem Recht des Reiches« zu übersetzen. Die in dieser Arbeit für die Glosse entwickelte Methode, aus nachweisbaren Textschichtungen zu einer Kritik an dem bisherigen Datierungszeitraum, insbesondere des *terminus post quem* zu kommen, ist auch auf das MRB anwendbar. Berücksichtigt man die Textschichtungen, so ist der von K. A. Eckhardt gegebene *terminus post quem 1224* für das MRB nicht mehr aufrecht zu erhalten, vgl. ders.: Die Entstehung des Mühlhäuser Reichsrechtsbuches, in: DA 15(1959), S. 443ff. Dafür sprechen wenigstens zwei Gründe: Zunächst ist der von Eckardt angeführte Reichsspruch (bekannt seit 1224) kein sicherer Anhaltspunkt angesichts der offenbar weiten Verbreitung des Rechtssatzes vor dem Erlaß des Spruches (Patze). Der Satz scheint aus dem Hofrecht zu stammen und ist hier und in Mühlhausen nur auf ein besonderes Fluchtziel des Eigenmannes, die Stadt, angewandt worden. Geht man aber im Gegensatz zu Eckardt von keiner homogenen Textmasse aus, so kann aus methodischen Gründen die Erwähnung eines einzelnen Rechtssatzes nicht zur Datierung aller drei Textschichten verwendet werden. Wegen der altmitteldeutschen Sprachform gibt es auch keine sprachlichen Bedenken gegen eine frühere Entstehung, etwa um 1200, vgl. Meyer, a.a.O., S. 71, so daß die ohne Begründung von Patze (S. 94) angegebene Datierung in das dritte Jahrzehnt oder durch Johanek (der sich im wesentlichen auf Eckhardt stützt) in das zweite Jahrzehnt des 13. Jahrhunderts kritisch zu überprüfen sind, vgl. Johanek, Peter: Rechtsschrifttum, in: Die deutsche Literatur im späten Mittelalter. 1250–1370, Bd. 3, Tl. 2, München 1987, S. 401. Insofern ist der Prioritätsstreit mit dem Sachsenspiegel m.E. wieder offen, vgl. Pötschke, Dieter: Textschichtungen in Rechtsbüchern und ihre computergestützte Auffindung, in: Computer und Geschichte 3(1997), S. 444–461.

die von Homeyer/Borchling gegebenen Klassen und Ordnungen.[60] Denn danach wurden die (bis zum Jahre 1931 bekannten) 86 Texte von Glossen des Landrechts in drei Klassen eingeteilt.

- Klasse I (kürzere Glosse): Reimvorrede, Prolog, Art. I 7 bis 14, I 36, III 74, die *Versio Vulgata* des lateinischen Sachsenspiegels fehlen, sowie die Art. I 26, III 82,2 bis I 91 bleiben unglossiert (32 Handschriften).
- Klasse II: Die Glosse reicht bis Landrecht III 87. Unglossiert sind nur noch die Reimvorreden, der Prolog, die Vorrede und die Art. I 36, III 51, III 88 bis 91 (22 Handschriften).
- Klasse III (Zusatzglossen): Glosse reicht bis Landrecht III 91 (32 Handschriften).

Nach dem neuesten Forschungsstand sind aber 107 vollständige Landrechtsglossen und 78 Fragmente bekannt. Da die meisten der 72 Fragmente Landrecht III 82 ff. gar nicht enthalten, lassen sich diese nur unter großen Schwierigkeiten oder überhaupt nicht nach diesen sehr formalen Kriterien in eine der drei Handschriftenklassen oder gar in deren Ordnungen klassifizieren. Denn das Hauptmerkmal ist danach nur der Umfang der Glossierung des jeweils vorliegenden Textes des Sachsenspiegels. Zunächst läßt sich daran eine methodische Kritik knüpfen, denn spätestens durch die textkritischen Untersuchungen von Steffenhagen geht die Klasse II ebenfalls im wesentlichen auf Johann von Buch zurück, so daß eine Unterscheidung der Klassen I und II nach dem Autor in der bisherigen Auffassung keinen Unterschied aufweist. Außerdem bleibt die Mehrzahl der erhaltenen Fragmente nicht zugeordnet, aber gerade diese könnten frühe Textfassungen enthalten.

Ein derartig formales Vorgehen von Homeyer bei der Einteilung der überlieferten Sachsenspiegeltexte selbst in Klassen ist bereits von K. A. Eckhardt – dem Bearbeiter der Quedlinburger Handschrift des Sachsenspiegels[61] – grundlegender Kritik unterworfen worden: »Homeyer hat seine Genealogie der Sachsenspiegel-Handschriften fast ausschließlich auf *äußeren* Gesichtspunkten, wie Fehlen oder Vorhandensein einzelner Stücke, Anordnung, Artikel- und Bucheinteilung, Bebilderung, Glossierung, aufgebaut und sich hinsicht-

60 Homeyer, Gustav: Die deutschen Rechtsbücher des Mittelalters und ihre Handschriften; Neubearbeitung durch Carl Borchling, Karl August Eckhardt und Julius von Gierke, Weimar 1931–34. Oppitz (wie Anm. 1) hat diese Klassifizierung unkritisch übernommen, da ihm die Glossenforschung keinen besseren Stand liefern konnte. Er hätte aber die bisher geäußerten Kritiken an der Klassifizierung erwähnen müssen.

61 Vgl. Eckhardt, Karl August (Hg.): Sachsenspiegel Landrecht, 3. Aufl., Göttingen, Frankfurt a.M.1973 (= MGH Font. iur. Germ. n. s. T.I. P.I), S. 21ff.

lich der Lesarten auf die Heraushebung sachlich oder sprachlich bemerkenswerter Einzelabweichungen und der Verzeichnung einiger besonders markanter Lesartengruppen beschränkt, ohne auf diese Weise einen echten Einteilungsmaßstab zu gewinnen. So faßt er alle unglossierten Handschriften mit Dreibüchereinteilung zu einer Klasse zusammen, obwohl ein Teil von ihnen (hier Iib–d) genetisch älter als die Glosse ist, ein anderer (hier zu IVc gestellt) sich umgekehrt als Ausläufer der jüngsten Glossenform erweist. So ordnet er glossierte Handschriften unbedenklich der Textform zu, aus der ihre Glosse stammt, mag auch der Text zu einer ganz anderen Form gehören. Die Folge davon ist, daß zahllose Lesarten sich systemlos auf die verschiedenen Textordnungen zu verteilen scheinen und daß eine genetische Anordnung der Handschriften innerhalb der durch die *äußeren* [Hervorh. v. Verf.] Gesichtspunkte gegebenen Klassen zur Unmöglichkeit wurde, von Homeyer auch gar nicht versucht worden ist.«

Wenn aber nach den oben festgestellten globalen Indizien und den Hinweisen aus der inhaltlichen Textkritik von Sinauer und Bindewald, deren Untersuchungen sich leider nur auf die fremdrechtlichen Zitate bzw. nur auf relativ wenige Artikel erstreckten, auch Textschichtungen in Betracht gezogen werden müssen, so kommt man nun zu völlig neuen Merkmalen für Klasseneinteilungen der Glossen. Aus Platzgründen können wir darauf nicht näher eingehen.[62] Der von Steffenhagen, Sinauer, v. Schwerin und Bindewald eingeschlagene neue Weg der Analyse der inhaltlichen Struktur, der Formen und der Stilkritik – wie er oben dargelegt ist – führt zu qualitativen inhaltlichen und stilistischen Merkmalen und damit schließlich zu anderen Einteilungen der überlieferten 185 Glossenhandschriften. Um aber diesen Weg gehen zu können, müßte wenigstens ein vollständiger, wissenschaftlich zuverlässiger Druck vorliegen.[63] Eine derartige Klassifizierung nach inhaltlichen Merkmalen würde

62 Die ebenfalls nur nach dem formalen Merkmal des Umfanges von Frommhold, G.: Zur Überlieferung des rügischen Landrechtes, ZRG GA 16 (1895), 2, S. 8ff., unterschiedenen Klassen der überlieferten Handschriften des Rügianischen Landrechts haben sich ebenfalls als falsch erwiesen, s. Pötschke (wie Anm. 13).

63 Die in der Literatur angekündigten Editionen von Grupen, Nietzsche, Daniels, Steffenhagen, v. Schwerin, Sinauer, Bindewald und Eckardt sind nicht erschienen. Es liegt nur vor Steffenhagen, Emil: Die Landrechtsglosse des Sachsenspiegels. Nach der Amsterdamer Handschrift, Tl. 1: Einleitung und Glossenprolog, Akad. d. Wiss. Wien, phil.-hist. Kl. Denkschriften 65, 1. Abh., Wien, Leipzig 1925. Zu Hoene (wie Anm. 53), bietet nur die Quakenbrücker Handschrift von 1422 und Eckhardt, K.A. (Aalen 1978) einen Neudruck von: Sassenspegel mit velen nyen Addicien san dem Leenrechte und Richtstige, ed. Hans Rynmann von Öhringen, Augsburg 1516, der durch zeitgenössische Anpassung der Rechtschreibung von den Handschriften abweicht.

dann auch die Einordnung eines großen Teils der überlieferten 72 Fragmente wesentlich erleichtern, wenn nicht überhaupt erst möglich machen.

Wenn aber die bisherige Datierung der Abfassung der Glosse zum Sachsenspiegel – insbesondere der *terminus post quem 1325* – nicht mehr aufrechtzuerhalten ist, so ist dies auch bei der Datierung der Rechtsdenkmale zu berücksichtigen, die Einwirkungen der Glosse aufweisen. Dies trifft insbesondere auf das Berliner Schöffenrecht zu, bei dessen Datierung Sello von der bisherigen Datierung der Abfassung der Glosse ausging.

Aber auch bei der neuerdings unter Ruth Schmidt-Wiegand systematisch in Angriff genommenen kritischen Überprüfung der Datierung und Lokalisierung der überlieferten vier Bilderhandschriften[64] des Sachsenspiegels – in Vorbereitung der Faksimileausgabe der Wolfenbütteler Handschrift – spielt die bisherige Datierung der Glosse »nach 1325« eine wichtige Rolle. Walter Koschorreck, dem wir die Faksimile-Ausgabe der fragmentarischen Heidelberger Bilderhandschrift verdanken, hatte diese Datierung verwendet, um aus ihr das Jahr 1325 als einen *terminus post quem* für die Entstehung der Handschrift abzuleiten. Dies steht aber anscheinend im Gegensatz zu der neuerdings von Klaus Nass vermuteten Entstehungszeit der Heidelberger Handschrift (1295–1304) aufgrund einer eingehenden Untersuchung der Wappen aller Bilderhandschriften.[65] Dieser Widerspruch ist aber nur ein scheinbarer, denn die Dreiteilung des Sachsenspiegeltextes – als Haupthinweis auf die Glosse – ist in der Tat schon in den Handschriften um 1300 anzutreffen, wie Nass richtig feststellte. Aber auch die nach unseren Erkenntnissen aufgrund der Textschichten hinfällige Datierung »nach 1325« bietet selbst keinen Widerspruch mehr – eine Entstehung der frühesten Glossenschicht zwischen 1310 und 1325 kann nicht mehr ausgeschlossen werden. Ob sie eine selbständige Form bildete, muß erst noch näher untersucht werden.

Somit könnte die Loccumer Glosse dem Inhalt nach bereits vor 1325 entstanden sein.

64 Schmidt-Wiegand, Text-Bild-Interpretation (wie Anm. 29). Zuletzt zur Lokalisierung Pötschke, Dieter: Die Bilderhandschriften zum Sachsenspiegel I: Neue Forschungsergebnisse zur Datierung und Lokalisierung der Urhandschrift, in: Nordharzer Jahrbuch 18(1994), S. 5–25.

65 Nass, Klaus: Die Wappen in den Bilderhandschriften des Sachsenspiegels. Zu Herkunft und Alter des Codices picturati, in: Schmidt-Wiegand, Text-Bild-Interpretation (wie Anm. 29), Bd. 1, S. 229–270.

7. Warum sollte sich die Forschung wieder ernsthaft mit den Glossen beschäftigen?

Eine kritische Edition der Loccumer Glossenhandschrift wäre zu begrüßen. Denn aus *methodologischer Sicht* sind Forschungen zu den Sachsenspiegelglossen in mehrfacher Hinsicht von Interesse.

Zum einen wird hier – nach dem Vorbild eines bestimmten Glossentyps – die Methode der aus dem römischen und kanonischen Recht bekannten und gut erforschten Methode der Glossierung[66] *erstmals* auf ein deutsches Rechtsbuch angewendet. Andere Rechtsbücher folgten dieser Methode.[67]

Steffenhagen hat bereits im Jahre 1919 überzeugend nachgewiesen, daß die Accursische Glosse Johann von Buch als methodisches Vorbild und (ausführliche Quelle) für die Gesamtanlage seiner Glosse zum Sachsenspiegel gedient hat.[68] Für diese Vorbildwirkung führt er folgende Argumente an:[69]

- Die Zitierweise der fremden Rechtsquellen ist ganz die der italienischen Glossatoren, insbesondere der Accursischen Glosse.
- Das häufige Zitat *als hir* zur Bezeichnung der erläuterten Textstellen des Sachsenspiegels ist das *ut hic* der Accursischen Glosse.
- Die Anwendung der Zitierweise auf den Sachsenspiegel mit *Supra articulo i* oder *Infra articulo i* ist gleichbedeutend mit *articulo proximo*.
- Die Art der Einführung der Aussprüche der Quellen, sei es des Sachsenspiegels oder der fremden Rechtsquellen, mit dem Personalpronomen *he* und einem Verb der 3. Person.
- Schließlich der fortwährende Gebrauch formelhafter Ausdrücke und Wendungen wie »*dat is, segge, merke, dat vernem, dit unterschede, hir is jegen, dit lose sus, als of he* [Eike] *scolde seggen, nu mochtestu spreken, da antwerde ik to, itlike seggen, unde is vor en ene, ihn*« und viele ähnliche Wendungen. Dies alles ist der Accursischen Glosse wortgetreu nachgebildet.

Wie oben erwähnt, kann der fortwährende Gebrauch dieser formelhaften Ausdrücke wiederum als Grundlage für die Erkennung der Benutzung von Glossenstellen in anderen Rechtsbüchern verwendet werden. Dies ist vor allem dann wichtig, wenn im Falle verdeckter Quellen das Zitat nicht als solches gekennzeichnet ist. Schließlich darf die inhaltliche Benutzung der Accursischen

66 Vgl. Kuttner, Stephan: Repertorium der Kanonistik (1140–1234). Prodomus Corporis Glossatorum I, Città del Vaticano 1937 (= Studi e testi 71). Vgl. Dolezalek (wie Anm. 45), dort auf S. 1 weitere Literatur.

67 Z.B. das Liegnitzer Rechtsbuch, vgl. Leuchte (wie Anm. 27).

68 Steffenhagen (wie Anm. 1), S. 583–718.

69 Steffenhagen (wie Anm. 1), S. 586.

Glosse bei der Abfassung der ursprünglichen Glosse zum Sachsenspiegel als wichtiges Argument für die Vorbildwirkung der ersteren herangezogen werden.

Zweitens könnte hier eine Methode entwickelt werden, mit der die Wirkungsgeschichte deutscher Rechtsbücher differenzierter als bisher üblich untersucht werden kann. Erst unlängst wurden zwar die drei ältesten bekannten Texte des Klever Stadtrechtes veröffentlicht, aber eine kritische Edition nach den Quellen fehlt immer noch.[70] In einem Sammelband mit Forschungsaufsätzen dazu[71] mußte eingestanden werden, daß es an einer geeigneten Methode mangelt, so daß weder die Phrasen und Wortgruppen aus dem Sachsenspiegel als auch aus der Glosse systematisch ermittelt werden konnten. Damit konnte die Rechtswirklichkeit der Sachsenspiegelzeit, zu der nach Kroeschell auch die Auswirkung des Sachsenspiegels auf andere Rechtsbücher gehört, nicht erhellt werden.[72]

Drittens sind die überlieferten Textmassen m.E. nur mit Hilfe des Computers vollständig erfaßbar und vergleichbar.

Die Beschäftigung mit diesen mittelalterlichen Rechtsbüchern ist auch *aus methodischen Gründen* interessant, weil damit wichtige Beiträge für künftige Editions-Computerarbeitsplätze (z.B. für die interaktive Suche nach Quellen und Textschichten) geleistet werden können. Allein eine kritische Edition der ursprünglichen Glosse in Buchform erfordert aufgrund des verlorenen Originals und der überlieferten Textmassen die *Erarbeitung einer neuartiger Methodik unter Einbeziehung des Computers.* Eine zuverlässige Ausgabe fehlt auch für die nachfolgenden Forschungen, z.B. die Suche nach Zitaten aus der Glosse im Klever oder im Berliner Stadtrecht. Dies wiederum kann zur *Datierung der beeinflußten Rechtsbücher*, wie z.B. auch der berühmten Heidelberger Bilderhandschrift beitragen.

70 Von den 49 nachweisbaren Handschriften des Klever Stadtrechtes sind nun die drei ältesten dank der Bemühungen von Klaus Flink ediert: Die ältesten Klever Stadtrechtshandschriften, bearb. v. Wolf-Rüdiger Schleidgen, Kleve 1990 (= Klever Archiv, Schriftenreihe des Stadtarchivs Kleve 10). Die umfangreichste und »inhaltlich doch wohl älteste« Textstufe erschien als Bd. 11 (1991) des Klever Archivs: Flink, Klaus (Hg.): Das Stadtrecht von Kleve, Kleve 1991.

71 Diestelkamp, Bernhard und Klaus Flink (Hg.): Der Oberhof Kleve und seine Schöffensprüche, Kleve 1994 (= Klever Archiv, Schriftenreihe des Stadtarchivs Kleve 15), hier insbesondere S. 11 und 85. Die dort geforderte kritische Glossenausgabe allein reicht nicht für die wortgenaue Ermittlung der Quellen aus.

72 Kroeschell, Karl: Rechtsaufzeichnung und Rechtswirklichkeit. Das Beispiel des Sachsenspiegels, in: Recht und Schrift im Mittelalter, Sigmaringen 1977 (= Vorträge und Forschungen 23), S. 364ff. Vgl. auch Kroeschells Beitrag in: Schmidt-Wiegand, Text-Bild-Interpretation (wie Anm. 29).

An dieser Stelle sei angemerkt, daß die Glossen zeitlich und ideengeschichtlich zwischen den Sachsenspiegeltexten und ihren Bilderhandschriften stehen.

Weniger bekannt ist, daß es auch bebilderte Glossenhandschriften gibt. So enthält z.B. die sog. *interpolierte Glosse*[73] noch elf Bilder, obwohl die größeren ausgeschnitten wurden: Vorhanden sind Bilder zu Landrecht I 1,3 (Verwandtschaftsbaum), 59, 62 §§ 3... 11, 63 (zwei Bilder), 70; Landrecht II 23; Landrecht III 26, 27, 63. Diese Glossenhandschrift gehört der Schrift nach noch in das 14. Jahrhundert, sie ist möglicherweise nicht vor 1374 entstanden.[74] Auf den Vergleich der Bildern und die Stellen, wo sie in drei anderen Handschriften und in der Liegnitzer Glossenhandschrift auftreten, ist Steffenhagen näher eingegangen.[75]

8. Überlegungen zur Weiterführung der computergestützten Glossenforschung

Eine kritische Edition der Loccumer Glosse und ihre Datierung ist also nach den Überlegungen in den vorangegangenen Abschnitten ohne eine geeignete computergestützte Technologie und Methodik nicht möglich. Es sei daher gestattet, einige Überlegungen den besonderen Schwierigkeiten dieser Quellengattung mittelalterlicher Rechtsgeschichte zu widmen. Das Glossenproblem ist allein von den überlieferten Textmassen her wohl neben den Schöffenspruchsammlungen[76] eines der umfangreichen und komplexen Probleme der deutschen mittelalterlichen Rechtsgeschichte. Insgesamt sind nach neueren Erkenntnissen 106 nahezu vollständige Handschriften und 72 Fragmente von

73 Zu dieser vgl. die entsprechende Abhandlung in Steffenhagen (wie Anm. 1), S. 3ff., hier insbesondere S. 4, Anm. 7.

74 Vgl. Steffenhagen (wie Anm. 1), S. 4, Anm. 1.

75 Steffenhagen (wie Anm. 1), S. 7 und Fußnote 4.

76 Im Brandenburgischen Landesarchiv Potsdam liegen allein 108 Bände Schöffensprüche des Brandenburger Schöppenstuhls, die nur z.T. ausgewertet sind, vgl. Stölzel, Adolf: Urkundliches Material aus den Brandenburger Schöppenstuhlakten, 4 Bde., Berlin 1901. Ders.: Die Entwicklung der gelehrten Rechtsprechung in Deutschland. Bd.1, Der Brandenburger Schöppenstuhl, Berlin 1901; Ebel, Friedrich (Hg.): Magdeburger Recht, Bd. II/ 1: Die Rechtsmitteilungen und Rechtssprüche für Breslau. Die Quellen von 1261–1452, Köln, Wien 1989. (= Mitteldeutsche Forschungen 89). – Zur bisher wenig beachteten Ausstrahlung des Magdeburger Rechts auch in den nord- und westdeutschen Raum vgl. Ebel (wie Anm. 17); Ebel, Friedrich: Die Magdeburger Schöppen und das Kirchenrecht, in: Köbler Gerhard (Hg.): Wege europäischer Rechtsgeschichte, Frankfurt/Main, Bern, New York (= Festschrift Karl Kroeschell, Rechtshistorische Reihe 60), S. 64–74. Zur Methodik zuletzt Pötschke, Dieter: Ein computergestützter Ansatz zur Bestimmung des rechtshistorischen Eigenwertes von Schöffenspruchsammlungen, in: Computer und Geschichte 2(1995), S. 87–98.

Landrechtsglossen des Sachsenspiegels überliefert. Geht man von einem Umfangsverhältnis vom Text des Sachsenspiegels zu dem einer seiner Glossen von wenigstens 1:3 aus und wollte man möglichst viele überlieferte Glossentexte für eine kritische Ausgabe heranziehen (und das wäre bei einer Aufgabe der bisherigen von Homeyer vorgeschlagenen Klassifizierung der Glossenhandschriften ratsam) so müßte man etwa 600 MByte Text, d.h. etwa 1000 Bücher mit jeweils 250 Seiten verarbeiten. In den bisherigen Ansätzen ist dies per Hand versucht worden. Aber schon aus der Sicht der Textverarbeitung war ein solcher Versuch als Lebenswerk eines Einzelnen zum Scheitern verurteilt. Dies hatte auch Guido Kisch 1927 eingesehen, dem die Rettung der Hunderte von Handschriftenbänden umfassenden Leipziger Schöffenspruchsammlung im Jahre 1915 zu verdanken ist.[77]

Seit über zwanzig Jahren bietet sich hier die automatische Textverarbeitung durch den Computer an, ohne daß Rechtshistoriker sich systematisch dieser neuen Methode bedient hätten.[78] Im Vergleich zur Glossenforschung umfassen die mittelalterlichen Quellen der Rechtssymbolforschung zu den Rolanden nur etwa zwei A4-Seiten.[79] Dennoch ist die Anzahl von ca. 1000 Arbeiten und Monographien zur Rolandfrage wesentlich höher als die Anzahl der Arbeiten zur Glossenthematik.[80] Während also beim Rolandproblem die erste Hürde eine Methodik zur rechtsgeschichtlichen Interpretation des dürftigen Quellenmaterials ist, besteht beim Glossenproblem die erste, bisher nicht genommene Hürde in einer geeigneten Darstellung des Quellenmaterials, die ohne Hilfe des Computers m. E. nicht vorstellbar ist. Weitere Stufen – die aber nur auf der ersten aufbauen können – sind

- die Darstellung der Quellen der Glosse,
- die Rekonstruktion der ursprünglichen Fassung(en) und Textschichten,
- eine adäquate Klassifizierung der Handschriften,
- Herausarbeitung der zeitgenössischen Rechtsauffassung insbesondere zur Geltung und Ursprung des Sachsenspiegels (z.B. zum Kaiserrecht),

77 Kisch, Guido: Der Lebensweg eines Rechtshistorikers, Sigmaringen 1985.

78 Computertechnik wurde z.B. in Frankfurt/Main bei der Erstellung einer Datenbank juristischer Dissertationen des 17. Jahrhunderts und von Ulrich-Dieter Oppitz bei der Erarbeitung einer Datenbank der Rechtsbücher des Mittelalters eingesetzt. Vgl. auch Dolezalek (wie Anm. 45).

79 Beginnend mit der Schildumschrift des Bremer Rolands aus der ersten Hälfte des 14. Jahrhunderts. Zum aktuellen Stand der Rolandforschung vgl. Dieter Pötschke: Jacob Grimm und die Rolandfrage, in: Brüder Grimm Gedenken 11(1995), S. 96–117; demnächst Munzel, Dietlinde: Roland und Kaiserrecht.

80 Eine Bibliographie zur Glossenthematik steht noch aus.

- Herausfilterung der lokalen Rechtsauffassungen (z.B. in der Loccumer Glosse) usw.

So ist es nach über 500 Jahren Glossenforschung, die man mindestens bei den ersten Drucken ansetzen kann[81], bisher nicht gelungen, die Originalfassung Johann von Buchs sicher zu rekonstruieren.

Derzeit würden der computergestützten Glossenforschung schon folgende Hilfsmittel zur Verfügung stehen:

1. Der Landrechtstext der frühesten datierten Wolfenbütteler Glosse aus dem Jahre 1367[82] und die Glosse aus der Hechtschen Sammlung (Oppitz Nr. 161), aber auch die Texte der Heidelberger, der Wolfenbütteler und der Oldenburger Bilderhandschriften des Sachsenspiegels liegen nun auf dem Computer abgespeichert vor. Der Text des Augsburger Druckes wird demnächst eingescannt.
2. Im Rahmen eines anderen Projektes wurde ein Verfahren für den automatischen (syntaktischen) Vergleich ähnlicher Texte entwickelt.[83]
3. Verfahren zur automatischen Auflösung lateinischer Abkürzungen vor allem des römischen und kanonischen Rechts.[84]

Das Ziel besteht in der Verfügbarkeit *aller* Glossentexte und -fragmente auf dem Computer und eines Verfahrens für die interaktive Erstellung und Abspeicherung der Textabweichungen in den Fußnoten.[85]

9. Probleme einer kritischen Edition einer Sachsenspiegelglosse – insbesondere der Loccumer

Um eine kritische Edition der Loccumer Glossenhandschrift vornehmen zu können, müßte sie mit einer gewissen Anzahl anderer Glossen systematisch verglichen werden. Diese müßten sowohl in diplomatischer Abschrift als auch in einer normalisierten Fassung, die zum Vergleich geeignet ist, vorliegen.

81 Der erste Druck einer Glosse erfolgte im Jahre 1474 in Basel.

82 Von Dr. Dr. Gerhard Günther im Rahmen eines Forschungsprojektes vorgenommen, vgl. Günther (wie Anm. 33).

83 Weckend, Tom: Pilotprojekt für ein computergestütztes Recherchesystem zur Analyse von Rechtstexten durch Matching von Wörtern und Phrasen, in: Computer und Geschichte 1(1994), S. 75–78. Der belgische Verlag Brepols bietet auf seinen historischen CD-ROMS, z.B. der Neuauflage der MGH-Werke, ebenso ein derartiges Verfahren an, das aber der Forschung nicht als selbständiges Produkt zur Verfügung steht.

84 Frohne (wie Anm. 22); Günther (wie Anm. 33).

85 Systematik und weitergehende Überlegungen bis zum logisch-semantischen Vergleich von Rechtstexten vgl. Pötschke, Dieter: Computer und Geschichte, in: Computer und Geschichte 1(1994), S. 13–42.

Problem 1: Welche Handschriften sind mit der Loccumer verwandt?
Zunächst wurde die Loccumer Handschrift in die Ordnung I a nach Homeyer eingeordnet. Das ist also die Ordnung, bei der die Glosse bis Art. III 81 § 1 reicht und mit der Erläuterung schließt, daß das gemeine Recht durch besonderen »Bescheid« gebrochen werde. Auch Oppitz pflichtet Homeyer bei, daß die kürzeren Handschriften die älteren seien.[86] Andererseits ist aber Steffenhagens Nachweis, daß die die Glossierung der folgenden Artikel (bis Art. III 87) ebenfalls auf Johann von Buch zurückgeht, durchaus überzeugend: Der von Johann von Buch verfaßte Prolog zum Richtsteig Landrecht setzt die Glossierung dieser Artikel voraus!

Danach wären zum Vergleich mit der Loccumer Handschrift die folgenden Handschriften der (Homeyerschen) Ordnung Ia heranzuziehen:

- Opp. 161: Berlin SBPK Ms. germ. Fol. 942. Aus der Sammlung von Ernst Georg Hecht († 1840 in Halberstadt), der sie aus dem Halberstädter Minoritenkonvent erworben hatte. 1506 befand sie sich im Besitz des Joh. v. Querfurth, geschrieben wurde sie von B. C. Am Rande finden sich wie bei der Braunschweiger Handschrift von 1367 Hinweise auf das *Keyserrecht* mit Artikelnummern. Die Handschrift liegt in einer Abschrift von Herrn Kaufmann demnächst elektronisch abgespeichert vor.[87] Niederdeutsch.
- Opp. 536: Gießen Universitätsbibliothek Hs 953. Codex Berleburgensis, der einst dem Grafen von Wittgenstein auf Berleburg gehörte. Mitteldeutsch/mittelfränkisch/niederrheinisch.
- Opp. 602: Göttingen SUB Ms. jurid. 393. Text Bl. 3–42 Hand des 15. Jahrhundert, Rest Hand des 16.Jahrhundert. Mitteldeutsch.
- Opp. 698: Heidelberg Universitätsbibliothek Cod. Pal. Germ. 165, geschrieben von Arnoldus de Roringen. 1368. Handschrift war von 1623–1816 in Rom. Mundart: Niederdeutsch. Glosse zum Landrecht ohne den Text.
- Opp. 754: Kassel GLM 2° Ms. iurid. 100,19. Das Fragment besteht aus einem Blatt, das früher als Bucheinband diente. Mittelniederdeutsch.
- Opp. 993: Mainz ehem. Dombibliothek Mogunt. IV, die ursprünglich aus dem Hallenser Moritzkloster stammte. Sie verbrannte 1793 mit der Dombibliothek, Grupen hat aber eine Abschrift gefertigt (18. Jahrhundert. Im OLG Celle; Grupens App. B17). 14./15. Jahrhundert. Mitteldeutsche Mundart.

86 Oppitz (wie Anm. 2), Bd. 1, S. 72. Ich gebe hier aber zu bedenken, daß auch bei den Handschriften des Rügischen Landrechts die kürzeren als die älteren galten, was sich aber als falsch herausstellte.

87 Lieberwirth, Kaufmann (wie Anm. 33).

- Opp. 1037: Moringen Staatsarchiv o. Sign. (1). Die Handschrift ist die Schwesternhandschrift zu Opp. 602. Seit 1945 ist der Verbleib unbekannt. 15./16. Jahrhundert. Niederdeutsch. Es gab Fotoaufnahmen von Cl. v. Schwerin.
- Opp. 1601: Wolfenbüttel Herzog August Bibliothek Cod. Guelf. A. d. Extravagantes. Aus dem Braunschweiger Rathaus (*liber Consulum in Brunswig*). 1366/67. Die Abschrift begann ich 1987, sie wurde von Dr. Günther fortgesetzt und liegt demnächst in digitaler Form vor.

Würde man sich aber bei einer kritischen Ausgabe auf die genannten Handschriften beschränken, so müßte man die Homeyersche Klassifikation – zumindest zur Ordnung Ia – erneut rechtfertigen. Da aber die einzige vorliegende Klassifikation von Homeyer nachweislich hinfällig ist, wäre eine derartige Einschränkung wissenschaftlich nicht zulässig, d.h. weitere Handschriften müssen zum Vergleich herangezogen werden – welche, das muß die künftige Forschung ergeben.

Es ist zu berücksichtigen, daß die Loccumer Handschrift 1 den Text und Glosse zu Landrecht II 37 kennt, nicht aber den von II 38.[88]

Von der Ordnung Ia liegt bisher keine gedruckte Fassung vor, nur von der Ordnung Ib (*Codex Quakenbrugensis*, Oppitz Nr. 1201).[89]

Problem 2: Was ist eine kritische Edition einer Glosse?

Unter einer *kritischen Edition* wollen wir hier eine Edition verstehen, die wirklich alle überlieferten Handschriften berücksichtigt, die die Loccumer möglicherweise beeinflußt haben bzw. die älteren Fassungen entspringen. Denn in der Regel besteht das mediävistische Ziel der kritischen Edition einer so späten Handschrift darin, die möglichst originale Textschicht dieser Handschriftenklasse von späteren Zutaten zu unterscheiden – es sei denn, die zugrundegelegte Handschrift erbringt eine Textschicht, die aus der Urhandschrift stammt. Da keine Urhandschrift der Glosse bisher bekannt ist, können wir unser Ziel in diesem Fall nur so formulieren, daß »die zugrundegelegte Handschrift eine Textschicht erbringt, die der Urfassung möglichst nahe kommt«. Nun wird der Leser fragen, wie man dies denn beurteilen will, wenn doch keine Urschrift bisher bekannt ist.

Die methodische Vorgehensweise kann der mathematischen Theorie der Halbordnungen entnommen und in dieser auch klar ausgedrückt werden.[90]

88 Vgl. ebenso wie die Bremer und die Berlin-Havelberger Handschrift, vgl. Steffenhagen (wie Anm. 1), S. 277, Fußnote 6.

89 Vgl. Codex Quakenbrugensis (wie Anm. 53).

90 In der mathematischen Theorie der Vektorräume bedeutet dies z.B. die Suche nach einem kleinsten Unterraum eines gegeben Vektorraumes, vgl. Boseck, K.: Theorie der Vektorräume, Berlin 1962.

Methodik für die Bestimmung eines möglichst originalen Vorgängers einer vorliegenden Handschrift (Methode der kleinsten unteren Schranke)

Die Voraussetzungen zur Anwendung dieser Methode sind, daß keine Urhandschrift oder Urtextschicht als früheste bekannt ist und daß die vorliegende Handschrift sich nicht auf einer der frühen Handschriften/Klassen zurückführen läßt.

In einem ersten Schritt wird eine normalisierte Abschrift N der vorliegenden Handschrift hergestellt. Letzteres ist notwendig, da eine diplomatische Abschrift sich kaum mit anderen Handschriften vergleichen läßt. In einem zweiten Schritt wird unter den n überlieferten Handschriften, $n>1$, eine Handschrift N_1 ermittelt, für die gilt $N_1<N$. Dabei definieren wir: $A<B$ genau dann, wenn A ältere Textschichten als B aufweist. Der zweite Schritt wird i mal wiederholt, bis es keine Handschrift Z mehr gibt mit $Z<N_i$. N_i bezeichnen wir als *kleinste untere Schranke* für unsere Handschrift N.

Diese Methode der Bestimmung der kleinsten unteren Schranke ist zwar klar, und eine kritische Ausgabe von N hat alle Handschriften A mit $A<N$ zu berücksichtigen, aber bei der Arbeit nach dieser Methode ist noch ein kleines Hindernis zu überwinden. Wir müssen uns nämlich darauf verständigen, was es heißt, daß eine Handschrift A »ältere Textschichten« als B aufweist. Da nach dem heutigen Forschungsstand der Begriff »Textschicht« nicht klar definiert ist und damit auch der Begriff »ältere Textschicht« nicht, können wir nur die intuitiven Begriffe dafür verwenden, die von Forscher zu Forscher nicht vergleichbar sind. Hieraus ergibt sich für die Glossenforschung die Aufgabe, den Begriff »Textschichten« zu bestimmen.[91]

Derzeit werden Einzeleditionen von Glossenhandschriften aus der Hechtschen Sammlung und der ältesten datierten Braunschweiger Handschrift von 1367 vorbereitet.

Problem 3: Darstellung der Ergebnisse des Glossenvergleichs

Selbst wenn sich nach entsprechender wissenschaftlicher Vorarbeit für einen kritischen Vergleich die Gesamtzahl der mit der Loccumer zu vergleichenden Handschriften tatsächlich auf ca. 10–20 reduzieren ließe, ergibt sich noch das Problem, wie sich das Ergebnis des Vergleiches optisch darstellen läßt. Gedruckte kritische Editionen, bei denen der Fußnotenapparat die Hälfte oder gar zwei Drittel der Seite einnehmen, sind aus meiner Sicht abzulehnen, da sie

91 Im Sinne von G .W. Hegel geht es hier also nicht um eine *Definition* des Begriffes Textschicht, sondern um seine inhaltliche *Bestimmung.*

keine praktikable Nutzung mehr gestatten. Hier bietet sich die computergestützte Darstellung von der Festplatte (oder Server),von einer CD-ROM oder über Internet an, wobei die verschiedenen erkennbaren Zitate und Quellen farbig markiert werden.[92] Hierbei würde sich auch die Möglichkeit bieten, abweichende Textfassungen gänzlich oder z. T. in Fenstern unter der Macintosh- oder Windows-Oberfläche aufzurufen.[93] Dies erst garantiert eine lesbare Fassung des zu vergleichenden Textes. In der Buchform erforderte dies bis zu zwanzig synoptische, also parallel gebotene Texte!

Es ist also leicht einzusehen, daß eine computergestützte kritische Edition auch der Loccumer Glosse leichter handhabbar wäre und im günstigen Falle Hinweise zur Datierung liefern würde. Allein die Datierung wäre zugleich ein Fortschritt in der Glossenforschung insgesamt.

Anlage

1. Liste der Glossenhandschriften zum Sachsenspiegel-Landrecht

Berlin SBPK Ms. germ. fol. 391, fol. 45v–62v
Berlin SBPK Ms. germ. fol. 586, fol. 1–296
Berlin SBPK Ms. germ. fol. 1254, fol. 20v–108v
Berlin SBPK Ms. germ. qu. 453, fol. 453, fol. 1–192v
Bonn UB S 2590, fol. 63–274
Darmstadt HLB Hs. 3762, fol. 3r–96r
Dessau StadtB Hs. Georg. 268.4, fol. 1r–132r
Gotha FB Chart. A 214, fol. 140r–210
Grimma StadtA II.4 Nr. 6, fol. 2–246v
Halle ULB Stolb.-Wernig. Zb 36, fol.1–245
Hamburg SUB Cod. philos. 305(4), fol. 204–216
Hannover NLB Ms II 280, fol. 84r–164v
Heidelberg UB Cod. Pal. Germ. 165, fol.1–114
Hildesheim StadtA Best. 52 HM Nr. 367, fol. 1–151v
Jena FSUB Ms. Bud 2 376, fol. 199r–306r
Moringen StadtA. o. Sign. (2), fol. 1–274
Münster UB Ms. 81, fol. 159–231
Münster UB Ms. 366, fol. 162r–364r
Torgau Museum Altertumsverein o. Sign.
Werne StadtA I A 19, fol. 57v–211v
Wolfenbüttel HAB Cod. Guelf. 208 Helmst., fol. 90–324
Wrocław (Breslau) BU Mil. II236, fol.1–156v, 158–180r

92 Vgl. Pötschke, Dieter: Probleme einer polychromen Edition des Berliner Schöffenrechtes, erscheint in: Computer und Geschichte 4(1998).

93 So bereits praktiziert von Munzel-Everling, Dietlinde, Jürgen Feuerstake und Andre Schaubelt: Vorteile der digitalen dynamischen Edition (DDE) mittelalterlicher Rechtsquellen auf CD-ROM bzw. in Online-Diensten – dargestellt am Beispiel des Kleinen Kaiserrechts, in: Computer und Geschichte 3(1997), S. 462–479.

2. Glosse zum Sachsenspiegel-Landrecht (Fragmente)
Berlin SBPK Ms. germ. fol. 390, fol. 106r–108v
Berlin SBPK Ms. germ. fol. 826 a II, fol. 1r+v
Berlin SBPK Ms. germ. fol. 958, fol. 1r+v
Berlin SBPK Ms. germ. fol. 959, fol. 1r+v
Berlin SBPK Ms. germ. fol. 959, Bl. 2. fol. 1r+v
Brüssel Br Ms. 3809–3812, fol. 42v–44
Goslar StadtA Hs. (Fr.) (4), fol. 1–10
Grimma StadtA II, 4 Nr 6, fol. 250
Halle ULB Ye 103, fol. 302–309v
Jena FSUB Dt. Fr. (1), fol. 1
Kutna Hora (Kuttenberg) OA fonds Am Ib/3y, fol. 74r
Leipzig KMUB Hs. 1088, fol. 418–426
Paderborn EAB Acta 297, fol. 1r
Strabburg BNU Ms. 2364, fol. 1r
Wolfenbüttel HAB Cod. Guelf. 17.20 Aug. 4, fol. 312v
Zürich StA Ms. AG 19.XVIII, 34–35, fol. 34–35

3. Sachsenspiegel-Landrecht mit Glosse
Amsterdam UB I A 22, fol. 17–168
Berlin SBPK Ms. germ. fol. 11, fol. 14v–260r
Berlin SBPK Ms. germ. fol. 12, fol. 1–3r,10r–261v
Berlin SBPK Ms. germ. fol. 284, fol. 7r–236v
Berlin SBPK Ms. germ. fol. 390, fol. 1–100
Berlin SBPK Ms. germ. fol. 512, fol. 1–149
Berlin SBPK Ms. germ. fol. 616, fol. 1–169v
Berlin SBPK Ms. germ. fol. 631, fol. 40v–235
Berlin SBPK Ms. germ. fol. 730, fol. 1–227v
Berlin SBPK Ms. germ. fol. 765, fol. 15–204v
Berlin SBPK Ms. germ. fol. 942, fol. 17–234v
Berlin SBPK Ms. germ. fol. 1094, fol. 1–253
Berlin SBPK Ms. germ. fol. 1253, fol. 1–181
Bremen UB Ms.a. 30, fol. 2r–193r
Breukelen bei Utrecht
Darmstadt HLB Hs. 3761, fol. 13r–188v
Den Haag Kb MS. 75 F 20, fol. 26–264
Dresden SchloßB Moritzburg Mscr. fol. 14, fol. 1–251v
Dresden SLB M. 3b, fol. 11v–273v
Dresden SLB M. 26
Dresden SLB M. 27, fol. 2–294v
Erfurt UB JJ. 7
Fulda HLB Hs. D 36, fol. 1r–184r
Gärtner, Carl Wilhelm v.
Gieben UB Hs. 953, fol.1 – 282
Gieben UB Hs. 956, fol.1 – 265
Gieben UB Hs. 957
Görlitz OGW Mscr. Nr. 22, fol. 32–318
Göttingen SUB Ms. jurid. 392, fol. 4–137v
Göttingen SUB Ms. jurid. 393, fol. 3–42

Göttingen SUB Ms. jurid.3 94, fol. 2–212
Göttweig StiftsB Cod. 364 (rot), fol. 61r–465r
Guben StadtA 61.III
Halberstadt Domgymnas. B Cod. 65
Halle UB Yd 18 fol. 94–157
Halle UB Ye 61 fol., fol.1–375
Jena FSUB Ms. El. 2 57, fol. 9r–124r, 2r+v
Königsberg StA Mscr. fol. A 33, fol. 68r–265v
Köpp, Heinrich (1), fol. 21r–141r, 152r–276v, 290r–486v
Krakau BJ Przyb. 42/60, fol. 24v–324r
Krakau BJ Przyb. 46/60, fol. 13r–249
Leipzig KMUB Hs. 948, fol. 4–151
Leipzig KMUB Hs. 949, fol. 3–198v
Leipzig KMUB Hs. 951, fol. 183–184
Leipzig KMUB Rep. II.f.15, fol. 2–291
Leipzig KMUB Rep. II.f.16, fol.9–171
Leipzig Mst. II G 124, fol. 1–206
Liegnitz KirchenB Peter u. Paul Nr. 1, fol. 1v–464v
Loccum KlosterB Mscr. Nr. III, fol. 1–260v
Lübeck StadtB Ms. jur. 2 71, fol. 1–247
Lüneburg RB Ms. Jurid E 2 16, fol. 1r–236r
Lüneburg StadtA Dep. RatsB Ms. Jurid. 1, fol. 6r–282r.
Lüneburg StadtA Dep. RatsB Ms. Jurid. 2, fol. 24r–244v
Magdeburg StA Man. Samml. Nr.107, fol. 1–242
Mainz ehem. DomB Mogunt. II
Mainz ehem. DomB Mogunt. III
Mainz ehem. DomB Mogunt. IV
Meiningen LB Nr. 92
Moringen StadtA o. Sign. (1)
München BSB Cgm 517, fol. 1r–177v
Osnabrück StA StadtA Quakenbrück Dep. 50 b I Nr. 620, fol. 7r–216
Quedlinburg StadtB o. Sign. (2)
Quedlinburg Städt. Museum
Querfurt, Johannes v.
Rastede GPB A.2
Rüling, G. E. v.
Salzburg ESP Hs. bIX 3, fol. 32r–351v
Schrader, v.
Schweinfurt StadtB H 238, fol. 1–158
Schwiebus MagistratsB Nr. 8, fol. 1–288v
Soest StadtA Cod. 25/1, fol. 8–149
Soest StadtA Cod. 25/2, fol. 1–136v
Sondershausen StadtkirchenB Nr. 235, fol. 2r–422r
Straßburg Bibl. prot. Seminar A II 10
Uppsala UB C 803, fol. 44–307
Washington LOC Medieval and Renn. Ms. 12, fol. 1–290
Wien\NB Cvp 3043, fol. 4r–118r
Wolfenbüttel HAB Cod. Guelf. 4 Gud. Lat. 2, fol. 4–214
Wolfenbüttel HAB Cod. Guelf. 421 Helmst., fol. 1–236v

Wolfenbüttel HAB Cod. Guelf. A.D.Extravagantes, fol. 19r–20v, 25r–183v
Wroclaw (Breslau) BU II F, fol. 1–338
Wroclaw (Breslau) BZ Ossol PAN 1636
Zobel-Edition
Zwickau StadtA III X 1, Nr. 141, fol. 1–250

4. Sachsenspiegel-Landrecht mit Glosse (Fragmente)
Altenbruch Archiv des Landes, fol. 1–2
Altenburg (Bez. Leipzig) StA
Berlin StadtA, fol. 1–2
Berlin SBPK Ms. germ. fol. 932, fol. 1–2
Berlin SBPK Ms. germ. fol. 1095, fol. 1–4
Berlin SBPK Ms. germ. fol. 1370 Bl. 3 u. 4, fol. 3–4
Berlin SBPK Ms. germ. fol. 1370 Bl. 5 u. 6, fol. 1r+v
Berlin SBPK Nachlaß Grimm 131, 2, fol. 1–2
Braunschweig StadtA H III 4 Nr.33 in situ, fol. 1r+v
Braunschweig StadtB Fr. 2, fol. 1r+v
Braunschweig StadtB Fr. 3, fol. 1–2
Braunschweig StadtB Fr. 37, fol. 1–4
Düsseldorf UB Ms. Z15/7, Dep. des HStA, fol. 1r+v
Göttingen DA 10 E Mappe XVII Nr. 15, fol. 1r+v
Göttingen DA 10 E Mappe XVIII Nr. 16 u. 17, fol. 1r+v
Göttingen DA 10 E Mappe XVIII Nr. 18, fol. 1r+v
Göttingen SUB Dep. Mü. I, 12, fol. 1r+v
Göttingen SUB Ms. jurid. 392, fol. 138–149
Gotha FB Memb. I 142, fol. 1–2
Grimma StadtA II.4 Nr. 6, fol. 247–249v
Groningen BR Hs. PE 34
Groningen BR Hs. 253, fol. 21r–22v, 95r–101
Hamburg SUB o. Sign., fol. 1r+v
Haussig, Hans W., fol. 1
Hayn, Conrad, fol. 1r+v
Kassel GLM 2 Ms. iurid. 100, 19 fol. 1r+v
Kiel SH LB Cd-Autographen der Handschriftenabt., fol. 1r+v
Kiel UB K. B. 210 a, fol. 1–2
Kiel UB S. H. 608, fol. 1r+v
Kopenhagen KB Add. 262 2, fol. 1–2
Kopenhagen KB NkS 1479, fol. (bl. 6–7), fol. 1r+v (bl. 6)
Kopenhagen KB NkS 1479, fol. (bl. 6–7), fol. 2r+v (bl. 7)
Leipzig KMUB Rep. IV.f.1, fol. 248–260
Loccum KlosterB o. Sign., fol. 1r+v
Lübeck StadtB Fragm. 1, fol. 1r+v
Marburg StA Hr. 13 fasc.13 (5), fol. 1r+v
Memmingen StadtB 3, 62 in situ, fol. 1r+v
Münster StA Msc. VI 2 b, fol. 1r+v
Oslo UB Ms. 4 755, fol. 1r+v
Paderborn EAB Fra 2 u. 3, fol. 1r–4v
Paderborn EAB Fra 24 (Fra 1), fol. 1r+v
Paderborn EAB Th 437 a, fol. 1–2

Prag KNM I E a.20, fol. 1r+v
Repp, Friedrich
Schwerin StA (HF 1) Sammlungen des StA-Handschriftenfragmente, fol.1–2
Schwerin StA (HF 2) Sammlungen des StA-Handschriftenfragmente, fol.1–2
Schwerin StA (HF 4) Sammlungen des StA-Handschriftenfragmente, fol.1–2
Soest StadtA Fragm.-Slg. o. Sign. (1), fol. 2r+v
Überlingen LSB Ba 85 in situ, fol. 1–2
Weimar ZentralB Klassik fol. 72 c, fol. 1–6
Wien\NB Cvp Ser. n 3869, Stück 8–23
Wiggert, Friedrich, fol. 1r
Wolfenbüttel HAB Cod. Guelf. 404. 10 (22) Novi, fol. 1r+v
Wolfenbüttel HAB o. Sign. (3), fol. 1r+v
Wolfenbüttel StA Slg.12 Blankenburg, fol.1–2
Nikolaus Wurm(?): München BSB Cgm 5250/36, fol.3r+v

Überlegungen zur ganzheitlichen Betrachtung einer Klostergeschichte – Zisterzienser im Internet

Dieter Pötschke

Das Ganze ist mehr als die Summe seiner Teile.

Eine Vorbemerkung, die überschlagen werden kann

Der vorliegende Aufsatz befaßt sich mit Problemen der interdisziplinären Zusammenarbeit der Forschung – die sich bei der Erforschung der Geschichte von Klöstern der Zisterzienserinnen und Zisterzienser ohnehin anbietet –, aber auch mit der Frage, in welcher Form die Vielzahl der Ergebnisse unter ganzheitlicher Sicht dargestellt werden kann. Dabei komme ich zu der auf den ersten Blick überraschenden These, daß eben nicht das Buch, sondern allein elektronische Medien wie die CD-ROM und besser noch das Internet wohl am geeignetsten sind.

Im Gegensatz dazu steht die Tatsache, daß Suchmaschinen des Internet wie ALTAVISTA, LYCOS oder DINO zwar bereits weit über 100 Verweise auf Darstellungen (web sites) zum Begriff »Zisterzienser« aufzeigen – diese Darstellungen aber bis auf wenige Ausnahmen aus der Sicht der reichhaltigen Ergebnisse der Zisterzienserforschung als ausgesprochen mager bezeichnet werden müssen. Meines Erachtens wird sich dies in den nächsten Jahren vor allem aus zwei Gründen grundlegend ändern. Einerseits ist das Internet mit heute bereits weltweit über 50 Millionen Nutzern das adäquate Darstellungsmittel für dieses komplexe Thema. Zum anderen ist das Internet ein äußerst bequemes und kostengünstiges Instrument für den Austausch von Forschungsergebnissen. Ein Beispiel ist das weltweite, nahezu kostenlose Versenden von Nachrichten (e-mails).

Im Abschnitt I des vorliegenden Beitrags geht es zunächst um den Versuch einer Begriffsbestimmung einer »ganzheitlichen Darstellung einer Klostergeschichte« und der »Persönlichkeit« eines Klosters. Sodann werden im Abschnitt II einzelne Aspekte einer Klostergeschichte näher erläutert, wobei besonders auf den kirchenhistorischen Aspekt und auf den Nutzen der Patrozinienforschung hingewiesen wird. Anschließend wird im Abschnitt III der bisher weniger beachtete rechtshistorische Aspekt erläutert. Im Abschnitt IV werden die Ergebnisse zusammengefaßt, ein Vorschlag für eine multimediale Ergänzung der *Germania Benedictina* unterbreitet und auf den heutigen Stand der Internetdarstellung der Zisterzienserklöster kurz eingegangen.

Zunächst wollen wir uns also damit beschäftigen, welche Aspekte zu einer ganzheitlichen Betrachtung einer Klostergeschichte gehören und wie es um den jeweiligen Forschungsstand bestellt ist.

I

»Ganzheitliche Darstellung« einer Klostergeschichte heißt hier, daß die Geschichte eines Klosters zusammenfassend in historischer, wirtschaftsgeschichtlicher, kirchenhistorischer, archäologischer, kunsthistorischer, rechts- und landesgeschichtlicher u.a. Hinsicht unter Einbeziehung des überlieferten Inventars und der Kunstschätze, der Werke der Skriptorien (Urkunden und Bücher) und – soweit überliefert – der Reste der Bibliothek geschrieben wird. Dabei geht es nicht nur um die Beschreibung aus diesen verschiedenen Blickwinkeln, sondern um eine Verschmelzung all dieser Erkenntnisse zu einem Mosaik, das objektiv, aber auch subjektiv einem zeitlichen Wandel unterworfen ist – um die Beschreibung des historischen Prozesses des Werdens und Wirkens eines Klosters in der Gesellschaft.

Ein Kloster ist immer eine »Persönlichkeit«, die einen eigenen Charakter besitzt, eine eigene Handschrift hinterläßt. Oft hängt diese vom jeweiligen Oberhaupt des Klosters, dem Abt oder der Äbtissin, ab. Man muß – wie in der Geschichtswissenschaft üblich und richtig – diese »Klosterpersönlichkeit« in ihrer Zeit sehen. Aber auch über die Jahrhunderte hinweg kann man bei genauem Hinsehen einen eigenen »Charakter« jedes Klosters erkennen. Dieser wurde oft – wie auch beim Menschen – durch den weltlichen Besitz geprägt. Auch bei den Zisterziensern bestätigt sich eine bekannte Wahrheit: Durch wachsenden Besitzstand verändert sich nicht der Charakter – erst dann zeigt er sich! Man kann dieses Spannungsfeld vornehm umschreiben. So lautet der Titel eines 1980 in Aachen erschienenen Ausstellungskataloges »Die Zisterzienser. Ordensleben zwischen Ideal und Wirklichkeit«. In Abwandlung eines Ausspruches von Grillparzer könnte man aber auch sagen: »Ein Kloster bleibt ein Kloster nur in Feld und Haus, / doch wenn du es zum Reichtum bringst, / so [...].« Denn Reichtum und Besitzstandserweiterung lagen den ersten Äbten der Zisterziensergründungsklöster gewiß nicht im Sinne. Und ist es nicht gerade dieser Reichtum und Besitzstand, der vielen Klöstern zur Zeit der Reformation zum Verhängnis wurde?

In den erzählenden Chroniken und Urkunden finden wir etliche Beispiele von unwürdigen Rechtsstreitigkeiten, wirtschaftlichen Verdrängungen von Dörfern und andere kleinliche Streitereien. Dabei ist das Mittel der Urkundenfälschung in den Klöstern unterschiedlicher Orden noch das kleinste Übel.

Einmal wurde das Skriptorium eines Klosters gar als »Fälscherwerkstatt« bezeichnet. Es bezog sich wohl nicht auf das Benediktinerkloster Corvey – aber dessen schriftliche Erzeugnisse lassen zu bestimmten Zeiten diesen Verdacht aufkommen. Corvey erhob sogar noch zu Zeiten des Westfälischen Friedens mit gefälschten Urkunden Anspruch auf die Insel Rügen. Dabei gilt es zu beachten, daß Urkundenfälschung im Mittelalter nicht als solche angesehen wurde. Vielmehr haben bedeutende Städte, z.B. Bremen, des öfteren zu solchen unlauteren Mitteln gegriffen, um sich Rechte zu sichern, die sie eigentlich nicht besaßen. Hier gilt es also, das Kloster in seiner Zeit zu sehen.

Um aber die wirtschaftlichen, baugeschichtlichen und kulturellen Leistungen eines Klosters über die Jahrhunderte richtig würdigen zu können, müssen die verschiedenen, eingangs genannten Aspekte gründlich aufgearbeitet und erforscht werden. Kurz – der Vorteil einer derartigen Betrachtung eines Klosters als »Persönlichkeit« besteht darin, daß man diese Aspekte des Wirkens der Gläubigen im Kloster in einer ganzheitlichen Sicht vereint. Und sind die Reformationen der Orden nicht der Versuch, den Charakter zu ändern?[1]

II

Betrachten wir einige Aspekte der Klostergeschichte etwas näher. Häufig finden sich in den Chroniken Abhandlungen über die äußere Geschichte der Klöster (*historischer Aspekt*). Die erhaltenen Urkunden und Schriftstücke handeln – wie viele Urkundenbücher von Klöstern belegen – eher von den äußeren Besitztümern und Streitigkeiten als vom inneren Leben im Kloster. Daher haben sich die Historiker auch eher mit der *Wirtschaftsgeschichte* der Zisterzienser- und Benediktinerklöster beschäftigt.[2] Neuerdings wird die Geschichte

1 Vgl. z.B. Foundation Charter of Cluny, 910, from Bruel, A. in: Recueil des Chartes de L'Abbaye de Cluny, Paris 1876, engl. Trans. in: Henderson, Ernest F.: Select Historical Documents of the Middle Ages, London 1910, pp. 329–333. Dieser Text ist neuerdings auch im »Internet Medieval Source Book« zu finden. Dieses Quellenbuch ist eine Sammlung von öffentlich zugänglichen Texten zur mittelalterlichen und byzantinischen Geschichte, die auch kopiert werden dürfen. Im Internet ist dieser Text unter der Adresse »http://www.fordham.edu/halsall/source/chart-cluny.hat« zu finden. Vgl. auch demnächst Kinder, Terryl N.: The Early Architecture of the Cistercians and the Construction of Pontigny.

2 Boetticher, Annette von: Gütererwerb und Wirtschaftsführung des Zisterzienserklosters Riddagshausen bei Braunschweig im Mittelalter, Braunschweig 1990. Ribbe, Wolfgang und Johannes Schultze (Hg.): Das Landbuch des Klosters Zinna, Berlin 1976 (= Zisterzienserstudien 2, zugleich Studien zur Europäischen Geschichte 12). Ribbe, Wolfgang: Sozialstruktur und Wirtschaftsverhältnisse in den Zinnaer Klosterdörfern auf dem Barnim, in: Zisterzienserstudien 3, Berlin 1976 (= Studien zur Europäischen Geschichte 13), S. 107–139. Ders.: Die Wirtschaftstätigkeit der Zisterzienser im Mittelalter. Handel und

der Zisterzienser auch innerhalb der Erforschung des Landesausbaus wieder gründlicher untersucht.[3]

Zu den Fragen der *Besiedlungsgeschichte* liefert die z.B. von Heyden und ausführlicher von Petersohn[4] in den engeren Zusammenhang zur Geschichtswissenschaft gestellte und weiterentwickelte Methode der Patrozinienforschung wertvolle Beiträge. Aus *kirchenhistorischer Sicht* sind bei der Erforschung von politischer Integration und kirchlicher Organisation übergreifend vor allem zwei Grundfragen zu behandeln:

1. die Frage nach der kirchlichen Raumstruktur, ihrer Entstehung und ihren Entwicklungsvoraussetzungen innerhalb des Untersuchungsgebietes selbst,

Gewerbe, in: Elm, Kaspar (Hg.): Die Zisterzienser. Ordensleben zwischen Ideal und Wirklichkeit, Köln 1980, S. 217–236. Roth, Hermann Josef: Wirtschaftsgeschichte der Cistercienser, in: Schneider, Ambrosius u.a. (Hg.): Die Cistercienser. Geschichte – Geist – Kunst, Köln ²1977, S. 555–580. Schattkowsky, Martina: Das Zisterzienserkloster Altzella 1162–1540. Studien zur Organisation und Verwaltung des klösterlichen Grundbesitzes, Leipzig 1985 (= Studien zur katholischen Bistums- und Klostergeschichte 27).

3 Kuhn, W.: Kirchliche Siedlung als Grenzschutz 1200 bis 1250 (am Beispiel des mittleren Oderraumes), in: Vergleichende Untersuchungen zur mittelalterlichen Ostsiedlung, Köln, Wien 1973, S. 377ff. Schulze, Berthold: Der Anteil der Zisterzienser an der ostdeutschen Kolonisation, besonders in Brandenburg, in: Jahrbuch für brandenburgische Landesgeschichte 2(1951), S. 20–26. Ohle, R.: Die Bedeutung der Zisterzienser für die Besiedlung der Mark Brandenburg, Prenzlau 1922 (= Mitteilungen des Uckermärkischen Museums- und Geschichtsvereins, Bd. 7, Heft 2). Schulze, Hans K.: Zisterziensersiedlung im brandenburgisch-mecklenburgischen Grenzgebiet, in: Jahrbuch für brandenburgische Kirchengeschichte 41(1966), S. 10ff. Assing, Helmut: Neue Überlegungen zur ursprünglichen Funktion des Klosters Lehnin, in: Jahrbuch für Geschichte des Feudalismus 10(1986), S. 99–120, hier S. 119. Escher, Felix und Brygida Kürbis: Zisterzienser und Landesherren östlich von Elbe und Saale, in: Elm, Kaspar (Hg.): Die Zisterzienser. Ordensleben zwischen Ideal und Wirklichkeit, Ergänzunsband, Köln 1982, S. 105–114. Brather, Sebastian: Kloster Zinna und der hochmittelalterliche Landesausbau im Nutheraum, in: Schmidt, Oliver H. (Hg.): Zisterzienser in Brandenburg, Berlin 1996 (= Studien zur Geschichte, Kunst und Kultur der Zisterzienser 1), S. 60–80. Warnatsch, Stephan: Wirtschaftliche Faktoren der Gründung des Klosters Lehnin. Ein Beitrag zur Wirtschaftsgeschichte des Klosters und zum möglichen Kausalzusammenhang zwischen der Gründung der Neustadt Brandenburg und der Stiftung Lehnins, in: Pötschke, Dieter (Hg.): Geschichte und Recht der Zisterzienser, Berlin 1997 (= Studien zur Geschichte, Kunst und Kultur der Zisterzienser 2), S. 10–36. Pötschke, Dieter: Kloster Neuenkamp in seinem Verhältnis zu den Rügenfürsten und Pommernherzögen. Das ehemalige Zisterzienserkloster von seinen Anfängen bis zum Umbau zum Schloß durch den Pommernherzog Bogislaw XIII., in: ebd., S. 124–139.

4 Heyden, Hellmuth: Die Kirchen Pommerns und ihre Weihetitel, in: Baltische Studien NF 45(1958), S. 43–70. Petersohn, Jürgen: Der südliche Ostseeraum im kirchlichpolitischen Kräftespiel des Reichs, Polens und Dänemarks vom 10.–13. Jh., Köln, Wien 1979.

2. die Frage nach den äußeren Kräften, die Mission und Aufbau des Kirchenwesens in diesen Gebieten trugen und lenkten.[5]

Die von Heyden, Petersohn und anderen[6] angewandte »Sakralraumanalyse«[7] kann unter anderem neben den Ortsnamen und Flurnamen und archäologischen Erkenntnissen durchaus nützliche Hinweise auf die Herkunft der Siedler und somit Aufschlüsse über den Landesausbau geben, wenn urkundliche Zeugnisse nicht vorliegen. Bevor man aber zu verallgemeinernden Aussagen zum Verhältnis von Klöstern zum Landesherrn und ihrer Rolle beim Landesausbau kommt, muß zunächst die Geschichte der einzelnen Klöster und ihrer Bau- und Kunstgeschichte umfassend aufgearbeitet werden.

Einzelne Aspekte der Geschichte von Klöstern sind für Zisterzienserklöster – und allgemeiner für Benediktinerklöster – in Einzeldarstellungen gut aufgearbeitet. Dies betrifft vor allem die *Wirtschaftsgeschichte*, da hier auch die Quellenlage besonders günstig ist.[8] Eine Vielzahl von Abhandlungen befaßt sich ausführlich mit *archäologischen, kunsthistorischen und genealogischen* Aspekten der Klöster aber auch mit der Klosterfamilie, den inneren Verhältnissen, dem täglichen Leben und Treiben der Insassen. Allzuoft muß aber zum Innenleben ein Mangel an Quellen beklagt werden.

Die auch in methologischer Hinsicht vorbildliche, faktenreiche Reihe *Germania Benedictina*[9] gliedert die textliche Einzeldarstellung eines Klosters in folgender Weise:

5 Petersohn (wie Anm. 4), S. 5.

6 Vgl. Heyden (wie Anm. 4). Kritisch zu Blaschkes Untersuchungen zu den Nikolaipatrozinien Petersohn (wie Anm. 4), S. 506, vgl. Blaschke, Karlheinz: Nikolaipatrozinium und städtische Frühgeschichte, in: ZRG KA 53(1967), S. 273–337. Ders.: Nikolaikirchen und Stadtentstehung im pommerschen Raum, in: Greifswald-Stralsunder Jahrbuch 9 (1970/71), S. 21–40.

7 Petersohn (wie Anm. 4), S. 7.

8 Vgl. die Literatur in Anm. 2. Außerdem Ribbe, Wolfgang: Die Wirtschaftstätigkeit der Zisterzienser im Mittelalter: Agrarwirtschaft, in: Elm, Die Zisterzienser, 1982 (wie Anm. 3), S. 203–216. Rösener, Werner: Grangienwirtschaft und Großbesitzorganisation südwestdeutscher Zisterzienserklöster vom 12.–14. Jahrhundert, in: ebd., S. 137–164. Schneider, Reinhard: Güter- und Gelddepositen in Zisterzienserklöstern, in: Zisterzienser-Studien 1, Berlin 1975 (= Studien zur Europäischen Geschichte 11), S. 97–126. Schich, Winfried: Die Stadthöfe der fränkischen Zisterzienser. Von den Anfängen bis in das 14. Jahrhundert, in: Zisterzienserstudien 3 (1976), S. 45–94. Schattkowsky, Martina: Zur Bedeutung der Grangienwirtschaft für das Kloster Altzella in der Mark Meißen (1162–1540), in: ebd., S. 75–97. Ronneberger, Werner: Das Zisterzienser-Nonnenkloster zum Heiligen Kreuz bei Saalburg a.d. Saale, Jena 1932. Dort auch S. XII–XVIII die ältere Literatur vor 1932 zum Thema Zisterzienser und Wirtschaft.

9 Germania Benedictina, hg. von der Bayerischen Benediktinerakademie München in Verbindung mit dem Abt-Herwegen-Institut Maria Laach. Von zwölf Bänden sind seit

- Historische Namensformen des Klosters
- Politische und kirchliche Topographie
- Patrone
- Geschichtlicher Überblick
- Patronate und Inkorporationen
- Bibliotheksgeschichte
- Bau- und Kunstgeschichte
- Pröpste und Äbte (Äbtissinnnen)
- Gedruckte Quellen
- Literatur
- Archivalien
- Sphragistik (Siegel).

Die Bände beschränken sich – sicher allein aus Kostengründen – nur auf die textliche Darstellung der Klostergeschichte. Welch wertvolles Bildmaterial, auf das die Beiträger der Bände stießen, entgeht in der Darstellung der nachfolgenden Forschung!

III

Zum Bild eines mittelalterlichen Klosters gehört aber auch der weniger untersuchte *rechtshistorische Aspekt*, der oft in Ermangelung entsprechender Quellen schwierig zu erforschen ist. Dabei müssen wir das Kloster zum einen in der weltlichen Rechtsordnung sehen, da die Klöster seit dem Frühmittelalter weniger in der Gesamtkirche als in den lokalen Ordnungen verankert waren. Insofern kam den in das weltliche Recht übergreifenden Fragen wie der Stiftung, der Bereitstellung des erforderlichen Landes, den Eigentums- und Herrschaftsverhältnissen eine besondere Bedeutung zu.[10] Seit dem Ende des Investiturstreits entwickeln sich im Laufe des 12. Jahrhunderts aus den alten königlich-benediktinischen Klosterimmunitäten[11] vielfach vogtfreie, reichsunmittelbare Abteien, deren Vorsteher vom König mit Temporalien belehnt sind. Von ihnen sind die nunmehr als landsässig zu bezeichnenden Klöster zu unterscheiden, die adligen Vögten[12] unterstehen und ihre gerichtsherrlichen

1970 insgesamt sechs erschienen. Pater Ulrich Faust danke ich für die instruktiven Gespräche zum Thema.

10 Willoweit, Dietmar: Art. Kloster, in: HRG 2(1978), Sp. 879–890.

11 Hirsch, Hans: Die Klosterimmunität seit dem Investiturstreit, Untersuchungen zur Verfassungsgeschichte des deutschen Reiches und der deutschen Kirche, 2. Aufl. Weimar 1967.

12 Vgl. z. B. Bohm, Eberhard: Bemerkungen zur Gerichtsimmunität der Zisterzienserklöster in der Mark Brandenburg und angrenzenden Gebieten, Teil 1, in: JGMOD 27(1978), S. 44ff.

Rechte allmählich zu einer besonderen Form landesherrlicher Gewalt ausbauen. Seit dem Hochmittelalter ist dann die Vogtei als das weitaus wichtigste Gestaltungselement weltlichen Rechts im Klosterwesen anzusprechen. Auch diejenigen Zisterzienserklöster, die ursprünglich Vogtfreiheit beanspruchten, sahen sich zur Anerkennung von Schirmvögten genötigt, die in vielen Fällen in die Stellung von Landesherren hineinwuchsen.

Das Institut der Klostervogtei im 12. und 13. Jahrhundert ist bisher nicht annähernd vollständig erforscht.[13] Lebenswichtig waren für Zisterzienser – allgemeiner für alle Klöster und Stifter – die Zehntrechte, die sie aber laut Ordensregel eigentlich nicht besitzen sollten.[14]

Zusammenfassend läßt sich zu dem Aspekt des weltlichen Rechts der Klostergeschichte sagen, daß Zisterzienser- und Benediktinerklöster weitgehende gerichtliche Immunität erlangten, die in einigen Fällen auch die Blutgerichtsbarkeit mit einschloß. Einige Klöster mußten diese aber erst – wie im Falle des Klosters Altzella – erwerben, andere besaßen sie nicht gleichmäßig im gesamten Klosterbesitz. Ungewöhnlich für Altzella ist, daß die Mönche die Blutgerichtsbarkeit nicht nur erwarben, sondern anscheinend auch selbst ausübten.[15] Die in der Funktion als klösterliche Richter tätigen Konversen, deren Existenz für andere (z.B. für die brandenburgischen Klöster) nur vermutet werden kann, konnte z.B. in Altzella nachgewiesen werden. Zisterzienserabteien waren im ehemaligen Deutschen Reich nicht nur bedeutende Grundbesitzer, sondern besaßen teilweise auch Städte[16], d.h. Äbte und Vögte mußten schon eine gute Kenntnis der zumeist deutschrechtlichen Verhältnisse haben.

Davon unterschieden werden muß die *Stellung des Klosters in der kirchlichen Rechtsordnung.* Diese ist durch sein Verhältnis zu Bischof, Papsttum und Orden gekennzeichnet. Die Verbreitung des Eigenklosterwesens[17] und der königlichen Klosterimmunität hat Spannungen zwischen derart verfaßten Klöstern und den Diözesanbischöfen zur Folge. »Die entstehende Kirchenrechtswissenschaft wie auch die kirchliche Gesetzgebung mußten sich früh-

13 Vgl. aber z. B. Klostervogtei im 12. und 13. Jahrhundert, Nachweis für die Diözesen Meißen, Merseburg und Naumburg bei Schlesinger, Walter: Zur Gerichtsverfassung des Markengebietes östlich der Saale im Zeitalter der deutschen Ostsiedlung, in: JGMOD 2(1952), S. 1–93.

14 Turk, Joseph: Cisterciensii Statuta antiquissima, in: Analecta Sacri Ordinis Cisterciensis 4(1948).

15 Schattkowsky, Altzella (wie Anm. 2), S. 77

16 Zur Thematik vgl. Pötschke: Kloster Neuenkamp (wie Anm. 3). Ders.: Eine Stadt in Klosterbesitz – Kloster Buch, die Stadt Belgern und ihr Roland, in: Pötschke, Geschichte und Recht der Zisterzienser (wie Anm. 3), S. 53–63.

17 Hirsch (wie Anm. 11), S. 99–151 speziell zu den Zisterziensern.

zeitig zahlreichen Rechtsfragen des Klosterwesens und vor allem durch die Klosterexemptionen heraufbeschworenen Problemen widmen (s. Schwerpunkte klosterrechtlicher Fragen im Dekret Gratians)«.[18] Ende des 12. Jahrhunderts wurde die Zurückdrängung der bischöflichen Gewalt des Klosterwesens offensichtlich, und die Orden gewannen als neuartiges Organisationsprinzip der Klöster an Bedeutung. Hierbei spielen die Zisterzienser eine bedeutende Vorbildrolle. Das 4. Laterankonzil ordnet im Jahre 1215 nach dem Vorbild der Zisterzienser die Abhaltung von Generalkapiteln für alle Orden an (c. 12). Dieses hat insbesondere über Fragen der Reform und die Beobachtung der Regel des jeweiligen Ordens zu beschließen.[19]

Die neuere Zisterzienserforschung hat sich also neben der weiteren, vertieften Erforschung der einzelnen genannten Aspekte den Beziehungen zwischen ihnen zu beschäftigen – dies führt zur vielgepriesenen, aber wenig geübten interdisziplinären Forschung. Sie läßt uns auch zu neuen Erkenntnissen und der weiteren Annäherung an eine ganzheitliche Sicht kommen.

Stellvertretend genannt sei hier der Versuch, *mittelalterliche Bauwerke als Geschichtsquelle* zu betrachten. Eine derartige Betrachtung wird schon allein dadurch gerechtfertigt, daß zu wichtigen Bauperioden eines Klosters häufig nur sehr spärliche urkundliche oder chronikalische Nachrichten vorliegen. Oskar Doering[20] leitete 1910 seinen Versuch »Deutschlands mittelalterliche Kunstdenkmäler als Geschichtsquelle« mit den Worten ein: »Neben den schriftlichen Quellen der mittelalterlichen Geschichte [...], überhaupt neben all den literarischen Überresten von historischem Quellenwerte steht uns als eine Gruppe von bisher nicht durchweg genügend beachteter, nicht hinlänglich ausgenutzter Bedeutung der Schatz mittelalterlicher Kunstdenkmäler zur Verfügung.« Bis heute ist es nicht gelungen, beide Methoden »unter einen Hut« zu bringen. Dies liegt unter anderem daran, daß die Methoden der Datierung in der Architektur- und Kunstgeschichte ganz andere als in den Geschichtswissenschaften sind.[21] Hier könnte die computergestützte Forschung ein Bindeglied werden.[22]

18 Willoweit (wie Anm. 10), Sp. 887.

19 Feine, Hans Erich: Kirchliche Rechtsgeschichte, 1. Band: Die katholische Kirche, Weimar [3]1955, S. 80ff., 172ff.

20 Doering, Oskar: Deutschlands mittelalterliche Kunstdenkmäler als Geschichtsquelle, Leipzig 1910.

21 Vgl. Zaske, Nicolaus: Mittelalterlicher Backsteinbau als Geschichtsquelle, in: Neue Hansische Studien, hg. v. Konrad Fritze, Eckhard Müller-Mertens et al. Berlin 1970, S. 59–82, u.a. zu den Zisterzienserklöstern Neuenkamp, S. 77 und Chorin, S. 71.

22 Vgl. Doss, Reiner und Fred Sobik: Probleme einer 3D-Simulation von brandenburgischen Zisterzienserkirchen. Projekt, gefördert über Lottomittel vom Ministerium für

IV

Ein wie auch immer versuchter »ganzheitlicher Ansatz« der Geschichte eines einzelnen Klosters hat den Vorteil, daß die künftigen Forschungsziele klarer definiert sind. Somit ist die Frage legitim: Erfordert die Darstellung der Geschichte eines Zisterzienserklosters von den Anfängen bis in die Gegenwart nicht einen ganzheitlichen Ansatz zu

- seinem Verhältnis zum Landesausbau[23]
- seinem Verhältnis zur Landesherrschaft[24]
- seinem Verhältnis zu anderen Klöstern des Ordens
- seinen kulturellen Leistungen
- seinen architektonischen und künstlerischen Leistungen und Besonderheiten[25]
- seinen Leistungen in seinen Bibliotheken und Skriptorien[26] und damit seinen Beiträgen zur Bildung
- seinen Beiträgen zur Vereinheitlichung des einheimischen Rechts[27] usw.?

Wenn man sich dazu aber entschließt, ergibt sich die Problemstellung, wie denn die verschiedenen Quellengattungen wie Urkunden, Chroniken, Dokumente zu Wirtschafts- und Rechtsfragen, archäologische und kunsthistorische Befunde bis hin zur Musik der Zisterzienser etc. in einem Medium zusammengefaßt werden können. Hier bietet sich – eigentlich zwangsläufig – moderne

Wirtschaft, Mittelstand und Technologie des Landes Brandenburg. Ein erster Bericht erscheint in: INFO'97, Heidelberg 1997.

23 Vgl. die Lit. in Anm. 3 und auch Feige, Peter: Filiation und Landhoheit. Die Entstehung der Zisterzienserkongregationen auf der Iberischen Halbinsel, in: Zisterzienserstudien 1, Berlin 1975 (= Studien zur Europäischen Geschichte Bd. 11), S. 37–76, besonders S. 37.

24 Ribbe, Wolfgang: Zur Ordenspolitik der Askanier. Zisterzienser und Landesherrschaft im Elbe-Oder-Raum, in: Zisterzienserstudien 1, Berlin 1975 (= Studien z. Europäischen Geschichte Bd. 11), S. 77–96.

25 Vgl. Schneider, Ambrosius: Die cisterciensische Klosteranlage, in: ders.: Die Cistercienser (wie Anm. 2), S. 68–73. Zur architektonischen Kunst und Glasmalerei vgl. Bickel, Wolfgang: Die Kunst der Cistercienser, in: ebd., S. 193–339. Dimier, M.-Anselme und Jean Porcher: Die Kunst der Zisterzienser in Frankreich, Würzburg 1986.

26 Schneider, Ambrosius: Scriptorien und Bibliotheken der Zisterzienser, in: Schneider, Die Cistercienser (wie Anm. 2), S. 429–470. Bell, David N.: Lists and Records of Books in English Cistercian Libraries, in: Analecta Cisterciensia 43(1987), fasc. 2, pp.181–222.

27 Pötschke, Dieter: Rechtsbücher in Klöstern – Rechtsbücher über Klöster, in: Schmidt, Zisterzienser (wie Anm. 3), S. 157–172. Ders.: Zisterzienserklöster und Rechtsbücher im Bereich des sächsischen Rechts. Das Beispiel des Schlüssels zum Landrecht aus dem Kloster Lehnin, in: Ders., Geschichte und Recht der Zisterzienser (wie Anm. 3), S. 140–153. Ders.: Die Glosse zum Sachsenspiegel im Zisterzienserkloster Loccum und Probleme einer computerunterstützten kritischen Edition, in diesem Band.

Computertechnologie an. Bilder und Texte können heute mit multimedialen Techniken[28] dargestellt werden. Auch Töne lassen sich digital im Computer hervorragend darstellen und wiedergeben.

Hierzu müssen computergestützte

- Text-Arbeitsplätze[29] (für Urkunden, Chroniken, Baunachrichten, Bibliographien etc.)
- Bildarbeitsplätze (für archäologische Ergebnisse, kunsthistorische Befunde, Handschriften etc.) und schließlich
- Bild-Text-Arbeitsplätze[30]

für eine umfassende Forschungsmöglichkeit und damit eine ganzheitliche Darstellung einer Klostergeschichte geschaffen werden. Eine Vernetzung über Internet würde den weltweiten Zugriff auf die gespeicherten Dokumente gestatten.

Ein derartiges Hilfsmittel würde jeder begrüßen, der schon einmal versucht hat, tiefer in die Geschichte eines einzelnen Klosters zu dringen und dabei mühsam die in vielen Archiven, Urkundenbüchern, Museen und Zeitungsartikeln bereits gesammelten, aber verstreuten Informationen zu sammeln. Und wieviel interessante Nachrichten über die Geschichte der Zisterzienser schlummern noch in unseren Archiven!

Schließlich möchte ich Beispiele dafür bringen, daß Angaben zur Geschichte einzelner Zisterzienserklöster bereits im Internet zu finden sind. Während die US-amerikanische Suchmaschine ALTAVISTA für den englischsprachigen Raum bereits 787 Eintragungen im Internet verzeichnet, sind es heute über die deutsche Suchmaschine CRAWLER erst fünf Einträge.

28 Z.B. hat man für das Internet eine eigene Sprache zur Darstellung multi-medialer Sachverhalte geschaffen: HTML – Hyper Text Markup Language. Der hauptsächliche Vorteil der Sprache HTML besteht darin, daß sie von allen Computern verstanden wird, also eine gemeinsame, weltweite Plattform für die bereits über 50 Millionen Nutzer darstellt. Für unsere Zwecke ist die Technologie der Hyperlinks bedeutsam, bei der verschiedene Dateninhalte (Dokumente, Bilder, Töne) verknüpft und dadurch assoziativ aufgerufen werden können.

29 Eine Vielzahl von Anregungen zur Gestaltung von Text-, Bild- und Bild-Text-Arbeitsplätzen für die Geschichtswissenschaft findet der interessierte Leser in den Bänden Computer und Geschichte 1–4, hg. v. Ministerium für Wirtschaft, Mittelstand und Technologie durch Dieter Pötschke. Potsdam 1994, 1995, 1996, 1997.

30 Vgl. Schmidt, Oliver H.: Multimediale Findbücher für Klöster. Erläuterungen zum Projekt »Aufbau einer multimedialen Bild-Text-Datenbank zur Geschichte des Zisterzienserklosters Zinna«, in: Pötschke, Geschichte und Recht der Zisterzienser (wie Anm. 3), S. 210–218.

Suchmaschine *(Stand 8.3.98)*	**Begriff »Zisterzienser«** *Anzahl der Einträge*	**Begriff »Cistercians«** *Anzahl der Einträge*
ALTAVISTA *http://www.altavista.digital.com*	594	737
INFOSEEK *http://www.infoseek.com*	151	477
CRAWLER *http://www.crawler.de*	473	6
LYCOS *http://www.lycos.de bzw. http://www-german.lycos.com*	55	131

Adressen von deutschen Zisterzienserklöstern im Internet:

Zisterzienserkloster Kirchheim (Angaben zur Bibliothek):
http://www.Bibliothek.Uni-Augsburg.de/oew.html
Kloster Reifenstein/Eichsfeld:
http://kirche.kath.de/benno/09unterw.htm
Kloster Eberbach:
http://www.rheingau.de/html/allgemeine_geschichte.htm
Zisterzienserinnen-Abtei Seligenthal:
http://www.landshut.dcinet.de/stadtlandshut/kleinestadtgeschichte.html
Zisterzienserinnen-Kloster Rostock:
http://www.uni-rostock.de/rostock/d21.htm
Das von Königin Margarete gründete Zisterzienser-Nonnenkloster überstand die Reformation in Mecklenburg noch bis 1584 und wurde dann in ein Damenstift umgewandelt. Heute ist hier das Kulturhistorische Museum zu Hause.
Kloster Stiepel bei Bochum:
http://www.bochum.de/bochum/bosehe10.htm

Man kann auch Neuigkeiten aus dem Internet erfahren, wie das folgende Beispiel zeigt:

Zisterzienser Kloster Stiepel
http://www.bochum.de/bochum/bosehe10.htm
Den Stellenwert Stiepels als Wallfahrtsort unterstreicht seit einigen Jahren das neugegründete Zisterzienserkloster.
Die Gründung des im Oktober 1990 eingeweihten Hauses geht auf Kardinal Franz Hengsbach zurück, der schon Ende der fünfziger Jahre meinte, der östliche Teil des Bistums Essen brauche ein neues geistliches Zentrum. 1986 stimmte der Konvent der Abtei Heiligenkreuz in Österreich der ersten Neugründung eines Zisterzienserklosters auf deutschem Boden seit 1327 zu. Zu den Aufgaben der Stiepeler Mönche gehört die Pfarr- und Wallfahrtseelsorge sowie das Angebot zur geistlichen Einkehr. Höhepunkt des Wallfahrtsgeschehens ist die am 11. eines jeden Monats stattfindende Monatswallfahrt zur »Schmerzhaften Mutter von Stiepel«.
Am Varenholt 9, Tel. 0234/77 70 50
Öffnungszeiten: Klosterpforte Mo.–Sa. 9–18 Uhr

Es wäre somit zu überlegen, ob die oben angegebene Gliederung der *Germania Benedictina* der textlichen Darstellung einzelner Klöster um Bild- und gegebenenfalls um Tonmaterial ergänzt wird, um eine Gesamtdarstellung des jeweiligen Klosters zu versuchen. Dazu sollte man sich zweckmäßigerweise der elektronischen Form – etwa der CD-ROM oder noch besser der digitalen Darstellung im Internet – bedienen. Erste Ergebnisse eines Projektes »Zisterzienser des Landes Brandenburg« liegen bereits seit 1997 auf CD-ROM vor.[31]

Abschließend wird ein Vorschlag unterbreitet, wie ergänzend zu den bisherigen Textbänden der *Germania Benedictina* Forschungsergebnisse zu den einzelnen Klöstern multimedial auf einer CD-ROM oder im Internet dargestellt werden könnten. Ergänzend zu den textlichen Darstellungen einer Klostergeschichte in der *Germania Benedictina* sollte eine begleitende CD-ROM bzw. eine Internetdarstellung mit folgenden Inhalten vorgenommen werden:

- Patrozinienkarte: Karte der Klöster und Kirchen mit gleichem oder ähnlichem Patrozinium
- politische und historische Karten: Zugehörigkeit des Klosters zu weltlichen und geistlichen Territorien im Laufe der Jahrhunderte
- Karte der Besitztümer
- Abbildungen von Einbänden und Texten noch vorhandener Bücher und Handschriften - dazu eine normalisierte Abschrift bei Handschriften[32], Urkunden[33]
- Digital gespeicherte Gemälde, Fotos und Skizzen des Klosters, seiner architektonischen Einzelheiten
- Inventar[34]
- Bilder von Mönchen, Nonnen, Äbten und Prioren; Glasmalerei

31 Durchgeführt von Dr. Jürgen Feuerstake, mmp Teltow. Das Projekt wurde über das IuK-Programm des Ministeriums für Wirtschaft, Mittelstand und Technologie des Landes Brandenburg 1996/97 gefördert.

32 Vgl. Feuerstake, H. Jürgen, Dietlinde Munzel-Everling und Dieter Pötschke: Überlegungen zu künftigen Standards der digitalen dynamischen Edition von mittelalterlichen deutschen Rechtsbüchern, in: Computer und Geschichte 2, hg. durch Dieter Pötschke vom Ministerium vom Wirtschaft, Mittelstand und Technologie (= Neue Anwendungen der Informations- und Kommunikationstechnologien Bd. 5), Potsdam 1995, S. 107–117.

33 Vgl. Walberg, Hartwig: Historische Archive im Internet – Aspekte der Präsentation und Vermittlung eines Informationsangebotes von Archiven, in: Pötschke, Dieter und Mathias Weber (Hg.): Computer und Geschichte 3, Sonderdruck aus: Anwendungen für Kommunikations-Highways, Heidelberg 1997, S. 422–426. Schuler, Peter-Johannes: Elektronische Erfassung, Sicherung, Konservierung und Erschließung von Urkunden, ebd. S. 413–421.

34 Vgl. Schmidt, Oliver H.: Multimediale Findbücher (wie Anm. 30), S. 210–218.

- gedruckte Literatur über das Kloster
- Grundrisse, 3D-Abbildungen von archäologischen Funden, Karten, Lageskizzen
- Siegel, Wappen; Symbole (z.B. in Steinen, auf Urkunden usw.)
- Musik
- Bibliographie der gedruckten Quellen, der Literatur, Verzeichnis der Archivalien [bereits im Textband erarbeitet].

Damit käme eine zeitgemäße Zisterzienserforschung nicht nur ihrer ureigensten Aufgabe nach. Sie würde es damit auch ermöglichen, ihre interessanten Ergebnisse dem in weitesten Sinne Interessierten auch kostengünstig zugänglich zu machen.

Kloster Chorin auf dem Bildschirm – zur computergestützten 3D-Rekonstruktion der Klosteranlagen

Fred Sobik

Klostergebäude und Rekonstruktion

Wie so viele historisch und kunsthistorisch bedeutende Bauwerke des Mittelalters ist das Kloster Chorin nur in verändertem bzw. mehr oder weniger stark zerstörtem Zustand erhalten. Nach der Reformation und der damit verbundenen Säkularisierung verlor die Anlage ihre ursprüngliche Bedeutung und unterlag einem Nutzungswandel. Die vorhandenen Gebäude wurden umgebaut, dem Verfall preisgegeben oder sogar als Steinbruch zur Materialgewinnung genutzt. Aus den Klostergebäuden wurden zumindest zeitweise ein fürstliches Quartier, Invalidenunterkunft, Wohnungen oder viel profaner Schnapsbrennerei, Brauerei, Wagenremisen und Viehställe.

Eine mittelalterliche Klosteranlage wie Chorin stellt eine bedeutende architektonische und künstlerische Leistung ihrer Zeit dar. Vieles davon ist heute verloren. Nicht zuletzt unter dem Einfluß der romantischen Sichtweise des 19. Jahrhunderts verbindet sich für die meisten Betrachter der Name eines Klosters wie Chorin mit den jetzt dort zu sehenden Ruinen. Dies erschwert den Blick auf die ursprüngliche historische und kunstgeschichtliche Bedeutung der Anlagen. Die Rekonstruktion und Visualisierung früherer Bauzustände kann hier weiterführen. Dabei hilft eine dreidimensionale Darstellung auch dem Betrachter, der Schwierigkeiten hat, sich selbst aus Grundrissen, Querschnitten und Detailzeichnungen den Baukörper zu erschließen. Weiterhin ergibt sich die Möglichkeit, bestimmte Phasen der konkreten Baugeschichte darzustellen. Hinzu kommt die Möglichkeit, unterschiedliche Varianten der Rekonstruktion bestimmter Bauteile zu zeigen und so den kritischen Vergleich zu erleichtern. Damit ist eine solche Rekonstruktion sowohl für die Kunstgeschichte als auch für das allgemeine historische Verständnis von großem Interesse. Nicht zuletzt werden im Prozeß der Modellierung Lücken im Kenntnisstand deutlich, die zu neuen (und manchmal auch alten) Fragen an die Kunstgeschichte führen.

Gebäudedarstellungen

Versuche, bedeutende Bauwerke zu rekonstruieren, sind nicht neu. Schon früh wurde versucht, mehr oder weniger gesicherte Ergänzungen am überlieferten

Baubestand vorzunehmen. Dies erfolgte auf der Grundlage von Zeichnungen oder durch den Bau dreidimensionaler Modelle. Eine heute nicht mehr geteilte Auffassung von Denkmal und Denkmalpflege führte im vorigen Jahrhundert mit baulichen Ergänzungen und dem Wiederaufbau fehlender Teile auch zu direkten Eingriffen in die Bausubstanz.

Leider hat jede Form der Darstellung ihre Vor- und Nachteile. Bei den auf klassische Weise gewonnenen Zeichnungen haben wir das Problem, daß sie insbesondere für den Laien nur zu einer unvollkommenen Vorstellung der räumlichen Gegebenheiten führen. Auch perspektivische Darstellungen haben den Nachteil, daß sie nur eine bestimmte Ansicht aus einem fixierten Blickwinkel präsentieren können. Einer umfassenden Sicht des Gesamtkomplexes kann man sich also nur durch eine Serie solcher Darstellungen nähern, was mit hohem Aufwand verbunden ist. Es ergibt sich auch das methodische Problem, daß im allgemeinen nicht das gesamte Bauwerk dargestellt wird. So können problematische Bereiche leicht übergangen werden.

Physische 3D-Modelle erlauben zwar einen (in gewissem Maße) beliebigen Wechsel des Blickwinkels, unterliegen aber durch die realisierbare Größe des Modells erheblichen Einschränkungen. So ist z.B. der reale Eindruck der Innenansicht eines hohen gotischen Kirchenraumes damit nicht vermittelbar. Hinzu kommt, daß notwendige Korrekturen, Veränderungen oder Ergänzungen mit hohem Aufwand verbunden sind. Ein Vorteil ist, daß man praktisch zur Darstellung des gesamten Bauwerkes oder zumindest größerer Bereiche gezwungen ist. Der mögliche Detailreichtum hängt vom realisierbaren Aufwand ab.

Die Anwendung *computerinterner 3D-Modelle* stellt demgegenüber eine neue Qualität dar. Aus einem solchen Modell, wie es bei der Arbeit des modernen Architekten durchaus üblich ist, können Informationen abgerufen und in unterschiedlichen Formen dargestellt werden. Damit sind z.B. beliebige Grundrisse, Schnitte, Einzelansichten oder (soweit vorhanden) Fassadendetails relativ leicht zu erzeugen. Ausgehend von im Prinzip frei wählbaren Standpunkten können Ansichten mit verschiedensten Blickwinkeln sowohl des äußeren Baukörpers als auch des Innenraumes berechnet werden. Neben der Erstellung von Einzelansichten ist auch die Generierung von Kamerafahrten durch dieses virtuelle Gebäude möglich. Ein hervorragendes Beispiel dafür ist die Rekonstruktion der Klosteranlage von Cluny.[1] Es ergibt sich auch für den interessierten Laien und Touristen die Möglichkeit einer neuen Sicht

1 Vgl. Cramer, H. und M. Koob: Cluny. Architektur als Vision, Heidelberg 1993.

auf ein mehr oder weniger bekanntes und vielleicht auch nur noch in geringen Resten vorhandenes Bauwerk. Interessant kann der Vergleich der Realität vor Ort mit den rekonstruierten historischen Raumsituationen sein. Seit Jahrhunderten nicht mehr existierende Räume werden (zumindest virtuell) begehbar und erfahrbar. Nachteilig bei computergestützten Modellen ist, daß technische Gründe und realisierbarer Aufwand die Einbeziehbarkeit von Details beschränken.

Rekonstruktionsvorhaben

Mit der Entscheidung, den früheren Zustand eines der im Land Brandenburg gelegenen Zisterzienserklöster zu rekonstruieren, ergab sich die Frage nach dem dafür auszuwählenden Objekt. Zu berücksichtigen war auch, daß im Rahmen des Projekts keine baugeschichtlichen und archäologischen Untersuchungen veranlaßt werden konnten. Für die zu erstellende prototypische Realisierung mußte also ein Objekt gewählt werden, das folgende Kriterien erfüllt:

- größere und gut zuzuordnende noch existierende Bestände der originalen Bausubstanz
- erkennbare Fehlstellen im Baubestand, die eine Rekonstruktion rechtfertigen und »interessant« machen
- möglichst umfassender Bestand an kunsthistorischen, baugeschichtlichen und archäologischen Ergebnissen

Das *Kloster Chorin* erfüllt weitgehend diese Kriterien, so daß der Aufbau eines computerinternen 3D-Modells für diesen Klosterbau, die wohl berühmteste Ruine des Landes Brandenburg, sehr gut geeignet ist, die methodische Vorgehensweise zu verdeutlichen, erreichbare Ziele zu dokumentieren und die Reaktion eines breiteren Publikums auf die dann vorliegende Präsentation zu überprüfen.

Technische Grundlagen und methodische Probleme

Der Aufbau des Computermodells erfolgt mit Hilfe des Architektur-CAD-Systems ArchiCAD durch die Firma D&D Entwicklungsgesellschaft, Stahnsdorf. Damit wurde ein verbreitetes und relativ preiswertes, auf PC-Basis einsetzbares Softwaresystem gewählt.

Als inhaltliche Quellen für die Rekonstruktion kommen neben dem heutigen Baubestand vorliegende Bauaufnahmen (Grundrisse und Architekturzeichnungen), historische Fotos, Ergebnisse archäologischer Untersuchungen und historische künstlerische Darstellungen in Frage. Für daraus nicht erschließbare Bauteile verbleibt noch der Vergleich mit bekannten analogen Bauwerken.

Für das zugrundeliegende CAD-System ist die Digitalisierung der entsprechenden Baudaten, Zeichnungen und Ansichten zu realisieren. Während die Erfassung von Grundrissen, Schnittdarstellungen und sonstigen Architekturzeichnungen aufwendig ist, aber keine prinzipiellen Schwierigkeiten macht, ist die Einbeziehung anderer Bilddarstellungen unter Umständen schwieriger. Bei Fotos sind durch die Aufnahmetechnik bedingte mögliche optische sowie perspektivische Verzerrungen zu berücksichtigen und durch geeignete Transformationen zu korrigieren. Noch schwieriger ist der Fall künstlerischer Darstellungen. Es ist dabei von Veränderungen des Vorbilds auszugehen, die nicht durch einfache Transformationen kompensiert werden können.

Ein weiteres Problem sind notwendige Proportionsveränderungen bei der Einbeziehung von Bauteilen von Vergleichsbauten zur Rekonstruktion am Ort nicht mehr genau erfaßbarer Details.

Zum Kloster Chorin

Chorin gehört mit seinem Mutterkloster Lehnin zum Kernbestand der märkischen Zisterzienserklöster. Als Hauskloster der Johanneischen Linie der Askanier und durch seine reiche materielle Ausstattung spielte es bis zur Reformation eine wesentliche Rolle. Die Klosterkirche ist eines der bedeutendsten Bauwerke der Backsteingotik in der Mark Brandenburg.

Der Baubestand

Bei dem, was wir heute als »Kloster Chorin« vor uns sehen, handelt es sich fast ausschließlich um den Kern der Abtei. Die meisten Nebengebäude sind verschwunden. Die älteste bekannte Darstellung, der Petzoldsche Stich aus der Zeit um 1710[2], zeigt noch eine ganze Reihe jetzt verschwundener Gebäude im Umfeld der Klausur. Die vorhandenen Informationen bieten aber keine ausreichende Grundlage für die Rekonstruktion dieser Gesamtsituation. Wir beschränken uns daher im folgenden auf den Kernbereich des Klosters. Es soll, ohne auf Einzelheiten einzugehen, eine kurze Übersicht gegeben werden.

Von der *Klosterkirche* sind Hauptschiff, Chor, Chorschluß, Kreuzarme und nördliches Seitenschiff erhalten. Zu rekonstruieren sind:

- nördlicher und südlicher Kapellenbau in den Winkeln zwischen Kreuzarmen und Chor
- südliches Seitenschiff

2 Siehe z.B. bei Gooß, G.: Chorin. Ort der Kultur und Begegnung. Nutzung und Bewirtschaftung, in: Brandenburgische Denkmalpflege 3 (1994), 2, S. 13–21.

- Gewölbe
- Westempore
- Einbauten wie Lettner und Nebenaltäre.

Der *Westbau mit Küche und anschließendem »Brauhaus«* ist in großen Teilen erhalten. Zu rekonstruieren sind:

- Gewölbe im Konversenrefectorium und Keller.

Der *Südflügel* der Klausur ist bis auf wenige Reste nicht mehr vorhanden. Zu rekonstruieren ist der gesamte Flügel mit

- Calefactorium und
- Refectorium.

Vom *Ostflügel* der Klausur ist das Erdgeschoß mit Ausnahme von Teilen des Kapitelsaals erhalten. Zu rekonstruieren sind:

- Kapitelsaal
- das 1769 abgetragene Obergeschoß.

Vom *Kreuzgang* sind Ost- und Westflügel vorhanden. Es sind zu rekonstruieren:

- Nordflügel
- Südflügel
- Brunnenhaus.

Zur Quellenlage

Es sind eine Reihe von älteren Ansichten Chorins bekannt (wie z.B. der schon erwähnte Stich von Daniel Petzold um 1710). Außerdem existieren Bauaufnahmen bzw. Stiche aus dem 19. Jahrhundert z.B. auch von der Hand Karl Friedrich Schinkels. Zahlreiche Künstler haben uns mehr oder weniger informative Darstellungen des Klosters hinterlassen.

Die wohl erste umfassende architektonische Aufnahme des Baubestandes wurde von P.R. Brecht im Jahre 1854 veröffentlicht.[3] Er nutzte wohl seine Tätigkeit als Bauführer beim Neubau der Kirche im nahegelegenen Brodowin in den Jahren 1852/53, um sich mit der Klosteranlage zu befassen. Der Höhepunkt dieser Tätigkeit dürfte wohl gewesen sein, als am 12. Juni 1853 König Friedrich Wilhelm IV. nach der Einweihungsfeier in Brodowin das Kloster besuchte und sich von ihm Zeichnungen und Grundriß vorlegen und in den Klostergebäuden herumführen ließ.[4] Der Grundriß ist auch unter dem Gesichtspunkt von Interesse, daß er die damaligen Einbauten im Erdgeschoß, also z.B. die Einbeziehung der vorhandenen Kreuzgangteile, dokumentiert.

3 P.R. Brecht: Kloster Chorin, in: Zeitschrift für Bauwesen 4 (1854), Sp. 65–76, Abb. Bl. 11–17.

4 Berlinische Nachrichten von Staats- und gelehrten Sachen (Spenersche Zeitung) 15.6.1853.

Angaben zum Südflügel fehlen bis auf den eingezeichneten Rest aufgehenden Mauerwerks gänzlich. Brecht ließ nach seinen Angaben auch Nachgrabungen vornehmen, die bezüglich der Grabanlagen zu keinen Ergebnissen führten. Er konnte aber feststellen, daß »fast sämmtliche alte Gebäude mit sehr tiefen von Kreuzgewölben geschlossenen, grösstentheils verschütteten Kellern versehen sind [...]«.

Eine nächste wesentliche Etappe stellen die Arbeiten von Eichholz[5] und Schleyer[6] dar. Schleyers Dissertation basiert auf Untersuchungen während der Wiederherstellungsarbeiten 1884/85 und Grabungen. Leider sind diese Arbeiten nicht ausreichend dokumentiert. Jetzt finden wir auch Angaben über den Südflügel. Das Brunnenhaus ist allerdings nur bei Schleyer verzeichnet. Auch Angaben zur Westempore in der Klosterkirche und zu den Gewölben (einschließlich der Höhenrekonstruktion) sind aufgenommen. Bezüglich des Südflügels widersprechen sich die Angaben zum Mönchsrefectorium. Schleyer geht von einer Längsorientierung des Refektoriums in Ost-West-Richtung aus. Demgegenüber bezieht sich Eichholz auf ein freigelegtes Feldsteinfundament in diesem Bereich, das zu anderen Abmessungen des Refectoriums führt und trotz nicht aufgefundenem südlichen Abschluß auf eine Nord-Süd-Orientierung des Raumes deutet. Diese Variante würde auch dem Bauschema der meisten Zisterzienserklöster entsprechen.

In letzter Zeit bestand die Möglichkeit detaillierter Untersuchungen im Westflügel des Klosters[7] und am »Brauhaus«.[8]

Für wesentliche Bereiche des Klosters liegen Meßbildaufnahmen vor. Hinzu kommen umfangreiche historische und kunsthistorische Untersuchungen. Eine Reihe von Informationen kann auch direkt am Bau abgelesen werden (z.B. Lage des Lettners, Nebenaltarfundament oder Ansatzbögen der verlorenen Kreuzgangflügel).

Leider muß jedoch festgestellt werden, daß für größere Bereiche des Klosters exakte Aufmaße nicht verfügbar sind. Insgesamt ist der Dokumen-

5 Eichholz, P. und W. Hoppe: Die Kunstdenkmäler des Kreises Angermünde, Heft III, Kloster Chorin, Berlin, 1927.

6 Schleyer, W.: Die Baugeschichte des Klosters Chorin, Prenzlau 1928 (=Arbeiten des Uckermärkischen Museums- und Geschichtsvereins, Heft 9).

7 Vgl. Schneider, R.: Chorin. Das Konversenrefektorium im Spannungsfeld zwischen Rekonstruktion und Substanzerhaltung, in: Brandenburgische Denkmalpflege 3(1994), H. 2, S. 37–43. Und Biller, Th.: Chorin. Bauforschung am Kellergeschoß des Westflügels, in: Brandenburgische Denkmalpflege 3(1994), H. 2, S. 44–53.

8 Goralczyk, P. und S. Wagner: Chorin. Bauforschung am »Brauhaus«, in: Brandenburgische Denkmalpflege 3(1994), H. 2, S. 54–65.

tierungsgrad der einzelnen Bereiche sehr unterschiedlich. Trotzdem stellen sich die Grundlagen für eine Rekonstruktion insgesamt als erfolgversprechend dar.

Geländeprofil und Wasserläufe

Für die Rekonstruktion der Bausituation der Klosteranlage wäre es wichtig, das jetzige und das (sicher abweichende) Geländeprofil im Mittelalter in die Modellierung mit einzubeziehen. Insgesamt kann man einen deutlichen Abfall des Geländes von Nord nach Süd feststellen. Soweit uns bekannt ist, existiert keine durchgängige Aufnahme des Geländeprofils. Nur in den Plänen bei Wimmer[9] wurden die Gebäude im Zusammenhang mit Höhenlinien dargestellt. Diese beziehen sich auf die aktuelle Situation und stimmen sicher nicht mit den mittelalterlichen Verhältnissen überein. Es ist davon auszugehen, daß im Laufe der Zeit erhebliche Veränderungen stattgefunden haben. Insbesondere in der Zeit der rein wirtschaftlichen Nutzung nach der Reformation unterlagen solche Veränderungen keiner Kontrolle und sind auch nicht dokumentiert. Immerhin in gewissem Maße nachvollziehbar sind die Schuttabtragungen in der Kirche von 1832 und die Abgrabung des Klosterhofs in den 1930er Jahren. Letztendlich können die ehemaligen Höhenverhältnisse – wenn überhaupt – nur archäologisch geklärt werden.

Die alltäglichen Bedürfnisse des Klosterlebens erforderten eine gesicherte Frischwasserversorgung und eine geregelte Abwasserentsorgung. Für zahlreiche Zisterzienserklöster ist die Anlage eines Be- und Entwässerungssystems nachgewiesen. Wasserzufuhr war für Brunnenhaus, Lavatorium, Küche und Latrinenbereiche ebenso wie Abwasserbeseitigung im Küchen- und Latrinenbereich notwendig und in den Klöstern üblich. Neben außerhalb des Klosters entlangführenden Wasserläufen ist von einem durch den Klausurbereich führenden System auszugehen. In Chorin ist die Existenz eines südlich der Klausur verlaufenden Gewässers gesichert. Dieses berührte dann die Klostermühle südwestlich der Klausur. Man kann annehmen, daß im Bereich des Brunnenhauses und der Küche sowie im Bereich der Latrinen südlich der Klausur fließendes Wasser vorhanden war. Für den Innenbereich der Klausur liegen aber keine Erkenntnisse vor, so daß man auf Hypothesen auf der Grundlage des Vergleichs mit anderen Zisterzienserklöstern angewiesen bleibt.

9 Wimmer, C.A.: Die Außenanlagen des Klosters Chorin. Gartendenkmalpflegerisches Gutachten für die »Gemeinnützige Park- und Umlandgesellschaft Genshagen«, Berlin 1993.

Zum Baublauf

Wie bei jedem großen Bauwerk ist davon auszugehen, daß die Klosteranlage in mehreren Bauabschnitten realisiert wurde. Dies ist schon an der Klosterkirche erkennbar. Ost- und Westteil des Kirchenschiffes unterscheiden sich deutlich in der Farbe der verwendeten Backsteine. Die (am vollständigen Bau nicht sichtbaren) Entlastungsbögen in der Südwand sind im Westteil rundbogig und im Ostteil spitzbogig ausgebildet. Außerdem ist die Baunaht zwischen beiden Teilen klar erkennbar (vgl. Abb. rechts und im Farbteil). Sehen wir davon ab, daß auch dieser Befund unterschiedlich interpretiert wurde[10], könnte man eine zu einer hypothetischen, vor allem durch die Bedürfnisse der Klostergemeinschaft bestimmten Reihenfolge der Errichtung der einzelnen Klausurteile kommen und diesen Verlauf darstellen. Es sei hier nur erwähnt, daß Adler[11] den Baubeginn der Klosterkirche im Westen annahm und Dohme[12] eine Erweiterung der ursprünglich kürzeren Klosterkirche nach Osten vermutete. Dem wurde bereits von Schäfer[13] wie auch Schleyer[14] widersprochen. Schleyer kommt aufgrund seiner Untersuchungen, wobei er sich vor allem auch auf die Analyse des verwendeten Steinmaterials stützt, zu folgendem hypothetischen Ablauf:

Chorin, östlicher und westlicher Bauabschnitt der Klosterkirche *Foto: F. Sobik*

10 Vgl. z.B. Schmoll, J.A., gen. Eisenwerth: Das Kloster Chorin und die askanische Architektur, Berlin 1961.

11 Adler, F.: Mittelalterliche Backsteinbauwerke des Preußischen Staates, 2 Bde., Berlin 1862–98.

12 Dohme, R.: Die Kirchen des Cistercienser Ordens in Deutschland während des Mittelalters, Diss. Leipzig 1869.

13 Schäfer, C.: Die Zeitstellung der Klosterkirche von Jerichow, in: Zentralblatt der Bauverwaltung 4(1884), S. 516 und 530; auch in: Schäfer, C.: Von deutscher Kunst. Gesammelte Aufsätze, Berlin 1910, S. 249–264.

14 Schleyer (wie Anm. 5).

1275	Verlegung nach Chorin, Baubeginn
1275–1280	Bau des Chors, des Querhauses und des Ostteils des Langhauses
1280–1290	Bau der Hauptteile des Ost- und Westflügels und des »Brauhauses«
1290–1295	Bau des Abtshauses
1290–1300	Bau des Südteils des Ostflügels und des Südflügels.

Schmoll[15] bringt hierzu nur geringfügig abweichende Varianten.

Es erscheint heute sicher, daß der Westflügel mit Ausnahme des Bereichs des Fürstensaales bereits um 1300 fertiggestellt war. Ob nun West- oder Südflügel als letzter Hauptteil der Anlage errichtet wurde, ist auf der Basis des heutigen Kenntnisstandes kaum endgültig zu entscheiden. Dabei ist zu berücksichtigen, daß nur noch geringe Teile aufgehenden Mauerwerks des Südflügels erhalten sind. Auf jeden Fall würde sich für den größten Teil des Klostergebäudes eine mögliche Bauzeit von nur rund 25 Jahren ergeben. Auch Schleyer hatte bereits sich überschneidende Bauphasen in rascher Folge angenommen. Die kurze Bauzeit schließt längere Bauunterbrechungen wohl aus. Damit ist die Präsentation deutlich abgesetzter Bauphasen im Zuge einer Rekonstruktion des Bauablaufs ausgeschlossen. Trotzdem kann natürlich dieser hypothetische Verlauf visuell dargestellt werden. Interessant kann in diesem Zusammenhang die Darstellung einer »Zerstörungs- und Wiederherstellungsgeschichte« Chorins sein. Eine Vielzahl von Informationen dazu wurde von J. Hennig[16] erschlossen. Trotzdem bleiben auch hier viele aufgrund der Quellenlage kaum zu schließende Lücken.

Zusammenfassung

Trotz des nicht in allen Bereichen befriedigenden Dokumentationsstandes und der doch recht zahlreichen offenen historischen, archäologischen und kunsthistorischen Fragen bietet sich eine ausreichende Grundlage für die Erstellung eines dreidimensionalen Computermodells des Kernbereichs des Choriner Klosters. Von der Gegenüberstellung der bekannten Ansichten der Ruine Chorin mit den entsprechenden Modelldarstellungen sind neue Aspekte, aber auch neue Fragen zu erwarten. Es wird möglich sein, unterschiedliche Varianten – wie z.B. bei der Lage des Mönchsrefektoriums – visuell nebeneinander zu stellen.

Wieviel insgesamt erreicht werden kann, hängt natürlich vom materiellen und zeitlichen Rahmen des Projekts ab. Es ist zu wünschen, daß das Modell auch über den unmittelbaren Projektrahmen hinaus genutzt werden wird.

15 Schmoll (wie Anm. 10), S. 139f.

16 Hennig, J.: Bauliche Veränderungen und denkmalpflegerische Arbeiten an der Klosteranlage Chorin nach 1542, Chorin 1996 (= Choriner Pfortengeflüster 4/96).

Computer und Museen – neue Formen der Besucherinformation?

Jürgen Mrosek

Museen haben seit jeher die Aufgabe, Gegenstände des eigenen kulturellen Erbes oder das anderer Kulturen zu sammeln, zu bewahren, zu erforschen und auszustellen. Mit dem Ausstellen verknüpft sich auch der Bildungsauftrag der Museen, den viele Einrichtungen von Anfang an hatten. Wilhelm von Humboldt schrieb im Abschlußbericht der mit der Auswahl der Kunstwerke und der Einrichtung des Alten Museums befaßten Kommission vom 21. August 1830 an den König: »Der Dr. Waagen [erster Direktor der Gemäldegalerie und Verfasser des Gemäldekatalogs, d.V.] hat im Verzeichnis zugleich kurze Einleitungen über den Charakter der verschiedenen Epochen der Malerei [...] beigefügt und dadurch das Verzeichnis auch zu einem belehrenden Buche für diejenigen gemacht, welche mit der Kunstgeschichte weniger vertraut sind.«[1]

Der Kulturausschuß der Kultusministerkonferenz hat in seinen Handreichungen erst kürzlich den Bildungsauftrag in Erinnerung gerufen: »Das Jahr zu Jahr wachsende Interesse dokumentiert ein nachhaltiges Bedürfnis der Menschen, sich nicht nur auf das Hier und Heute ihres Lebens zu konzentrieren, sondern sich auch seiner historischen und kulturellen Bedingungen zu vergewissern. Daraus erwächst der unverzichtbare Bildungsauftrag der Museen [...].«[2]

Zwischen diesen beiden Zitaten liegen über 165 Jahre, in denen sich eine ganze Palette von Informationsangeboten herausgebildet hat, mit denen Museen dem Bildungsauftrag gegenüber ihren Besuchern gerecht werden wollen.

An erster Stelle steht das ausgestellte Objekt, dann folgen im Bereich der Textinformation in der Reihenfolge zunehmender Komplexität und Tiefe der Information:

- Ausgestelltes Objekt
- Objektbeschriftung
- Vitrinentext
- Wandtext

1 Zitiert nach: Waetzoldt, Stephan: 150 Jahre öffentliche Museen in Preußen, in: Bilder vom Menschen in der Kunst des Abendlandes, Berlin 1980, S. 17.

2 Handreichungen des Kulturausschusses der KMK zu den Aufgaben der Museen, in: LMB INFO, Mitteilungen des Landesverbandes der Museen zu Berlin, Nr. 4, Februar 1997, S. 35ff.

- Führungsblatt
- Broschüre
- Kurzführer
- Katalog

Neben der Textinformation ist es die personale Vermittlung (durch Führungen und begleitende Veranstaltungen), die heute in Museen wichtig ist. Darüber hinaus haben Medien im Informationsangebot der Museen inzwischen einen festen Platz eingenommen:

- Akustische Führungssysteme als konventionelles, analoges Tonband oder mit digitalem Speichermedium und der Möglichkeit, akustische Informationen zu einzelnen Objekten anzuwählen.
- Audiovisuelle Medien wie Dia-Ton-Schau, Video und – als bisher letzte Entwicklung – Multimedia.

Mit der etwas ausführlicheren Darstellung sollte deutlich werden, daß es auch ohne Multimedia sehr vielfältige und situationsgerecht einsetzbare Informationsmedien in den Museen gab und noch immer gibt. Natürlich ist mit dieser Vielfalt die Möglichkeit der redundanten Information verbunden, was durchaus positive Wirkung haben kann, wenn die Wiederholungen nicht zur Langeweile führen. Der Einsatz von Computern macht sie nicht alle überflüssig, er stellt lediglich eine dem technischen Fortschritt und den Aneignungsstrategien zumindest einiger Besucher angemessene Präsentationsform dar.

Wenn es richtig ist, daß Fragen der Museumsbesucher am besten da beantwortet werden, wo sie auftreten, dann muß die Liste der Informationsangebote einmal unter dem Gesichtspunkt ihrer räumlichen Nähe zum Ausstellungsobjekt untersucht werden. Wir können annehmen, daß die ersten vier Nennungen der Textinformation mindestens im gleichen Raum zu finden sind wie das Original, auf das sie sich beziehen.

Für audiovisuelle Medien, also auch für Multimedia im Museum gilt, daß sie fast immer separat von den eigentlichen Ausstellungsräumen und den Objekten präsentiert werden: Manchmal zwischen zwei Teilen einer Ausstellung, mal als Einstimmung, bevor man die Ausstellungsräume betritt oder auch am Ende des Rundgangs, gewissermaßen als Ausklang. Der Integration der audiovisuellen Medien in die Ausstellungsgestaltung steht sicherlich die Tatsache entgegen, daß sie alle für ihre Präsentation Geräte benötigen, die nicht geräuschlos arbeiten. Damit verbindet sich häufig die Sorge, daß die Audio-Information die museale Ruhe stört. Ich glaube, daß diese Probleme zu lösen sind, wenn bei der Planung von Ausstellungen von Beginn an auch Medienplaner und -produzenten einbezogen werden.

Dia-Ton-Schauen und Videofilme präsentieren mit Ausstellungen und deren Objekten zusammenhängende Informationen, die zum Verständnis, zum Erkennen größerer Zusammenhänge geistesgeschichtlicher, historischer, künstlerischer Art führen – oder auch ganz einfach herstellungstechnische Informationen vermitteln sollen.

Was ist nun das besondere an Multimedia? – Durch die mögliche Interaktivität bietet Multimedia den individuellen Zugang zu Informationen. Stellen Sie sich einmal einen abgedunkelten Raum mit etwa vierzig Personen vor, die Betrachter der gleichen Dia-Ton-Schau sind. Alle bekommen Schritt für Schritt die gleichen Informationen zur gleichen Zeit präsentiert. Und nun stellen Sie sich eine Person vor, die am Touch-Screen einer Multimedia-Anwendung durch ein vielfältiges Informationsangebot navigiert und, ganz von seinen Interessen und Neigungen gesteuert, mal da tiefer einsteigt und dort ein für sie/ihn interessantes Detail erfährt, aber andere angebotene Themen auch ganz übergeht. Die Interaktivität und der sich daraus ergebende individuelle Zugang zu Informationen wird in Nutzerbefragungen sehr häufig als besonders positiver Punkt von Multimedia-Anwendungen hervorgehoben.

Bei der Planung von Multimedia-Angeboten tritt bei einigen Beteiligten immer wieder Entsetzen über die geplante Informationsfülle ein. »Wer schaut sich denn schon 90 Minuten Multimedia an?« ist eine häufig auftretende Frage. Niemand wird das tun. Das Informationsangebot muß nur so breit gefächert sein, damit möglichst viele Museumsbesucher ihren unterschiedlichen Interessen und Neigungen nachgehen können. Noch eine kurze Bemerkung zur Nutzung: Frühe Untersuchungen zu Multimedia im Museum haben eine durchschnittliche Nutzungsdauer von 3–4 Minuten festgestellt; das stimmt in keiner Weise mit unseren Beobachtungen überein: Besucher verbringen durchaus 12–15 Minuten am Bildschirm von Multimedia-Anwendungen.

Die Interaktivität, die die Nutzer so positiv hervorheben, hat für die Museen seinen Preis: Im Beispiel der Dia-Ton-Schau war für die Nutzung durch etwa 40 Museumsbesucher eine einzige Präsentationseinheit notwendig, beim Multimedia-Beispiel müßte jedem Nutzer ein eigenes Terminal zur Verfügung stehen. Und die Produktion von Multimedia ist um ein vielfaches teurer als die einer Dia-Ton-Schau.

In Museen bieten sich hauptsächlich zwei Bereiche an, in denen Multimedia einen Stellenwert haben kann:

1. Multimedia ist sicherlich gut geeignet, in größeren Museumskomplexen Besuchern bei der räumlichen Orientierung in Gebäuden oder großen Sammlungen zu helfen, dem Besucher zu ermöglichen, die Sammlungsbereiche oder

auch die Objekte aufzusuchen, die er sehen möchte – oder auch einen Vorschlag für einen Rundgang zu machen.

Für die Staatlichen Museen zu Berlin (SMB) könnte die Beschreibung eines solchen Systems etwa so lauten: Im Rahmen des Besucherleitsystems werden die aktuellen Informationen über die im Stadtgebiet verteilten Museumskomplexe und Sammlungen (Standorte in der Stadt, Verkehrsverbindungen, Öffnungszeiten, Eintrittspreise, Veranstaltungen, Wege-, Raum- und Objektinformationen) mehrsprachig (z.B. deutsch, englisch, französisch, japanisch) dargeboten. Der Zugriff auf die Informationseinheiten wird durch den Nutzer interaktiv gesteuert. Das individuelle Ergebnis kann bei Bedarf ausgedruckt werden. In der letzten Ausbauphase, in der in allen Eingangsbereichen der SMB dieses Informationssystem angeboten wird, sind Möglichkeiten vorzusehen, die laufendes Aktualisieren, z.B. der Informationen über Veranstaltungen (Sonderausstellungen, Führungen, Vorträge, Musikveranstaltungen) unterstützen.

2. Informationssysteme zu Sammlungsbereichen oder ganzen Sammlungen sind ein weiterer Einsatzbereich. Für eine Gemäldegalerie könnte die grobe Beschreibung etwa so lauten:

In Zusammenarbeit mit den Wissenschaftlern der Gemäldegalerie soll ein Informationssystem entstehen, das es dem Museumsbesucher gestattet, an seinem Interesse orientiert – oder auch durch seine Neugierde geleitet – durch ein vielfältiges, kurzweiliges Informationsangebot zu navigieren, das mit unterschiedlichen inhaltlichen Schwerpunkten Informationen zur überwiegenden Zahl der ausgestellten Gemälde vermitteln kann. Ferner soll auf Vergleichsstücke anderer Sammlungen der SMB, ggf. auch anderer Gemäldesammlungen hingewiesen werden, etwa auf Vorzeichnungen im Kupferstichkabinett oder auf Pokale mit vergleichbaren Darstellungen im Kunstgewerbemuseum.

Zugang zu diesen Informationen kann über Künstlernamen, Titel, Kunstepochen, Kunstlandschaften erfolgen. Neben der Erläuterung des Bildinhalts und seiner Interpretation könnte eine Einordnung in das Gesamtwerk des Künstlers erfolgen oder die kunsthistorische Bedeutung des Gemäldes beschrieben werden. Es könnten Bezüge zu zeitgleichen anderen Kunstformen (Literatur, Musik) und zu historischen Ereignissen hergestellt werden oder, falls bekannt, über Anlaß, Auftraggeber, Verwendung, Vorbesitzer des Gemäldes berichtet werden.

Bisher wurde nur über Einsatz neuer Medien innerhalb der Museen gesprochen, wir müssen aber auch die Wirkung neuer Medien außerhalb der

Museen betrachten. An CD-ROM als Verkaufsmaterial und Internet-Präsenz der Museen ist da zunächst zu denken. Diese Marktbereiche werden von anderen besetzt, wenn dies nicht die Museen selbst tun. Dann werden Produkte auf den Markt kommen, deren Kennzeichen ein oft ökonomisch begründeter geringer Anspruch an Qualität und Korrektheit ist. Aus diesem Bereich gibt es auch Kurioses zu berichtet: Es gibt Internet-Seiten über die Staatlichen Museen zu Berlin, die 1995 in Zusammenhang einer Diplomarbeit an der FU Berlin verfaßt worden sind und seitdem nicht mehr aktualisiert wurden. Immer wieder erhalten wir Reklamationen wegen der überholten Angaben unter dieser Internet-Adresse. Das ist zumindest als ein Zeichen zu werten, daß Internet als Informationsquelle genutzt wird. Für die Staatlichen Museen zu Berlin ist der beschriebene Zustand aber trotzdem ärgerlich. Noch eine Bemerkung zum Internet: Freaks, die das Internet als Kommunikationsmittel und nicht nur als Informationsquelle betrachten – für sie sind die informationssuchenden »Surfer« nur »Mäuseschubser« –, bemängeln die fehlenden Kommunikationsmöglichkeiten mit den Museen im Internet.

Bei der Produktion von neuen Medien sind die Museen vor neue Aufgaben gestellt. Wichtig ist dabei, sich immer in Erinnerung zu rufen, daß die Technik, so faszinierend sie ist, nur in sehr geringem Umfang über die Qualität einer Multimedia-Anwendung entscheidet – heute ist da fast alles möglich –; viel wichtiger sind die inhaltlichen Entscheidungen: was will ich wem wie und wo vermitteln.

Der simulierte Überschallflug über den Pergamonaltar hat sicherlich den Programmierern bei seiner Entstehung viel Spaß bereitet, ist aber für den Besucher zunächst verwirrend, wenn er nicht bereits über andere, weiterreichende Informationen verfügt. Der Rundgang durch ein im Computer rekonstruiertes Haus im antiken Priene wird fragwürdig, wenn der Betrachter die Orientierung verliert und nicht mehr weiß, welchen Raum er schon gesehen hat. Das Problem von Multimedia für Museen liegt keinesfalls in der Technik, sondern primär in den Inhalten und auch in den Produktionskosten.

Die Produktion von Multimedia-Anwendungen kann nicht an den Museen geleistet werden, dazu ist eine zu große Vielfalt an Kenntnissen erforderlich, beispielsweie über Bildschirmgestaltung, Programmierung, Bildbearbeitung, Textbearbeitung usw. Das gilt auch, wenn langjährige Erfahrungen in der Produktion audiovisueller Medien wie Dia-AV und Videofilmen vorliegen, wie das bei den Staatlichen Museen der Fall ist. Andererseits müssen die Museen bei der Produktion von Multimedia-Anwendungen ständig Einfluß auf die Inhalte und deren Präsentation haben, enge Zusammenarbeit und Abstimmung zwischen Auftraggebern (dem Museum) und Produktionsfirma ist unerläßlich.

Für Multimedia-Anwendungen müssen die Museen in vertragliche Vereinbarungen mit den produzierenden Firmen treten. Wenn den Besuchern im Museum nur qualitätvolle Multimedia-Anwendungen präsentiert werden sollen, dann muß die Vertragsvereinbarung mit Multimedia-Firmen auch eine Form von Qualitätskontrolle enthalten. Dazu müssen Museen über Instrumente verfügen, die es ihnen ermöglichen, diese Kontrolle durchzuführen.

Vor etwa zwei Jahren hatten die Staatlichen Museen zu Berlin die Chance, sich an einem von der Europäischen Kommission geförderten Projekt zu beteiligen, das u.a. zum Ziel hatte, ein Meßinstrument für die Qualität von Multimedia-Anwendungen zu entwickeln.

Als Ergebnis liegt ein Fragebogen vor, der im Rahmen des Projekts von der *Human Factors Research Group* des University College Cork, Irland, einer führenden Einrichtung für Software Evaluation, zusammen mit den Staatlichen Museen und der Berliner Firma *CompArt* entwickelt worden ist. Der Fragebogen soll »Usability« als Qualitätsmerkmal von Multimedia-Anwendungen erfassen. »Usability« ist die Eigenschaft einer Software, vom Nutzer unter den beschriebenen Einsatzbedingungen verstanden, erlernt, benutzt und nicht abgelehnt zu werden.[3] Es geht also um die subjektive Einschätzung einer Multimedia-Anwendung durch den Nutzer.

Inzwischen liegt Version 3 des Fragebogens vor, der MUMMS genannt wird (Measurement of Usability of Multi-Media Software). Er umfaßt 48 Aussagen, zu denen der Nutzer eine von drei Antwortmöglichkeiten ankreuzen soll, zur Auswahl stehen »stimmt«, »stimmt nicht« und »weiß nicht«. Ferner enthält der Fragebogen offene Fragen, in denen der Nutzer um positive und negative Anmerkungen zur benutzten Multimedia-Anwendung gebeten wird. Zusätzlich werden noch einige demographische Angaben (Alter, Geschlecht, Beruf und Vertrautheit mit Multimedia) erfragt.

Die Fragen sind auf die Erfassung von sechs Bereichen angelegt, jeder Bereich ist mit acht Fragen vertreten. Im einzelnen sind es:

- *Attractiveness*, in welchem Ausmaß der Nutzer sich emotional positiv angesprochen fühlt;
- *Control*, inwieweit der Nutzer das Gefühl hat, daß er/sie und nicht das Programm den Ablauf bestimmen;

3 Engl: »The capability of the software to be understood, learned, used and liked by the user, when used under specified conditions.«

- *Efficiency*, inwieweit der Nutzer das Gefühl hat, daß die Interaktion mit dem Programm ihm hilft, eigene Zielsetzungen zu erreichen;
- *Helpfulness*, inwieweit das Programm den Nutzer bei Problemen unterstützt;
- *Learnability*, die Leichtigkeit mit der der Nutzer mit dem Programm beginnen kann und beim Fortschreiten im Programm neue Merkmale erlernt;
- *Excitement*, inwieweit sich der Nutzer in die Welt des Multimedia-Programms »hineingezogen« fühlt.

Warum wird »Usability« mit den eben dargestellten Bereichen als angemessenes Qualitätsmerkmal für die Beurteilung von Multimedia-Anwendungen angesehen?

- Multimedia eröffnet den individuellen Zugang zu Informationen, die Qualität der Anwendung kann somit auch nur die Summe der individuellen Einschätzungen ihrer Qualität sein.
- Die Bereiche *Control*, *Learnability* und *Helpfulness* prüfen die Qualität der Bildschirmgestaltung, des Navigationskonzepts und der angebotenen Hilfe-Funktionen, von denen wir aus anderen Untersuchungen wissen, daß sie für die Einschätzung einer Multimedia-Anwendung von großer Bedeutung sind.
- Der Bereich *Efficiency* prüft, ob der Nutzer die Interaktion mit dem Programm als erfolgreich ansieht. Dies ist eine wichtige Voraussetzung für den individuellen Informationsgewinn.
- Die Bereiche *Attractiveness* und *Excitement* erfassen stärker die emotionale Wirkung, die der Nutzer wahrnimmt. Hintergrund dazu ist die folgende Überlegung: Ein Museumsbesuch ist Teil der Freizeitgestaltung. Damit verbindet sich eine bestimmte Erwartungshaltung der Besucher, die so etwa mit emotional positiv besetzter, gehobener Unterhaltung beschrieben werden kann. Diese Erwartungshaltung wird vielleicht in besonderem Maße den eher noch seltenen Informationsangeboten im Multimedia Bereich entgegengebracht.
- Mit dem Fragebogen wird nicht überprüft, ob die Multimedia-Anwendung auch wirklich die Inhalte an die Nutzer vermittelt, die sie vermitteln soll.

Wir haben in den letzten Wochen der Öffnung der Gemäldegalerie Dahlem den Prototypen einer Besucherinformation mit dem MUMMS-Fragebogen getestet. Bei der untersuchten Anwendung handelte es sich um den Prototypen eines interaktiven Informationssystems für die Gemäldegalerie. Dabei waren viele Funktionstasten (Sprache, Hilfe usw.) nicht ausgeführt. Es enthielt nur

Informationen zu dem Sammlungsbereich »Frühe Niederländer«, einem von insgesamt sechs Sammlungsbereichen, und nur ein Gemälde dieses Sammlungsbereichs war ausgeführt, die »Madonna in der Kirche« von Jan van Eyck. Kurz, der Trailer und die ersten Bildschirmseiten versprachen mehr, als die Anwendung als Prototyp eigentlich halten konnte. Der Ton wurde wegen der schlechten Akustik am Präsentationsort (Eingangshalle der Gemäldegalerie Berlin-Dahlem, Eingang Arnimallee) über Kopfhörer übermittelt, die Befehlseingabe erfolgte über eine Maus.

Die folgende Interpretation der Daten muß aufgrund der verhältnismäßig geringen Anzahl von 34 ausgewerteten Fragebogen als vorläufig angesehen werden.

Der statistisch mögliche niedrigste Wert in jedem Bereich beträgt 17,7 der mögliche höchste liegt bei 84,3.

Zunächst die Darstellung der statistischen Ergebnisse in den einzelnen Bereichen und deren graphische Darstellung:

	Attractiveness	Control	Efficiency	Helpfulness	Learnability	Excitement
Arithm. Mittel	64,1	60,8	57,3	62,5	65,0	63,0
Median	71,8	67,7	63,5	67,7	69,8	63,5
Standard-abweichung (SD)	15,9	14,9	18,1	12,6	15,4	13,4
Median –1 SD	55,9	52,8	45,4	55,1	54,4	50,1
Median +1 SD	87,7	82,6	81,6	80,3	85,2	76,9

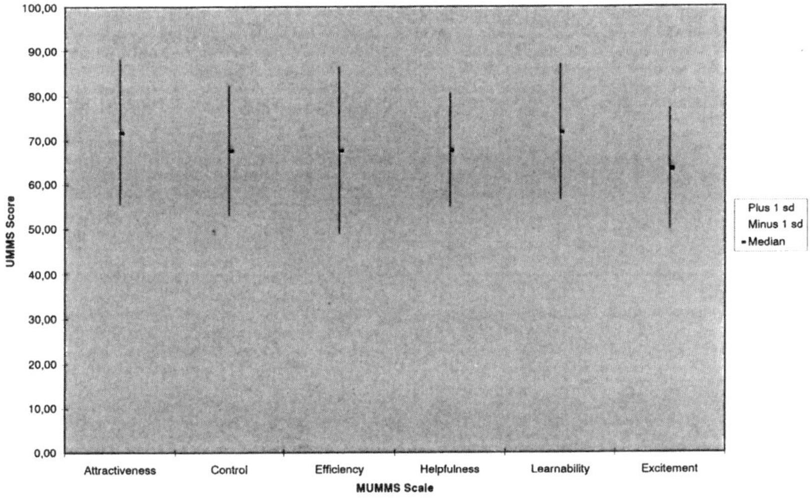

Die Werte sind in allen Bereichen ziemlich hoch, obwohl es Anlaß zu der Vermutung gibt, daß eine Gruppe der Nutzer weniger begeistert von der Anwendung ist. Ein Hinweis darauf ist die Differenz zwischen dem arithmetischen Mittel und dem Median, besonders bei den Bereichen mit hohen Medianwerten. In der Statistik gilt das als Zeichen für fehlende Homogenität in der Stichprobe. Die insgesamt hohen Werte können ihren Grund haben in

- der Überraschung für viele Besucher, in der Gemäldegalerie eine Multimedia-Anwendung vorzufinden (einige Kommentare deuten darauf hin); diese Überraschung kann die Beurteilung positiv beeinflußt haben;
- die Anwendung hat eine leicht durchschaubare Struktur und bereitet kaum Schwierigkeiten. Dies bestätigen auch einige Kommentare;
- einige der Nutzer haben sicherlich wenig Erfahrung mit Computern und Multimedia, ihnen macht jede Form von Multimedia Spaß.

Die niedrigsten Mediane sind die für *Efficiency* und *Excitement*, der höchste für *Attractiveness*. Das niedrigste arithmetische Mittel ist das für *Excitement*. Betrachtet man einige Testfragen, dann kann man vermuten, daß die Anwendung als »trivial« angesehen worden ist in dem Sinne, daß die Nutzer mehr von der Anwendung erwartet haben. In einigen Kommentaren wurde bemerkt, daß nur wenige Auswahlmöglichkeiten vorhanden waren.

Es war überraschend, daß die visuelle Qualität der Anwendung von einigen Nutzern kritisiert wurde, sowohl in der Testfrage 18 als auch in den Kommentaren. Bis auf die Tatsache, daß die Anwendung auf einem Touchscreen lief, dessen Folie leichte Unschärfe verursacht, war die Qualität eigentlich gut und wurde auch von einer anderen Nutzerin positiv bewertet.

Daß *Excitement* nicht so hoch bewertet wird, ist nicht weiter verwunderlich wegen des Charakters des Prototypen, der die im Trailer geweckten Erwartungen nicht erfüllte. Einige Enttäuschung schlägt sich auch in den Kommentaren nieder.

Die Analyse der Testfragen zeigt, daß die Nutzer nicht immer den Eindruck haben, daß die Anwendung in einer verständlichen Weise reagiert (Frage 3), daß sie ihrer Meinung nach nicht immer gleichmäßig reagiert (Frage 15) und viele Nutzer sagen, daß die Anwendung ihnen nicht die Informationen gibt, die sie haben wollen (Frage 39). Andererseits zeigen Kommentare an, daß für einige Nutzer die Anwendung einfach zu bedienen ist und daß sie sie tatsächlich mit vielen Informationen versorgt.[4]

4 Testfrage 3: Gelegentlich verhält sich dieses Programm unverständlich.
Testfrage 15: Das MM Programm reagiert nicht immer gleichmäßig.
Testfrage 39: Das MM Programm gibt mir genau die Information, die ich haben möchte.

Aufgrund der Ergebnisse der bisherigen Evaluationen kann vermutet werden, daß wenigstens zwei Klassen von Nutzern vorhanden sind. Eine Gruppe ist ziemlich unbedarft und betrachtet jede Multimedia-Erfahrung in positivem Licht, diese Gruppe wird wohl auch dazu tendieren, am Bildschirm ziemlich schnell durcheinanderzukommen. Die zweite Gruppe ist anspruchsvoller, diese Gruppe hat Erwartungen an Multimedia und ist strenger in ihren Reaktionen, wenn die Erwartungen nicht erfüllt werden.

Vielleicht sollte man künftige Museumsanwendungen so gestalten, daß sie eine erste Ebene mit allgemein interessanter Information und einfacher Navigation anbieten. Darunter könnte eine zweite Ebene liegen, die detailliertere und wesentlich mehr Information in komplexerer Struktur bietet.

In den Kommentaren fordern die Nutzer – wie auch bei früher durchgeführten Evaluationen – ein größeres Angebot an Sprachen und brachten ihre Überraschung zum Ausdruck, daß im Museum eine Multimedia-Anwendung zur Verfügung steht.

Einige der oben angeführten Punkte sind Ansatzpunkte für weitere Planungen. Darüber darf aber nicht vergessen werden, daß die Werte dieser Evaluation insgesamt hoch sind und daß die Multimedia-Anwendung generell attraktiv ist. Das ergibt sich nicht nur aufgrund des hohen Wertes bei *Attractiveness*, sondern auch aufgrund der vielen positiven Bemerkungen in den offenen Fragen.

Der MUMMS-Fragebogen läßt sich sowohl zur Beurteilung vorhandener Anwendungen einsetzen als auch für die Entwicklung von einzelnen Multimedia-Segmenten.

Die Anwendung des Fragebogens vor Ort hat noch einen weiteren Vorteil: Wir können die Nutzer am Bildschirm beobachten und so etwas über ihren Umgang mit Multimedia-Anwendungen erfahren, wir können bei komplexeren Anwendungen auch die Nutzungsdauer erfassen lassen.

Weitere Informationen zum Fragebogen sind im Internet zu erhalten:

http:/www.ucc.ie/hfrg/questionnaires/mumms – oder schriftlich bei:

Human Factors Research Group, University College Cork, Cork, Ireland

Die im Titel dieses Beitrags enthaltene Frage – *Computer und Museen – Eine neue Form der Besucherinformation?* – läßt sich zusammenfassend vielleicht so beantworten:

- Multimedia bietet eine neue Form der Besucherinformation mit der neuen Qualität der Individualisierung der Information.
- Die neue Form der Besucherinformation macht die bisher entwickelten Informationsangebote im Museum nicht überflüssig, sondern ergänzt sie sinnvoll und zeitgemäß.

- Die neue Form der Besucherinformation ist aufgrund ihrer hohen Komplexität schwer zu produzieren und heutzutage noch teuer.
- Das Hauptaugenmerk der Museen bei der Produktion muß auf die Inhalte und ihre Vermittlung gerichtet sein.

Es wird immer wieder die Befürchtung laut, daß Museen durch neue Medien überflüssig werden könnten. William J. Mitchell vom Massachusetts Institute of Technology sieht die Zukunft der Museen nicht so düster: »Wenn virtuelle Museen entstehen, wird sich die Rolle der realen ändern; man wird sie zunehmend als Orte definieren, an denen man zurück zu den Originalen gehen kann. Diese Entwicklung zeigt sich im neuen Sainsbury-Flügel der Londoner Nationalgalerie. In der Nähe des Eingangs liegt ein als Micro Gallery bezeichneter Raum, in dem sich die Besucher auf Workstations einen Überblick in Hypermedienform über die gesamte Sammlung verschaffen können. Dabei stoßen sie möglicherweise auf Stücke, die sie im Original sehen möchten. Zum Abschluß des virtuellen Rundgangs bekommen sie einen Plan für einen entsprechenden persönlichen Rundgang durch das reale Museum ausgedruckt. Damit verändert die Überlagerung des virtuellen Raums die Benutzung des realen.«[5]

5 Mitchell, William J.: City of Bits – Leben in der Stadt des 21. Jahrhunderts, Boston, Basel und Berlin 1996, S. 64.

Madame Sosostris erschaut das Museum des 21. Jahrhunderts

Eckhard Siepmann

Eine Séance für das Museum

In Fragen der Zukunft pflege ich Madame Sosostris zu konsultieren, eine Zigeunerin und berühmte Hellseherin. Sie wohnt in einem Keller in Soho und war erkältet.

»Sie wünschen, mein Herr?«

»Ja, also, ich wüßte gerne, wie sich das Museum in der Zukunft –, ich meine in der Nachbarschaft der neuen Medien entwickeln wird.«

»Ist das Ihr Ernst?«

»Schon, ja, doch, ist mein Ernst.«

»Und um welches Museum geht es denn, bitte?«

»Na so, um das Museum schlechthin.«

»Sieh an, das Museum schlechthin! Das kann nichts werden! Vergessen Sie es! Das Nachdenken und die Debatten über das neue Museum werden beständig durch eine gewisse Verklumpung belastet; es wird versucht, für alle Museumstypen gleichzeitig zu denken. Das führt zu nichts. Kühne Gedanken, die man über das Kunstmuseum äußern kann, gelten nicht unbedingt für das kulturgeschichtliche Museum – und umgekehrt.«

»Ja, also, da könnten Sie wirklich recht haben.«

»Es gilt also, Ballast über Bord zu werfen und sich auf einen Museumstypus zu konzentrieren – der Ergiebigkeit halber auf den, dem in Zukunft das meiste Gewicht zukommt.«

»Jaja, sicherlich ... Und welcher wäre das?«

»Das werden wir gleich sehen. Karte oder Kugel?«

»Oh, lieber Karte. Nein halt, lieber Kugel.«

Madame Sosostris hebt eine Katze von ihrer Schulter und schlägt ein rotes Samttuch auf, in dem sie eine Glaskugel aufbewahrt. Sie starrt lange in die Kugel, und als mich das Gefühl beschleicht, sie habe mich längst vergessen, da hebt sie plötzlich an zu sprechen.

»*Die Ausbreitung des vernetzenden Denkens entthront das Kunstmuseum und marginalisiert die Spezialmuseen. Die Hypertext-Datenstruktur befördert das transdisziplinäre Epochen- oder Themenmuseum.* Die Spezialmuseen erleben einen Bedeutungsverlust, weil sie als unzeitgemäß empfunden werden; sie bleiben jedoch als Spezialfall von Museum, als Lehrsammlungen und als wertvolle Zulieferer für Ausstellungen erhalten. Der Museumskuchen wird anders geschnitten. An die Stelle der Teilung des ›ideellen Gesamtmuseums‹ durch die Gattungen Kunst, Kunstgewerbe, Technik, Natur tritt die Teilung durch Epochen und durch Themen, z.B. ›Museum des Übergangs vom geschriebenen zum gedruckten Wort‹, oder ›Museum der Migrationen‹, oder ›Museum der verschwindenden Dinge‹, ›Museum des süddeutschen Manierismus‹ oder ›Museum des Spuks‹. Das transdisziplinäre Museum übernimmt die Avantgarde-Rolle jedoch bis heute auf wenig souveräne Weise, weil es sich nicht von obsoleten Denk- und Präsentationsweisen trennt und damit der netzartigen Denkfigur, die zu diesem Wechsel führt, nicht gerecht wird. Transdisziplinarität bedeutet nicht nur die Integration verschiedener Sphären, sondern auch das Verlassen des rationalistischen Bodens, der die Trennung dieser Sphären hervorbrachte.«

»Oh, das ist ja aufregend, wirklich! Aber werden denn die Leute überhaupt noch Lust haben, ins Museum zu gehen, wenn sie 100 Fernsehprogramme sehen können?«

»*Es werden sich vor den Heimatmuseen lange Besucherschlangen bilden mit einer zunehmend verstörten Gemütslage, eine Folge der Zerstörung der Orte zugunsten des technischen Raums.* Die beständig nervöser werdende Identitätsproduktion der Leute findet im Geschichtsgeröll der Alltagsumgebungen ja immer noch einen Widerpart, an dem sie sich entzünden kann. Diese Reste werden in wachsendem Tempo zerstört. Die Schlangen vor den Heimatmuseen machen allegorisch sichtbar, daß die Museen die Aufgabe zugewiesen bekommen, für die durch Modernisierung ausradierten Potentiale Ersatz zu schaffen und dadurch psychische Schäden zu minimieren.«

»Oh je, das bedeutet ja, daß die Museen eine unmittelbare Funktion bei der Entgeschichtlichung der Wirklichkeit haben! Nun möchte ich aber unbedingt wissen, ob es denn in Zukunft auch ein ... sozusagen nicht-kompensatorisches Museum geben wird?«

»Die Frage nach dem Museum der Zukunft macht überhaupt nur Sinn, wenn sie wissen will, *ob und wie das Museum sich in den technischen Raum hineinbewegen kann.* Ich sehe diese Möglichkeit, aber der Weg dorthin ist dornenreich. Das Museum gelangt dorthin nur, wenn es zwei Bedingungen erfüllt.«

»Ja, und was wären das für Bedingungen?«

»Das Museum muß sich von Darstellungsformen lösen, die nicht in die Gegenwart hereinreichen – vor allem von der vorherrschenden historistischen

Darstellung, von jeder Form eines Geschichtspositivismus. Um die toten Gegenstände zum Leben zu bringen und damit die Erinnerung einen Raum hat, muß das Museum Geschichte konstruieren, d.h. es muß poetisch sein. Nur die Poesie reicht in die Gegenwart und gleichzeitig in die Geschichte hinein; anders ausgedrückt: *Die Geschichte der Kultur gibt ihre Bilder nur frei, wenn sie poetisiert wird.* Des weiteren: Geschichtsreflexion und Erinnerung werden zunehmend als gefährlich betrachtet und nur in sorgfältig kanalisierten Bahnen erlaubt. Sie geraten mehr und mehr in die Schußlinie der Technokratie und werden durch geklonte Geschichte und kolonisierte Erinnerung ersetzt. Wenn es dem Museum Ernst ist mit dem Offenhalten der Erinnerung, dann muß es über sich hinausgehen, dann muß es kulturrevolutionäre Bündnisse suchen.«

»Ach du meine Güte, das –, das müssen sie mir erklären!«

Es folgte ein langer Abend. Während ich in ihrer Kugel nur den roten Reflex meines Portweinglases sah, äugte sie in die Kugel hinein und schien manchmal in ihr verschwinden zu wollen. Ich schrieb eifrig mit, was sie mal stockend, mal die Faust schüttelnd vortrug. Später im Hotel arbeitete ich es zu einem Protokoll aus, das ich Ihnen nun auszugsweise mitteilen will.

Virtualisierung der Museumslandschaft

In welches Museum man heutzutage auch kommt, es ist überall das gleiche Bild: In den kargen Räumen fernab der prangenden Schauseite sitzen in grauen Kleidern Archivare mit einer homöopathischen Prise von leise stöhnender Indigniertheit hinter Monitoren und geben Informationen ein – tagaus, tagein.

Die Kuratoren in ihren helleren Räumen, deren Wände von den Plakaten ihrer Ausstellungen geschmückt sind, debattieren derweil über CD-ROMs, museumspädagogisch wertvolle Computeranimationen und Seiten im Internet.

Keiner möchte zu spät kommen im weltweiten Netz der Museumsproduzenten, in dem sich jedes Museum mit jedem anderen verständigen kann über Funktion, Sammlungen, Arbeitsweisen, Arbeitsergebnisse, Leihverkehr, über Austausch von Objekten, Ausstellungen und Mitarbeitern, über Kooperationen und Zusammenschlüsse. Am Horizont erscheint ein virtuelles Weltmuseum, das von jeder Couch aus, soweit sie über einen entsprechenden Anschluß verfügt, zu jeder Zeit erreichbar ist, und das tendenziell alle Bilder und Gegenstände enthält, die museal oder privatkapitalistisch auf den fünf Kontinenten aufbewahrt werden – unterschiedlich ausgestattet mit Informationen, Interpretationen und Animationen.

Die Effektivität dieser Museumsnetze wird potenziert durch den Verbund mit den globalen Netzen anderer kultureller Institutionen wie Bibliotheken,

Kunstinstitutionen, Massenmedien, Instituten für empirische Kulturwissenschaft usw. Die Besucher eines lokalen Museums sind immer zugleich auch potentielle Besucher des virtuellen Museums, genauer: der virtuellen Museen. Sie können die Bestände und Ausstellungen der Museen weltweit per Monitor in Augenschein nehmen, und sie können sich mit den Besuchern anderer lokaler Museen rund um den Globus verständigen.

Die Grundbefindlichkeit der Museumsdirektoren ist gegenwärtig merkwürdigerweise nicht Faszination, sondern ein diffuser Schrecken. Landauf, landab gibt es derzeit Symposien, die hinter dem Thema »Museum und neue Medien« eine Befreiung von der Angst vor dem Großen Unbekannten suchen. Viele dieser Debatten bleiben allerdings stecken in dem Morast der Frage, wie denn die Kröte am besten zu geschluckt werden könne – mit anderen Worten, wie der technische Kollossal-Konkurrent am schmerzlosesten zu integrieren sei. Die nachhaltige Provokation des Computers und der Multimedia liegt aber nicht in dem Problem der Integration von digitalen Animationen und Netzen in die Trutzburgen des Authentischen, woran im Augenblick alle arbeiten, sondern in dem gnadenlosen Licht des Silikonschirms, vor dem die Konturen des traditionellen Museums sich als ziemlich rückständig darstellen.

Für die Museen handelt es sich darum zu erkennen, daß eine bestimmte Gestalt der Wirklichkeit sich verabschiedet, dummerweise gerade die, der sie ihr Selbstverständnis verdanken – daß sie sich also unbequemerweise transformieren müssen –, nicht nur, um irgendwie zeitgemäß zu sein, sondern weil in der neuen Wirklichkeit unverhofft wirklich wichtige Aufgaben auf die gesellschaftliche Institution Museum zukommen – Aufgaben, die völlig veränderte Potentiale erfordern. Es geht bei der Konfrontation mit den neuen Medien nicht um eine Technisierung des Museums, sondern um die Erneuerung seiner Episteme.

Erinnerung als Subversion – das virtuelle Heimatmuseum und seine lokalen Erdungen

Neben dem globalen Cybermuseum, das sich immer stärker an Profiten orientiert, entsteht im kommenden Jahrhundert ein virtuelles globales Heimatmuseum mit materiellen lokalen Erdungen.

»Die Erde, eine gute Heimat« – diese Forderung des »Frühlichts« umreißt das Programm dieses Museums. Die materiellen lokalen Ableger des globalen online-Heimatmuseums machen die »örtlichen« Spannungen bei der Konstruktion der Erde als Heimat sichtbar. Sie zeigen die untergehenden Lebenswelten und machen zugleich den Mund wäßrig nach wunderbaren neuen

Möglichkeiten, die die Phantasie im Bündnis mit der Technik bereithält. Gleichzeitig wiegeln sie weltweit auf angesichts unpoetischer Planungen und undemokratischer Baustrategien. Sie zeigen das Vorleben der Gegenwart in der Vergangenheit, und sie zeigen, wie die Vergangenheit in den neuen Entwürfen weiterdenkt.

Die Mehrzahl der Museen beteiligt sich allerdings, von der Industrie opulent ausgestattet, gemeinsam mit den Medienkonzernen an einer Ästhetik, die die Auslöschung von Geschichtsbewußtheit und anderen Formen von Subjektivität befördert. Kleine, von Netzwerken getragene subversive Museen erweisen sich in der dramatischen Zuspitzung als Schutzraum reflektiver Sinnlichkeit und als Lernort »ästhetischer Korrespondenz« (Reinhard Knodt) und werden unausweichlich zu Orten ästhetisch-politischer Konspiration.

Das Museum – soweit es lebendig ist – wird zum Brutplatz für subversive ästhetische Strategien. Es rutscht zwangsläufig in die Rolle der Weiterführung der Kulturguerilla im 20. Jahrhundert – Dada, Surrealisten, Situationisten, Punks, Hacker, Cyberpunks.

Es kommt unausweichlich zu politisch motivierten Schließungen von Museen mit Unruhen auf der Straße und in den Netzen. Es kommt zu Bündnissen von Museen und elektronischer Guerilla, zu demonstrativer Vernichtung von Museumsgut.

Im Cyberspace werden die Gefängnisfunktionen von Zoo und Museum ausgetauscht: Die Kunstwerke werden hinter Gitter und die Raubtiere in die Museen verbracht, wo sie endlich für jene Furcht und für jenen Schrecken sorgen, die zu verbreiten den Kunstwerken aufgegeben war und die so lange niedergehalten werden konnten. Die verströmende Energie der Implosion von Historismus und Positivismus öffnet die Museumstore und läßt die Gitter schmelzen, Tiger, Skulpturen, Schlangen, Gemälde und Geparden strömen in die Stadt.

Soweit das Protokoll jener denkwürdigen Nacht. Irritiert verließ ich die Wohnung der Zigeunerin. Die Treppenhausbeleuchtung funktionierte nicht. Ein junger Mann mit Pickeln im Gesicht kam mir entgegen, weiter oben dudelte ein altes Grammophon.

Sind die »Neuen Medien« eine neue Herausforderung für die Museen?

Jürgen Feige

Um meine Überlegungen zu diesem Thema, so wie sie auch teilweise auf der Tagung in Kloster Zinna zur Diskussion standen, erkennbar werden zu lassen und zugleich deutlich zu machen, daß dies eben zur Diskussion auffordern soll, habe ich die Form der Thesen gewählt.

1.
Die sogenannten »Neuen Medien« bedeuten in ihrem Einsatz in musealen Einrichtungen keinen grundsätzlichen Wandel in den kommunikativen Prozessen, *sondern eine Ergänzung und Erweiterung der bislang bekannten und eingesetzten medialen und personalen Vermittlungsmethoden.* Es ist dabei natürlich richtig zu betonen, daß ungeahnte neue Spielräume für die Wahrnehmung entstehen. Eine Erfahrung, die bei der massenhaften Nutzung von Foto und Film bereits vor 60 Jahren gemacht und theoretisch reflektiert wurde. Die Ausstrahlung des originalen Objekts – und dies ist ja nun einmal das Pfund der Museen, mit dem sie zu wuchern gezwungen sind – kommt in Ausstellungen wohl nur dann nicht zur Geltung, wenn die Vermittlungsebenen und -methoden zum Besucher nicht funktionieren. Dies können alte und eben auch neue sein.

Mir erscheint der zu problematisierende Zusammenhang folgender zu sein: Je genauer und konkreter die Museen ihre Aufgabenstellungen in den einzelnen Arbeitsbereichen bestimmen und beschreiben können, desto klarer werden sich die Möglichkeiten des Einsatzes neuer Medien abzeichnen und damit planen und bewältigen lassen. Also eigentlich nichts neues? Im Museumsalltag wohl doch; viele eingefahrene Wege müssen in diesem Zusammenhang hinterfragt werden – sprich: eine Systemanalyse steht da ins Haus.

2.
Der massenhafte Einsatz multimedialer Technologien im durch den Kommerz gesteuerten Bereich der heutigen Gesellschaft muß nicht zwangsläufig bedeuten, daß diese Entwicklung auch im Bereich der Kulturgutbewahrung, -erforschung und -präsentation so verlaufen muß.

Qualifikation des museumseigenen Personals, medienbedingtes Outsourcing und damit Kosten zwingen die Museen beim Einsatz der Neuen Medien in den verschiedenen Bereichen musealer Arbeit, *Zielstellungen einzelner Schritte sowie generell das Konzept der Einrichtung Museum im Kulturbetrieb der Gesellschaft nicht neu, sondern exakter, genauer zu bestimmen, um damit Entscheidungsgrundlagen für den Einsatz der Neuen Medien zu schaffen.*

Dabei entsteht natürlich ein Problemfeld, das so leicht für die Museen nicht zu lösen ist. Die Mitarbeiter, die diese Analyse des hauseigenen Betriebes vornehmen, sollten zumindest in den Grundzügen die Möglichkeiten der Neuen Medien abschätzen können. Dies erfordert hoch motivierte Mitarbeiter, die bereit sind, sich zu den ihnen in den meisten Fällen von ihrer eigentlichen Ausbildung her fremden Themen weiterzubilden. Das Zauberwort hierfür ist »Medienkompetenz«. Sofort entsteht die nächste Frage: Wer bietet solche Weiterbildungsmöglichkeiten an? Sicher die Industrie – aber ist damit sicherzustellen, daß die speziellen Fragen und Problemstellungen, die die Museen in ihrer Arbeit berücksichtigen sollten, den Museumsmitarbeitern auch klar vor Augen geführt werden? (Siehe auch 4.) Hier sind die Museumsverbände in Zukunft gefragt, als Anbieter solcher Kurse aufzutreten.

3.
Der Anspruch an die Qualität dieser Entscheidungsgrundlagen muß sich auch zunehmend aus ökonomischen Gesichtspunkten ergeben. Erfahrungen, wie etwa beim Einsatz der Computertechnologie (neben den üblichen Bürokommunikationslösungen) vor allem in der Sammlungsverwaltung der Museen, sollten stärker ausgewertet und als Vergleich herangezogen werden. Damit ist vor allem gemeint, daß beim Einsatz der Neuen Medien erst klare Zielstellungen und Erwartungen an diese Medien formuliert werden sollten, und Konsequenzen im Langzeiteinsatz zumindest ansatzweise in die Überlegungen einzubeziehen sind, bevor in großem Umfange Investitionen auf diesem Gebiet getätigt werden.

Dies setzt die unter 2. erwähnte Medienkompetenz in den Museen voraus. Und das bedeutet nach meiner Überzeugung für die Museen:

a) Weiterbildungsmöglichkeiten auf dem Gebiet der Kommunikationstechnologien müssen geschaffen werden. (Was u.a. auch heißt, Methodik und Didaktik solcher Bildungsmaßnahmen als eigenes Forschungsgebiet wahrzunehmen und zu Ergebnissen zu kommen).
b) Die Museen – und damit meine ich hier die einzelnen Museen im Kontext ihrer Sammlungen und der Region, und nicht »die Museen« als statistische Größe »Museen der Bundesrepublik« o.ä. –müssen sich stärker als bislang der Besucherforschung zuwenden. D.h. eine konkretere Aufgabenfor-

mulierung erfordert eine konkretere Kenntnis der Besucher (und wohl vor allem der Nichtbesucher, um diese zu »erobern«).

4.

Nicht zuletzt ist den Ausbildungseinrichtungen abzuverlangen, Trends des Medieneinsatzes effizient in Ausbildungsgänge einzubinden, die in irgendeiner Weise potentielle Mitarbeiter für das Museumswesen ausbilden. Das trifft auf die Universitäts- wie auf die Fachhochschulebene zu.

Der Anspruch kann hier angesichts der Geschwindigkeit technischer Neuerungen nicht sein, einzelne aktuelle Anwendungen »nur« schlechthin zu beherrschen, sondern die Möglichkeiten der Neuen Medien im praktischen Einsatz kennenzulernen und methodisch und didaktisch aus Sicht der Museen Trends einschätzen zu können. Die Ausbildungsgänge für Diplom-Museologen haben dafür meines Erachtens die besten Voraussetzungen. Ein wenig Schleichwerbung sei hier gestattet – wer es genauer wissen will, wende sich an den Studiengang Museumskunde an der Fachhochschule für Technik und Wirtschaft Berlin: Unsere Website ist unter *http://www.rzb.fhtw-berlin.de* einzusehen.

5.

Die Möglichkeiten des Einsatzes Neuer Medien in Museen und wahrscheinlich auch generell im Kulturbereich führen zunehmend zu einer Differenzierung, um nicht zu sagen zu einer Polarisierung der Museen als Einrichtungen. Wesentliche Ursache ist m.E. der immense Kostenaufwand (Hardware, Software, Erstellung und Betreuung von Anwendungen) beim effektiven Einsatz der Neuen Medien.

Kleinere Heimat- und Regionalmuseen sind vom großflächigen Einsatz dieser Neuen Medien durch eben diese Kosten ausgeschlossen. Bislang noch kostenlose Dienstleistungen wie etwa die Nutzung eines Internetservers am Deutschen Historischen Museum Berlin sind wohlzubehütende Pflänzchen einer vielleicht neuen Form von Solidarität im Kulturbereich. Es wird abzuwarten sein, welche Grenzen sich zeigen und wann. Eins ist aber klar, dies ist die Ausnahme und betrifft auch nur *ein* Neues Medium im Vermittlungsbereich.

Die so oft ins Gespräch gebrachten Anwendungen auf CD-ROM für oder in Museen und die Möglichkeiten solcher Entwicklungen wie der DVD bleiben wesentlich aus Kostengründen den kleineren Museen noch verschlossen, bzw. Hilfe durch Selbsthilfe führt zu Ergebnissen, die auf dem internationalen Markt schwer bestehen können.

Abhilfe kann hier nur eine offene Diskussion zu Anwendungserfahrungen Neuer Medien im Museum schaffen. Diese setzt aber voraus, daß neben den sicher vorhandenen Erfolgen in großen Museen (der Ausdruck sei hier einmal erlaubt) auch über methodologische, methodische, didaktische und inhaltliche Fehlschläge und Mißerfolge geredet wird. Diese zeigen ja bekanntlich am deutlichsten Möglichkeiten auf, es anders und meist besser zu machen.

Wo aber wird oder kann oder sollte eine solche Diskussion geführt werden? In Universitätsseminaren, an Fachhochschulen und einzelnen Museen? Was haben die Museumsverbände oder der Deutsche Museumsbund vor, in diese Diskussion einzubringen?

Momentan gehen die Initiativen wie die Diskussion in Kloster Zinna von einzelnen Interessierten und Engagierten aus. Wohl denen, die dann eine solche Runde nicht verpassen. Reicht das aber aus, um weit in die Zukunft der gesamten kulturellen Arbeit reichende Trends erkennen und Erfordernisse abstecken zu können? Ich glaube nicht. Hier sind besonders die Regional- und Landesverbände der Museen selbst gefragt.

6.

Aus Anlaß der Verleihung des Europäischen Medienpreises an der Akademie der Künste formulierte György Konrad folgende These: Europa müsse auf den Fundamenten lateinischer Zivilisation errichtet werden und könne nicht auf dem Boden einer trivialen Massenkultur wachsen. – Sind massenhaft in Anwendung befindliche multimediale Informationslösungen wie CD-ROM, PC-Applikationen oder bilderzeugende und -erstellende Verfahren wie Video und deren Nachbearbeitung als Freizeitbeschäftigung gemeint? Wohin schlagen sich die Museen in einer solchen Diskussion?

7.

Nicht Globalität, sondern Provinzialismus wird eines der Probleme weiterer Kulturentwicklung, wenn wir weiter so blind auf die Expansion der Neuen Medien setzen. Es scheint vorstellbar, daß in Zukunft eben jeder sich via Medien sein eigenes Dorf mit an jeden Winkel dieser Erde schleppt und meint, in seinem Dorfe zu sein. Das ist – zugegebenermaßen – sicherlich überspitzt.

Museen mit ihren originalen und authentischen Objekten werden – so hoffe ich aber doch – auch in zukünftigen Welten, wie virtuell sie auch sein mögen, immer ein Anlaß sein, (nach virtueller Vorabinformation) persönlich vor dem Objekt des eigenen Interesses stehen zu wollen. Voraussetzung dafür ist natürlich, daß zukünftige Bildungssysteme auch Grundlagen schaffen, individuelle Interessen an kunst- und kulturhistorischen Themen ausprägen zu können. Auch eine bekannte und zudem ziemlich alte Aufgabenstellung.

Sollte der geneigte Leser an dieser Stelle meinen, der Grundton meiner Thesen sei zu pessimistisch, dann will ich deutlich betonen, dies ist nicht meine Absicht. Es geht mir vor allem darum, einen kritischen Blickwinkel auf das technologisch Machbare zu fordern und bei all denen zu befördern, die Entscheidungen auf diesem Gebiet treffen müssen. »Müssen« auch deshalb, weil die technische Entwicklung mit ihrem Tempo nicht immer die Zeit und Muße zuläßt, Trends genau zu analysieren und dann zu entscheiden. Deshalb müssen aber diese Entscheidungen nicht kopflos sein – wenn, ja, wenn wir genau wissen, was *wir – die Museen, jedes einzelne* – wollen. Insofern sind die Neuen Medien schon eine neue Herausforderung.

Virtuell zu Gast bei Friedrich dem Großen

Barbara Spindler

Die Stiftung Preußische Schlösser und Gärten Berlin-Brandenburg bietet dem interessierten Besucher die Möglichkeit, 24 Schloßmuseen von Potsdam über Berlin bis nach Rheinsberg zu besichtigen. In Potsdam sind sie Bestandteil einer historisch gewachsenen einmaligen Kulturlandschaft mit Welterbestatus, die in den Berliner Bereich mit Glienicke und der Pfaueninsel übergeht. Im Zentrum Berlins ist es das Schloß Charlottenburg mit seinem Park und den kleineren Gebäuden, das einen Ruhepol im Großstadtgetriebe darstellt, und in Rheinsberg schließlich läßt sich auf ideale Weise Kultur mit Erholung in der märkischen Landschaft verbinden. Jährlich besuchen ca. zwei Millionen Gäste die Schlösser und Anlagen der Stiftung.

Sie kommen mit unterschiedlichen Motivationen: Sightseeing, Bildung, Erholung – und viele reisen dem Mythos eines Preußen hinterher, dessen Name unmittelbar mit Schloß Sanssouci verknüpft ist: Friedrich dem Großen. Jährlich besuchen ca. 400 000 Besucher aus aller Welt das kleine Schloß auf dem Weinberg mit seiner berühmten Terrassenansicht. Es ist die gefragteste Adresse der Stiftung. Würden die Besuchszahlen des Schlosses aus konservatorischen Gründen nicht streng reglementiert, wären es weit über eine Million. Die Besucher kommen, um das weltberühmte Schloß kennenzulernen, in dem Friedrich der Große sich am liebsten aufhielt, ausgenommen im Winter oder zu Kriegszeiten. Sie kommen, um den »Mythos Friedrich« zu erleben, der Aura des großen Königs zu nachzuspüren, zu sehen, wie er wohnte, wo er arbeitete, wo er musizierte, wo er schlief, wo die Tafelrunde stattfand. Man reist nach Potsdam wegen des Schlosses Sanssouci. Das Original in seinem ganz spezifischen Kontext von Geschichte und Kunst zieht die Besucher an. Es ist nicht das einzelne Stück Kunst, ein Gemälde, eine Figur, ein besonderes Möbel, was sie sehen wollen, sondern das Erlebnis des räumlichen und zeitlichen Zusammenhangs, die authentische Situation.

Unter diesem Aspekt ist das Schloßmuseum das ideale Museum. Die Museumsgründungen des 19. Jahrhunderts haben das Kunstwerk vereinzelt, es in der Bildungsbeflissenheit des Bürgertums aus seinem Zusammenhang gerissen. In den Schlössern ist das Zusammenwirken einzelner Kunstgattungen in ihrer spezifischen Atmosphäre noch nachvollziehbar. Sie durch Multimediatechnik unterstützen zu wollen, wäre kontraproduktiv. Friedrich der Große

Schloß Sanssouci, Kleine Galerie
Foto: Klaus Frahm

Schloß Sanssouci, Konzertzimmer
Foto: Klaus Frahm

war zwar ein aufgeklärter Monarch. Er hätte, würde er heute leben, vermutlich seine helle Freude an den technischen Möglichkeiten der Computerwelt. Nun lebt Friedrich der Große nicht heute, und wahrscheinlich würde er einen Computer in seinem Konzertzimmer als Anachronismus empfinden.

Schon aufgrund der Tatsache, daß das Schloß nur mittels Führung besichtigt werden kann, kann die Multimediatechnik nicht das Mittel der Wahl für die Veranschaulichung von Hintergrundinformationen sein. Aber auch Schlösser, die ohne Führung zu besichtigen sind, sollte man nicht zum Opfer eines Technikwahns machen, der uns glauben lassen will, ein Museum ohne multimediale Information sei nicht mehr zeitgemäß. Die beste Art der Vermittlung, und mit dieser Meinung stehe ich durchaus nicht allein, ist immer noch die personelle Vermittlung. Nur so ist eine wahre Kommunikation, ein Austausch, ein Geben und Nehmen möglich. Selbst der dilettantischste Schloßführer wird immer ein größeres Erlebnis und länger im Gedächtnis sein als ein Touchscreenmonitor.

Eine Nutzung von Multimediatechnik in den Parkanlagen unterliegt in etwa den gleichen Parametern wie die in den Schloßräumen. Hier reagieren die Gartenhistoriker zu recht allergisch. Wird doch der Garten oftmals nicht als Kunstwerk wahrgenommen, sondern nur unter Erholungsgesichtspunkten be- und vernutzt.

Einen anderer Aspekt des Einsatzes virtueller Technik auch in einem Museum wie dem der Stiftung Preußischer Schlösser und Gärten stellt die Nutzung außerhalb von Schloßräumen oder der sensiblen Parkbereiche dar. Der Besucher erwartet, umfassend informiert zu werden. Hierzu hat die Stiftung aus Übersichtsplänen an den Parkeingängen, Informationen an den Schlössern in Form von Aufstellern und einem Wegeleitsystem in den Parkanlagen (noch in Planung) ein Informationsangebot entwickelt, das dem Gast die Orientierung erleichtert.

Multimediatechnik als Bestandteil des Informationssystems ist vorerst im Besucherzentrum an der Historischen Mühle und im Eingangsbereich des Neuen Palais geplant, die, mit einer entsprechenden Software ausgestattet, den Besucher in die Lage versetzen, Informationen über Besichtigungsmöglichkeiten, Verkehrsanbindungen, Gaststätten, Eintrittspreise, aber auch zur Geschichte der Anlagen, zu den preußischen Herrschern, Künstlern etc. abzurufen.

Da die Stiftung aufgrund des großen Nachholbedarfs die Mittel vorrangig in Bau- und Restaurierungsmaßnahmen investiert, ist die Finanzierung von Multimediatechnik allein über Haushaltsmittel nicht möglich. Eine unterstützende Finanzierung im Rahmen von EU-Fördermitteln dagegen ist eine gangbare Methode. Seit Januar 1997 ist die Stiftung gemeinsam mit dem Amt für Wirtschaftsförderung der Stadt Potsdam an einem multimedialen EU-Projekt beteiligt, das die Förderung von Ziel-1-Regionen in kultureller und wirtschaftlicher Hinsicht zum Gegenstand hat. Auf diesem Zug fährt die Stiftung ins multimediale Zeitalter, und die Besucher werden hoffentlich davon profitieren.

Das Besucherinformationssystem im Zeppelin Museum Friedrichshafen – ein Erfahrungsbericht

Bettina Schoch / Heike Vogel

Museum und Konzept

Das Zeppelin Museum Friedrichshafen wurde am 2. Juli 1996 in den Räumen des ehemaligen Hafenbahnhofs neu eröffnet. Auf 4000 Quadratmetern Ausstellungsfläche kann sich der Besucher über die Themen Zeppelingeschichte und -technik sowie Kunst des Bodenseeraumes informieren. Ein Schwerpunkt liegt auf der Verbindung zwischen Technik und Kunst. Die Hauptattraktion des neuen Museums ist eine 32 Meter lange Teilrekonstruktion des Luftschiffs LZ 129 »Hindenburg«. Hier sind Teile der Passagierräume, z.B. der Aufenthaltssalon und verschiedene Schlafkabinen originalgetreu nachgebaut worden. Der Besucher kann diese Räume zum größten Teil begehen und somit das einmalige Gefühl des Reisens mit dem Zeppelin nachempfinden.

Die Dauerausstellung im Zeppelin Museum wird durch eine didaktische Struktur unterstützt, die besucherorientiert ist und museumspädagogische Angebote ermöglicht. Diese Struktur besteht aus einer »Informationstreppe«, mit deren Hilfe sich die Besucher/innen Erklärungen zu den Exponaten sowie Hintergrundinformationen selbst in beliebigem Umfang holen können:

- *Wandtexte* führen in einen Themenbereich ein und geben einen ersten Überblick.
- *Exponatbeschriftungen* vermitteln die Grundinformation zum Exponat.
- *erweiterte Exponatbeschriftungen* erklären Zusammenhänge und Wirkungsweisen.
- Ein *EDV-Informationssystem* besteht aus Einleitungstexten und weiterführenden Texten zu Detailfragen, Fotos, Graphiken und Filmen zur Verdeutlichung komplizierter Sachverhalte.

Der Vorteil dieser »Informationstreppe« ist, daß jede/r die Informationstiefe selbst bestimmen kann. Auch wenn nur die erste Stufe genutzt wird, kann die Ausstellung bzw. können die Exponate und ihre Aussage verstanden werden. Für tiefergehende Fragen und spezielle Interessen stehen dann die nächsten Stufen zur Verfügung.

Fundgrube Computer-Terminal

Zur Eröffnung des Zeppelin Museums wurde ein interaktives Informationssystem mit 30 Computer-Terminals fertiggestellt, auf das die Besucher/innen

oben: Zeppelin Museum Friedrichshafen, Abteilung »Konstruktion«. An der Wand entlang sind freistehende Terminals des Informationssystems plaziert.
unten: Kunstabteilung, 2. OG. An die Vitrine ist rechts ein Terminal angegliedert.
Fotos: Myrzik+Jarisch / Zeppelin Museum Friedrichshafen

beim Rundgang durchs Museum zurückgreifen können. Die Terminals befinden sich nur innerhalb der Dauerausstellung, im Eingangs- und Wechselausstellungsbereich wurde auf eine Aufstellung verzichtet.

An diesen »Points of Information«, kurz POI's genannt, kann sich der Besucher sowohl in deutscher als auch in englischer Sprache in die jeweiligen Fachgebiete »einarbeiten«. Mittels sog. »Touchscreens« (berührungssensitiver Bildschirme) läßt sich das Programm durch »Fingertippen« steuern. Die Besucher/innen erhalten so die Möglichkeit, individuell die gewünschte Textinformation abzurufen, sich Bilder anzuschauen oder historische Filme vorführen zu lassen.

Zeppelin Museum Friedrichshafen, Zeppelin-Halle, EG. Rechts an der Fensterfront ein langgestrecktes Vitrinenband mit integrierten Monitoren.
Foto: Myrzik+Jarisch

Das einheitliche Screendesign erleichtert die mühelose Navigation durch die Informationsflut des Systems. Dabei korrespondieren die Themenschwerpunkte der POI's mit dem zugeordneten Ausstellungsbereich, in dem sich der Besucher gerade befindet. So kann er/sie sich beispielsweise in der Zeppelin-Abteilung von den Vorgängerbauten der Zeppeline bis zur militärischen oder zivilen Nutzung der Luftschiffe vorarbeiten, wobei das System immer die in den jeweiligen Abteilungen gezeigten Exponate mit Hintergrundinformationen unterstützt.

Die Eingangsseite, das sogenannte Screendesign, erscheint bei allen interaktiven Fenstern gleich. Der Benutzer wird in zwei Sprachen aufgefordert, mit einem Fingertip das Programm zu öffnen. Dort kann er sich dann über die angebotenen Themenblöcke über die Geschichte oder Technik der Zeppeline bzw. der Kunst informieren. Innerhalb der erscheinenden Themenblöcke können sich die Anwender/innen auch über Hyperlinks, das sind farbig markierte Stichworte in den Texten, tiefer in die Gebiete einarbeiten und auf diese Weise auf einen Informationspool von etwa 4000 Textseiten, 1200 Fotos und Grafiken sowie historische Filme und graphisch erarbeitete Videos zum Thema Zeppelin zugreifen. Für die Kunst liegt die Anzahl der Texte bei ca. 1500 mit ungefähr 350 Bildern. Die Themenstichworte sind nicht in hierarchischer Ordnung dargeboten, sondern liegen auf einer Ebene und können mittels Hyperlinks sofort aufgerufen werden.

Kein Gedränge am Terminal

Dem Besucher steht von einem Platz aus nicht die gesamte Information zur Verfügung. Die Applikation ist in einzelne Themenblöcke unterteilt. Daher müssen sich die Besucher/innen in die gewünschte Abteilung des Museums begeben, um dort den »richtigen« Einstieg zu erhalten. Diese Struktur soll die Verweildauer an den einzelnen POI's reduzieren und zum weiteren Rundgang einladen. Derzeit gibt es im Bereich Zeppelin acht, im Bereich Kunst sechs verschiedene Themenblöcke. Umgesetzt auf dreißig POI's bedeutet das, daß die Themen nicht nur auf jeweils einem POI abrufbar sind, sondern oftmals drei bis vier Bildschirme innerhalb der Abteilung den gleichen Inhalt zur Verfügung stellen. Diese Lösung hat sich angesichts der hohen Besucherzahlen im Museum als sehr praktikabel erwiesen.

Die Architektur der POI's ist so angelegt, daß diese im Stehen zu bedienen sind. Der Bildschirm wurde auf ca. 1,20 m Höhe schräg liegend eingebaut. Er ist entweder integriert in eine fortlaufende Vitrinenarchitektur oder steht in seiner kastenförmigen Architektur in der Nähe der Exponate. Dabei finden sich rechts und links des Bildschirms Aufstützmöglichkeiten für die Hände, die das Lesen der Texte, Aufrufen der Bilder etc. erleichtern. Durch diese Stützen wurde auch die Blendwirkung des Lichteinfalls auf die Monitore weitgehend reduziert. Auf die Anbringung von Sitzen oder Stehhilfen vor den POI's wurde bewußt verzichtet. So verkürzt sich die Verweildauer vor den einzelnen Stationen, und es besteht die Möglichkeit, daß drei bis vier Personen gleichzeitig an einem POI »arbeiten« können.

Original oder virtuelles Museum?

Die EDV ist auch im Zeppelin Museum lediglich ein unterstützendes Medium bei der Vermittlung von Informationen. Das Original steht im Mittelpunkt des Interesses und der Exponattext liefert die ersten, wesentlichen Informationen zum Verständnis des Objekts. Den Besucher/innen des Museums wird freigestellt, welche Quelle der Information sie nutzen. Mit dem Angebot der »Informationstreppe« kann er/sie die verschiedenen Möglichkeiten, sich zu informieren, selbst wählen, ohne daß er/sie nur auf ein einziges Medium angewiesen ist. Nach wie vor übt aber das Angebot einer computergestützten Informationsvermittlung, nicht nur bei den Jugendlichen, einen großen Reiz aus.

Eine stetige Erweiterung des Inhalts, sowohl an Texten, als auch an Bildern, Graphiken und Videos ergibt sich durch die Erweiterung und Aktualisierung der Ausstellung automatisch. Für diejenigen Besucher/innen, die sich in Ruhe durch das Angebot der EDV arbeiten möchten, wurde eigens zum Thema Zeppelingeschichte und -technik eine CD-ROM erstellt, die die Inhalte des Besucherinformationssystems in leicht variierter Form wiedergibt. Sie wird im Museumsshop des Hauses vertrieben.

Leider lassen sich diese Erweiterungen, Aktualisierungen oder CD-ROM-Produktionen natürlich nicht ohne entsprechend geschultes Personal bzw. Fremdfirmen bewerkstelligen. Die Folgekosten, seien sie technischer oder inhaltlicher Natur, dürfen bei der Planung einer solchen Anlage nicht vergessen werden.

Besucher/innen und Computer

Nach einer Laufzeit von fast eineinhalb Jahren und verschiedenen Besucherumfragen ist eine gleichbleibend positive Resonanz auf das Computerinformationssystem festzustellen. 1996 beurteilten etwa 75% der befragten Besucher diese Informationsmöglichkeit mit »sehr gut«, 1997 sprachen sich etwa 50% mit »sehr gut« und weitere 45% mit »gut« eindeutig für diese Form der Vermittlung aus.

Einer stichprobenartigen Erfassung (September 1997) der Altersstruktur der Besucher/innen des Zeppelin Museums zufolge nehmen die über 60jährigen einen Anteil von 46% ein. Eventuell vorhandene Berührungsängste im Umgang mit dem neuen Medium bei dieser Besuchergruppe werden durch den Vorführeffekt in der Handhabung des Programms durch Kinder und Jugendliche abgebaut. Die 10–20jährigen – nur 15% der Besucher – helfen durch ihre spontane Akzeptanz des Mediums und durch ihr Vorwissen im Umgang mit Computern anderen über die Hemmschwelle hinweg.

Im Schnitt ruft jede/r Computernutzer/in ca. 121 Bildschirmseiten auf. Die durchschnittliche Standzeit pro Screen, also pro Bildschirmseite, liegt bei etwa 14 Sekunden, wobei in diesem Mittelwert naturgemäß auch die Aufrufe gezählt werden, die nur spielerischen Charakter haben (Zappen).

Häufig ist auch zu beobachten, daß sich Diskussionen innerhalb der Kleingruppen an den Terminals entwickeln. Während die jüngeren Besucher/innen die Handhabung der Terminals erklären, übernehmen die älteren dann oft die inhaltliche Erklärung des Gesehenen, denn eine zusätzliche Applikation mit kindgerechten Texten und Spielen ist bisher noch ein Desiderat.

Ortsregister

Mehrsprachiges Ortsnamensverzeichnis

Abtsdorf	(rum.) Apoş	(ung.) Apátfalva
Argisch	(rum.) Argeş	
Alt-Brünn	(tsch.) Stare Brno	
Bartholomä	(rum.) Bartholomeu	(ung.) Obrassó
Blesen	(poln.) Bledzew	
Breslau	(poln.) Wrocław	
Broos	(rum.) Oraştie	(ung.) Szászvaros
Czikador		(ung.) Cikádor
Danzig	(poln.) Gdańsk	
Deutschkreuz (Kreuz)	(rum.) Criţ	(ung.) Szaszkeresztúr
Draas	(rum.) Drăuşeni	(ung.) Homoróddaróc
Egresch	(rum.) Igriş	(ung.) Egres
Esrom	(dän. auch) Esrum	
Fogarasch	(rum.) Făgăraş	(ung.) Fogaras
Fraustadt	(poln.) Wschowa	
Fünfkirchen	(ung.) Pécs	
Gnesen	(poln.) Gniezno	
Goldenkron	(tsch.) Zlatá Koruna	
Gran	(ung.) Esztergom	
Greifenhagen	(poln.) Gryfino	
Grüssau	(poln.) Kreszów	
Halmagen	(rum.) Hălmeag	(ung.) Halmagy
Heinrichau	(poln.) Henryków	
Heldsdorf	(rum.) Hălchiu	(ung.) Höltöveny
Hermannstadt	(rum.) Sibiu	(ung.) Nagyszeben
Himmelwitz	(poln.) Jemielnica	
Hohenfurth	(tsch.) Vyšší Brod	
Honigberg	(rum.) Hărman	(ung.) Szászhermány
Hühnerbach	(rum.) Glîmboaca	(ung.) Glimboka
Kellen	(rum.) Colun	(ung.) Kolon
Kerz	(rum.) Cîrţa, Cârţa	(ung.) Kerc
Klosdorf	(rum.) Cloaşterf	(ung.) Miklóstelke
Kolbatz	(poln.) Kołbacz	
Krakau	(poln.) Kraków	
Kronstadt	(rum.) Braşov	(ung.) Brassó
Lekno	(poln.) Łekno	
Leubus	(poln.) Lubiąż	
Lond	(poln.) Ląd	
Marienburg (Burzenland)	(rum.) Feldioara	(ung.) Földvár
Marienburg (Westpreußen)	(poln.) Malbork	
Meschendorf	(rum.) Meşendorf	(ung.) Mese
Michelsberg	(rum.) Cisnădioara	(ung.) Kisdisznód
Mogila	(poln) Mogiła	
Mönchsdorf	(rum.) Herina	(ung.) Harina

Mühlbach	(rum.) Sebeş	(ung.) Szászsebes
Oliva	(poln.) Oliwa	
Oslavan	(tsch.) Oslavany	
Paradies	(poln.) Paradyż	
Petersberg	(rum.) Sînpetru	(ung.) Szt. Peter
Plaß	(tsch.) Plasy	
Posen	(poln.) Poznań	
Prag	(tsch.) Praha	
Priment	(poln.) Przemęt	
Probstdorf	(rum.) Stejărişu	(ung.) Prepostfalva
Rahontz	(rum.) Rahonţa	(ung.) Ráhoncz
Rauden	(poln.) Rudy	
Seck	(rum.) Sic	(ung.) Szék
Seiburg	(rum.) Jibert	(ung.) Zsiberk
Stettin	(poln.) Szczecin	
Tartlau	(rum.) Prejmer	(ung.) Prázsmár
Tischnowitz	(tsch.) Tišnov	
Trebnitz	(poln.) Trzebnica	
Weidenbach	(rum.) Ghimbav	(ung.) Vidombák
Tschanad	(rum.) Cenad	(ung.) Csanád
Wachok	(poln.) Wąchock	
Walachisch Kerz	(rum.) Cîrţa Română	
Wongrowitz	(poln.) Wągrowiec	
Weißenburg (seit ca. 1730 Karlsburg)	(rum.) Alba Julia	(ung.) Gyulafehérvár

Personenregister

Die Autoren

DR. JÜRGEN FEIGE, geb. 1953, Philosoph und Historiker, Wissenschaftlicher Mitarbeiter am Studiengang Museumskunde der FHTW Berlin, lebt in Berlin

HEIKE FRENZEL M.A., geb. 1968, Historikerin und Ethnologin, Wissenschaftliche Mitarbeiterin am Museum Kloster Zinna, lebt in Berlin

FRIEDERIKE GLEICH M.A., geb. 1965, Kunsthistorikerin, z.Z. Promotion bei Prof. Dr. Robert Suckale an der Technischen Universität Berlin, lebt in Berlin

LIDIA GROSS, geb. 1961, Historikerin, Wissenschaftliche Mitarbeiterin am Institut für Geschichtswissenschaft der Universität Klausenburg, lebt in Klausenburg (Cluj-Napoca)

KRZYSZTOF GUZIKOWSKI M.A., geb. 1964, Historiker, Wissenschaftlicher Mitarbeiter am Historischen Institut der Universität Stettin, lebt in Stettin

PROF. DR. BERND ULRICH HUCKER, geb. 1944, Historiker, Geschäftsführender Leiter des Instituts für Geschichte und Historische Landesforschung an der Universität Vechta, lebt in Vechta

DR. KRZYSZTOF KACZMAREK, geb. 1964, Historiker, Oberassistent am Historischen Institut der Adam-Mickiewicz-Universität in Posen, lebt in Mosina

NICOLE KIESEWETTER, geb. 1970, 1. Staatsexamen Deutsch und Geschichte, Wissenschaftliche Mitarbeiterin im DFG-Forschungsprojekt »Geschichte der Zisterzienserklöster Eldena und Dargun« an der E.-M.-Arndt-Universität Greifswald, lebt in Greifswald

CHRISTINE KRATZKE, cand. phil., geb. 1966, Kunsthistorikerin, Wissenschaftliche Mitarbeiterin am Geisteswissenschaftlichen Zentrum Geschichte und Kultur Ostmitteleuropas e.V. in Leipzig (GWZO) und Doktorandin am Kunsthistorischen Institut der Christian-Albrechts-Universität zu Kiel, lebt in Leipzig

TOBIAS KUNZ M.A., geb. 1972, Wissenschaftlicher Mitarbeiter beim DFG-Forschungsprojekt »Architekturgeschichte des Klosters Eldena« an der Ernst-Moritz-Arndt-Universität zu Greifswald, lebt in Greifswald

HEIDRUN KÖNIG, Architektin in der Bauabteilung der Evangelischen Landeskirche A.B. in Rumänien, lebt in Hermannstadt (Sibiu)

ANNETTE KUGLER M.A., geb. 1969, Historikerin, Doktorandin an der FU Berlin bei Prof. Dr. Elm, Stipendiatin des Cusanuswerks, lebt in Berlin

JÜRGEN MROSEK, geb. 1939, Stellvertretender Leiter des Außenamtes der Staatlichen Museen zu Berlin, Preußischer Kulturbesitz, lebt in Berlin

SR. DR. MICHAELA PFEIFER O.CIST., geb. 1943, promovierte Theologin, Lehrauftrag am Monastischen Institut und an der Philosophischen Fakultät der Benediktiner-Universtät St. Anselm in Rom, lebt in der Marienkron (Österreich) und in Rom

DR. PETER PFISTER, geb. 1952, Diplomtheologe und Kirchenhistoriker, Archivdirektor des Archivs des Erzbistums München und Freising, lebt in Fürstenfeldbruck

DR. DIETER PÖTSCHKE, geb. 1946, Historiker und Informatiker, Leiter des Referates Telekommunikation im brandenburgischen Ministerium für Wirtschaft, Mittelstand und Technologie, Vorsitzender des Nicolaikreises, lebt in Thyrow

DR. HEIKE REIMANN, geb. 1966, Historikerin, Wissenschaftliche Mitarbeiterin am Geisteswissenschaftlichen Zentrum Geschichte und Kultur Ostmitteleuropas e.V. in Leipzig (GWZO), lebt in Meuselwitz

Jens Rüffer M.A., geb. 1964, Kulturwissenschaftler, Promotionsstudent am Seminar für Ästhetik / Humboldt-Universität zu Berlin, lebt in Berlin

Oliver H. Schmidt M.A., geb. 1965, Historiker und Kunsthistoriker, Leiter des Museums Kloster Zinna, lebt in Kloster Zinna

Bettina Schoch M.A., geb. 1965, Kunsthistorikerin, EDV-Beauftragte im Zeppelin Museum Friedrichshafen, lebt in Friedrichshafen

Felix Schönrock M.A., geb. 1970, Wissenschaftlicher Mitarbeiter beim DFG-Forschungsprojekt »Klosterruine Eldena – Geschichte und Rezeption« an der Ernst-Moritz-Arndt-Universität zu Greifswald, lebt in Greifswald

Dirk Schumann M.A., geb. 1964, Kunsthistoriker, freiberuflicher Kunst- und Bauhistoriker, lebt in Berlin

Eckhard Siepmann M.A, geb. 1942, Wissenschaftlicher Mitarbeiter des Werkbund-Archivs Berlin, lebt in Berlin

Barbara Spindler, geb. 1942, Kunsthistorikerin, Leiterin der Abt. Museumspädagogik/ Besucherbetreuung der Stiftung Preußische Schlösser und Gärten Berlin-Brandenburg, lebt in Potsdam

Dr. Fred Sobik, geb. 1949, Mathematiker, Vorsitzender der Arbeitsgemeinschaft für Kirchengeschichte der Prignitz, lebt in Königsberg/Ostprignitz

Heike Vogel M.A., geb. 1961, Kunsthistorikerin, Museumspädagogin im Zeppelin Museum Friedrichshafen, lebt in Friedrichshafen

Stephan Warnatsch, geb. 1967, Studienassessor für Geschichte und Germanistik, tätig als Schulbuchredakteur, lebt in Berlin